영국 자유주의 연구

사랑하는 나의 어머님 고 이계순 여사께 바칩니다.

김 명 환

서울대학교 서양사학과를 졸업했으며 동대학원에서 석사 및 박사 학위를 받았다. 2002~2003년 영국 케임브리지 대학 사학과에서 연구교수로 활동했으며, 2009~2010년에는 미국 컬럼비아 대학 사학과에서 연구교수로 활동했다. 신라대학교 인문과학 연구소장을 역임했으며 현재 신라대학교 사학과 교수로 있으면서 영국사학회 회장직을 맡고 있다.

저서 | 『영국 노동불안기 연구』, 『영국의 위기 속에서 나온 민주주의』, 『영국의 위기와 좌우파의 대안들』, 『영국 사회주의의 두 갈래 길』, 『서양의 지적 전통 II』(공저), 『역사와 혁명』(공저), 『옥스퍼드 영국사』(공역), 『근대 세계 체제』(공역)

논문 | 「페이비언 사회주의의 렌트 개념」, 「제국주의에 대한 페이비언들의 태도」

영국 자유주의 연구

김 명 환 지음

2013년 12월 25일 초판 1쇄 발행

펴낸이 | 오일주
펴낸곳 | 도서출판 혜안
등록번호 | 제22-471호
등록일자 | 1993년 7월 30일

㉾ 121-836 서울시 마포구 서교동 326-26번지 102호
전화 | 3141-3711~2 / 팩시밀리 | 3141-3710
E-Mail hyeanpub@hanmail.net

ISBN 978-89-8494-481-7 93920

값 28,000 원

영국 자유주의 연구

김명환 지음

혜안

릴번의 초상_　영국 내란기에 등장한 평준파(Levellers)의 지도자 존 릴번(John Lilburne)의 초상이다. 그는 신형군(New Model Army)에 기초를 둔 레벨러(Leveller)들의 운동을 이끌면서 자유롭게 태어난 사람들의 권리(freeborn rights)를 주장했다. 이 권리는 모든 사람들이 태어날 때부터 가지고 있는 권리로 보통선거권, 법 앞에서 평등할 권리와 같은 것이었다. 이런 주장으로 인해 릴번은 자유롭게 태어난 존(Freeborn John)이라고 불리게 되었다. 그는 내란기에 작성된 인민협정을 통해 보통선거권을 주장했고, 그러한 주장의 바탕 위에서 공화정 헌법을 만들려고 했지만 크롬웰의 탄압으로 무산되고 말았다. 그의 주장은 250년이 지나서야 실현되었다.

The manner of His Excellency Sir *Thomas Fairfax*, and the Officers of His Armie fitting in COVNCELL.

레벨러와 민주주의 영국에서 자유주의는 영국 내란기에 터져나왔다. 전제왕권이 무너지자 권력에 대한 새로운 생각들이 나오기 시작했다. 레벨러들은 의회의 대표를 보통선거로 선출해야 한다고 주장했는데, 그것은 결국 권력에 평민들이 참여해야 한다는 주장이었다. 만약 레벨러들의 주장이 실현되었다면 그것은 프랑스 혁명을 150년 앞당기는 셈이 되었을 것이다. 위 그림은 신형군의 군사평의회를 묘사하고 있다. 신형군 평의회(General Council of the New Model Army)는 1647년 6월 수립되어 1년도 지속되지 못했지만 군대 내에서 민주주의 형태가 나타났다는 점에서 매우 큰 의미를 지닌다. 사병들은 연대에서 에지테이터(agitator)로 불린 두 명의 대표를 뽑아서 평의회에 보냈다. 여기서 사병들의 대표와 장교들은 의회에 대한 불만사항, 런던에 대한 공격, 왕과의 협상, 의회내 장로파들에 대한 탄핵, 레벨러들이 제안한 인민협정에 대한 논의와 같은 정치적인 문제들에 대해 논의했다. 군사작전과 같은 군사적 문제에 대해서는 논의하지 않았는데 그것은 토마스 페어팩스와 전쟁위원회(Council of War)의 관할사항이었다. 1647년 11월 펏니논쟁(Putney debates)이 벌어졌을 때 급진주의자들이 다수 세력이 되자 장교들은 평의회를 휴회시켰고 사병 대표들을 부대로 돌려보냈다. 이후 레벨러들은 몇 차례에 걸쳐 인민협정을 제출했지만 크롬웰에 의해 모두 무시되었고 이들은 탄압받게 된다.

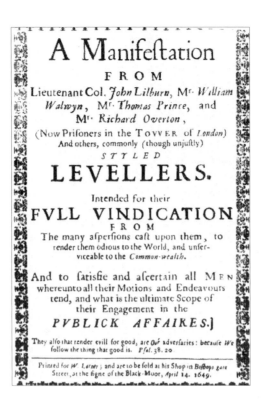

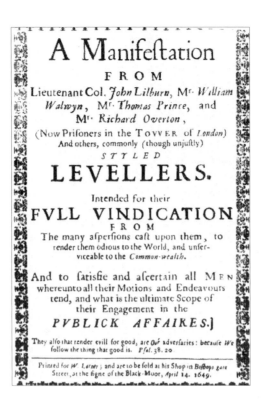

레벨러의 3차 인민협정_ 영국 내란은 영국에서 억눌려 있던 여러 가지 의견들이 터져 나오는 계기가 되었다. 그 중에는 레벨러라고 불린 일단의 사람들이 있었는데 이들은 인권과 보통선거를 주장했다. 레벨러의 지도자 존 릴번(John Lilburne)은 자유롭게 태어난 사람들의 권리(freeborn rights)를 주장했다. 이 권리는 모든 사람들이 태어날 때부터 가지고 있는 권리로 보통선거권, 법 앞에서 평등할 권리와 같은 것이었다. 레벨러는 신형군(New Model Army)의 사병들을 기반으로 하고 있었으며 1647년부터 1649년까지 3차례에 걸쳐 인민협정을 발표하면서 보통선거에 대한 주장을 제기했다. 그러나 그들의 주장은 고위 장교들에 의해 거절되었고 활동은 억압되었다. 레벨러는 그들이 만든 문서가 새로이 수립된 영국 공화정의 헌법의 기초가 되기를 원했지만 그들의 소망은 이루어지지 않았다. 위 그림에서 표시되고 있는 문서는 1649년 4월에 발표된 3차 인민협정이다. 문서에는 1649년 레벨러의 지도자들 4명이 공동으로 3차 인민협정을 작성해 발표한 것으로 되어 있다. 4명은 존 릴번 중령, 윌리엄 월윈, 토마스 프린스, 리차드 오버톤이다. 그리고 이들이 런던탑에 수감되어 있는 상태에서 이 문서를 발표했다는 사실이 표기되어 있다. 이 문서의 목적은 이들에 대해 가해진 비방을 변호하기 위해서라고 명기되어 있으며 이들을 공화정에서 배제하려는 움직임에 대해 항의하고 있다는 점이 역시 명시되어 있다. 코먼웰스라는 단어가 기재되어 있다는 점에서 같은 해 1월 찰스를 처형한 후 영국이 공화정으로 넘어간 상태라는 사실을 알 수 있다. 그리고 레벨러들이 공적인 문제에 대해 궁극적으로 무엇을 하려 하는가를 이 문서에서 밝히려 한다는 점도 표명되어 있다. 문서의 하단에는 성경의 한 구절이 인용되어 있다. 시편 38절 20절로 킹 제임스 성경판(King James Bible)의 영문표기로 표시되어 있다. 그 내용은 "선을 악으로 갚는 자들은 우리의 적이다. 왜냐하면 우리들은 선을 따르기 때문이다"라는 것인데 특히 "우리의"에 해당하는 our의 "o"자를 대문자로 표시해 강조해 놓은 점이 눈길을 끈다.

공화정의 몰락-럼프 의회의 해산_ 영국 내란은 의회파의 승리로 끝나고 왕정은 폐지되었다. 찰스 1세를 처형하는 과정에서 1648년 12월 장기의회는 해산되고 찰스의 처형에 찬성한 독립파 의원들만으로 구성된 럼프 의회(Rump parliament: 럼프는 소의 엉덩이살을 의미하는데 고기의 맛이 없어서 버리는 부위였다고 한다. 의회의 성격이 마치 소의 엉덩이살과 같다는 풍자적 의미를 담은 용어이다)가 성립되었다. 럼프 의회로 인해 영국은 공화정으로 넘어가게 되었지만 크롬웰은 럼프 의회마저 1653년 해산시켜 버렸다. 그리고 크롬웰은 배어본의 의회(Barebone's parliament)를 구성한다. 영국 내란은 국왕의 자의적 통치에 대해 항의해 일어난 사건이며 그 과정에서 자유와 인권에 대한 관심을 증폭시켰다. 자유롭게 태어난(Freeborn) 영국인이라는 생각이 나타났는가 하면, 보통선거에 대한 주장이 제기되기도 했다. 그러나 평범한 보통 사람들에 의해 제기된 자유와 인권에 대한 요구는 권력의 상층부에까지는 도달하지 못했다. 절대 왕정의 권력이 사라지고 공화정이 수립되었지만 그것은 새로운 독재권력의 탄생을 의미했을 따름이다. 위 그림은 프라이드의 숙청 당시(1648년 12월) 크롬웰이 자신의 말을 듣는 사람들이었기에 남겨둔 의원들을 1653년 4월 20일 의회에서 쫓아내는 상황을 묘사하고 있다. 그림의 중간 쯤에 "악당들아 떠나거라, 너희들은 충분히 오래 여기에 있었다"는 문구가 쓰여져 있다. 이 말은 크롬웰이 럼프 의회를 해산하기 전에 의원들에게 연설을 늘어 놓았을 때 한 말이었다고 한다. 그림의 뒤 편에 어깨총 모양을 한 사람들이 있는 것으로 보아 군인들이 의회에 들어온 것으로 보인다. 그림의 중앙에는 의장의 지팡이(mace)를 빼앗아 들고 있는 병사로 보이는 사람이 그려져 있다. 떠나는 의원들 옆에 개, 부엉이 등의 동물들이 그려져 있는 것도 흥미롭다. 그림 앞 면에 사자가 그려져 있지만 작고 귀엽게 그려져 있어서 권력에 대해 희화적인 의미를 전달하고 있는 듯하다. 그림 뒤 쪽에는 펠리컨처럼 생긴 새가 보여 그림을 더욱 흥미롭게 만들고 있다.

크롬웰의 초상 _ 영국에서 왕정이 사라진 크롬웰의 공화정기는 아직까지도 지속되는 영국의 길고 긴 왕정체제에서 영국이 벗어난 시기였다는 점에서 특이한 시기이다. 더욱이 당시의 전제왕정체제를 타도한 후, 새로운 왕을 세운 것이 아니라 왕이 없는 공화정 체제를 만들었다는 점에서 보면, 이 시기는 영국이 자유를 향해 한 발 다가선 시기처럼 보이기도 한다. 그러나 크롬웰이 영국에서 왕정을 없애고 공화정(코먼웰스)을 세웠지만 그것이 영국의 권력을 민주화시킨 것은 아니었다. 1649~53년에 이르는 공화정기에도 권력은 민주적이지 않았지만, 그는 1653년 공화정(코먼웰스)을 아예 호국경체제(Protectorate)로 바꾸었고, 이후 1655년 3월 왕당파가 봉기를 일으킨 이후에는 영국과 웨일즈를 10개의 구역으로 나누고 이를 장군들에 의해 통치되는 군사통치제제로 만들어 버렸다. 5만 명의 상비군과 300척의 군함은 예산의 9/10를 차지할 정도였다. 그는 왕이란 이름은 사용하지 않았지만 영국 역사에서 가장 강한 권력을 휘두르는 권력자로 군림한 셈이다. 왕정이 폐지되었지만 새로운 독재권력이 들어섰을 따름이라는 점에서는 크롬웰의 공화정기를 영국역사의 에피소드로 간주할 법하다. 그는 왕정을 없앴지만 레벨러 등 자유와 권리를 요구하는 세력들도 함께 탄압했기 때문이다. 크롬웰의 초상은 많이 남아 있지만 그 중에서 크롬웰의 실물과 가장 근접한 초상화로 간주되고 있는 것이 위의 그림이다. 새무얼 쿠퍼가 그린 것으로 미완성 작품이라고 한다.

◁ **선거의 향연(Election Entertainment)_** 영국 의회의 부패선거를 보여주는 호가스의 흥미로운 그림이다. 이 그림은 1754년 옥스퍼드 선거구의 입후보자들이 유권자들에게 향연을 베푸는 광경을 그리고 있다. 향연의 모습은 흥청망청거리는 분위기 속에서 편법과 부정이 조작되고 있는 상황을 보여준다. 향연은 붉은 깃발이 있는 것으로 볼 때 휘그에 의해 조직된 것으로 보인다. 당시에는 모든 선거구에서 두 명의 의원을 뽑았으므로 그림에는 두 명의 입후보자의 모습이 보인다. 왼쪽에 그려져 있는 두 사람 중 한 사람은 임신을 한 것인지 배가 불쑥 튀어 나와 있는 뚱뚱한 여자에게 바싹 붙어 환심을 사려하고 있고, 다른 사람은 술이 취해 정신이 나간 사람이 술주정을 부리고 있는데도 그 말을 경청하고 있다. 그림의 오른쪽에는 시장이 테이블에 앉아 있는 모습이 보인다. 이 사람의 앞에 굴껍질이 잔뜩 쌓여 있는 것으로 보아 굴을 너무 많이 먹어 무언가 문제가 생긴 것으로 여겨진다. 그 옆에 있는 법률가는 밖에서 토리당원이 던진 벽돌에 머리를 맞아 쓰러지고 있는 모습이다. 창밖에는 토리당 사람들이 시위를 벌이고 있는데 유태인을 경멸하는 'No Jews'라고 쓰여진 초상을 들고 있다. 이것은 최근에 유태인들에게 자유를 허용하는 법안을 통과시킨 휘그에 대한 항의를 표시하는 것으로 보인다. 이들을 향해 한 사람은 의자를 밖으로 던지고 있고 또 다른 사람은 오줌통을 쏟아 붓고 있는 것으로 보아 이들은 휘그당원인가보다. 그림의 왼쪽에는 '자유와 충성(Liberty and Loyalty)'이라고 쓰여져 있는 휘그의 붉은 색 깃발이 보인다. 그림에는 시중을 드는 아이들이 여럿 등장하는데, 한 아이는 부지런히 술을 따르며 펀치를 만들고 있고, 다른 아이는 환심을 사기 위해 여자의 허리를 감싸고 있는 입후보자의 손에서 반지를 찾고 있는 것 같다. 음악도 동원되었는데 바이올린을 든 여자, 첼로를 든 남자, 나팔을 든 사람 등이 향연의 분위기를 고조시키고 있다. 당시의 선거제도는 각 주에서 두 명의 의원을 뽑는 것이었지만 유권자는 재산 조건으로 인해 성인의 5%도 되지 않았으며, 더욱이 비밀투표가 실시되지 않아 귀족들은 이들마저도 얼마든지 매수할 수 있었다. 호가스의 그림은 영국 의회제도의 이러한 모순들을 흥미롭게 지적하고 있는 것이다. 그림 하단을 자세히 보면 "우리에게 우리의 열 하루를 달라(Give us our eleven days)"라는 문구가 적힌 천조각이 보인다. 이는 최근에 토리가 그레고리우스력을 채택한 것에 대한 항의를 표시한다. 영국은 1752년 그레고리우스력을 채택해 1752년의 달력은 9월 2일 다음에 9월 14일이 왔다. 정확히 11일이 사라진 것이다. 1582년 그레고리우스력이 처음 채택되었을 당시에 교황은 달력에서 10일을 삭제했지만(1582년 10월 4일 다음 10월 15일이 왔다) 그동안 시간이 지나 하루의 오차가 더 생긴 것을 알 수 있다. 그림 오른쪽 하단에 보이는 바다가재의 모습도 재미있다.

선거운동(Canvassing for votes)　　그림은 호가스가 그린 1754년 치러진 옥스퍼드셔의 선거운동 광경이다. 그림은 당시의 토리당원과 휘그당원들이 유권자를 매수하는 모습을 잘 드러내고 있다. 그림 한 가운데 있는 사람에게 토리당원과 휘그당원이 모두 돈을 주면서 표를 매수하려 하고 있다. 왼쪽에 있는 여관은 토리당의 본부인 로열오크(The Royal Oak)이다. 여관에 걸려 있는 팻말에는 휘그를 조롱하는 글귀와 그림이 들어 있다. 팻말에 그려진 그림은 휘그 입후보자가 주화를 잔뜩 실은 수레에서 주화를 뿌리면서 표를 매수하고 있는 광경을 묘사하고 있다. 그 아래에는 "돈을 써서 다 없애 버리는 땅딸보 후보자(Punch Candidate for Guzzledown)"라는 문구가 쓰여져 있다. 하지만 토리 입후보자도 부패하기는 마찬가지이다. 그는 여관의 이층에서 내려다 보고 있는 두 여인에게 구애를 하기 위해 유태인 행상으로부터 보석을 사고 있다. 여관 입구에 앉아 있는 왼쪽 하단의 여자는 자신이 방금 받은 뇌물을 세어 보고 있다. 그림 뒤쪽에서는 토리당원들이 휘그당 본부를 공격하고 있는 모습이 보인다. 이 그림은 영국은 의회가 있었다고는 하나, 선거는 엉망진창의 부정선거로 치러졌음을 보여주고 있다. 선거과정에서 부정과 매수가 만연했지만 부패방지법(Corrupt and Illegal Practices Prevention Act)은 이 그림이 그려진 이후 백년도 더 지나서야 제정되었다. 그림 왼쪽 하단에는 사자가 백합을 집어삼키려 하는 모습이 그려져 있다. 여기서 사자는 영국을, 백합은 프랑스를 상징한다. 여관의 반원형 창문 안에서는 두 남자가 무언가를 포식하고 있다. 한 사람은 커다란 고깃덩이를 물어뜯으려 하고 있다. 선거철의 흥청망청한 상황을 풍자하고 있는 것 같다.

AN

INQUIRY

INTO THE

Nature and Caufes

OF THE

WEALTH OF NATIONS.

By ADAM SMITH, LL. D. and F. R. S.

Formerly Profeffor of Moral Philofophy in the Univerfity of GLASGOW.

IN TWO VOLUMES.

VOL. I.

LONDON:

PRINTED FOR W. STRAHAN; AND T. CADELL, IN THE STRAND.

MDCCLXXVI.

아담 스미스의『국부론』 아담 스미스의 『국부론』은 1776년 출판되었다. 그의 책은 흔히 국부론이라 알려져 있지만 정확한 명칭은 "국가들의 부의 성격과 원인들에 대한 하나의 연구"이다. 표지에는 그가 글라스고우 대학에서 교수를 역임했으며 여기서 도덕철학(moral philosophy)을 가르쳤다는 사항을 표시하고 있다. 이는 국부론에서 주장하는 것들이 그의 도덕 철학의 한계 내에 있음을 시사하고 있다. 즉 아담 스미스는 그 사회가 가진 도덕의 한계 내에서 이기심이 발휘되어야 한다는 생각을 하고 있었다는 점을 시사하고 있다. 그의 책은 산업혁명 이후 영국의 자유방임주의의 환경을 만들어내고, 시장경제를 조성하는데 이론적 지주 역할을 한 것으로 평가된다. 이기심을 통해 각자가 자신의 이익을 추구하면, 보이지 않는 손의 작용에 의해 즉 시장의 작동에 의해 사회는 균형과 조화를 이룰 것이라고 아담 스미스는 주장했다. 이런 주장은 경제에 국가가 간섭하지 말아야 한다는 생각으로 이어졌고, 국가가 집단주의적 입법을 만들 때는 자유주의의 이름으로 비판하게 되는 근거가 되었다. 그의 주장은 후에 자유로운 경쟁에 국가가 간섭하지 말라는 논리를 펴는 대기업의 이데올로기로 원용되었지만, 그의 책이 나올 때 그가 자유로운 경쟁의 논리를 적용하고자 했던 대상은 해외 무역을 독점해 횡포를 부리고 있었던 대상인들이었다는 점은 아이러니를 자아낸다. 그의 책 표지 하단부에는 MDCCLXXVI라는 라틴어 숫자 표기가 적혀 있는데 이를 아라비아 숫자로 표시하면 1776이 된다. 1776년 출판되었음을 표시하고 있는 것이다. 학자로서의 그의 사항은 LL. D와 F. R. S로 표기되어 있다. 전자는 그가 법학박사(Legum Doctor: Doctor of Laws)였음을 보여주고 있고, 후자는 그가 왕립학술원 회원(Fellow of the Royal Society)이었음을 보여주고 있다.

RIGHTS OF MAN:

BEING AN

ANSWER TO MR. BURKE's ATTACK

ON THE

FRENCH REVOLUTION.

SECOND EDITION.

BY

THOMAS PAINE,

SECRETARY FOR FOREIGN AFFAIRS TO CONGRESS IN THE
AMERICAN WAR, AND
AUTHOR OF THE WORK INTITLED "COMMON SENSE."

LONDON:
PRINTED FOR J. S. JORDAN, No. 166, FLEET-STREET.

프랑스 혁명과 인권을 지지한 톰 페인   톰 페인은 프랑스 혁명이 일어나자 1791년 『인간의 권리』라는 책을 출판했다. 이 책이 발간되기 전에 영국에서는 프랑스 혁명에 대해 비판하고 경고하는 『프랑스 혁명에 대한 고찰』이라는 에드먼드 버크의 책이 1790년 먼저 출판되었다. 버크는 그의 책에서 보수주의 이론을 전개했다. 여기에 대해 톰 페인은 반박할 필요를 느끼고 『인간의 권리』를 집필한 것이다. 그는 인간의 권리는 법령에 의해 주어지는 것이 아니라고 주장했다. 법령은 오히려 인간의 권리를 제한하고 박탈할 따름이었다. 인간의 권리는 자연에 내재되어 있는 것이며 정부의 유일한 목적은 이 양도할 수 없는 권리를 보호하는 것이었다. 톰 페인은 왕정과 귀족정을 비판하고 공화주의를 주장해 위험인물로 간주되었고 선동죄로 궐석재판을 받기도 했다. 하지만 그는 프랑스로 도피해 처벌을 피할 수 있었고, 프랑스에서는 국민공회 의원이 되기도 하였다. 왕과 귀족의 특권을 비판하고, 인간이 가진 자연권을 주장하며, 정치제도로서의 공화주의를 지지한 페인은 영국 민주주의의 발전 과정에 중요한 기둥을 차지하고 있다고 할 수 있다. 그는 프랑스 혁명기에 활동한 서신교환협회나 이후의 차티스트 운동, 보통선거를 위한 선거법개정 운동 등에 큰 영향을 미쳤다. 그는 『이성의 시대』에서 이신론을 주장하고 제도화된 종교들 특히 기독교를 비판한 사람이기도 했다. 그의 영향을 크게 받은 코벳이 미국에 있는 그의 유해를 영국으로 가져왔다고 한다. 사진은 1791년 1월 출판된 『인간의 권리』 1권의 겉표지이다. 2권은 다음해에 나왔다. 표지에는 이 책이 버크의 프랑스 혁명에 대한 비판에 대해 응답하는 책이라는 사실을 표시해 놓았다. 그가 프랑스 혁명을 지지하고 있다는 점을 알 수 있다. 페인이 큰 반향을 불러일으켰던 『상식(CommonSense)』의 저자라는 점도 밝히고 있다. 『인간의 권리』 역시 커다란 반향을 불러일으켰고 이로 인해 그는 위험인물로 낙인찍히고 결국 선동죄로 궐석재판을 받게 된다.

의회개혁가 코벳_ 그림은 1805년에 그려진 것으로 되어 있어 그가 부패 선거구에 항의하는 운동을 시작하기 바로 전의 모습인 것으로 보인다. 그는 초기에 토리를 지지하기도 했으나 정치적 부패에 대한 공격을 하면서 의회개혁가로서의 면모를 보여주게 된다. 그는 영국의 농촌 특히 농업노동자들의 이익을 옹호한 사람이기도 하다. 의회개혁에 대한 그의 주장이 1832년 1차 선거법 개정으로 실현된 이후 그는 올드햄(Oldham)에서 의원으로 당선되었다.

피털루 대학살–험난한 보통선거로의 길_ 이 그림은 1819년 맨체스터의 세인트 피터 광장에서 일어난 학살사건을 그리고 있다. 1819년 10월 맨체스터의 세인트 피터 광장에서는 의회개혁을 요구하는 집회가 열렸고 여기에는 6만 명의 군중들이 모였다. 하지만 이 평화적 집회를 기병대가 잔혹하게 진압해 11명의 사망자와 400명의 부상자가 발생하는 비극이 벌어졌다. 그림은 기병대가 운집한 군중 속으로 들어와 인정사정없이 사람들을 난자하고 있는 상황을 묘사하고 있다. 기병대의 병사들이 들고 있는 무기는 날이 넓은 도끼이다. 말을 탄 기병들의 모습은 하나같이 몸집이 좋고 얼굴살이 퉁퉁한 것으로 그려져 있다. 군중들을 짓밟고 있는 기병들의 뒤에는 지휘관으로 보이는 사람이 말을 탄 채 이들을 독려하고 있는 것으로 보이는데, 이 사람은 "용감한 나의 병사들이여, 이들을 다 쓸어 버려라. 이들에게 어떤 자비도 베풀지 말아라, 그들은 우리에게서 고기와 푸딩을 빼앗아 가기를 원한다. … 가서 너의 용기와 충성심을 보여다오"라는 말을 하고 있다. 그림을 자세히 보면 위에서 도끼를 내리꽂는 군인들의 아래에 사람들이 깔려 있는 모습이 보인다. 한 사람은 도끼에 머리를 맞아 피를 철철 흘리고 있고, 그 옆에는 젖을 빨고 있는 아이를 안고 있는 젊은 여성이 병사에게 그러지 말라고 손을 내밀고 있는 모습이 보인다. 하지만 이 여인도 곧 내리꽂히는 도끼를 피할 수 없을 것 같다. 그 옆에는 말발굽에 짓밟혀 땅바닥에 머리를 부딪히는 남자의 모습이 보인다. 그림의 맨 하단을 살펴보면 다섯살 쯤 되어 보이는 어린 아이가 죽어 있는 모습도 보인다. 이 사건이 있고 13년이 지나서야 1차 선거법이 개정되었다. 하지만 이 집회에 모인 사람들이 선거권을 가지게 되기까지는 100년을 더 기다려야 했다. 이런 점들을 놓고 보면 영국의 민주주의를 다시 생각해 볼 필요성이 제기된다.

The Reformers' Attack on the Old Rotten Tree; or, the Foul Nests of the Cormorants in Danger. Pub.by E.King, Chancery lane.

1832년 1차 선거법 개정과 부패 선거구_

그림 속에서 사람들은 도끼를 들고 하나의 나무를 무너뜨리려 하고 있다. 이 나무에는 부패 선거구 제도(rotten borough system)라는 문귀가 쓰여져 있다. 그리고 다른 한 편에는 이 나무가 쓰러지지 않도록 버팀목을 대고 있는 사람들이 그려져 있다. 이 그림은 1832년 1차 선거법 개정을 둘러싸고 선거법 개정을 추진하는 사람과 선거법 개정을 반대하는 사람간의 싸움을 풍자하고 있다. 흥미로운 점은 나무를 쓰러뜨리려 하는 쪽이나 나무를 지키려는 사람들이 모두 말쑥한 옷차림을 하고 있고 실크햇을 쓰고 있다는 점이다. 이는 양 쪽이 모두 상류층 사람들이라는 점을 암시하고 있으며 따라서 1차 선거법 개정이 상류층 사람들간의 다툼이었다는 점을 이 그림이 역설적으로 보여주고 있다. 사실 1차 선거법 개정은 부유한 부르주아층에게만 선거권을 부여했고, 유권자는 20만 명 정도 늘어나 유권자의 비율을 성인 5%에서 7%정도로 증가시켰을 따름이다. 나뭇가지에는 둥지를 튼 새들이 보이는데 여기에 야무쓰(Yarmouth), 애플비(Appleby), 던위치(Dunwich), 휘트처치(Whitchurch), 뉴튼(Newton), 오르포드(Orford), 시포드(Seaford), 이스트루(East Looe), 살타쉬(Saltash), 비어랄스톤(Beeralston), 보시니(Bossiney), 알드버로우(Aldbourough), 버로우브리지(Boroughbridge), 브람버(Bramber), 웨스트루(West Looe), 블레칭리(Bletchingley), 웬드오버(Wendover) 등의 부패 선거구의 이름들이 쓰여져 있다: 숨은 그림 찾기를 하듯이 부패 선거구의 이름을 하나씩 찾아보는 것도 재미있을 것이다. 부패 선거구로 가장 유명한 올드 새럼(Old Sarum: 겨우 11명의 유권자가 있었지만 실거주자는 한 사람도 없는 선거구였다)이 빠져 있는 것이 이상하다. 그림의 아래에는 가마우지(cormorant)의 둥지라고 표기되어 있어 둥지를 틀고 있는 새들은 모두 가마우지인 것으로 보이며 이것은 부패 선거구가 욕심많은 사람들의 제도라는 점을 지적하고 있는 것 같다.

벤담과 효용주의 벤담은 도덕적 가치를 평가하는 방법으로 효용주의(utilitarianism)라는 독특한 생각을 제시한 사람이다. 그는 도덕적 가치판단은 효용(utility)을 기준으로 하여 내려져야 한다고 주장했다. 그는 행복과 불행을 양적으로 계산할 수 있다는 생각을 함으로써 산업화가 진행되는 시대의 합리성을 극단적으로 표명하고 있다. 이를 기초로 그는 1789년 "최대다수의 최대행복"이라는 명제를 주장하게 되었다. 권리에 대한 생각에서 그는 톰 페인같은 자연권론자와는 입장이 전혀 달랐다. 그는 인간에게 내재되어 있는 권리같은 것은 없으며 권리는 법률에 의해서만 부여된다고 생각했다. 벤담의 주장은 시장의 논리와 잘 조응되고 있다. 그의 생각에 따르면 이익추구에 의해 번영을 이루는 것이 도덕적으로도 올바르다는 결론을 낳는 것이다. 그의 생각은 시장논리와 잘 조응하고 있지만 자유방임의 논리와 필연적으로 연결되지는 않았다. 왜냐하면 최대다수의 최대행복을 위해 국가간섭이 필요하다면 그것이 추구되어야 했기 때문이다. 그러나 주의해야 할 점은 벤담이 생각하는 국가간섭은 시장의 논리를 최적화하기 위해 시도되었다는 것이다. 국가간섭은 사회적 불평등의 해소, 정의의 추구 혹은 복지의 실현을 위해 시도되는 것이 아니라 시장의 효율성을 높이기 위해 시도되는 것이었다. 1834년의 빈민법 개정을 통해 빈민원의 상태를 더욱 열악하게 만든 것이 좋은 예이다. 하지만 벤담은 귀족의 특권에 대해서도 비판했고 이를 없애기 위해 보통선거를 주장했다. 벤담의 사상이 시장경제와 자본주의가 발전하는데 기여하였으면서도, 다른 한 편으로 민주주의를 지향하는 요소를 가졌다는 점이 흥미롭다. 그는 페이비언들이 현재의 런던경제대학(LSE)을 만드는데 기여하였듯이 유니버시티 칼리지 런던(UCL)을 만드는 데 기여했다.

차티스트 운동-보통선거를 쟁취하려 한 노동자들의 운동_ 영국에서 보통선거를 실현시키려는 노력은 레벨러들의 인민협정에서부터 시작되었다. 하지만 레벨러들의 주장은 신형군(New Model Army)의 조직 안에서 그쳐 버렸고 그것이 대중운동으로 퍼져나가지는 못했다. 보통선거에 대한 주장이 다시 제기된 것은 대륙에서 혁명이 일어나면서부터였다. 프랑스의 사건에 영향을 받아 프랑스 혁명을 지지하는 톰 페인의 주장이 제기되었지만 정부의 통제는 톰 페인의 주장이 대중적 차원으로 상승하는 것을 막았다. 하지만 산업화가 진행되고 노동자들의 수가 늘어나면서 보통선거를 향한 움직임은 결국 대중적 차원의 성격을 띠게 되었다. 차티스트들은 인민헌장(People' Charter)에서 6개의 항목을 주장했다. 매년 선거(annual parliament), 21세 이상 성인 남자의 보통선거(universal male suffrage over the age of 21), 동등한 선거구(equal constituencies), 의원에 대한 재산 자격 조건 폐지(no property qualification for MPs), 비밀선거(secret ballot), 의원에 대한 세비지급(payment of MPs)이 그것이었다. 모두 선거와 관련된 항목임을 알 수 있다. 1839년과 1842년 1차 청원과 2차 청원이 있었으나 의회는 이를 모두 거부했다. 사진은 1848년 4월 3차 청원을 하기 위해 케닝턴 코먼(Kennington Common)에서 열린 집회의 모습을 보여주고 있다. 케닝턴 코먼은 템즈강 남쪽의 램버쓰(Lambeth)구에 있는 지역이다. 오코너는 이 집회에 30만이 모였다고 주장했다. 집회는 평화적으로 진행되었지만 경찰은 시위대가 템즈강을 건너오면 개입하겠다고 위협했다. 이 집회를 마지막으로 차티스트 운동은 수그러들어 버렸다. 사진은 운집한 사람들의 뒷모습을 보여주고 있는데 자세히 보면 아이들도 보이며 나이든 여자의 모습도 보인다. 매우 길쭉한 실크햇을 쓰고 프록코우트를 입은 사람들의 모습도 다수 보인다.

THE PEOPLE'S CHARTER:

Being the Outline of An Act to provide for the Just Representation of the People of Great Britain and Ireland in the Commons' House of Parliament:

EMBRACING THE PRINCIPLES OF

Universal Suffrage; No Property Qualification; Annual Parliaments; Equal Representation; Payment of Members; and Vote by Ballot.

Prepared by a Committee of Twelve Persons: Six Members of Parliament, and Six Members of the "London Working Men's Association;" and addressed to the People of the United Kingdom.—Re-printed from the Third Edition, Revised and Corrected, from Communications made by many Associations in various parts of the Kingdom.

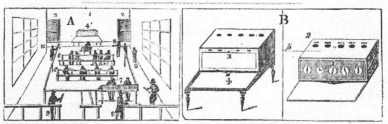

Schedule A, the Balloting Place.—1. The space separated off by a close partition, for the purposes of Secret Voting. 2. The entrance to the Ballot Box, where the voter gives his vote. 3. The door by which the voter retires. 4. The front of the Ballot Box, placed on a stand with an inclined plane, down which the balloting ball descends, to be ready for the next voter. 5. The seat of the Deputy returning Officer. 6. The seats of the Agents of the Candidates. 7. The desk of the Registration Clerk and his Assistant. 8. The Assistant, who delivers the balloting ball to the voters. 9. Assistants and Constables at the doors and barriers, who examine the certificates, and let the voter pass on to the ballot. 10. A Constable, to stop any voter who may vote unfairly.

Schedule B, the Ballot Box.—1. The front of the Ballot Box, with the lid down, shewing five dials (or any number that may be necessary), on which are engraven (or otherwise) numerals, from one to any number of thousands that may be required, with hands (like the minute and hour hands of a clock) to register the number of votes. 2. The apertures with the Candidates' names opposite, through which each voter drops a Brass Ball, which, falling in a zig-zag direction, touches a clock-work spring, which moves a pinion on which the hands are fastened, and thus registers one each time a person votes. 3. The front of the Ballot Box, with the lid up and sealed. 4. The Stand, with the Ball running down. 5. The line of the partition which makes the two rooms.

N.B.—We understand that a Ballot Box of this description, has been invented by Mr. Benjamin Jolly, 19, York-street, Bath, and it is so constructed that not more than one ball can be put in at a time by any voter.

The Working Mens' Association to the Radical Reformers of Great Britain and Ireland.

FELLOW COUNTRYMEN,—Having frequently stated our reasons for zealously espousing the great principles of Reform, we have now endeavoured to set them forth practically. We need not reiterate the facts and unrefuted arguments which have so often been stated and urged in their support. Suffice it to say, that we hold it to be an axiom in politics, that self-government by representation is the only just foundation of political power—the only true basis of Constitutional Rights—the only legitimate parent of good laws:—and we hold it as an indubitable truth, that all government which is based on any other foundation, has a perpetual tendency to degenerate into anarchy or despotism, or to beget class and wealth idolatry on the one hand, poverty and misery on the other.

While, however, we contend for the principle of self-government, we admit that laws will only be just in proportion as the people are enlightened, on which, socially and politically, the happiness of all must depend; but as self-interest, unaccompanied by virtue, seeks its own exclusive benefits, so will the exclusive and privileged classes of society ever seek to perpetuate their power, and to proscribe the enlightenment of the people. Hence we are induced to believe that the enlightenment of all will sooner emanate from the exercise of political power by all the people, than by their continuing to trust to the selfish government of the few.

A strong conviction of these truths, coupled, as that conviction is, with the belief that most of our political and social evils can be traced to corrupt and exclusive legislation—and that the remedy will be found in extending to the people at large, the exercise of those rights, now monopolized by a few, has induced us to take some exertions towards embodying our principles in the following Charter.

We are the more inclined to take some practicable step in favour of Reform, from the frequent disappointments the cause has experienced. We have heard eloquent effusions in favour of political equality, from the hustings and the senate-house, suddenly change into prudent reasonings on property privileges, at the winning smile of the minister. We have seen depicted, in glowing language, bright patriotic promises of the future, which have left impressions on us more lasting than the perfidy or apostacy of the writers. We have seen one zealous Reformer after another desert us, as his party was triumphant, or his interests served. We have perceived the tone of those whom we have held as champions of our cause, lowered to the accommodation of selfish electors, or restrained by the slavish fear of losing their seats. We have, therefore, resolved to test the sincerity of the remainder, by proposing that something shall be done in favour of those principles they profess to admire.

In June last, we called a general meeting of our members, and invited to attend that meeting all

◁ **인민헌장과 비밀투표_** 차티스트들은 보통선거와 함께 또 하나 중요한 선거의 원칙을 요구했다. 바로 비밀투표였다. 1838년에 나온 인민헌장(The People's Charter)의 내용은 차티스트들이 비밀투표를 요구하고 있을 뿐 아니라 비밀투표의 구체적인 방식까지 제안하고 있다는 점을 보여주고 있다. 인민헌장은 우선 6가지 요구사항을 맨 위에 적어 놓고 있다. 보통선거(universal suffrage), 의원에 대한 재산 자격 조건 폐지(no property qualification), 매년 선거(annual parliament), 동등한 선거구(equal representation), 의원세비 지급(payment of members), 비밀투표(vote by ballot)가 차례로 적혀 있다. 6개의 요구사항 바로 위에는 인민헌장이 의회중 하나인 하원(평민원)의 대표들을 올바르게 뽑는 방법에 대한 개요라고 적혀 있는데, 차티스트들이 하원(평민원)에 대한 개혁 발언을 하고 있지만 상원(귀족원)은 묵시적으로 인정하고 있다는 점을 보여주고 있다. 6개의 요구 사항 아래에는 인민헌장이 하원의원 6명과 런던 노동자협회 대표 6명 등 12명으로 구성된 위원회에 의해 작성된 것임을 밝히고 있다. 런던 노동자협회 안에 로벳(Lovett)이 들어가 있었다. 흥미로운 부분은 그 아래에 그려져 있는 그림들이다. 그림은 스케줄 A, 스케줄 B로 구분되어 두 부분으로 나뉘어져 있는데 바로 이 그림이 비밀투표 방식을 설명한다. 그림의 하단에 친절하게도 벤자민 졸리에 의해 고안된 것이라고 설명이 되어 있다. 스케줄 A의 그림은 비밀투표가 진행되는 방식을 설명하고 있다. 그림은 투표장을 묘사하고 있는데 유권자는 오른쪽 문으로 들어가 가운데 있는 투표기구에서 투표를 한 후 왼쪽 문으로 나오는 식으로 투표를 하게 된다. 투표기구는 황동구슬(Brass Ball)을 넣는 방식이라 유권자가 투표를 할 때마다 투표기구의 앞으로 굴러 나오게 되어 있다. 그림에는 투표를 감독하는 사람과 경찰들이 배치되어 있는 것으로 묘사되어 있다. 스케줄 B의 그림은 투표기구를 설명하고 있다. 투표기구는 위에 여러 개의 구멍이 뚫려 있고 거기에 입후보자의 이름이 쓰여져 있는 방식으로 만들어져 있다. 유권자는 자기가 뽑고 싶은 사람의 이름이 있는 구멍에 황동구슬을 넣으면 되는 것이다. 구슬을 넣으면 구슬이 지그재그 방식으로 떨어지면서 투표기구 안에 있는 기록 장치를 건드리게 되고 그것은 투표기구의 앞면에 마치 시계바늘과 같은 모양의 기록계가 돌아가도록 만든다. 물론 이 앞면의 기록 장치에는 덮개가 있어서 보이지 않게 봉함되어 있다. 초기에 고안된 비밀투표 방식이 투표용지로 이루어지는 것이 아니라 황동구슬을 넣는 방식으로 진행된다는 점이 매우 흥미롭다. 비밀투표는 1872년에 가서야 실현된다.

자유방임주의와 아일랜드 기근 – 쫓겨나는 농민들_ 자유방임주의는 영국에 번영을 가져다
주었으나 부작용도 만만치 않았다. 계속되는 경제성장은 영국을 세계의 공장으로 만들었지만 빈
부의 격차를 심화시켰다. 그 뿐만 아니라 아일랜드에 감자 흉년이 들었을 때 대량 아사자가 발생
하는 결과를 낳기도 했다. 맨체스터 학파로 대표된 자유방임주의자들은 아일랜드에서 발생한 기아
사태에도 그것은 시장이 정상을 찾아 가는 과정에서 나타난 현상으로 간주하면서 눈깜짝하지 않
았다. 아일랜드 기근이 발생했을 당시에 근무했던 재무성의 한 관료는 다른 사람에게 의존하는 것
은 도덕적 질병이며 그러한 태도는 근절되어야 한다는 기록을 1848년 남겼다. 그의 논조는 아일
랜드 기근은 자립할 의지가 없는 나태한 사람들에 대해 신이 내린 징벌이라는 식이었다. 아일랜드
의 사건은 자유방임주의가 만들어 내는 시장경제는 번영과 조화를 가져다 줄 수도 있지만 시장이
실패할 경우 희생이 너무 크다는 점을 보여준다. 아일랜드는 감자 흉년 당시 잉글랜드가 도와주지
않은 것에 대해 분노를 갖게 되었으며 그런 적개심은 이후에도 사라지지 않았다. 결국 아일랜드는
영국에서 떨어져 나와 독립했다. 그림은 토지에서 쫓겨나는 아일랜드 농민을 묘사하고 있다. 집을
떠날 것을 요구하는 말을 탄 관리 앞에서 한 남자가 두 손을 모아 애걸을 하고 있고 부인으로 보이
는 여성은 말고삐를 잡고 호소하고 있는 모습이 보인다. 엄마의 허리를 붙잡고 있는 아이의 모습
이 애처롭다. 사람 둘이 지붕 위에 올라가 지붕을 걷어 내고 있는 것을 보니 집은 곧 골조만 남게
될 것 같다.

영국사회의 계서제—1867년_ 1867년 발행된 영국의 벌집(British Beehive)이란 흥미로운 그림이다. 조지 크루익섕크(George Cruikshank)의 그림은 영국이 계서제 체제를 가지고 있다는 점을 보여준다. 맨 꼭대기에 여왕이 있고 그 아래에 상원과 하원이 있다. 그 밑으로 종교가 있다. 그리고 밑으로 내려가면서 직종이 다른 사람들의 모습이 등장한다. 그림을 보고 있으면 영국이 가부장적 사회이며 아직 민주주의와는 한참 거리가 멀다는 점을 짐작할 수 있다. 벌집의 각 칸에는 사람들이 들어있는데 여러 가지 직종들이 표현되어 있는 것이 흥미롭다. 기계공(mechanic), 직물상(draper), 벽돌공(bricklayer), 거리 청소부(dustman), 도로 포장공(pavior) 등의 이름이 보인다.

개인주의적 자유주의자 스펜서_ 개인주의적 자유주의자로 알려진 스펜서의 초상이다. 스펜
서의 자유주의에는 개인주의라는 수식어가 따라다니는데 그것이 의미하는 것은 개인에 대한 국가
간섭의 거부였다. 그는 특히 국가가 입법을 통해 기업의 활동이나 재산에 대해 규제하는 것에 대
해 비판했으므로 그의 개인주의에서는 개인의 범주에 들어가는 사람들 중에서도 기업인이나 재산
가가 특별한 의미를 갖는 것으로 보인다. 스펜서는 초기에는 보통선거를 지지했으나 선거권의 확
대가 민주주의 경향을 낳고 그것이 집단주의적 입법을 불러 오는 현상을 발견하면서 보통선거권에
반대하는 입장으로 돌아섰다. 토지에 대해서도 초기에는 공유화를 주장했으나 후기로 가면서 현재
의 토지 소유권을 인정하는 쪽으로 돌아섰다. 스펜서는 후기로 가면서 진화론을 받아들여 그것을
사회에 적용시켰으며 다윈의 자연도태(natural selection)에 해당하는 동의어로 1864년 적자생존
(survival of the fittest)이라는 사회진화론의 용어를 만들어 내기도 했다. 스펜서의 주장은 집단
주의적 입법에 반대하는 당시의 보수파의 구미에 잘 맞아 떨어져 그는 보수파에게 보수의 이데올로
기를 제공하고, 강자의 편을 든 이론을 제공한 셈이 되었다. 하지만 그는 개인에 대한 간섭은 재산
을 포함해 어떠한 종류의 것이라도 부당한 것이며 그런 간섭은 줄어들고 배제되어야 한다는 주장
을 펴서 보수파와는 다른 의미에서 개인주의를 추구했던 사람이기도 하다. 그것은 자유와 재산 방
어 연맹 안에서 재산의 방어에 치중했던 보수파 그룹과 자유의 의미를 부각시키려 했던 개인주의자
그룹이 구별되었다는 점에서도 확인된다. 후자가 바로 스펜서 추종자들이었던 것이다. 하지만 그
는 경쟁을 사회진화의 원리로 파악했다는 점에서, 시장의 논리를 자유주의의 중요한 근거로 삼았
다고 보아야 할 것이다. 그는 경쟁이 낳게 될 문제를 인지하고 있었지만 그것들이 이타주의의 발
전에 의해 해결될 것이라고 생각했다.

특권을 폐지하려 한 조지프 체임벌린_ 체임벌린은 37세의 젊은 나이에 버밍엄 시장이 되어 버밍엄에 자치시 사회주의를 실현시켰다. 그는 3년 동안 시장 직을 맡은 후 중앙 정치로 뛰어들어 자유당 내에서 개혁 정치를 시도했다. 그는 1885년 비인가계획(unauthorized programme)이라고 불린 개혁안을 들고 전국을 순회했다. 이 계획안에는 보통선거와 토지개혁에 대한 주장이 포함되어 있었다. 자연권을 인정한 그는 왕과 귀족의 특권에 반대해서 초기에는 마치 톰 페인의 뒤를 잇기라도 하듯 공화주의를 주장했던 사람이기도 하다. 사진을 보면 초롱초롱한 눈과 굳게 다문 입술, 뒤로 잘 빗어 넘긴 머리에서 체임벌린의 단호한 성격이 잘 드러나고 있다. 그는 항상 외눈박이 안경을 끼고, 왼쪽 가슴에는 난초를 달고 다녔는데 이 두 가지가 그의 심볼이 되었다. 그는 자신의 저택에 온실을 만들어 두고 여기서 키운 난초로 양복의 장식을 만들었다고 한다. 기업가로 성공하고 보수당의 수상 물망에까지 오른 그였지만 아내를 두 사람이나 잃은 불운을 안고 있었던 사람이기도 했다. 하지만 비에트리스 웹이 연정을 가지고 매달릴 만큼 매력적인 사람이었던 모양이다. 체임벌린은 개혁적 자유주의자의 모습으로 시작해 그 주장들을 버리지 않았으나 시간이 지나면서 그의 생각에는 영국 민족의 배타적 이익에 대한 관심이 강해졌고 제국에 대한 강조가 더해졌다. 결국 그런 점들이 그의 사상을 매우 복잡하게 만들고 있다. 체임벌린의 경우는 민주주의를 향해 나아간 자유주의도 민족주의적 배타성을 갖게 될 수 있다는 사실을 보여주는 케이스라고 할 수 있다.

THE

SOCIALIST SPECTRE.

Speech delivered in the House of Lords, September 4th, 1895.

BY

THE RIGHT HON.
THE EARL OF WEMYSS.

Published at the Central Offices of the
LIBERTY AND PROPERTY DEFENCE LEAGUE,
7, VICTORIA STREET, LONDON, S.W.
1895.
Price One Penny.

자유와 재산 방어 연맹과 사회주의의 유령_ 1867년의 제2차 선거법 개정은 유권자의 범위를 1차 선거법 개정보다 조금 더 넓혔다. 그래 보았자 유권자는 성인 인구의 15% 정도밖에 되지 않아 보통선거와는 거리가 먼 상태였다. 그런데도 정치의 성격은 이전과는 달라지기 시작했다. 새로이 편입된 유권자를 만족시키기 위해 집단주의적 성격을 띤 법안들이 잇달아 만들어지기 시작한 것이다. 이런 현상들에 대해 귀족과 대기업가 등 기득권자들은 반발했다. 1882년 이들은 "자유와 재산 방어 연맹"(Liberty and Property Defense League)이라는 단체를 결성해 이러한 경향을 비판하고 저지하려 했다. 이들은 명백한 보수파였지만 이들은 자유주의 이데올로기를 전면에 내걸었다. 국가가 사회에 개입하는 것은 개인의 자유에 대한 간섭이라고 주장하는 자유주의의 논리를 보수파는 원용했던 것이다. 자유에는 여러 가지 의미들이 내포되어 있지만 이들에게 중요한 것은 무엇보다도 계약의 자유였다. "자유와 재산 방어연맹"의 활동은 자유주의 안에서 민주주의적 경향과 자유방임적 시장경제의 경향이 충돌하고 있다는 점을 보여준다. 선거권이 확대되어 가면서 정치적 민주화가 진척되어 갈수록 이런 충돌 현상은 더욱 뚜렷해지게 된다. 사진은 1895년 자유와 재산 방어 연맹에서 발행된 『사회주의의 유령』이란 책자이다. 이 책자는 '자유와 재산 방어 연맹'의 의장이었던 윔즈 백작(the Earl of Wemyss)이 1895년 9월 4일 상원에서 한 연설을 내용으로 하고 있다. 이 책자의 제목은 마르크스가 공산당 선언의 첫 머리에 써 먹은 "한 유령이 유럽에 출현하고 있다(A spectre is haunting Europe)"는 문귀를 떠올리게 한다. 윔즈에게는 1880년대에 나타난 각종 사회주의 단체는 말할 것도 없고, 자유당 역시 사회주의에 물들어 있었을 뿐 아니라, 보수당 마저도 사회주의에 경도된 것으로 비쳐졌다. 보수파들은 민주주의가 지닌 집단주의적 경향을 모두 사회주의라고 주장한 셈이다. 하지만 '자유와 재산 방어 연맹'이 내세운 자유주의의 또 다른 경향(즉 인권과 민주주의를 확대시키는 자유주의)이 그들이 싫어한 집단주의적 입법을 낳고 있다는 점을 그들은 알지 못했다. 정반대 편에 서 있는 마르크스와 윔즈 백작이 "사회주의의 유령"이란 동일한 문귀를 쓰고 있다는 점도 흥미롭지만, 그들이 이 문귀를 썼을 때 사용한 사회주의의 의미가 동일한 것이었는지에 대해 생각해 보는 것도 흥미롭다.

PUNCH, OR THE LONDON "CHARIVARI."—January 17, 1906.

THE SHRIEKING SISTER.

The Sensible Woman. "*YOU* HELP OUR CAUSE? WHY, YOU 'RE ITS WORST ENEMY!"

두 개의 여성참정권 운동_ 그림에는 두 사람의 여성이 등장한다. 한 여성은 모피를 두르고 있고, 꽃장식이 되어 있는 고급스런 모자를 쓰고 있다. 다른 여성은 나이가 들어 보이고 다 떨어진 옷을 입고 있다. 나이가 들어 보이는 여성은 한 손에 여성참정권이라고 적혀 있는 천조각을 매단 우산을 거꾸로 들고 있고, 다른 손으로는 주먹을 쥔 채 무언가 요구를 하는 자세를 취하고 있다. 무언가를 외치고 있는 것 같기도 하다. 젊고 부티 나는 여성은 다소 근엄한 표정을 지으면서 이 여성을 바라보고 있다. 그리고 한 손으로 이 소리치는 여성의 팔을 단호하게 붙잡으며 행동을 저지하고 있다. 이 여성의 앞에는 자유주의 모임을 홍보하는 안내판이 전시되어 있는데 뒤에 건물이 있는 것으로 보아 이 안내판이 있는 건물에서 모임이 있다는 사실을 암시하는 것 같다. 그림의 아래에는 "현명한 여성"이라는 문귀를 달고 "당신이 우리의 운동을 돕는다구? 천만에, 당신은 우리의 가장 큰 적이랍니다"고 한 여성이 다른 여성에게 말하고 있는 것으로 이 그림을 드러내고 있다. 이 그림은 여성참정권 운동에 두 부류의 운동가가 있었다는 점을 우리에게 보여준다. 한 부류는 합법적 운동가 다른 한 부류는 전투적 운동가인 셈이다. 사실 영국에서는 두 부류에 대한 이름이 달랐다. 전자는 suffragist 후자는 suffragette로 표기했다. 여성 사회 정치 동맹(WSPU)이 후자를 대표했다. 젊고 근엄한 여성이 늙고 허름한 여성에게 이렇게 발언하고 있다는 것은 이 그림이 합법적 여성참정권론자는 긍정적으로, 전투적 여성 참정권론자는 부정적으로 해석하고 있음을 보여주고 있다. 합법적 여성참정권론자들이 자유주의를 이데올로기로 내걸었다는 점을 보여주고 있기도 하다.

◁ **여성참정권 운동—자유 아니면 죽음을 달라_** 여성들은 참정권을 얻는 것이 자신들의 사회적 문제를 해결하는데 있어 첫 번째 열쇠라는 점을 발견했던 모양이다. 여성 운동가들 중에는 참정권을 획득하기 위해 매우 전투적인 방법을 사용하는 사람들이 있었다. 이들은 방화, 유리창 깨뜨리기, 박물관의 작품 훼손하기, 의회에서 인간 사슬 만들기, 골프장 잔디 훼손하기, 전화선 끊기, 경찰에게 침뱉기, 단식 등 전투적인 행동으로 자신들의 주장을 관철시키려 했다. 이런 전투적인 투쟁은 1913년 엡섬 더비에서 한 여성이 달리는 말에 뛰어들어 사망함으로서 절정에 도달했다. 1차대전이 가져온 변화에도 원인이 돌아가겠지만 이러한 여성들의 전투적 운동에 힘입어 결국 1928년 완전한 보통선거가 실현될 수 있었던 것이다. 사진은 여성들이 런던의 중심가인 피카딜리 가를 따라 행진을 하고 있는 모습을 보여주고 있다. 이들은 엡섬 더비 경마에서 달리는 말 사이에 뛰어들어 사망한 에밀리 데이비슨의 관을 따라 긴 추모 행렬을 이어가고 있다. 사진 아래쪽을 자세히 들여다보면 두 여성이 들고 있는 플래카드에 쓰여진 문구가 보인다. 여기에는 "우리에게 자유를 달라. 아니면 죽음을 달라(Give me liberty or give me death)"라고 쓰여져 있다.

귀족 지배의 종식—의회법(1911)_ 상원은 1911년 8월 10일 상원의 권력을 제한하는 의회법(Parliament Act)을 우여곡절 끝에 131표 대 114표라는 근소한 차이로 통과시켰다. 아직 보통선거는 실현되지 않았지만 의회를 귀족이 지배하는 시대는 끝나가고 있었다. 그림은 1911년 7월 영국 의회의 모습을 그리고 있다. 당시 자유당 수상이었던 애스퀴스가 상원의 권력을 제한하는 법안에 대한 발언을 하자 여기에 대해 반대하는 의원들이 소리치고 있는 모습을 묘사하고 있다.

서 문

　나는 영국의 사회주의 연구를 시작으로 해서 파시즘, 보수주의로 연구 분야를 이동해 갔고 지금 영국의 자유주의를 연구하고 있다. 언제나 하나의 연구는 다음의 연구를 위한 단서를 제공한다. 내가 자유주의를 연구하게 된 것은 우연이 아니다. 나는 영국의 사회주의에 대해 공부를 하면서 의외의 사실을 발견했다. 영국의 사회주의 자체가 다양한 갈래로 갈라지고 그 주장들이 상이하다는 점도 흥미로운 발견이었지만, 영국의 사회주의가 자유주의가 내거는 여러 주장들 예컨대 보통선거권에 대한 주장과 같은 인권에 대한 주장을 줄곧 제기했다는 점은 더욱 흥미로운 발견이었다. 이러한 발견은 영국의 사회주의는 자유주의의 가치를 그 안에 가지고 있는 것이 아닐까 하는 생각을 하게 만들었다. 하지만 나는 이 점에 대해 깊이 있게 연구하지 못했고 이 부분을 주장하는 논문을 쓰지도 못했다. 그런데 나는 영국의 보수주의를 연구하는 과정에서 흥미롭게도 또 하나의 자유주의를 발견했다. 즉 영국의 보수파가 보수주의의 논리만을 이용하는 것이 아니라 자유주의의 논리도 이용하고 있다는 점을 알게 된 것이다. 그런데 19세기 후반의 상황을 놓고 살펴보니 자유주의라는 이념은 진보적 그룹보다는 보수적 그룹 쪽에서 더 많이 원용되고 있었다. 자유주의는 마치 보수파의 소유물인 것 같다는 생각이 들 정도였다. 이런 상황은 내게 혼란을 불러일으켰다. 자유주의가 사회주의로도 연결되고 보수파로도 연결된다면 이 사상의 실체는 도대체 무엇이란 말인가?

그래서 나는 영국의 보수파가 어떻게 자유라는 가치를 보수의 목적과 연결시키게 되었는가를 살펴볼 필요가 있다는 생각을 하게 되었다. 보수란 현재의 질서와 기득권을 유지하려는 원리이니 보수의 목적은 보수파의 이익을 지키는 것과 밀접한 연관성을 갖는다. 그렇다면 보수파는 자신들의 이익을 지키기 위한 간판으로 자유를 내걸었다는 것인데 그러면 자유주의는 그 안에 진보적 가치가 아니라 보수적 가치를 담고 있는 것일까?

나는 사회주의 안에서 발견된 자유주의를 규명하는 작업보다 보수파의 주장 안에서 발견된 자유주의를 규명하는 작업을 시작하게 되었다. 그런 작업을 하는 과정에서 나는 우리가 자유주의에 대해 생각할 때 주의해야 할 점들이 있다는 사실을 발견하게 되었다. 그것은 나 자신이 자유주의에 대해 잘못 생각하고 있었던 부분들이기도 했다. 우선 가장 중요한 점으로 우리가 흔히 자유주의에 대해 가지고 있는 편견인데 자유주의가 단 하나로 정의될 수 있는 단단한 이념이라는 생각을 들 수 있다. 나는 사회주의에 대해 연구하면서 사회주의가 하나로 정의되기 어려운 여러 개의 얼굴을 가지고 있는 사상이라는 점을 발견했는데, 자유주의도 역시 그러하다는 점을 알게 된 것이다. 자유주의를 연구한 사람들은 이미 그런 사실을 알고 있었다. 그래서 누군가가 흥미롭게도 자유주의를 치즈에 비유하고 있었다. 치즈 중에 프랑스 치즈로 로크포르Roquefort 치즈란 것이 있다. 푸른곰팡이가 박혀 있는 향이 강한 푸른색 치즈인데 이 치즈는 오래 가지 못한다. 시간이 지나면서 변해 버리는 이 치즈와도 같이 자유주의는 시간을 잘 견디지 못한다는 것이다. 자유주의를 수은에 비유하는 사람도 있었다. 수은은 고체처럼 보여 집을 수 있을 것 같지만 집으려고 하면 갈라져 버려 도대체 잡을 수가 없다. 즉 그 실체를 포착하기가 어렵다는 것이다. 자유주의는 하나의 포착할 수 있는 단단한 자유주의로 존재하지 않는다. 역사 속의 자유주의는 "자유주의들" 즉 복수의 자유주의로 존재하고 있었다. 휘그의 자유주의, 톰 페인의 자유주의, 아담 스미스의 자유주의, 존 스튜어트 밀의 자유주의, 스펜서의 자유주의, 체임벌린의 자유주의는 동일하지 않았다.

자유주의가 복수로 존재하고 다의적일 수밖에 없는 것은 무엇에 대한 누구의 자유인가 하는 문제와 자유 자체의 정의가 다르기 때문이다. 1) 무엇에 대한 누구의 자유인가 하는 문제는 이런 것이다. 어떤 자유주의는 왕에 대한 귀족의 재산권 보호를 요구한다. 어떤 자유주의는 독점 상인에 대한 일반 상인의 권리를 요구한다. 어떤 자유주의는 성인남자의 보통선거권 즉 정치 참여권을 요구한다. 어떤 자유주의는 다수의 압력에 대한 개성의 자유를 주장한다. 어떤 자유주의는 자유로 국가간섭에 대한 거부를 의미한다. 어떤 자유주의는 나의 능력을 발휘할 수 있는 기본적 조건을 요구할 권리를 의미한다. 이런 다양한 경우에 자유의 수혜자는 전부 다 다를 수밖에 없다.

2) 자유의 정의 문제는 관점에 따라 달라질 수 있다. 그래서 동일한 상황에 대해서도 다른 결론이 내려질 수 있는 것이다. 예를 들어 가난한 사람을 정부가 보조해 주는 것이 자유를 실현시키는 것인가 아니면 그 반대인가 하는 문제를 생각해 볼 수 있다. 어떤 사람은 가난한 사람을 보조해 주는 행위는 일종의 간섭 행위로 자유를 해치는 것이라고 주장한다. 그냥 내버려둠으로써 그가 가난에서 벗어날 기회를 여러 가지 방법으로 찾아 나가게 하는 것이야말로 그가 자신의 자유를 행사하게 하는 것이라고 주장하는 것이다. 반면 어떤 사람은 가난한 사람을 도와주는 것이 자유를 실현시키는

것이라는 주장을 한다. 가난한 사람은 돈이 없어 아무 것도 할 수 없는데 이런 상태를 자유롭다고 할 수는 없다는 것이다. 가난에서 벗어난 상태로 만들어야 그는 비로소 자유로워진다는 것이다. 이 두 견해는 어떤 것이 타당한 것일까. 여기에 대해서는 정설이 있을 수가 없다. 믿음으로 갈라질 따름이다. 전자는 타인을 도와주는 것은 그의 나태함을 조장하는 것이며 자유와는 아무 관련이 없다는 주장을 제시한다. 후자는 타인을 도와주어서 가난에서 벗어나게 하는 것이야말로 그 사람을 자유롭게 하는 것이라고 주장한다. 이런 견해의 차이는 결국 인간에 대한 정의와 관련이 있다. 인간을 나태하고 이기적인 존재로 본다면 전자의 견해가 타당할지 모른다. 반면 인간을 근면하고 성실한 존재로 본다면 후자의 견해가 타당할 것이다.

자유주의가 역사 속의 구체적 사건들과 맞물려 등장하고, 인간에 대한 관점이 다른 바탕 위에서 각자 전개된다는 점을 감안한다면 복수의 자유주의가 등장할 수밖에 없다는 점을 이해할 수 있을 것이다.

두 번째로 주의할 점은 우리는 흔히 자유주의를 보편적인 가치와 연관시켜 생각한다는 점이다. 자유주의는 역사 속에서 일어난 사회운동 과정에서 그 모습을 드러낸다. 우리는 자유주의라는 명칭이 붙은 운동에 대해 대체로 그 운동이 보편적 가치를 함의하고 있었기 때문에 자유주의라는 명칭을 얻게 된 것이라고 생각한다. 하지만 역사 속의 자유주의 운동은 설사 간판으로 자유주의를 내걸고 있었다 해도 보편적 가치와 구체적 이익이 함께 가고 있었다는 사실을 항상 고려해야 한다. 어떤 자유주의 운동에서 그것이 제시한 자유주의의 보편적 가치만 파악한다면 그 자유주의 운동의 반은 파악하지 못한 것이다.

세 번째로 주의할 점은 우리는 흔히 자유주의의 원리가 모든 사회, 모든 단계에서 동일한 결과를 낳을 것이라고 가정한다는 점이다. 그러나 비슷한 힘을 가지고 있는 사람들의 사회에서 작용하는 자유주의의 원리와, 힘의 크기가 다른 사람들로 구성되어 있는 사회에서 작용하는 자유주의의 원리는 동일한 결과를 낳지 않는다. 경쟁이 시작되는 단계에서 작용하는 자유주의와 경쟁이 사라진 단계에서 작용하는 자유주의의 효과도 상이하게 나타날 수밖에 없다. 따라서 자유주의를 원리로 해서 발전하는 사회의 모습도 공간과 시간에 따라 제각기 다르다고 생각해야 한다. 자유로운 사회를 만들기 위해 작용한 자유주의의 원리가 시간이 흐르면서 처음의 기능과는 반대로 부자유한 상태를 낳고 이를 유지하는 기제로 작용하는 결과를 낳기도 한다. 자유 시장경제가 시간이 흐르면서 경쟁체제에서 독점체제로 변화되는 현상이 한 예가 될 수 있을 것이다.

네 번째로 주의할 점은 자유주의는 역사 속에 나타난 어떤 이념보다 가치있는 이념이긴 하지만 이것이 인간과 사회의 문제를 해결하는 최종 원리는 아니라는 점이다. 여러 개의 억압의 층을 벗겨내면서 자유를 차례로 쟁취해 내었다 해도 그 뒤 남게 되는 문제들 혹은 새롭게 출현하게 되는 문제들이 있다는 것이다. 개인이든 사회든 해방이 되었다 해도 갈 길을 찾지 못해 헤매고 있는 상태라면 자유주의가 그 개인과 사회의 문제를 해결해 주었다고 평가할 수는 없을 것이다. 자유주의는 보다 나은 사회를 향해 나아갈 수 있는 중요한 조건을 만들어 줄 따름이다.

자유주의 자체에 대해서 유의해야 할 점도 있지만 영국의 자유주의에 대해서 유의해야 할 점들이 많이 있다. 이 책을 쓰는 것도 이런 점들을 밝히기 위한 것이다. 흔히 사람들은 영국은 유럽의 다른 나라보다 억압적인 권력으로부터 일찍 자유로워졌고 자유주의도 빨리 발전했다는 생각을 가지고 있는 듯하다. 아울러 영국의 자유주의는 자유주의 발전의 전형적 형태를 보여주고 일반적 모델을 제시한다는 생각도 가지고 있는 듯하다.

이런 생각들은 과연 타당한 것일까? 사실 이런 인식은 여러 가지 이유들이 복합적으로 작용해 만들어진 영국 자유주의의 외관일 뿐이며, 우리에게 영국 자유주의의 진정한 실체를 가리는 작용을 하고 있다. 이런 인식을 낳게 된 것에는 당연히 여러 가지 이유들이 있다. 그래서 그런 인식을 낳은 요인들과 함께 우리가 영국의 자유주의를 생각할 때 유의해야 할 점들을 지적해 보고자 한다.

첫 번째 유의해야 할 점을 들어 보겠다. 그것은 영국 의회와 입헌군주제에 대한 인식이다. 영국에는 의회가 일찍부터 출현했고 의회는 긴 역사를 가지고 있다. 이런 사실은 '영국은 의회 민주주의가 일찍부터 발달한 나라'라는 인식을 함께 낳았다. '의회'와 '민주주의'가 따라다니기 때문이다. 영국에 의회가 일찍부터 출현한 것은 사실이다. 그러나 그 의회와 지금의 의회와는 다르다는 점을 분명히 알아야 하겠다. 당시의 의회는 귀족들이 왕권을 제약하기 위해 만든 기구였고 귀족들이 장악한 기구였다. 영국 의회 중 상원은 아예 귀족들로만 구성되었으며, 하원은 비록 평민들의 대표로 구성되기는 하였지만 실제로는 귀족들이 통제하고 그들의 이익이 반영된 기구였다는 점을 놓쳐서는 안 되겠다. 한 선거구에서 11명의 유권자가 2명의 의원을 뽑는 식이니 그럴 수밖에 없었을 것이다. 윌셔Wiltshire의 올드 새럼Old Sarum이란 선거구에서 실제 벌어진 일이다. 의회가 귀족의 통제에서 벗어난 것은 20세기에 들어서 의회법Parliament Act이 통과된 1911년에 이르러서였다. 그러므로 영국에서 의회의 존재가 민주주의의 실현을 의미했던 것은 아니다. '영국은 의회 민주주의가 일찍부터 발달한 나라'라는 판단에는 커다란 오류가 있다. 그러니 영국은 의회는 있었지만 일찍부터 민주주의가 발달한 나라는 아니었다는 점에 유의하면서 영국의 자유주의를 생각해야 할 것이다. 영국이 자유주의를 가지고 있었다 해도 그것은 민주주의 없는 자유주의였다는 점을 먼저 지적한다.

　입헌군주제라는 용어 역시 마찬가지이다. 영국은 흔히 명예혁명 이후 일찍이 입헌군주제를 확립했다고 주장된다. 영국에서 명예혁명 이후 절대 왕정의 성격이 변하고 입헌군주제가 실현되었다는 주장이 틀렸다고 할 수는 없다. 하지만 이런 설명은 당시의 입헌군주제와 지금의 입헌군주제의 차이를 놓치고 있다. 당시의 입헌군주제는 지금처럼 민주주의가 실현된 입헌군주제가 아니었다. 왕권은 제약을 받았지만 국민들에 의한 제약이 아니라 귀족들에 의한 제약을 받았을 따름이다. 그러니 사실 입헌군주제라는 용어보다는 귀족과두정이라는 용어가 명예혁명 이후의 영국의 실체를 보여주는 더 적절한 용어일 것이다. 18세기에 몽테스키외가 찬양한 영국의 입헌군주제는 민주주의가 실현된 지금의 입헌군주정과는 커다란 차이가 있었다는 점을 기억해야 할 것이다.

　두 번째 유의해야 할 점은 영국이 자유방임주의laissez-faire가 실현된 나라라는 생각이다. 이런 생각은 자연스럽게 영국은 자유주의가 발전한 나라라는 생각을 갖게 만든다. 자유방임주의라는 용어는 개인의 문제에 국가가 간섭하지 않고 내버려 둔다는 의미를 지니고 있다. 그리고 우리는 이런 원리가 영국에서 산업혁명이 일어나면서 사회에 널리 퍼졌다는 인식을 가지고 있다. 자유방임이란 용어 자체가 자유로운 사회라는 이미지를 불러일으킨다. 그렇지만 이 용어에는 커다란 함정이 있다. 여기서 자유방임의 구체적 의미는 거래를 하는 사람과 제조활동을 하는 사람들의 자유방임이었고 보다 구체적으로는 개인들 사이에서 일어나는 계약의 자유방임이었다. 자유로운 계약을 할 수 있는 조건의 성취가 자유주의의 실현을 의미하는 것일까? 어떤 의미에서는 그렇다고도 할 수 있을 것이다. 시장경제의 발전이 자유주의의 성과 중 하나라고 볼 수 있기 때문이다. 그렇지만

자유주의가 개인과 국가 혹은 개인과 권력 사이의 관계에 대해 이의를
제기하는 사상이라는 점을 중시한다면 자유방임주의의 출현이 자유주의의
충분조건이라고 말할 수는 없을 것이다. 정치적으로 억압적인 국가도
얼마든지 시장경제의 원리를 채택할 수 있는 법이다. 현실에서도 그런
나라들을 찾아볼 수 있다. 세계의 공장으로 떠오른 지금의 중국이 이와
비슷한 모습을 보여준다. 자유주의와 자유방임주의를 동일한 것으로 간주
해서는 안 될 것이다.

　세 번째 유의해야 할 점은 영국이 대표적인 야경국가night watch state였다는
생각이다. 야경국가는 국방과 치안에만 관심을 갖는 나라를 지칭하는
것으로 19세기에 자유방임주의가 실시된 나라를 가리킨다. 그리고 사실
이 용어는 19세기의 영국을 지칭하는 것으로 통상 쓰여지고 있다. 야경국가
는 최소국가minimal state였다는 생각도 일반적이다. 과연 영국에서 국가는
기능이 크게 축소된, 사회에 관여하지 않는 최소 국가였을까? 사실은
이런 판단도 올바른 것은 아니다. 왜냐하면 19세기 전반부터 영국에서
국가는 사회의 문제에 계속 개입했기 때문이다. 잇달아 만들어진 공장법,
광산법 등은 국가가 사회 문제에 지속적으로 개입하였음을 보여주고 있다.
그러나 이런 부분을 무시하더라도 한 가지 문제는 더 남는다. 과연 영국이
국방과 치안에만 관여하는 나라 즉 야경국가였다면 영국은 억압이 사라지
고 인권이 실현된 국가였다고 할 수 있을까? 야경국가라는 용어는 기능이
축소된 국가, 간섭하지 않는 국가라는 이미지를 던진다. 그러니 영국이
야경국가라는 인식은 영국에서 국가는 한밤중에 방범 순찰만 도는 역할을
했을 따름이지 강력한 권력을 행사하지 않았다는 인식을 낳는다. 하지만
19세기를 통해 영국에서 국가는 '의회'가 만든 법을 강력하게 실행하는
역할을 충실하게 해 내었다. 그리고 이 의회는 소수의 계층이 뽑은 대표들로

구성되어 있었을 따름이다. 그러니 방범 활동으로 좀도둑만 때려잡은 것이 아니다. 국가에 대해 항의한 세력들도 함께 잡았다는 점을 놓쳐서는 안 되겠다. 대표적인 예로 피털루 학살사건을 들 수 있다. 1819년 맨체스터에서 벌어진 의회개혁을 요구하는 집회는 15명의 사망자를 내면서 무력 진압되었고, 이는 피털루의 학살Peterloo Massacre이라 불리고 있다. 귀족의 이익을 건드리지 않는 국가였다는 의미에서 야경국가라고 불릴 수 있을지 모르지만 그 야경국가가 국민들의 요구에 대해 수용적이고, 억압이 없는 국가였다고 생각해서는 안 될 것이다. 야경국가의 이미지와는 달리 영국의 국가는 물리적 폭력을 마다하지 않는 강력한 통제력을 행사한 국가였다는 점을 잊어서는 안 되겠다.

　네 번째 유의해야 할 점은 영국에서 자유주의 운동이 곡물법 투쟁에서 정점을 이루었다는 인식이다. 19세기 영국사에서 반곡물법Anti-Corn Law 운동은 자유주의 운동의 대명사처럼 간주되고 있다. 그러나 여기에 대해서도 주의를 기울여야 하겠다. 1846년 곡물법이 폐지됨으로써 영국에서는 자유무역의 원칙이 수립되었다. 이것이 영국에 대단한 자유주의 운동이 일어났다는 인상을 낳았다. 그러나 이 운동은 국제무역의 부분에서 거래의 자유를 요구한 운동이었을 따름이다. 물론 곡물법을 폐지한 사건은 토지에 기반을 둔 귀족의 이익에 대한 부르주아의 도전이었고, 자유로운 교역을 성취해낸 부르주아의 쾌거였다. 하지만 이는 어디까지나 거래의 영역에서 상공업자가 얻어낸 자유였을 따름이다. 게다가 그 자유도 그렇게 보편성을 지니지는 못했다. 왜냐하면 자유무역을 통해 수입된 값싼 곡물은 빵 값을 낮추었을지는 모르지만 임금도 낮추었기 때문이다. 즉 자유무역은 실제로는 노동자의 임금을 낮추면서 부르주아의 이익에 봉사했던 것이다. 자유무역주의는 자유주의의 한 부분이 될 수는 있을 것이다. 그러나 보호무역주의도 자유주의와 병립할 수 있다는 점을 지적하고 싶다. 영국에서 곡물법 폐지 운동이 일어나고 실현되었으니 영국은 자유주의가 발전한 나라였다는 식의 등식관계는 성립되지 않는다. 이 운동은 비인 체제 이후 대륙에서 일어났던 자유주의 운동과는 다른 것이었으며 억압적인 정부에 대해 인간의 기본권이나 정치적 권리를 주장하는 내용을 담고 있지는 않았다.

다섯 번째 유의해야 할 점으로 1859년 출판된 존 스튜어트 밀의 『자유론On Liberty』이란 책을 지적하고 싶다. 『자유론』은 자유주의 이념의 대명사처럼 여겨져 영국 자유주의에 대한 과장된 오해를 불러일으킨다. 이 책이 출판된 시기도 19세기 중엽이라 마치 영국은 이때쯤 되면 자유주의가 최고조에 달한 듯한 인상을 낳고 있다. 그러나 아이러니컬하게도 이 책은 개인과 국가권력 사이의 자유에 대한 이야기를 하고 있지 않다. 이 책은 개인과 다수의 사이에서 일어나는 자유의 문제에 대해 이야기하고 있다. 밀의 자유 이야기는 사실 매우 의미깊은 이야기이다. 하지만 그 이야기는 민주주의가 실현된 사회에서 제기되어야 할 사안이다. 밀은 다수결로 문제를 해결하려 하는 못된 민주주의의 약점에 대해 경고하면서 개인의 자유, 개성의 자유를 옹호하고 있다. 그렇지만 1859년 영국은 아직 2차 선거법도 도입되지 않은 비민주 국가였다.(2차 선거법은 1867년 실현된다) 민주주의가 실현되지 않은 사회에서 밀의 주장이 구체적인 의미를 지니게 되는 계층은 민주주의의 혜택을 보는 소수의 사람들에게 국한될 수밖에 없었을 것이다. 민주주의의 의미를 다른 것은 다 젖혀놓고 선거권의 범위로만 한정시킨다 해도, 당시 영국은 고작 성인의 7퍼센트만이 선거권을 가진 나라였다. 밀은 민주주의가 없는 나라에서 민주주의가 실현되고 난 후에 다루어야 할 자유의 이야기를 하고 있는 것이다. 『자유론』이란 책이 영국 자유주의의 실상을 반영하고 있지는 않다는 점을 알아 두어야 할 것 같다.

여섯 번째 지적하고 싶은 사항은 학술적 차원의 논의이기는 하지만 독일의 존더베크Sonder Weg(특별한 길) 이론과 관련이 있다. 이 이론은 독일사에서 제기된 것으로 독일의 부르주아는 국가와 결탁한 관계로 자유주의 운동을 일으키지 않았고 투쟁적이지 않았다는 이론이다. 그리고 그런 길을 간 독일의 역사를 특별한 길로 간주한 것이다. 이 이론을 역으로 놓고 보면 영국은 보편적인 길을 걸었는데, 그 길은 부르주아들이 자유주의를 선도했고 국가와 투쟁을 벌이는 길을 걸어갔다는 내용이 되는 것이다. 그러면 영국의 부르주아들은 국가에 대해 투쟁적이었을까? 그리고 억압적인 국가에 대해 여러 가지 자유를 요구했을까? 영국의 부르주아는 1차 선거법 개정으로(1832) 자신들의 선거권을 획득한 이후 국가에 대해 그렇게 투쟁적이지 않았다. 그들 스스로가 귀족과 결합된 과두집단으로 변했으며 국가권력에 참여하고 있었다. 자유무역을 둘러싸고 보수당과 갈등이 일어나며 자유당이 만들어졌을 때도(1859) 자유당 안에는 지주세력인 휘그Whig가 반이나 들어 있었다. 영국의 부르주아도 국가에 대해 적대적이지 않았고 투쟁적이지 않았으며, 대륙에서 의미하는 자유주의를 선도하지 않았다. 독일의 부르주아가 국가의 지배를 받아들인 것이라면 영국의 부르주아는 그들 스스로가 과두집단의 일원이 되어 있었다는 점에서 차이가 있었을 따름이다. 물론 예외는 있었다. 자유당의 체임벌린의 경우를 놓고 보면 귀족의 특권 폐지, 보통선거의 확대와 의원세비 지급 등 의회개혁을 요구하고 있다. 그러나 그것이 부르주아 다수의 일반적 특징으로 드러나지는 않았다. 오히려 다수의 부르주아는 자유주의적 개혁이 불러오는 민주주의에 반감을 표시했다. 왜냐하면 민주주의가 집단주의적 경향을 불러왔기 때문이다. 1867년 2차 선거법이 개정되고, 선거권이 성인의 14%로 늘어나면서 1870년대부터 나타난 여러 사회입법들은 집단주의적 내용을 담고 있었으며 부르주아들은 여기에 대해 반대했다. 그런데 아이러니컬하게도 부르주아들은 이러한 국가간섭 특히 재산에 대한 간섭을 자유주의의 이름을 내걸고서 거부했다. 이런 상황은 사실 미묘한 혼란을 야기한다. 왜냐하면 영국에서 부르주아는 국가의 간섭에 저항해 자유주의의 가치를 실현시키려 한 것처럼 보이기 때문이다. 그러나 부르주아는 억압적인 국가의 부당한 간섭에 저항했던 것이 아니라, 민주적 압력을 받은 국가가 사회 문제에 대처하기 위해 시도한 집단주의적 간섭에 자유방임의 논리로 저항했던 것이다. 영국에서 국가에 대한 부르주아의 저항이 있었을지 모르지만 그것에 대한 해석은 주의를 요한다.

일곱 번째로 지적하고 싶은 유의사항은 바로 '리버럴Liberal'이란 용어이다. 리버럴Liberal이란 용어 자체가 영국의 자유주의에 대한 우리의 인식을 혼란스럽게 만들고 있다. 19세기 영국의 정치는 보수당과 자유낭의 양당 정치로 진행되었다. 그래서 19세기 영국 정치사에서 핵심 용어로 등장하고 정치의 중심에 자리매김되는 리버럴이란 용어는 영국 정치가 자유주의자에 의해 움직여 나간 것 같은 인상을 주고 있다. 그러나 중요한 점은 여기서 리버럴은 자유주의자만을 의미하지 않는다는 점이다. 리버럴의 사전적 의미는 자유주의자이지만 영국에서 대문자 엘(L)로 시작하는 리버럴은 자유당원들을 가리킨다. 자유당은 자유주의자들로 구성되어 있으니 그게 그거 아니냐 하는 의문이 들지 모르겠다. 그렇지만 영국 자유당의 구성을 보면 이야기는 달라진다. 1859년 창당된 영국 자유당에는 지주세력인 휘그가 반을 차지했다. 1859년부터 1874년까지 의원 구성을 살펴 본 결과가 그러하다. 게다가 1846년 곡물법 폐지 투쟁을 둘러싸고 보수당에서 떨어져 나온 사람들도 많았다. 이들은 필추종자Peelites(필추종자는 보수당 수상이었던 로버트 필의 추종자로 자유무역Free Trade을 주장한 점을 빼고는 보수당과 정체성이 유사했다)라고 불렸는데 자유당 구성에서 상당수를 차지했다. 자유당의 초기 지도자였던 글래드스톤 자신이 필추종자 중 한 사람이었다. 이는 자유당 구성원의 반 이상이 전통적 지주세력인 휘그 및 토리와 연관되어 있었다는 점을 의미하고 있다. 그런가 하면 자유당을 구성하고 있는 또 다른 세력인 부르주아들에게도 그들이 의미한 자유는 자유방임과 자유무역이었을 따름이다. 이런 구성을 놓고 보면 대륙을 휩쓸었던 자유주의 즉 프랑스 혁명 정신을 전파한다는 명목으로 나폴레옹이 심고 다녔던 자유의 나무가 상징하는 자유주의는(사실 나폴레옹도 자유주의와는 별 상관이 없는 사람이었다) 영국 자유당 내에서 크게 부각되지 않았다는 점을 알 수 있다. 그래서 영국에서 등장하는 리버럴Liberal은 설사 자유주의자로 번역할 수 있다 하더라도 그 자유주의자의 의미는 자유방임과 자유무역을 주장하는 사람이라는 점에 유의해야 하겠다. 이들은 대륙에서처럼 헌법제정을 요구하지 않았고 공화정을 요구하지 않았으며 보통선거권을 요구하지 않았다. 자유당 내에서 이런 주장을 하는 사람들도 있었지만 이런 주장을 하는 자유당 사람들에게는 또 다른 이름인 급진주의자Radical라는 용어가 붙여졌다. 이들은 자유주의 좌파로 분류되었으며 자유당 내에서 주변화되었다. 하지만 영국 자유당 내에 "자유주의자"와 보다 진보적인 "급진주의자"가 함께 있었다는 식의 서술은 영국 자유주의를 대륙의 자유주의보다 더욱 개혁적이고 진보적인 것처럼 보이게 하는 착시효과를 낳고 있다.

  영국의 자유주의는 의회, 자유방임, 자유무역, 야경국가, 『자유론』, 존더 베크Sonder Weg, 리버럴Liberal 등의 용어에 둘러싸여 안전한 발판을 구축하면서 발전해 나간 것처럼 보인다. 그러나 이런 용어들에 대한 정밀한 이해를 바탕으로 영국 자유주의를 판단해야 한다는 점을 놓쳐서는 안 되겠다.

그렇지 않으면 강철 갑옷처럼 영국 자유주의를 둘러싸고 있는 이런 용어들이야말로 영국의 자유주의에 대한 참된 이해를 방해하는 장애물이 될 수밖에 없을 것이다.

그러므로 영국에서 자유주의의 전개 과정은 독특한 양상을 띠고 있다. 자유주의는 일찍 출현했다고 주장될 수 있을지 모르나 그것을 대륙에서 나타난 자유주의와 같은 것으로 이해해서는 안 된다. 왜냐하면 영국에서 자유주의의 헤게모니를 장악한 세력은 지배층으로부터 출발했기 때문이다.

영국 자유주의의 헤게모니를 처음으로 장악한 계층은 귀족이었다. 국왕에 대해 비판적인 입장에 서서 명예혁명을 성공시킨 영국의 귀족들은 휘그Whig라고 불렸는데 이들은 명예혁명 이후 조지 3세 시대까지 거의 백 년 동안 권력을 장악했다. 긴 시간동안 권력을 장악하면서 그들은 자신들의 입장을 정당화하는 역사해석을 만들어 내었는데 여기에 대해 "휘그적 역사 해석"이라는 이름이 붙여졌다. 휘그적 역사 해석은 영국 역사를 법과 종교의 영역에서 자유를 실현시켜 나간 역사로 해석했다, 그 결과 휘그적 역사 해석은 영국에서 자유주의의 발전을 정당화하는 역사 해석으로 인식되게 되었다. 하지만 이 역사 해석에 따르면 영국 역사 속에서 자유를 실현시킨 주역은 왕권에 저항한 귀족들이었다. 왕의 자의적 통치에 대해 문서를 만들어서 왕의 양보를 얻어내고, 왕이 통치를 정당화하기 위해 강제한 종교에 대해 반발해 종교적 관용을 얻어낸 자들은 바로 귀족들이었기 때문이다. 그러므로 사실 이 역사 해석은 휘그 귀족들 자신의 이익과 권력을 옹호하고 정당화하는 역사 해석인 것이다. 이 자유주의는 19세기 유럽을 휩쓴 자유주의의 물결 속에서 발견하는 자유주의와는 다른 의미를 지닐 수밖에 없다. 영국에서는 자유주의라는 용어와 개념의 소유권을 휘그가 장악함으로써 자유주의는 휘그의 지배와 주장, 기득권을 정당화하는 화려한 간판으로 등장하게 되었던 것이다.

산업혁명은 자유주의의 소유권에 변화를 일으켰다. 산업혁명이 일어나면서 자유주의의 헤게모니는 산업과 교역으로 기득권을 획득하게 된 사람들의 손으로 넘어갔다. 이들이 자유주의의 헤게모니를 잡으면서 자유방임, 자유무역이 자유주의의 경구가 되어 버렸다. 물론 이들은 1832년의 선거법 개혁으로 자신들이 정치에 참여하는 권리도 실현시켰다. 하지만 여기서 정치적 민주주의를 실현시킨 자유주의는 그들만의 자유주의였다는 점을 놓쳐서는 안 되겠다. 이들이 실현시킨 자유는 이들과 이들이 상대한 국가권력와의 관계에서만 의미가 있었지 이들이 만들어낸 권력이나 억압과 관련해서는 의미가 없었다. 그들이 자유주의의 헤게모니를 쥐고 있는 한 그들이 어떤 사회적 권력을 휘두르든지 그것으로 인해 자유주의자로서의 이미지가 훼손되지는 않았다.

그리고 자유주의의 헤게모니가 산업혁명을 견인한 세력들에게로 넘어가면서 자유주의는 새로운 의미를 띠게 되었다. 정치의 영역에서 의미를 지녔던 자유가 이제는 경제의 영역에서 의미를 지니는 상태로 변화되었던 것이다. 자유는 '자의적 통치나 억압에서 벗어난 상태'라는 의미에서 '마음대로 경제활동을 할 수 있는 상태'라는 의미로 변화된 것이다. 자유주의는 귀족의 손에서 벗어나 새로운 주인을 만나기는 했지만 영국에서 자유주의는 반독재 투쟁의 이데올로기와는 다른 의미를 지니게 되었다.

그러므로 영국에서 탄생한 자유주의는 대륙에서 탄생한 자유주의와는 그 맥락이 사뭇 다르다는 점을 알고 있어야 할 것이다. 한 번은 귀족들이 한 번은 상인과 제조업자들이, 한 번은 정치적 맥락에서 한 번은 경제적 맥락에서 자유주의가 이론화된 것이다. 우리가 영국의 자유주의도 보편적 자유주의가 아닌 특별한 자유주의로 이해해야 하는 이유가 여기에 있다.

물론 영국의 자유주의가 자유주의의 헤게모니를 장악한 세력으로만 구성된 것은 아니었다. 자유주의의 헤게모니에 도전한 세력들은 지속적으로 출현했지만 헤게모니를 뺏어오는데 성공하지는 못했다. 청교도 혁명기의 레벨러들, 프랑스 혁명기의 톰 페인과 그 추종자들, 19세기 전반의 차티스트들, 19세기 후반 자유당 내에서 보통선거와 의회개혁을 주장한 급진주의자로 간주된 세력 등 헤게모니를 장악한 자유주의자들에게 도전한 또 다른 자유주의자들이 있었다는 점을 기억할 필요가 있다. 이들은 국가권력의 억압성에 대해 도전했으며, 국가권력에 참여하기 위해 선거권을 요구했고, 의회개혁을 요구했고, 여러 가지 기본권을 요구하고, 귀족 특권의 폐지를 요구하고 심지어 공화정을 주장했다. 나아가 새로운 자유의 개념을 바탕으로 국가의 적절한 개입을 주장하기도 했다. 특히 마지막 운동은 의미가 크다. 로이드 조지의 인민예산안이 통과되고 국민보험법이 실현되는 과정에서 보여준 자유당의 모습은 자유주의의 헤게모니가 새로운 주장과 세력에게로 이전되는 듯한 인상을 주기도 했다.

그러나 자유당은 산업사회에서 나타난 새로운 권력을 둘러싸고 일어나는 복잡한 논의에 대해 자유주의가 행사할 수 있는 권리를 제대로 발휘하지 못했다. 그 권리를 행사한 세력, 즉 인권을 주장하는 바탕 위에서 산업의 영역에서 나타난 새로운 사회적 권력에 대한 논의를 제기한 세력은 새롭게 탄생한 정당인 노동당이었는데, 노동당은 그들의 주장을 제기하는 과정에서 자유주의의 이름을 원용하지 않았다. 만약 영국의 자유당이 미국의 민주당처럼 노동운동 세력을 끌어안을 수 있었다면 자유주의에 대한 헤게모니를 자유당이 잡을 수 있었을지 모른다. 자유당이 사라진 영국에서 자유주의의 헤게모니는 자유방임의 자유주의를 수용하는 보수당에게로 넘어가 버렸다.

영국에서 자유주의의 헤게모니가 보수당의 수중으로 넘어가게 됨으로 인해 보수당은 보수주의와 자유주의를 넘나들며 보수당 정책을 정당화할 수 있게 되었다. 대처Thatcher를 보수주의자인지 자유주의자인지 혼동하는 기사를 보게 되는 것은 이런 연유에 기인하는 것이다.

자유주의에 대한 헤게모니를 빼앗긴 자유주의자들 즉 자유방임과는 다른 의미에서의 자유주의를 주장한 사람들의 이념은 사회주의적 주장들과 결합되는 경향을 보여주었다. 헤게모니를 잡지 못한 자유주의의 주장들은 노동자들 및 타 사회운동들과 결합되었다. 노동자들의 선거권에 대한 요구는 노동 조건에 대한 요구와 함께 묶여 주장되는 경향을 보였고, 여성 참정권 요구는 여성운동과 결합되었다. 이런 요구들은 여러 정당들에서 부분적으로 수용되는 경향을 보였지만 결국 자유당이 쇠퇴하면서 새롭게 부상한 노동당이 이런 요구들에 대한 수용의 주체로 떠오르게 되었다. 사회주의를 당 강령으로 채택하게 되는 노동당 안에서 자유주의적 주장들은 사회주의와 결합하게 된다. 개혁적 노선에 서 있었던 자유주의의 경우 그 자유주의의 이름은 사라졌지만 사회주의 속에서 그 주장들은 살아있다. 영국 노동당이 자유주의의 계승자라고 주장할 수 있는 충분한 근거가 있는 셈이다.

영국 자유주의의 발전과정에 대한 검토는 영국 자유주의에 두 가지 요소가 혼재해 있다는 점을 보여주고 있다. 하나는 인권과 권력참여에 대한 요구이며, 다른 하나는 자유방임에 대한 요구가 그것이다. 두 개의 기반은 다소 달랐다. 전자는 자연권에 기반을 두고 자유를 추구했지만 후자는 자연권 같은 것에 기반을 두지 않고 자유를 추구했다. 이 두 개의 요소 중 전자가 민주화를 촉진시킨데 비해 후자는 시장경제를 발전시켰다.

민주화의 중요 지표로 보통선거를 지목할 수 있다면, 시장경제의 요체는 개인들의 자유경쟁이었다. 이렇게 놓고 볼 때 영국 자유주의의 역사는 이 두 개의 운동이 함께 진행된 과정이었다는 점을 알 수 있다. 시장경제는 계약의 자유를 바탕으로 효율과 번영, 성장을 추구하며 점차 강자의 이익에 봉사하게 되었다. 반면 민주화는 국가권력에 귀족이 참여한 것을 시작으로 해서 조금씩 다음 계층에 의회의 문을 열어 주면서 약자의 이익이 순차적으로 반영되는 것을 허용했다. 흥미로운 점은 시장경제가 19세기에 빠르게 실현된 반면, 민주화는 20세기가 한참 지나서 느리게 이루어졌다는 점이다.

그런데 왜 민주화는 느리게 이루어졌을까? 그것은 민주화가 진행되는 과정에서 민주화가 시장경제의 수혜자들에게 손실을 입힌다는 사실을 보수파가 알게 되었기 때문이다. 선거권이 확대되어 유권자가 늘어날 때마다 유권자의 이익이 반영되는 집단주의적 입법들이 실현되었다. 1867년 2차 선거법 개정 이후부터 이런 경향은 뚜렷해졌다. 국가가 정의 혹은 공정이란 이름으로 자유로운 계약에 간섭하는 경향이 나타난 것이다. 집단주의적 경향을 낳은 원인이 선거권 확대에 있다는 점을 발견한 사람들이 보통선거에 반대한 것은 당연했다. 그러니 사실상 영국에서 민주화 운동과 경향은 저항을 받으면서 느릿느릿 진척될 수밖에 없었다는 점을 알아야 한다. 자유주의가 만들어 낸 두 개의 운동 즉 시장경제와 민주화 중 하나는 빠르게 실현되었지만 다른 하나는 방해를 받으면서 느리게 실현된 것, 이것이 영국 자유주의의 실체이다.

자유라는 단어는 참으로 가슴을 뛰게 만드는 단어이다. 그런 자유를 추구하는 이념인 자유주의는 인류를 억압으로부터 해방시키고 행복한 삶을 영위할 수 있게 하는 토대를 제공한다. 하지만 그 자유주의의 이름으로 자유로운 노예무역이 이루어졌고, 자유로운 불공정 계약이 맺어졌다. 자유

를 생각할 때 자유라는 추상적 가치만을 떠올릴 것이 아니라 그 자유가
누구의 자유이고, 그 자유가 누구에게 무슨 이익을 가져다주는지를 따져볼
필요가 있다는 생각이 든다. 자유주의라는 간판을 내걸었지만 실제로는
좌파와 우파가 모두 각자의 이익을 위해 자유주의 이념을 이용하고 있는
것은 아닌지 생각해 볼 일이다.

　이쯤에서 영국이란 나라에 대해 잠시 언급하고 싶다. 영국은 우리에게
매우 친숙한 나라이다. 영어를 배우려고 기를 쓰고 달려드는 우리 사회의
모습에서도 그것은 감지된다. 하지만 영국에 대한 우리의 인식은 여러
부분에서 왜곡되어 있다. "영국"이란 용어부터 문제가 있다. 영어의 1)
유나이티드 킹덤United Kingdom, 2) 브리튼Britain, 3) 잉글랜드England는 모두
영국이라고 번역된다. 하지만 세 개의 단어는 모두 다른 의미를 지니고
있고 다른 지역을 가리킨다.(유나이티드 킹덤은 4개의 나라를 포함하는
연합왕국이다. 브리튼은 브리튼 섬을 가리킨다. 잉글랜드는 브리튼 섬
안에 있는 잉글랜드라는 지역을 가리키고 있다.) 서로 다른 의미를 지니고
있는 용어들이지만 우리는 전부 영국이라고 번역해 사용하고 있다. 그러니
우리는 영국이라는 말조차도 애매한 상태로 사용하고 있는 셈이다. 대영박
물관이란 용어도 이상하기는 마찬가지이다. 런던에 있는 박물관의 이름은
브리티시 뮤지엄British Museum이다. 이를 번역하면 영국박물관이다. 그런데
도 우리는 대영박물관이란 표기를 고수하고 있다. 대영제국이란 용어도
마찬가지이다. 영어로는 브리티시 엠파이어British Empire라고 되어 있으니
우리 말로는 영제국이 맞는 표기이다. 그런데도 우리는 대영제국이라는
표현을 여전히 쓰고 있다. 영국이란 애매한 용어나 영국에 대大자를 붙이는
용어 같은, 영국에 대한 왜곡된 인식은 전통의 소산이다. 서양에 대한
우리의 지식이 일본을 통해 들어왔으니 이 전통은 일본인들의 왜곡된

50

지식으로부터 유래한다고 할 수 있겠다. 아마도 일본인들은 영국을 대단히 위대한 나라라고 생각했던가 보다. 큰 대자를 일부러 앞에 붙여 놓은 것을 보면 말이다. 하지만 그런 열등감은 일본인들만 가졌으면 되는 것이지 우리까지 가져야 할 필요는 없다. 영국하면 신사(젠틀맨)를 떠올리는 것도 다 그런 의식의 연장선상에 놓여 있는 것이다.

우리는 해방되었지만 일본에 의해 왜곡된 영국의 이미지는 수정되지 않았다. 오히려 이런 이미지는 다시 한 번 왜곡되는 과정을 겪는다. 영국에 대한 왜곡된 인식의 두 번째 진원지는 다름 아닌 한국이다. 해방 이후 일본을 통하지 않고 직접 영국과 접촉하게 된 우리의 지식 세계는 동등한 자격으로 서로의 지식을 교환하지 않았다. 영국을 경험하고 온 많은 사람들은 영국의 제도들을 앞서 있고, 우월하고, 문명적인 것으로 간주하면서 영국이 가진 여러 요소들을 표준으로 생각하는 태도를 한국사회에 퍼뜨렸다. 이 과정에서 영국에 대한 왜곡된 인식은 수정되지 않고 지속되게 되었다. 한 예로 영국 왕정이나 상원(귀족원에 해당한다)의 존재를 당연할 뿐 아니라 가치있는 것으로 받아들이는 인식과 같은 것을 들 수 있다. 비록 여러 장치들에 의해 순화되었다고는 하나 거슬러 올라가 살펴본다면 폭력에 의해 수립된 권력에 불과한 왕정을 이 나라가 여전히 국가권력의 정점에 세워놓고 있는 것을 높게 평가할 일은 절대 아니다. 특권 신분을 인정하지 않는 시민사회의 원칙을 놓고 볼 때 귀족들이 여전히 상원을 구성하고 있는 현상 역시 비판을 받아야 할 부분이지 평가받아야 할 사항은 아닌 것 같다. 이런 점들을 고려한다면 영국의 민주주의는 지체된 민주주의며 발육이 덜 된 민주주의라고 비판할 수도 있을 것이다. 물론 다른 시각에서 보면 나름대로 운영의 묘를 살린 균형과 조화의 정치체제라고도 평가할 수 있겠지만 그렇게 놓고 본다 해도 그것은 어디까지나 영국에서 독특하게 나타난 정치 형태일 따름인 것이다. 그것은 단지 그 나라에서 의미있고 가치있을 따름이다. 우리가 영국의 제도나 문화를 우월한 것으로 간주하는 선입견에서 벗어나 영국을 관찰할 때, 우리가 영국의 역사를 하나의 개별적이고 특별한 과정의 소산으로 파악할 때, 우리는 영국이란 나라에 대해 보다 많은 것을 볼 수 있게 되고 보다 새로운 시각에서 영국을 이해할 수 있게 될 것이다.

이 책은 비록 '영국 자유주의 연구'라는 이름을 달긴 하였지만 영국의 자유주의들을 시대순으로 설명하면서 포괄하는 형식을 띠고 있지는 않다. 처음 글에서 영국 자유주의의 다양한 요소들에 대해 설명하긴 하였지만 이후의 글들은 대체로 19세기 후반의 이야기를 다루고 있다. 시장경제를 주장하는 자유주의에 대하여는 비교적 자세히 다루었지만, 민주화를 주장하는 자유주의에 대하여는 비록 체임벌린의 자유주의에 대한 글을 싣긴 했어도 상대적으로 깊이있게 다루지 못한 것 같다. 아쉬운 점들이 있지만 내가 가졌던 관심들을 따라 연구한 성과로 이해해 주었으면 한다.

끝으로 이 책을 만드는데 도움을 주신 많은 분들에게 감사의 마음을 전하고 싶다. 특히 돌아가신 어머님께 감사의 마음을 전하고 싶다. 어머님은 내가 이 공부를 하는 것을 원치 않으셨다. 하지만 세상에 자식을 이기는 부모가 어디 있냐며 내가 가는 길을 쓰러지시는 날까지 묵묵히 뒷바라지해 주셨다. 어머님께 한없이 감사드린다.

2013년 12월 연구실에서

52

목 차

일러두기

1. Unionism은 **통합주의**라고 표기했다. 아울러 Liberal-Unionist는 **자유 통합당**이라고 표기했다. Liberal-Unionist는 자유통일당으로 표기되 고 있지만 여기서 통일이란 용어 대신 통합이란 용어를 사용한 것은 Unionism의 내용에 기인한다. Unionism의 내용은 19세기말 아일랜드 독립운동이 일어났을 때 아일랜드가 영국에서 떨어져 나가서는 안 된다는 주장을 담고 있다. 즉 Unionism은 아일랜드의 독립을 허용할 수 없다는 주장을 담고 있으므로 분리된 두 나라가 통일하자는 주장과 는 구별된다. 통일이란 용어를 쓰게 될 때 풍기는 뉘앙스가 Unionism의 내용을 오해하게 할 우려가 있다고 생각되어 통합이란 용어를 선택했 다.

2. Unionist Party는 **보수당**으로 표기했다. 정확한 표기는 통합당이 되어야 마땅하다. 그런데도 보수당으로 표기한 것은 Unionist Party를 보수당이 아닌 다른 정당으로 생각하는 혼란을 막기 위해서다. 보수당 은 19세기 후반 자유통합당이 보수당과 연합하면서 Unionist Party라 는 명칭을 쓰게 되었지만(정확히는 체임벌린이 솔즈베리 내각에 들어 간 1895년 이후부터이다) 그렇다고 하여 보수당의 연속성이 끊어진

것은 아니었다. 따라서 혼란을 막기 위해 그대로 보수당으로 표기한다. 하지만 경우에 따라 통합당이라는 표현을 쓰기도 하였으니 독자들은 이해해 주기 바란다. 1909년 보수당과 자유통합당이 공식적으로 합당한 이후의 보수당의 정확한 명칭은 '보수 및 통합당'Conservative and Unionist Party이 되었다. 그러나 대부분 보수당으로 표기되고 있다.

3. House of Lords(하우스 옵 로즈)는 귀족원으로 표기했지만 상원으로 표기하기도 했다. 이 용어는 대체로 상원으로 표기되고 있지만 다른 나라의 상원 개념과 구별하기 위해서는 용어의 뜻 그대로 귀족원으로 표기하는 것이 타당하다고 생각된다. 왜냐하면 영국에서 이 기구는 문자 그대로 귀족들로 구성되기 때문이다. 상원으로 표기될 수 있는 것은 Upper House(어퍼 하우스)라는 명칭으로도 불리기 때문이다. 하지만 영국의 상원은 미국이 가지고 있는 상원과는 그 성격이 전혀 다르다는 점에 유의해야 한다. 미국의 상원은 귀족으로 구성되지 않으며 귀족과는 전혀 관계가 없는 기구이다.

4. House of Commons(하우스 옵 코먼즈)는 평민원으로 표기하거나 이 기구의 다른 이름인 Lower House(로우어 하우스)의 번역인 하원으로 표기했다. 이 용어는 사실 평민원으로 표기하는 것이 단어를 그대로 옮기는 것이 되지만 지금은 거의 모든 나라에서 귀족과 평민의 구별이 사라져 버렸기 때문에 평민원이란 단어는 사실 이질적으로 느껴진다.

5. Leveller(레벨러)는 영문 표기 그대로 레벨러로 사용하거나 평준파라는 명칭을 사용하였다. 이 용어는 수평파, 평탄파, 평준파 등 여러 가지로

번역되고 있다. 하지만 여러 용어들이 다 정확하게 이 용어의 의미를
전달하지는 못하고 있다. 이 용어가 처음 생길 때의 원래 뜻은 "울타리
를 무너뜨려서 땅을 평평하게 만들려고 한 사람들"이란 것이었다.
그리고 이런 사람들은 인클로우져 운동과정에서 출현했다. 하지만
이 용어는 이후 영국 내란기에 사회적 차별을 없애고 보통선거를
실시하려 한 사람들을 지칭하는 의미로 쓰여졌다. 즉 원래는 토지를
평평하게 하려 한 사람들을 의미했으나 나중에는 왕과 귀족, 평민의
차별을 없애고 신분을 평평하게 하려 한 사람들을 의미하게 된 것이다.
그래서 레벨러는 "신분을 평등하게 하려는 사람들"이라는 뜻으로
받아들이는 것이 좋을 듯하다. 평등파라는 명칭을 사용할 수도 있겠으
나 그러면 신분의 평등이 아니라 재산의 평등을 의미하는 것으로
인식될 수 있을 것 같아 선택하지 않았다.

6. Collectivism(컬렉티비즘)은 집산주의 혹은 집단주의로 표기했다. 이
   용어는 집산주의의 의미를 지닐 경우가 많지만, 집산주의보다 더
   큰 함의를 지닌 집단주의로 표기해야 할 경우도 있어서 경우에 따라
   양쪽으로 표기했다. 이 용어가 경제적 함의를 지니게 될 때는 집산주의
   로 표기하는 것이 타당하다. 그러나 이 용어가 '국민적 단결을 이루어
   내자'는 것과 같은 사회적 함의를 담게 될 때는 경제적 차원에서
   개인주의를 넘어서자는 의미가 아니라, 정치적 사회적 측면에서 개인
   주의를 넘어서자는 의미를 담고 있다. 이런 경우에는 이 용어를 집산주
   의로 표기하면 그 의미가 달라져 버린다. 이런 경우 컬렉티비즘
   Collectivism은 개인주의에 대비되는 용어가 되기 때문에 집단주의로
   표기했다.

7. Utilitarianism(유틸리태어리어니즘)은 **효용주의**로 표기했다. 이 용어
   는 공리주의功利主義라는 말로 익숙해져 있기는 하나 굳이 효용주의로
   표기한 것은 공리功利라는 단어가 더 이상 일상용어로 쓰이지 않기
   때문이다. 지금 대부분의 사람들은 한글로 '공리'라는 용어를 공공복리
   公共福利로 이해한다. 혹은 수학에서 사용하는 '기본 명제'라는 의미의
   공리公理 개념을 떠올린다. 공리라는 단어를 '공로功勞와 이익利益'의
   의미로 받아들이는 사람은 거의 없는 것으로 보인다. 이런 현상은
   이미 오래 되었음에도 불구하고 공리주의라는 용어가 그대로 쓰이고
   있는 것은 이상하기 그지없다. 사실 이 용어를 일반인들에게 계속
   사용하는 것은 일종의 해를 끼치는 행위이다. 여기서 공리는 영어의
   유틸리티에 해당한다. 유틸리태어리어니즘은 '유틸리티를 중시하는
   사상이나 태도'라는 의미이다. 여기서 유틸리티utility는 '쓸모있음'을
   의미하고 있다. 영어의 유틸리태어리어니즘Utilitarianism이란 유틸리
   티utility(쓸모있음)를 인간행위의 도덕적 판단기준으로 삼는 사회적
   태도를 가리킨다. 유틸리티utility는 지금 효용效用으로 옮겨지고, 표기
   되고 있으므로 효용주의라는 용어를 선택했다. 사실 '자유'와 '자유만
   능주의'로 번역되는 liberty와 libertarianism의 관계를 놓고 보면
   utility와 utilitarianism은 '효용'과 '효용만능주의'라고 옮기는 것이
   더 정확하다는 생각이 들기도 한다. 하지만 여기서는 단지 효용주의라
   고 표기한다.

8. 이 책에서 쓰인 '영국'은 大브리튼-아일랜드 연합왕국을 의미하나,
   1922년 아일랜드가 독립한 이후에는 大브리튼-북아일랜드 연합왕국
   (이 용어는 공식적으로는 1927년 이후부터 사용되었다)을 가리킨다.

大브리튼은 지리적으로 브리튼 섬을 지칭할 따름이지만, 여기서 이 용어는 이 섬에 존재하는 잉글랜드, 스코틀랜드, 웨일즈 세 나라를 의미하고 있다. 하지만 브리튼Britain, 브리티시British, 잉글랜드England, 잉글리시English도 '영국'으로 옮겼으므로 '영국'의 의미는 혼용되고 있음을 밝혀둔다.

1. 인권과 민주화의 자유주의

1645년   평준파Levellers 활동하기 시작함. 평준파의 지도자 존 릴번John Lilburne은
         자유롭게 태어난 사람들의 권리freeborn rights를 주장했다. 이 권리는 모든
         사람들이 태어날 때부터 가지고 있는 권리로 보통 선거권, 법 앞에서
         평등할 권리와 같은 것이었다. 이런 주장으로 인해 릴번은 자유롭게
         태어난 존Freeborn John이라고 불리게 되었다.

1647년   10월 군사위원회Army Council에 인민협정An Agreement of the People 제출되다.
         여기서 종교의 자유, 의회를 1~2년마다 소집할 것, 법 앞의 평등 등이
         주장되었으며 이후의 인민협정에도 같은 주장이 나타났다.

1647년   10월 28일~11월 11일 평준파들Levellers 사이에서 펏니 논쟁Putney Debates
         이 벌어진다.

1648년   12월 프라이드 대령은 장기의회의 장로파 의원들을 숙청한다. 럼프 의회
         Rump Parliament가 시작된다.

1649년   1월 럼프 의회Rump Parliament에 2차 인민협정 제출된다.

1649년   1월 럼프 의회는 국왕 찰스 1세를 처형한다.

1649년   3월 럼프 의회는 왕정Monarchy과 귀족원House of Lords을 폐지한다.

1649년   4월 존 릴번John Lilburn, 윌리엄 월윈William Walwyn, 토마스 프린스Thomas Prince, 리차드 오버톤Richard Overton은 런던타워에 투옥된 상태에서 3차 인민협정을 작성한다. 평준파들은 인민협정이 영국 성문 헌법의 기초가 될 것을 희망했다.

1649년   5월 19일 럼프 의회는 공화정Commonwealth을 선포한다. 공화정에서 최고의 권력은 평민원House of Commons과 40명으로 구성되는 국가평의회Council of State에 주어졌다. 그 중 31명은 평민원 의원이었다.

1653년   4월 크롬웰이 럼프 의회를 해산함으로써 공화정은 종식되고 호국경 체제Protectorate로 들어간다.

1659년   5월 크롬웰이 사망한 이후 군대에 의해 럼프 의회가 다시 소집되었고 공화정은 부활했다. 그러나 공화정의 두 번째 국면은 1660년 5월 찰스 2세의 왕정복고가 이루어짐으로써 끝이 났다.

1776년   카트라이트 소령은 『당신이 선택하라Take Your Choice』에서 보통선거와 매년 선거를 포함하는 개혁안의 틀을 제시한다.

1783년   피트의 제한적인 의회개혁안은 하원에서 293 대 149표로 부결된다.

1785년   피트의 72개의 부패 선거구를 재분배하려는 개혁안은 하원에서 248 대 174표로 부결된다.

1791~2년 톰 페인Tom Paine의 『인간의 권리Rights of Man』 출판된다. 여기서 그는 버크Burke에 대해 반박하면서 프랑스 혁명을 옹호했다. 그는 인간의 권리는 인위적으로 주어지는 것이 아니라 자연Nature에 기원한다고 주장했다. 그는 『인간의 권리』에서 권력이 세습되는 것을 비판했다.

1792년   런던 서신교환협회가 1월 토마스 하디와 존 프로스트에 의해 조직된다. 이 단체는 맨체스터Manchester, 세필드Sheffield, 노리치Norwich, 스톡포트Stockport 등의 지방 조직들과 연계해 의회 개혁을 추구했는데 성인 남자의 보통선거와 매년 의회 개원을 주장했다. 서신 교환 협회는 주로 숙련공과 소상인들로 구성되었으며 특히 구두공, 직조공, 양복공, 시계공 등이 많았다.

1793년   제랄드, 마가로 등 런던 서신 교환 협회 지도자들이 체포되었다.

1794년   런던 서신 교환 협회가 톰 페인의 제안에 따라 프랑스에서처럼 전국회의를 만들려는 시도를 하자 정부는 이에 놀라 지도자를 체포했다. 썰월John Thelwall과 투크Home Tooke, 하디Hardy가 체포되어 반역죄로 기소되었다. 정부는 구속 적부 심사제를 정지시켰다.

1795년   런던과 세필드 등지에서 10만 명이 넘는 군중들이 집회를 열자 정부는 반역행위법과 선동집회법을 시행하여 대중 집회를 금지시켰다.

1797년   런던 서신 교환 협회의 대규모 집회가 마지막으로 열렸고 군대와 경찰에 의해 해산당했다.

1799년   런던 서신 교환 협회는 서신 교환 협회법으로 해산되었다.

1806년   윌리엄 코벳이 의회개혁을 지지하기 시작했다.

1816년   코벳은 『정치 기록Political Register』을 저가로 발행해 개혁안을 보급시켰다.

1819년   버밍엄, 스톡포트, 맨체스터 등에서 개혁을 주장하는 집회가 벌어졌다.

1819년   10월 맨체스터에서 피털루 학살Peterloo Massacre이 일어난다. 세인트 피터즈 광장St. Peter's Field에서 의회개혁을 요구하는 6만 명의 군중들의 집회를 기병대가 강제해산하면서 11명이 사망하고 4백 명이 부상하는 사건이 발생했다.

1822년   존 러슬경의 최소 선거구에 해당하는 100명의 의석을 재분배하려는 제안은 하원에서 부결되었다.

1832년   제1차 선거법 개정된다. 부르주아들에게 선거권이 주어졌으며 선거권은 성인 7% 정도로 확대된다.

1838~48년   차티스트 운동 일어난다. 인민헌장People's Charter의 요구들을 관철시키려
는 운동으로 윌리엄 로벳William Lovett이 주도하여 작성된 인민헌장에는
6가지의 중요한 요구 사항이 들어가 있었다. 매년 의회annual parliament,
21세 이상 성인 남자의 보통선거universal male suffrage over the age of 21,
동등한 선거구equal constituencies, 의원 자격 조건 철폐no property qualification
for MPs, 비밀선거secret ballot, 의원에 대한 세비지급payment of MPs이 그것이
었다. 차티스트 운동은 오코너, 오브라이언 등이 지도하였는데 이 운동
과정에서 노동자들은 경제적 고통, 빈민법, 노동조합운동의 실패에 대한
불만을 표출시켰다. 1839년 의회는 120만 명이 서명한 차티스트 청원을
거부했다. 이후 뉴포트 봉기Newport rising와 같은 산발적인 운동이 있긴
하였지만 차티스트들은 분열되었으며 총파업은 포기되었다.

1842년   5월 의회는 오코너가 3백만 명의 서명을 받은 새로운 청원을 거부했다.

1848년   4월 오코너는 3차 청원을 하기 위해 대규모 행진을 계획하면서 차티스트
운동을 재건하려는 마지막 시도를 하였으나, 정부가 군사적 대응을 하려
하자 시위를 취소했고 차티스트 운동은 막을 내렸다.

1867년   제2차 선거법 개정된다. 선거권은 성인 16% 정도로 확대된다. 이후
집단주의적 입법들이 나타나게 된다.

1870년   아일랜드 토지법Irish Land Act 통과된다. 이 법으로 인해 소작농들은 토지에
서 추방될 때 보상을 받게 된다.

1870년   초등 교육법Forster's Education Act 통과된다. 5세에서 12세까지의 어린이들
에게 초등 교육을 실시하게 된다.

1871년   노동조합법Trade Union Act 통과된다. 노동조합은 합법적으로 인정된다.

1872년   비밀투표법Ballot Act이 시행된다. 차티스트들이 주장하던 비밀선거가
시행될 수 있게 되었다. 이전에는 투표소에 나온 유권자들을 협박하는
사례가 빈번했다.

1883년   부패 및 불법선거 방지법Corrupt and Illegal Practices Prevention Act 시행된다. 유권자들을 매수하지 못하게 하고 선거비용의 한도를 책정했다.

1884년   제3차 선거법 개정된다. 선거권은 성인 28% 정도로 확대된다.

1885년   조지프 체임벌린 『비인가 계획unauthorized programme』 제시하고 순회연설 시작한다. 여기서 토지개혁, 직접세, 무상교육, 탈국교회the disestablishment of the Church of England, 보통선거universal male suffrage 등이 주장되었다.

1903년   에멀린 팡크허스트Emmelline Pankhurst 여성 사회 정치 연합Women's Social and Political Union 결성한다.

1906년   총선거에서 자유당 압승한다. 20년간 지속된 보수당의 집권이 무너지게 된다.

1906년   노동당Labour Party 창건된다.

1909년   자유당의 로이드 조지Lloyd George 인민예산People's Budget 제출한다. 로이드 조지는 토지세, 상속세와 함께 3천 파운드의 소득이 넘는 소득자들에게 수퍼택스Super Tax를 부과하려고 시도한다.

1910년   인민예산을 상원이 거부하자 1월과 12월 두 번의 선거를 치르며 영국은 헌정 위기를 맞게 된다.

1911년   8월 의회법Parliament Act 통과되면서 상원 무력화된다.

1911년   자유당에 의해 국민보험법National Insurance Act 통과된다. 이 법으로 의료보험과 실업보험이 도입된다.

1918년   4차 선거법Representation of the People Act 개정으로 21세 이상의 모든 남성들과 30세 이상의 여성들에게 선거권 주어진다.

1928년   21세 이상의 모든 성인들에게 선거권 주어진다.

2. 재산권과 시장경제의 자유주의

1689년   10월 권리장전Bill of Rights 작성된다. 이 문서는 명예혁명Glorious Revolution
        이 성공한 뒤 작성된 것으로 제임스 2세가 신교도를 탄압한 것과 의회의
        동의없이 과세한 것 등을 비판했다. 이 문서는 의회 우위의 원칙을 확고히
        했으며 의회에서 발언의 자유, 의회를 자주 소집할 것 등을 요구했다.
        당시 의회는 평민원House of Commons과 귀족원House of Lords 모두 귀족이
        장악하고 있었다.

1689년   로크『시민정부에 대한 두 개의 논문』 출판한다. 여기서 그는 인간은
        자연권을 가지고 태어난다고 주장했으며, 자연권으로 그는 생명권, 자유
        권, 재산권을 들었다. 그리고 합법적인 정부는 국민의 동의에 의해서만
        수립될 수 있다고 주장했고 국민의 동의없이 행사되는 권력은 전복될
        수 있다는 논리를 폈다. 그러나 그가 시민사회는 재산권을 보호하기
        위해 만들어진 것이라고 보았고, 노예의 생산물은 주인의 것이라는 생각
        을 한 점에서 당시의 휘그 계층의 이해를 정당화하고 있다는 점에도
        유의해야 한다.

1776년   3월 아담 스미스Adam Smith의『국부론An Inquiry into the Nature and Causes
        of the Wealth of Nations』 출판된다. 여기서 아담 스미스는 중상주의를 비판했
        으며 정부의 간섭없는 자유로운 경제활동을 옹호했다. 아담 스미스의
        사상은 19세기 자유방임주의laissez-faire의 기초를 놓게 된다. 20세기에
        들어서도 그의 사상은 자유기업 이론에 원용되고 있다.

1823년   제레미 벤담Jeremy Bentham은 제임스 밀James Mill과 함께 철학적 급진주의
        자들Philosophical Radicals을 위한 잡지인『웨스트민스터 리뷰Westminster
        Review』를 창간한다. 제레미 벤담은 표현의 자유, 여성에 대한 동등한
        권리 등 개인의 권리를 주장했으며, 국가와 교회의 분리, 노예제의 폐지,
        의회개혁 등 사회의 제도 개혁을 요구했다. 하지만 그는 이러한 주장을
        하면서 인권을 주장한 다른 자유주의자들처럼 자연법이나 자연권을
        원용하지 않았다. 그는 효용utility을 도덕적 판단의 근거로 제시하고
        이를 토대로 최대 다수의 최대 행복the greatest happiness of the greatest number을

주장했다.

1851년 스펜서『사회정학*Social Statics*』출판한다. 여기서 그는 평등한 자유의
       원칙Law of Equal Freedom을 주장했다. 그는 평등한 자유의 원칙으로부터
       "개인의 권리"를 끌어내었는데, 이러한 권리들로 생명권, 자유권, 토지사
       용권, 물질적 정신적 재산권, 교환의 권리, 자유 언론의 권리, 여성의
       권리, 국가를 무시할 권리the right to ignore the state, 선거권과 같은 것들이
       제시되었다. 하지만 스펜서는 이후 사회진화론을 받아들이면서 경쟁의
       원리를 주장했고 적자생존survival of the fittest이라는 용어를 만들어 내었다.
       그는 국가의 간섭에 반대하는 개인주의적 자유주의를 주장했다.

1859년 자유당 창당된다. 자유당은 휘그Whig, 곡물법을 폐지한 토리당의 필
       수상을 추종한 필주의자들Peelites, 급진주의자Radicals라고 불린 사람들의
       연합체로서 출발했다. 자유당은 사실상 휘그의 주도하에 있었다.

1859년 존 스튜어트 밀John Stuart Mill의『자유론*On Liberty*』이 출간되다. 밀은
       이 책에서 개인의 자유와 개성의 자유를 옹호했다. 그는 자기에게만
       관계되는 행동에 대해서는 어떤 간섭도 있어서는 안 된다고 주장했다.
       아울러 사람들이 여론이나 사회적 압력으로 인해 비개성적 존재가 되어
       가는 것에 대해 경고했다. 밀의 사상은 민주주의 안에서 나타나는 다수의
       전횡the tyranny of the majority 현상을 비판했다는 점에서 의미가 있다.

1882년 자유와 재산 방어 연맹Liberty and Property Defense League 창건되다. 자유와
       재산 방어 연맹은 극단적 자유방임주의를 추구했다. 연맹에 가입한 사람
       들은 두 부류였는데 한 부류는 토지재산을 가진 사람들을 비롯해 주류업
       자, 제조업자 등 부유한 보수층에 해당되었으며 다른 한 부류는 자신들을
       '개인주의자'로 간주한 사람들로 국가의 간섭에 대해 반발한 부류였다.
       자유와 재산 방어 연맹의 첫 번째 서기였던 크로프츠W. C. Crofts는 1883년
       노동자 클럽에서 연설을 하면서 '개인주의Individualism'라는 용어를 일반적
       인 용법으로 사용했고, 도니스쏘프Donisthorpe는 1888년까지 '개인주의'를
       국가의 집단주의적 간섭에 대항하는 중요한 이데올로기로 부각시켰다.

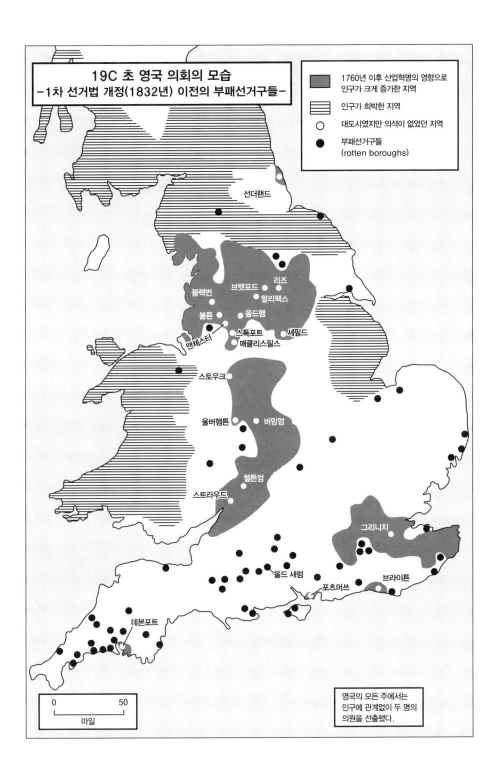

19C 초 영국 의회의 모습
-1차 선거법 개정(1832년) 이전의 부패선거구들-

▨ 1760년 이후 산업혁명의 영향으로
   인구가 크게 증가한 지역
▤ 인구가 희박한 지역
○ 대도시였지만 의석이 없었던 지역
● 부패선거구들
   (rotten boroughs)

선더랜드

리즈
브랫포드
블랙번   할리팩스
볼튼   올드햄
         스톡포트   세필드
맨체스터 매클리스필스

스토우크

울버햄튼   버밍엄

첼튼엄
스트라우드

그리니치

올드 새럼

포츠머쓰   브라이튼

데본포트

0   50
마일

영국의 모든 주에서는
인구에 관계없이 두 명의
의원을 선출했다.

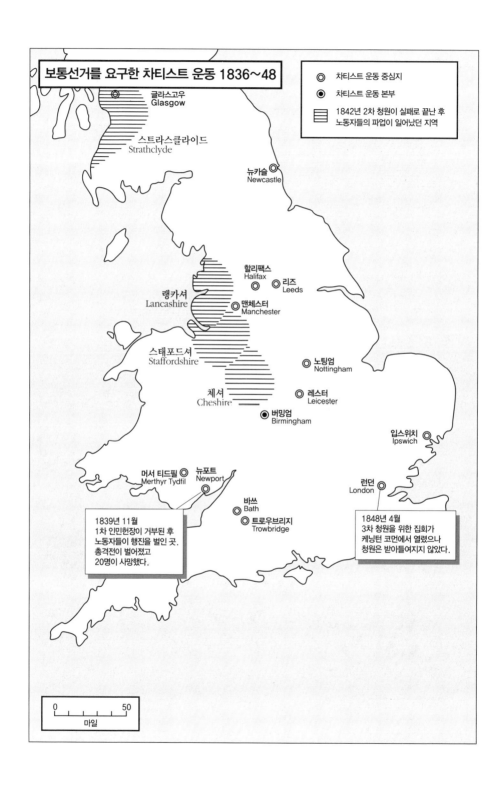

보통선거를 요구한 차티스트 운동 1836~48

◎ 차티스트 운동 중심지

◉ 차티스트 운동 본부

▤ 1842년 2차 청원이 실패로 끝난 후 노동자들의 파업이 일어났던 지역

글라스고우
Glasgow

스트라스클라이드
Strathclyde

뉴카슬
Newcastle

할리팩스
Halifax

리즈
Leeds

랭카셔
Lancashire

맨체스터
Manchester

스태포드셔
Staffordshire

노팅엄
Nottingham

체셔
Cheshire

레스터
Leicester

버밍엄
Birmingham

입스위치
Ipswich

머서 티드필
Merthyr Tydfil

뉴포트
Newport

바쓰
Bath

트로우브리지
Trowbridge

런던
London

1839년 11월
1차 인민헌장이 거부된 후
노동자들이 행진을 벌인 곳.
총격전이 벌어졌고
20명이 사망했다.

1848년 4월
3차 청원을 위한 집회가
케닝턴 코먼에서 열렸으나
청원은 받아들여지지 않았다.

0   50
마일

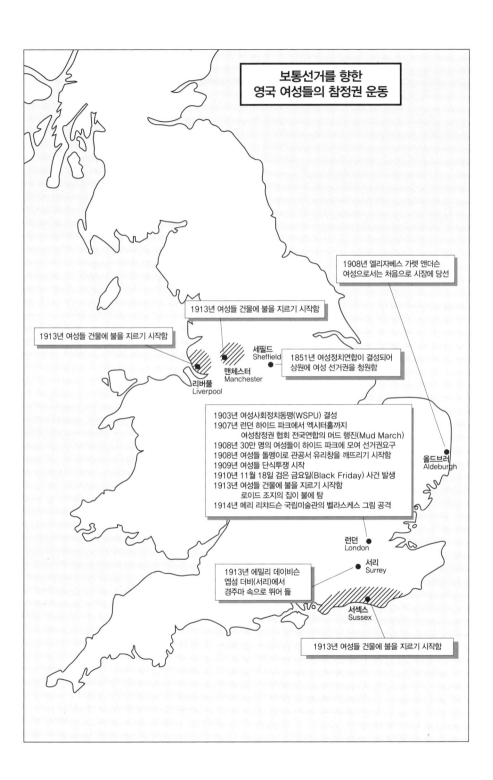

보통선거를 향한
영국 여성들의 참정권 운동

1908년 엘리자베스 가렛 앤더슨
여성으로서는 처음으로 시장에 당선

1913년 여성들 건물에 불을 지르기 시작함

1913년 여성들 건물에 불을 지르기 시작함

세필드
Sheffield

1851년 여성정치연합이 결성되어
상원에 여성 선거권을 청원함

맨체스터
Manchester

리버풀
Liverpool

1903년 여성사회정치동맹(WSPU) 결성
1907년 런던 하이드 파크에서 엑시터홀까지
　　　여성참정권 협회 전국연합의 머드 행진(Mud March)
1908년 30만 명의 여성들이 하이드 파크에 모여 선거권요구
1908년 여성들 돌멩이로 관공서 유리창을 깨뜨리기 시작함
1909년 여성들 단식투쟁 시작
1910년 11월 18일 검은 금요일(Black Friday) 사건 발생
1913년 여성들 건물에 불을 지르기 시작함
　　　로이드 조지의 집이 불에 탐
1914년 메리 리차드슨 국립미술관의 벨라스케스 그림 공격

올드브러
Aldeburgh

런던
London

서리
Surrey

1913년 에밀리 데이비슨
엡섬 더비(서리)에서
경주마 속으로 뛰어 듦

서섹스
Sussex

1913년 여성들 건물에 불을 지르기 시작함

런던 행정구역과 런던에서 활약한 평준파와 차티스트들

1 해머스미스 앤 풀햄
2 켄싱턴 앤 첼시
3 웨스트민스터
4 이슬링턴
5 해크니
6 사우스워크
7 시티
런던의 여러 구역들 중
시티(City)는 런던 시에
속하지 않고 독립적인
지위를 갖는다.

1640년대 후반에 활동한 런던의 평준파들은
런던 거래소(Royal Exchange)와
가까운 시티의 중심부에
본부를 두고 있었다.

엔필드

바넷

해로우

해링게이   월섬
포리스트   레드브리지

브렌트   캠든   5   뉴햄   바킹 앤   해버링
                              다게넘

힐링턴   일링   4   웨스트민스터
        1 2   3   7 타워 햄릿

하운스로우   6

리치몬드   어폰   윈즈워쓰   램   그리니치   벡슬리
테임즈   버
                          쓰
킹스턴   머튼   루이셤
어폰
테임즈
        서튼   크로이든   브롬리

케닝턴 코먼
1848년 4월 차티스트들의
(3차 청원) 집회가 열린 장소이다.
경찰은 시위대가 테임즈 강을
건너오지 못하도록 막았다.

1장
영국 자유주의는 어떤 기원을 가지고 있을까?

영국 자유주의의 다섯 가지 기원

*The pretended power of suspending of laws
or the execution of laws by regal authority
without consent of Parliament is illegal ...
Levying money for or to the use of
the Crown by pretence of prerogative,
without grant of Parliament is illegal.*
Bill of Rights

의회의 동의없이 왕의 권력으로
법을 정지시키거나 법을 집행하는 것은 불법이다. …
의회의 허락없이 왕의 특권을 내세워
왕이 사용할 목적으로 과세하는 것은 불법이다.
권리장전

공동왕

월리엄 3세와 메리 2세 부부의 사진이다. 두 사람은
명예혁명 이후 공동왕으로 즉위했다. 명예혁명으로
영국에서 왕권은 의회의 제약을 받게 된다. 의회는
귀족원과 평민원으로 구성되어 있었지만 상하 양원
을 사실상 귀족이 장악하고 있었다는 점을 감안하면
영국은 귀족 과두정으로 접어든 셈이다. 명예혁명 이
후 백 년 동안 권력을 잡은 휘그가 명예혁명이라고
부른 이 사건은 사실 명예롭지도 않고 혁명도 아니었
다. 마치 신성로마제국이 신성하지도 않고, 로마도
아니고, 제국도 아니었던 것과도 같다. 우리의 입장
에서 본다면 명예혁명은 휘그쿠데타라고 부르는 것
이 타당할 것이다.

1. 머리말

자유주의는 "자유"를 내걸고 있는 이념이라 얼핏 보기에는 매우 이해하기
쉬운 사상이라는 생각이 든다. 하지만 자유주의는 매우 애매모호한 이데올
로기이다. 특히 영국에서는 더욱 그러하다. 영국인들 스스로 "자유주의에
대한 설명을 포크로 수은을 집는 것"에 비유했다. 수은은 집으려고 하면
갈라져 버린다. 그리고 시간이 지나면서 증발해 버린다. 자유주의가 바로
이런 속성을 가지고 있다는 것이다.[1]

자유주의가 애매한 용어라는 점은 영국과 미국, 유럽에서 일상적으로
통용되는 자유주의의 의미가 다르다는 사실에서 단적으로 드러난다. 영국
에서 자유민주당은 대체로 중도파의 의미로 간주되고, 유럽에서 자유주의
는 대체로 우파의 의미로 사용되지만 미국에서 자유주의는 좌파의 의미로
사용된다.[2] 그러다 보니 한 곳에서는 자유주의 비판자들이 다른 곳에서는
자유주의자가 되어버리는 아이러니컬한 상황이 벌어지게 되는 것이다.[3]

자유주의는 대중적 차원에서만이 아니라 학문적 세계에서도 전혀 다른
함의를 지닌 채 사용되고 있다. 콘라드 러셀은 프리드만Milton Friedman의
자유주의와 갈브레이스J. K. Galbraith의 자유주의 사이에, 해리스 경Lord Harris
of High Cross의 자유 시장경제와 젱킨스Roy Jenkins의 도덕 자유주의 사이에
어떤 공통점이 있는지 알 수 없다고 지적했다.[4]

자유주의가 근대를 특징짓는 중요한 이념이라는 점에는 의문의 여지가
없다. 래스키는 자유주의를 지난 4백년 동안 유럽 역사를 지배한 이념이라고
평가했다. 그러나 영국에서 공식적으로 자유주의 혹은 자유주의자라는
용어가 쓰이기 시작한 것은 그렇게 오래되지 않는다. 영국에서 특별한
정치적 의미를 담고서 "자유주의적"이란 용어가 쓰이기 시작한 것은 19세기

초로 간주된다.5) 그래서 우리가 영국의 자유주의자로 간주하는 많은 사람들이 자신을 자유주의자라고 부르지 않고 휘그Whig 혹은 급진주의자Radical라고 부르는 것을 발견하게 되는 것이다.6)

더욱 흥미로운 점은 영국에서 자유당의 역사가 그리 길지 않다는 점이다.7) 영국에서 자유당이 창당된 시기는 유럽에서 자유주의자들이 1830년과 1848년에 걸쳐 두 번이나 혁명을 일으켰던 시점보다도 한참 후인 1859년이었다. 자유당 출현의 시점이 늦을 뿐 아니라 정치세력으로서의 쇠퇴도 빨리 다가왔다. 1920년대가 되면 이미 집권세력으로서의 가능성을 상실해 버리게 되기 때문이다. 영국에서 자유당은 겨우 60년의 의미있는 기간을 가질 뿐이다.8)

자유주의가 혼란스럽게 사용되고, 정의내리기 어려운 개념이라는 점이 자유주의의 가치를 훼손한다고 볼 수는 없다. 래스키의 견해처럼 자유주의는 유럽의 근대 역사를 지배해온 개념이기도 하거니와, 현재도 많은 세력들이 전유하려고 하는 개념이기 때문이다. 그런 현상은 현대 사회의 많은 정치세력들이 자신들의 단체 이름에 "자유"라는 단어를 집어넣으려 하는 현상에서 단적으로 드러난다. 영국의 경우도 비록 자유당은 힘을 상실했지만 자유주의의 힘은 남아 있다는 점이 각 정당들이 자유주의를 표방하려 하는 사실 속에서 확인된다. 보수당과 노동당은 1980년대와 1990년대에 차례로 자유당의 계승자임을 주장했다.9)

자유주의가 여전히 강력한 생명력을 가지고 있는 사상이니만큼 이 이념에 대한 잘못된 인식은 현실인식에 커다란 오해를 불러일으키게 될 것이다. 여기서는 자유주의의 발상지라고 할 수 있는 영국에서 이 사상이 어떤 기원을 가지고 있는가를 분석해 봄으로써 자유주의에 대한 이해에 접근해 보도록 하겠다. 자유주의의 기원을 여러 개로 나누어 보는 것은 자유주의가 서로 다른 세력에 의해 다른 의미로 쓰였다는 점을 밝히는 이점이 있을 뿐 아니라, 현재적 관점에서 자유주의의 의미있는 지점을 찾아 나가는 데도 유용한 부분이 있다. 아울러 우리 사회에서 회자되는 자유주의의 의미에 대해서도 자유주의의 넓은 스펙트럼 속에서 그 위치를 확인해 볼 수 있는 이점을 제공해 줄 수 있을 것이다.

2. 영국 자유주의의 휘그적 기원
: 민주주의가 없는 자유주의도 가능한가

영국 역사에 대한 휘그whig의 해석을 보면 휘그는 "자유"라는 가치를 대단히 소중하게 생각하고 있다는 인상을 받게 된다. 그들의 역사 해석은 색슨족의 시대로까지 소급된다. 휘그는 영국의 정치체제는 색슨족과 고트족의 선조로부터 기원한다고 보고 있다. 이 체제는 혼합정체mixed polity로 여기서 행정권은 언제나 엄격히 제한되었다. 이 고대의 헌정질서는 계속하여 존재해 왔는데 심지어 노르만 정복 사건 속에서도 살아남았다. 이 헌정질서는 존왕이나 찰스 1세 같은 군주들의 공격에 대해 저항했다. 이런 왕들은 왕정의 우위를 유지하기 위해 이 헌정질서를 훼손시키려 했던 것이다. 이 저항 과정에서 자유가 종종 확인되었는데, 마그나 카르타, 권리청원에서 그러했고 특히 권리장전에서 두드러지게 확인되었다. 이후 계속하여 이 원리는 살아남았고, 1800년 이후에도 이 원리는 왕정에 대한 적대적 태도와, 전통적 자유를 회복시키기 위한 다양한 제안들 속에서 드러났다.[10]

휘그의 역사해석은 자의적 왕권에 대한 도전을 높이 평가하면서 이러한 노력을 자유를 향한 투쟁으로 개념화하고 있다. 그런데 중요한 점은 자의적 왕권에 대해 도전한 주체가 다름아닌 휘그 귀족들이었다는 점이다. 따라서 왕권에 대한 도전의 역사는 휘그 귀족들이 자신들의 이익을 방어해 나간 역사와 동일한 의미를 지니게 된다. 휘그 귀족들은 자신들의 특권과 재산권을 방어해 나온 역사를 자유의 역사로 치환시켜 놓은 것이다. 휘그 귀족들은 이 저항의 과정에서 자연법과 자연권 개념을 차용했다. 그들은 헌법과 전통적 권리를 보다 일반화된 형태로 표현하려 한 것이다.11) 로크가 자연권으로 생명권, 자유권, 재산권을 주장하였을 때 그는 바로 휘그들을 위해 발언하고 있었던 것이다.12)

그리고 휘그는 국왕의 권력을 의회를 통해 견제하려고 했다. 휘그의 이런 전략은 영국사에서 의회를 자의적 권력에 대한 견제기구로 부상시켰고, 의회는 매우 적극적인 의미를 부여받게 되었다. 하지만 실제 내용을 들여다보면 의회는 휘그 귀족의 특권과 재산을 보호하기 위한 기구 그 이상이 아니었다는 점을 발견하게 된다. 왜냐하면 휘그는 새로운 질서를 원하지 않았기 때문이다. 그들은 전통적으로 내려오는 부와 권력의 사회적 위계질서를 지지했다. 반면 그들은 아래로부터의 민주적 압력에는 저항했다. 그들이 "인간의 권리"라고 말한 것은 귀족들의 특권에 대한 완곡어법 이상이 아니었다.13)

휘그가 민주적 질서를 원하지 않았다는 점은 명예혁명과 선거권에 대한 입장에서 잘 드러난다. 휘그는 명예혁명이 대중에 의해 일어나지 않은 것을 다행스럽게 간주하고 있으며, 평민들에게 선거권을 부여하는 것을 위험하게 생각했다. 어스킨 경Lord Erskine은 명예혁명이 일어나고 한 세기가 지난 후 다음과 같이 지적했다.

이 혁명은 다행스럽게도 분노하고 흥분한 군중들에 의해 일어나지 않고,

가장 도덕적이고 가장 정확한 정보를 가지고 있는 계몽된 상류 계층에
의해 천천히 일어났다. 그리고 그들은 피를 흘리지 않고 목적을 달성하기
위해 주의깊고 효과적인 단계를 밟아 나간 것이다. 광범위한 대중의 지지를
확신하고서 말이다. 그리고 이들은 진정으로 자유를 사랑했고 자의적인
권력을 혐오했다.[14]

어스킨 경의 지적은 이 사건에 대한 휘그의 정서를 잘 표현하고 있다.
자신들의 이익을 위해 일으킨 사건을 대중의 공감 위에 일어난 것으로
주장하고 있을 뿐 아니라, 자유라는 가치를 위해 일으킨 사건으로 묘사하고
있다. 이 사건은 혁명으로 간주되고 있을 뿐 아니라 그것도 매우 이상적인
혁명으로 간주되고 있는 것이다.

민주주의에 대한 휘그의 입장은 보통 선거권에 대한 견해에서 더욱
분명하게 드러난다. 존 러셀John Russel 경은 보통선거에 대하여 분명하게
반감을 표시했다. 그는 정치적 권리가 양도할 수 없는 자연권으로부터
나온다는 급진주의자들의 주장을 거부했다.[15] 선거권은 국가 이익에 기여
할 수 있는 정치적 지혜를 가진 사람들만이 향유할 수 있는 특권이었다.
그리고 그 기준은 재산이었다. 이런 입장에 따르면 재산이 없는 사람들은
정치적으로 무능한 사람이었다.[16]

휘그가 중간계급의 선거권을 인정하였을 때도 그것은 중간계급이 재산
을 가진 계층이 되어 있었기 때문이다. 토지 세력과 중간계급은 그들의
이익이 공공선과 일치하기 때문에 선거권을 가질 자격이 있었다. 그러나
빈곤 계층은 부자들의 재산을 빼앗으려는 경향이 있었으므로 공동의 이익
에 해가 되는 단기적 정책을 추구할 위험이 있었다. 휘그역사가인 토마스
배빙턴 매콜리가 중간계급에게 선거권을 부여하는 것을 찬성한 이유는
이들이 빈자와 달리 그들의 정치적 성숙성을 증명했기 때문이다.[17]

자유주의와 관련한 문서들 :

권리 장전 Bill of Rights(1689)

권리장전에서 강조되는 단어는 의회이다. 의회가 영국의 법, 자유, 권리를 대표하고 있다. 그러나 의회는 귀족이 장악한 기구였다는 점에 유의해야 하겠다.

왕 제임스 2세는 사악한 자문관들의 도움으로 프로테스탄트 종교와 왕국의 법과 자유를 파괴하려고 하였고, 법없이 혹은 법을 정지시키고 왕권을 행사하거나 의회의 동의없이 법을 집행하려 했고,
왕이 사용할 목적으로 의회의 동의없이 과세하려 했고,
평화의 시기에 의회의 동의없이 상비군을 만들고 유지했고, …
의회 의원들의 선거의 자유를 위반했고, 불법적이고 잔인한 처벌이 부과되었다. …
이 모든 것들은 왕국의 법과 자유에 완전히 위배된다. …

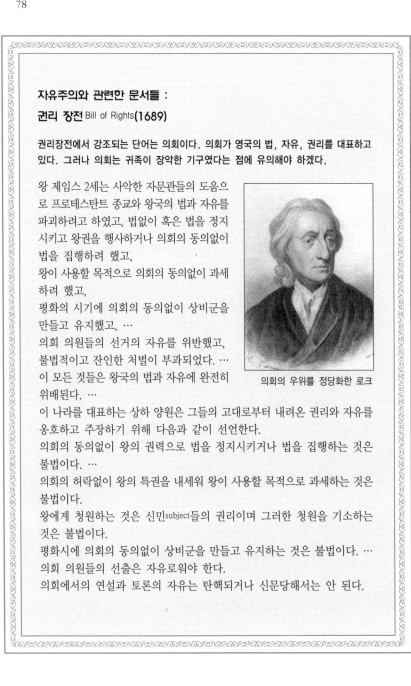

의회의 우위를 정당화한 로크

이 나라를 대표하는 상하 양원은 그들의 고대로부터 내려온 권리와 자유를 옹호하고 주장하기 위해 다음과 같이 선언한다.
의회의 동의없이 왕의 권력으로 법을 정지시키거나 법을 집행하는 것은 불법이다. …
의회의 허락없이 왕의 특권을 내세워 왕이 사용할 목적으로 과세하는 것은 불법이다.
왕에게 청원하는 것은 신민subject들의 권리이며 그러한 청원을 기소하는 것은 불법이다.
평화시에 의회의 동의없이 상비군을 만들고 유지하는 것은 불법이다. …
의회 의원들의 선출은 자유로워야 한다.
의회에서의 연설과 토론의 자유는 탄핵되거나 신문당해서는 안 된다.

휘그는 중간계급의 선거권을 인정했지만 그것은 부와 특권의 위계질서를 훼손시킨다는 의미를 지니지 않았다. 휘그는 그들의 특권적 사회질서를 여전히 유지하려 했던 것이다. 그러므로 1832년의 선거법 개정은 휘그주의의 절정이었을 따름이다.[18] 휘그는 왕권에 저항하고 왕권을 견제했지만 그것은 그들의 특권을 지키기 위한 노력에 불과했다. 휘그의 자유주의는 민주주의가 없는 자유주의였고 그들만의 자유주의였다고 해야 할 것이다.

3. 급진주의적 기원 : 민주주의를 실현시키려 한 자유주의

휘그주의whiggism와 비슷한 시기에 등장한 또 하나의 자유주의가 있다. 이클리샬은 영국에는 처음에 두 개의 자유주의가 있었다고 지적한다. 그 중 하나가 휘그주의라면 다른 하나는 급진주의였다.[19] 그런데 이 두 개의 자유주의는 그 사회적 배경이 다소 달랐다. 전자가 토지, 상업, 금융업 등을 기반으로 한 재산소유자들의 자유주의였다면 후자는 재산의 분배에 기초한 독립 생산자들의 자유주의였다. 이런 종류의 급진주의를 추구한 집단은 레벨러Leveller였다.[20]

레벨러의 주장 중에서 가장 두드러진 부분은 보통선거에 대한 요구였다. 보통선거에 대한 요구는 레벨러를 시작으로 하여 급진주의적 자유주의에서 계속하여 추구된 핵심적 사항이었다. 레벨러는 인민 헌장An agreement of the free people of England에서 왕정과 귀족이 사라진 대의 정부를 요구했다. 의회가 구성될 것이며 의회의 대표들은 매년 선거로 뽑히게 될 것이다. 레벨러는 의회의 대표를 인민들이 뽑기 위하여 보다 광범위한 선거권을 요구했다. 레벨러는 자유롭고 독립적인 시민들의 사회를 추구했는데 여기서 지배자와 피지배자의 구분은 사라지게 될 것이라고 전망했다.[21]

자유주의와 관련한 문서들 :

평준파의 『3차 인민협정』 An Agreement of the Free People of England (1649.5.1)

3차 인민협정은 평준파Levellers의 최종 인민협정이다. 21세 이상 성인남자 보통선거와 매년 선거를 분명히 하고 있다.

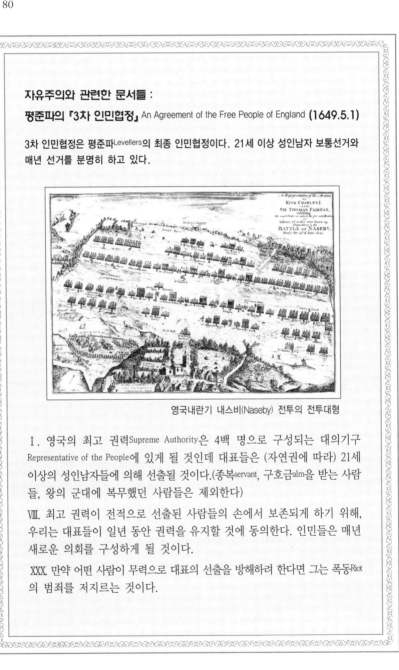

영국내란기 내스비(Naseby) 전투의 전투대형

I. 영국의 최고 권력Supreme Authority은 4백 명으로 구성되는 대의기구 Representative of the People에 있게 될 것인데 대표들은 (자연권에 따라) 21세 이상의 성인남자들에 의해 선출될 것이다.(종복servant, 구호금alm을 받는 사람들, 왕의 군대에 복무했던 사람들은 제외한다)

VIII. 최고 권력이 전적으로 선출된 사람들의 손에서 보존되게 하기 위해, 우리는 대표들이 일년 동안 권력을 유지할 것에 동의한다. 인민들은 매년 새로운 의회를 구성하게 될 것이다.

XXX. 만약 어떤 사람이 무력으로 대표의 선출을 방해하려 한다면 그는 폭동Riot의 범죄를 저지르는 것이다.

그러나 레벨러의 보통선거도 완전한 보통선거를 의미하지는 않았다. 레벨러는 경제적으로 의존적인 사람들을 선거권에서 배제시키려고 했다. 여성, 하인, 채무자, 실업자 등이 그런 사람들이었다.22) 레벨러는 경제적 독립을 정치참여의 기준으로 삼았다는 점에서 비록 그들의 사회적 배경이 휘그와 달랐다 해도 여전히 재산 개념을 중시했다. 이런 한계는 페인Thomas Paine에 와서야 극복된다.23)

보통선거에 대한 관심은 이후 공화주의 사상으로 이어졌다. 프랑스 혁명기에 활동한 페인은 주권은 인민에게 있다고 생각했으며,24) 완전한 보통선거를 주장했다.25) 그리고 보통선거를 바탕으로 하여 구체제를 종식시킬 수 있을 것이라는 생각을 제시했다. 페인에 이르러 자유주의는 민주주의와 연결된 것이다. 톰 페인은 그의 책 『인간의 권리』에서 세계에는 두 가지 종류의 정부가 있다고 지적했다. 하나는 선거와 대표에 의해 만들어지는 정부이며 다른 하나는 세습적 승계에 의해 만들어지는 정부였다. 처음의 정부는 공화국이라고 알려져 있으며, 이성에 기초했다.26) 두 번째 정부는 왕정 혹은 귀족정이라고 알려져 있고 무지에 기초하고 있었다.27) 페인은 인간은 자연권을 가지고 태어났으며, 스스로 정부를 선택할 자유를 가지고 있다고 주장했다.28) 페인은 프랑스의 국민공회에 참여함으로써 자유주의와 민주주의를 연결시키려는 노력을 직접 보여주었다.29) 어떤 체제의 민주적 정당성을 확인하기 위해 그 지도자를 누가 뽑았는지, 뽑는 과정은 공정했는지, 그리고 사람들은 그를 권좌에서 밀어낼 수 있는지를 확인하는 세 가지 사항은 페인의 관심과 정확히 일치하고 있다.30)

비록 영국에서 공화주의를 향한 운동은 프랑스에서와 같은 동력을 얻지 못하였지만, 보통선거를 실현하려는 운동은 차티스트 운동으로 이어졌다.

자유주의와 관련한 문서들 :
토마스 페인의 『인간의 권리』*Rights of Man* (1791)

페인은 인간의 자연권을 주장하며 이를 근거로 해 헌법이 만들어지고 국가가 세워져야
한다는 결론을 내리고 있다. 그는 민주적 기초 위에 세워진 공화정을 그리고 있다.

프랑스 혁명기의 바스티유 감옥 습격 장면

인간은 사회에 들어오기 전보다 나빠지기 위해 혹은 더 적은 권리를 가지기 위해
위해 사회에 들어오지 않았다. 오히려 그러한 권리들을 보다 잘 확보하기
위해 사회에 들어왔다. 인간의 자연권natural rights은 모든 시민권civil rights의
기초인 것이다. … 자연권의 종류로는 모든 사상적intellectual 권리, 정신mind의
권리, 타인의 자연권을 해치치 않으면서 자신의 안락comfort과 행복happiness을
위해 개인적으로 행동할 모든 권리들이 있다. …

다음과 같이 결론내릴 수 있다.

첫째 모든 시민적 권리civil power는 자연권으로부터 나온다.

둘째 시민적 권력은 인간의 자연권의 총합으로 만들어진다. 시민적 권력은 개인의 목적에 응답하지는 않지만 하나의 초점에 맞추어지면 모든 사람의 목적에 맞게 된다.

셋째 자연권의 총합으로부터 만들어진 권력은 각 개인이 가지고 있는 자연권을 침해하는 데에는 적용될 수 없다.

··· 정부가 만들어지고 기초하고 있는 몇 개의 기원이 있다. 그것들은 모두 세 가지 중 하나에 포함된다. 첫째 미신Superstition이며, 둘째 힘Power이며, 셋째 사회의 공동의 이익common interest과 인간의 공동의 권리common rights이다. 첫째는 사제의 정부이며 둘째는 정복자의 정부이며 셋째는 이성reason의 정부이다. ···
정부는 통치자와 피치자 사이의 계약이라고 말하는 것은 진실이 아니다. 왜냐하면 인간은 정부가 존재하기 이전에 존재했기 때문이다. 정부가 존재하지 않는 시기가 있었고 따라서 그러한 계약을 체결할 통치자는 존재하지 않았다. 따라서 사실은 개인들 스스로가 각자 자신의 주권sovereign right 안에서 정부를 만들기 위해 서로 계약을 체결하게 되었다는 것이다. ··· 이것이 정부가 존재할 권리를 가지는 유일한 원칙인 것이다. ···
헌법constitution은 정부에 선행하는antecedent 것이다. 그리고 정부는 오직 헌법의 소산인 것이다. 한 나라의 헌법은 정부의 행위가 아니라 정부를 구성하는 사람들의 행위인 것이다. ··· 헌법은 정부가 수립될 원칙들을 포함하고 있으며, 정부가 조직되는 방식과, 정부가 가지게 될 권력과, 선거의 양식과, 의회의 존속기간 등을 담고 있는 것이다. ···
영국 정부는 정복으로부터 탄생한 정부 중의 하나이다. 즉 사회society로부터 나온 것이 아니라 인민들을 지배하며 만들어진 것이다. 비록 영국 정부는 정복왕 윌리엄 이래로 많이 수정되었다 해도 이 나라는 자신을 결코 재생시키지 못했고 따라서 헌법이 없는 상태인 것이다.

차티스트 운동 일지(1836~48)

1836년 런던 노동자 협회London Working Men's Association가 조직되었다.

1837년 의원 6명과 런던 노동자 협회London Working Men's Association 대표 6명이 위원회를 조직했다. 윌리엄 로벳William Lovett이 런던 노동자 협회의 대표로 활동했다.

1838년 12명으로 구성된 위원회는 인민헌장People' Charter을 작성해 발표했다. 여기에는 보통선거universal suffrage, 의원에 대한 재산자격조건 폐지no property qualification, 매년 선거annual parliament, 동등한 선거구equal representation, 의원세비 지급payment of members, 비밀투표vote by ballot 등 6가지 요구 사항이 제시되었다.

1838년 9월 24일 랭커셔 샐포드의 커살 무어에서 대규모 집회가 열렸다. 조셉 레이너 스티픈스Joseph Rayner Stephens는 보통선거를 지지하는 연설에서 차티즘은 빵과 치즈의 문제라고 주장했다.

1839년 2~5월 런던과 버밍엄에서 인민헌장을 지지하는 대규모 집회가 열렸다.

1839년 6월 인민헌장의 청원이 제출되었으나 하원에 제출되었으나 거부되었다.

1839년 11월 4일 프로스트는 수 천명을 이끌고 남웨일즈에서 몬머쓰Monmouth의 뉴포트Newport에 있는 웨스트게이트 호텔까지 행진을 벌였다. 여기서 군인들과 총격전이 벌어졌고 20명이 사망하는 결과를 빚었다.

1840년 1월 12일 세필드Sheffield에서 새무얼 홀버리Samuel Holberry가 봉기를 계획했으나 실패했다.

1840년 1월 14일 런던의 이스트 엔드에서 소요가 있었으나 경찰에 의해 좌절되었다.

1840년 1월 26일 브랫포드에서 수백명의 차티스트들이 봉기를 일으켰다.

1842년 5월 오코너는 3백만 명의 서명을 받아 의회에 청원을 제출했지만 거부당했다.

1842년 8월 잉글랜드와 스코틀랜드의 여러 지역에서 파업이 발생했다. 8월초 스태포드셔의 도자기제조지역에서 파업이 일어났다. 파업은 체셔와 랭카셔로 이어졌다. 8월 13일부터는 웨스트 요크셔와 스코틀랜드의 스트라스클라이드Strathclyde지역으로까지 파업이 확대되었다. 정부는 군대를 보내 파업을 분쇄했고 8월 19일부터 파업은 진정되기 시작했다. 랭카셔와 체셔에서는 9월까지 파업이 계속되었으며, 맨체스터의 직조공들이 9월 26일까지 가장 오래 파업을 했다. 차티스트 지도자인 피어구스 오코너, 줄리안 하니, 토마스 쿠퍼 등이 체포되었다.

1847년 오코너 노팅엄에서 의원으로 당선되었다.

1848년 4월 10일 약 2백만 명의 서명을 받아 3차 청원을 하기 위해 케닝턴 코먼에서 대규모 시위가 열렸다. 모인 군중에 대해 오코너는 30만이라고 주장했고 정부는 만 오천명이라고 주장했다. 시위는 평화적이었지만 정부는 시위대가 템즈강을 건너오지 못하도록 위협했다. 차티스트들은 청원이 받아들여지지 않을 경우 국민의회를 결성할 의도를 가지고 있었으나 이 의도는 실현되지 못했다.

1848년 맨체스터에서는 사람들의 혐오을 받고 있었던 빈민원을 파괴하려는 사건이 발생했다.

그리고 느리지만 선거권은 차츰 확대되었다. 선거권은 1832년과 1867년, 1884년의 잇따른 선거법 개정으로 유권자의 수는 성인 남자의 7%로 늘어났다가 16%로 늘어났고 결국 28%까지 확대되게 된다. 선거제도를 개선하려는 노력도 역동성을 유지했으며 보통선거, 비밀선거, 평등선거와 같은 대표제를 둘러싼 운동은 여성 참정권 운동을 거쳐 완전한 보통선거가 실현될 때까지 영국 정치사에서 항상 중요한 쟁점이었다.[31] 로드니 바커는 20세기에 이르기까지 헌정질서를 개선시키려고 하는 운동으로서의 자유주의는 생명력을 유지하고 있다고 지적했다.[32]

영국 자유주의의 급진주의적 기원은 영국에서 민주주의를 발전시킨 동력이라고 할 수 있다. 휘그적 기원이 민주주의를 거부했던 반면 급진주의적 기원은 민주주의를 받아들임으로써 자유주의와 민주주의를 연결시켰다. 급진주의는 자유의 개념을 권력의 억압에 대한 저항에서 권력에 대한 시민의 참여로 확대시켰기 때문이다. 아울러 급진주의는 자유주의를 운동하는 이데올로기로 만들었다. 레벨러에서부터 여성 참정권 운동에 이르기까지 급진주의적 자유주의는 참여하고 행동하는 특징을 보여주고 있다.[33]

4. 자유방임주의적 기원 : 민주주의와 이중적 관계에 놓인 자유주의

영국의 자유주의에서 자유방임주의적 기원은 매우 단단한 핵심을 구성하고 있다. 여기에는 중요한 영국적 배경이 있다. 대륙에서는 프랑스 혁명을 필두로 하여 자유주의 운동은 억압적인 왕정에 대한 시민계층의 저항이라는 정치적 운동으로 전개되어 나갔다. 반면 영국은 상황이 달랐다. 영국에서는 프랑스 혁명기에 출현한 공화주의 사상이 크게 힘을 얻지 못했던 것이다.

프랑스 혁명에 자극을 받아 급진적 자유주의 운동이 출현하기는 했지만 이 운동은 시민계층의 지지를 끌어 내지 못했다. 영국은 명예혁명 이후 이미 왕권이 귀족들에 의해 제한당해 있었으므로, 급진주의자들은 왕정과 귀족들이 장악한 의회 양자를 함께 비판의 대상으로 삼았다. 하지만 프랑스에서 중요한 지렛대로 작용한 시민 계층은 영국에서 급진적 자유주의자들과 함께 하지 않았다. 대륙에서와 같은 왕과 귀족의 갈등은 없었으며 시민 계층은 왕도 귀족도 공격하지 않았다. 오히려 그들은 휘그 귀족과 협력하고 있었고, 따라서 권력의 핵심이었던 의회를 공격하지 않았다. 그들은 휘그의 협력 속에서 자신들만의 선거권을 얻어 내는 방식으로 조용히 권력에 참여하는 길을 택했다.

자유주의와 민족주의가 결합하는 현상이 나타나지 않은 것도 영국 자유주의의 중요한 특성을 이룬다. 그 결과 대륙에서 자유주의는 민족주의와 결합하면서 혁명운동의 성격을 띠게 되었지만 영국에서는 그런 특성이 나타나지 않았다. 영국은 대륙에서와 같은 분열된 국가의 통일이라는 문제를 안고 있지 않았으므로 자유주의는 민족 문제와는 분리되어 있었던 것이다.[34]

이런 상황에서 영국은 대륙의 자유주의와는 성격이 다른 자유주의를 발전시키게 되었다. 18세기 말부터 영국이 산업화를 겪으면서 등장하게 된 상인과 제조업자는 그들의 자유를 주장하기 시작했다. 이것은 상업과 산업 활동의 자유를 의미했으며 아담 스미스에 의하여 논리적인 형태를 띠게 되었다. 아담 스미스는 중상주의를 비판하는 과정에서 중상주의 체제에서 상인과 제조업자들은 자신들의 이익을 보호하기 위해 정부가 그들에게 특권을 부여하도록 조처했음을 보여주었다. 그는 이런 과정을 통해 특권상인과 제조업자들이 대중을 기만하고 심지어 억압하려 했다는

점을 지적했다.[35]

아담 스미스는 독점 상인들을 비판하고 경제활동의 자유를 강조하면서, 독점이 깨어지고 자유로운 경쟁이 있는 곳에 혼란이 아니라 조화가 나타나게 될 것이라는 결론을 제시했다. 자연의 조화 개념이 나타난 것이다. 그 조화는 합리적인 개인들이 자신의 목적을 각자 추구하는 과정에서 가장 잘 이루어지게 된다.[36] 아담 스미스는 "자신의 생활을 향상시키려는 끊임없는 개인들의 노력은 개인의 풍요만이 아니라 국가의 풍요가 기원하는 원칙이며 … 계속 발전을 해 나가기에 충분할 만큼 강력하다"고 주장했다.[37]

이러한 그의 사상은 산업화가 진행되어 나간 영국의 19세기를 통해 자유로운 기업활동을 정당화했으며 생산자들의 이해와 특히 잘 맞아 떨어졌다. 1846년 곡물법이 폐지된 것은 자유방임주의의 상징적 사건이었다. 이후 자유방임주의는 거의 종교적인 형태를 띠게 되었다. 국내에서는 비간섭, 대외적으로는 자유무역이 자유방임주의가 내건 구호였다.[38]

자유방임주의의 핵심은 1846년 『이코노미스트*Economist*』가 발표한 5편의 시리즈 기사에 잘 요약되어 있다. "각자의 (처해 있는) 상태에 대해 누가 책임이 있는가?"라는 질문에 대해 그 답은 "바로 개인들 자신"이라는 것이다. 사람들은 국가에 너무 많이 의존하게 되었고 자조self help와 자기책임을 회피하게 되었다는 것이다. 이 시리즈의 마지막 기사는 다음과 같이 문제를 요약했다.

입법의 부수적이고 영구적인 효과는 매우 복잡하고 또 매우 중요하므로 좋은 법을 만드는 것은 사람의 일이라기보다는 신의 일인 것이다. 입법의 부수적 효과 하나는 사람들을 무기력하게 만드는 것이다. … 그들은 국가에 의존하고 자신을 스스로 돌보지 않게 되는 것이다.[39]

자유주의와 관련한 문서들 :

아담 스미스의 『국부론』 *An Inquiry into the Nature and Causes of the Wealth of Nations* **(1776)**

아담 스미스는 개인이 이익추구를 할 자유를 강조했지만 그것이 정의에 의해 제한된다는 점도 지적하고 있다.

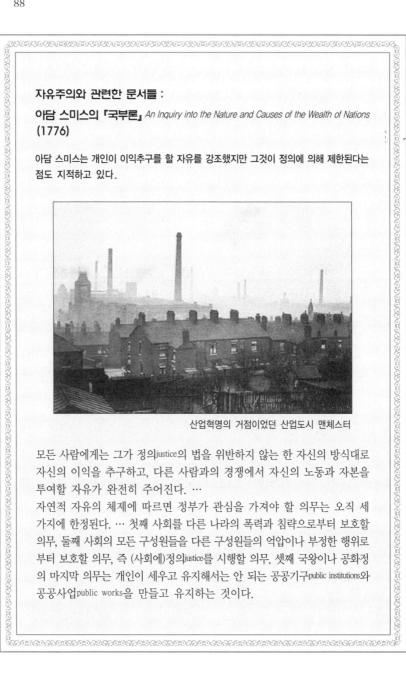

산업혁명의 거점이었던 산업도시 맨체스터

모든 사람에게는 그가 정의justice의 법을 위반하지 않는 한 자신의 방식대로 자신의 이익을 추구하고, 다른 사람과의 경쟁에서 자신의 노동과 자본을 투여할 자유가 완전히 주어진다. …

자연적 자유의 체제에 따르면 정부가 관심을 가져야 할 의무는 오직 세 가지에 한정된다. … 첫째 사회를 다른 나라의 폭력과 침략으로부터 보호할 의무, 둘째 사회의 모든 구성원들을 다른 구성원들의 억압이나 부정한 행위로 부터 보호할 의무, 즉 (사회에)정의justice를 시행할 의무, 셋째 국왕이나 공화정 의 마지막 의무는 개인이 세우고 유지해서는 안 되는 공공기구public institutions와 공공사업public works을 만들고 유지하는 것이다.

　자유방임주의의 핵심은 경제활동의 자유에 있었지만, 자유방임주의의 대명사로 굳어진 맨체스터 학파[40]는 자유방임을 경제적 사회적 영역 모두에 적용시키려 했다. 맨체스터 학파는 어떤 경제적 사회적 해악도 그냥 내버려 두면 저절로 치유가 된다는 입장을 견지했다. 현재 벌어지고 있는 고통스런 현상이 있다 하더라도 그것은 병리적 현상이 아니라 치유되는 과정에서 인내하고 수용해야 할 성질의 고통이었다.

　맨체스터 학파의 입장이 전형적으로 드러난 경우로 아일랜드 기근 사태를 들 수 있다. 서 찰스 트레벨리언은 1840~49년 동안 재무성의 관료assistant secretary로 근무한 사람이었는데 그는 많은 서신을 남겼다. 그 중 아일랜드 기근에 대해 다루고 있는 문건을 보면 맨체스터 학파의 입장이 어떤 것인지가 간명하게 드러난다. 트레벨리언은 1848년 1월 15일 "다른 사람에게 의존하는 것은 도덕적 질병이다. 그리고 그것은 근절되어야 한다"고 적고 있는 것이다. 그에 따르면 기아로 인한 사망은 고통스럽긴 하지만 필요한 것이었다. 그의 논조는 아일랜드 기근은 자립의 의지가 없는 나태한 사람들에 대한 신의 징벌이라는 식으로 전개되었다.[41]

　그러므로 맨체스터 학파는 사회문제에 대해 국가가 개입하는 것은 조화를 향해 나아가는 자연의 작용을 깨뜨리는 행위라고 보았다. 『이코노미스트 Economist』는 "티푸스나 콜레라 혹은 깨끗하지 못한 물보다 더욱 나쁜 것이 있다. 그것은 머리가 나쁜 것이다. 이것이 개인의 문제에 대해 끊임없는 (국가의) 개입을 야기한다"고 주장했다.[42]

　그러나 아이러닉한 것은 자유방임의 자유주의자들이 경쟁을 방해한다고 그토록 비판했던 특권을 차츰 자유방임 자유주의자들 중 성공한 소수가 독점이라는 형태로 향유하게 되었다는 사실이다. 그런데 그 특권은 시장질서의 결과로부터 나왔다는 점에서 이전의 특권과 성격이 달랐다. 자유방임의 자유주의자들은 경쟁을 허용해도 깨어지지 않는 특권을 향유하게 된 것이다. 봉건적 특권은 경쟁을 허용하는 것으로 쉽게 깨어졌지만 자본주의적 특권은 경쟁을 허용해도 그 특권이 더욱 강화되는 특성을 지니고 있는 것이다.

밀J.S.Mill은 개인은 외부 간섭이 최소화되는 환경에서 그의 능력을 최고로 발전시킬 수 있다고 주장하는 점에서 그 논조가 사실상 자유방임주의자와 다르지 않았다.43) 자유주의 서적의 대명사처럼 여겨지는 『자유론』을 펴낸 밀은 개인의 사상과 활동이 국가만이 아니라 사회의 억압으로부터 규제받지 말아야 한다는 생각을 제시했다. 그는 국가권력보다도 다수의 권력, 여론의 압력, 관습의 폭력에 대해 우려했다. 다수의 권력은 국가의 권력처럼 통제되어야 했다. 밀은 "집단적 의견이 개인의 독립에 간섭하는 것에는 한계가 있으며 … 이를 막는 것은 정치적 독재를 막아야 하는 것처럼 필수 불가결하다"고 주장했다.44) 밀의 관심은 여론과 관습의 압력으로부터 개인의 자유와 개성을 보호하려는 것에 있었지만, 개인의 자유를 강조한 그의 사상은 어떤 권력이든 개인의 영역 – 그것이 사상이든, 행위든, 재산이든 – 을 침범할 수 없다는 주장으로 연결될 수 있었다.45)

하지만 밀은 자유방임주의자들처럼 개인의 자유가 제약받아서는 안 된다는 관점을 유지했으면서도 자유가 무제한 허용된다고는 생각하지 않았다. 단지 그가 생각하기에 자유를 제한할 수 있는 근거는 한 가지밖에 없었다. 그는 단순하지만 매우 의미깊은 결론에 도달했다. 그는 다음과 같이 지적했다.

권력이 개인에 대해 정당하게 행사될 수 있는 유일한 목적은 다른 사람에 대한 위해를 방지하기 위한 것이다. 그 자신의 선good – 그것이 물질적이든

도덕적이든 – 은 충분한 이유가 되지 않는다.[46]

밀이 해악의 개념을 다룬 가장 분명한 경우는 곡물업자의 예이다. "곡물업자가 빈민들을 굶기는 자"라거나 "사유재산이 절도에 해당한다"는 의견은 단순히 출판물로 나올 때는 방해받지 말아야 한다. 그러나 곡물업자의 집 앞에서 흥분한 군중들에게 구두로 전해질 때는 처벌받아야 하는 것이다.[47] 밀의 자유 개념은 개인주의를 지지하면서도 그것이 제한당할 수 있는 근거를 함께 제시했다는 점에서 중요하다. 후에 신자유주의자들이 계약의 자유를 제한하는 근거로 밀이 자유론에서 쓴 논리를 원용하였다는 점은 의미심장하다.[48]

자유방임주의는 다윈주의Darwinism와 결합되면서 스펜서에 의해 다시 한 번 그 정당성이 주장되었다. 스펜서는 정부의 유일하게 온당한 기능은 생명과 재산을 확보하는 것이라고 주장하며 최소 국가이론을 옹호했다. 그는 자유당의 입법들에 대해 자유당이 주택, 공중보건, 노동조건 등을 규제하는 법을 통해 자신들의 유산을 배신했다고 주장했다. 스펜서는 "약자를 도와주는 입법을 옹호하는 자들은 사회에 적응하지 못한 사람들을 구해 내려 하는 것"이라고 주장했다.[49]

한 가지 특이한 점은 스펜서에 와서 자유방임적 자유주의와 민주주의가 심각한 갈등을 빚고 있다는 사실이 뚜렷하게 드러났다는 것이다.[50] 그는 민주주의가 자유를 위협한다고 생각했다. 그는 19세기 말에 민주주의는 "당대의 가장 큰 정치적 미신"이 되어 버렸다고 주장했다. 민주주의는 신성한 왕의 권리라는 낡은 개념에 대해 "의회의 신성한 권리"라는 새롭긴 하지만 똑같이 비난받아야 할 개념을 대체시켰다. 민주주의는 새로운 지배계급 – 즉 민중 자신들 – 을 만들어 내기 위한 장치가 되어 버렸다.

자유주의와 관련한 문서들 :
존 스튜어트 밀의 『자유론』*On Liberty* (1859)

밀은 자신에게만 관계되는 행위에 대해서는 어떤 간섭도 있어서는 안 된다는 입장을 표명하고 있다. 밀은 개인의 자유를 강조했지만 밀의 시대에 영국은 아직 민주주의가 실현되지 않은 상태였다.

다른 사람의 행동의 자유를 간섭하는데 있어서 허용될 수 있는 유일한 목적은 자기보호self-protection이다. 권력이 문명사회의 구성원들에게 정당하게 사용될 수 있는 유일한 목적은 다른 사람에게 해를 끼치는 것을 막는 것이다. 그 자신의 선은—그것이 물질적이든 도덕적이든—충분한 것이 되지 못한다. …

전형적인 영국 중간계급 가족의 모습

나는 효용utility을 모든 윤리적 문제들의 궁극적 해결책으로 간주한다. …

자신에게만 영향을 미치는 행위는 인간의 자유human liberty의 영역이다. … 첫째 양심의 자유, 사상과 감정feeling의 자유, 의견과 감성sentiment의 자유가 있다. 표현과 출판의 자유는 다른 원칙에 속하는데 이것은 다른 사람과 관련되는 행동의 영역에 속하기 때문이다. 둘째 취향과 계획추구의 자유이다. … 우리가 다른 사람에게 해를 끼치지 않는다면 다른 사람들이 우리의 행위를 어리석고, 괴팍하고, 그릇된 것이라 생각한다 해도 다른 사람의 간섭없이 우리의 인생을 만들어 나갈 자유이다. 셋째는 각 개인이 동일한 제약 안에서 결사를 할 자유이다. …

요약하자면 다른 사람들에게 관계되지 않는 사항들에 있어서는 개성individuality의 권리가 주장되어야 한다는 것이다. …

현재 개인은 대중 속에 상실되어 있다. … 더욱 놀라운 것은 대중은 그들의 견해를 교회나 국가의 명사들이나 서적으로부터 얻지 않는다는 것이다. …

모든 현명하고 고상한 것들의 시작은 개인으로부터 나오며 또 나와야 한다.

그는 민주주의가 집단주의적 경향을 띠고, 그러한 경향이 국가의 관료제를 통해 실현되는 모습을 발견하게 되었다. 그 결과 그는 민주주의를 봉건적 독재를 단순히 사회주의적 독재로 대체한 정부형태로 이해했던 것이다.[51]

자유방임주의의 아이러니는 자유방임주의가 독점 세력에 저항하는 사상으로 출발했지만 시간이 지나면서 독점 세력이 이용하는 사상이 되어 버렸다는 점이다. 자유방임주의의 이런 역할 변경은 이 사상을 이용하는 세력의 중심이동도 함께 가져왔다. 즉 초기에는 진보적 세력이 이 사상을 이용했지만 점차 보수적 세력이 이 사상을 이용하게 되었다. 1880년대 말경이 되면 자유방임주의 교리를 윔즈 경Lord Wemyss과 같은 보수당원들의 입에서 더 쉽게 들을 수 있게 되는 사실이 이를 증명한다.[52] 이러한 현상이 발생하게 된 것은 18세기의 독점과 19세기의 독점의 성격이 달랐기 때문이다. 초기의 독점이 특권에 의해 형성된 독점이었다면 후기의 독점은 경쟁에 의해 형성된 독점이었던 것이다.

5. 벤담주의적 기원 : 자유방임의 사회를 최적화하려 한 자유주의

자유방임적 자유주의와 동일하게 경쟁의 질서를 지향하였지만 국가의 역할에 대해서는 다소 상이한 태도를 견지했던 또 하나의 자유주의의 기원이 있다. 벤담과 그의 제자들에 의해 제시된 일련의 사상에 대해 붙여진 명칭은 효용주의utilitarianism이다.[53] 그들은 도덕적 판단의 기준으로 어떤 선험적 가치도 거부했고, 그 대신 효용의 원칙principle of utility을 제시하였기 때문이다. 정부의 수립이나 목적도 자연법이나 자연권과 같은 추상적 개념들에 근거하지 않았다. 정부의 유일한 목적은 그 사회에서 최대의

행복을 추구하는 것이었다.54)

이 사상은 개인이 자신의 이익을 가장 잘 판단하며, 개인의 자유로운 활동이 사회의 번영을 가져온다는 자유방임주의의 가정을 공유하고 있었다. 벤담이 내건 "최대 다수의 최대 행복"은 개인주의를 바탕에 깔고 있는 구호였다. 하지만 벤담주의가 자유방임주의와 달랐던 점은 그런 가정이 자연권과 같은 선험적인 가정에 기초하지 않았다는 점이다.55) 그 결과 자유방임과 최대 행복의 원칙 사이에 필연적인 연관관계는 존재하지 않게 되었다.56) 최대 행복의 원칙은 오히려 국가간섭 위에서 효과적으로 추구될 수 있었다. 이런 논리는 사회문제에 대한 입장에 커다란 차이를 야기했다. 자유방임주의는 사회문제가 저절로 치유될 것이라는 입장을 견지했던 반면 벤담주의는 사회문제에 대해 나름의 처방을 제시하려 했던 것이다. 벤담은 이런 목적을 위해 사회의 제도들이 합리적으로 재구성될 수 있다고 믿었다.57) 벤담주의가 의회에서 추진한 개혁으로 인해 벤담주의자들은 철학적 급진주의자라는 명칭을 얻었다.58)

그러나 벤담주의자들의 개혁이라는 용어에 대해서는 주의를 요한다. 왜냐하면 그것은 효용의 원칙 위에서 추진된 개혁이었기 때문이다. 사회문제의 하나인 빈곤을 들어 보자. 빈곤의 문제에 대해 효용주의자들은 자유방임주의자들과는 다른 방식으로 접근했다. 벤담이 이 문제에 대해 제시한 대안은 빈곤한 자들을 수용해 엄격하게 감독하는 기관을 전국적으로 조직하는 것이었다.59) 빈민원이라 불린 이 시설의 조건은 최저임금을 받는 노동자들의 생활수준보다 낮게 유지되도록 조정되었다. 그뿐만 아니라 도덕적 규율을 강제하기 위해 남녀를 구분해 수용했고 그 결과 빈민원에 수용된 가족은 분리되었다. 이런 조건 속에서 사람들은 검소와 절제의 미덕을 교육받게 될 것이다.60)

이런 접근은 분명 사회문제에 대해 국가의 개입을 요구한 것이긴 하나 사회의 구조적 문제를 개선시키려 한 것도 아니며, 시장의 경쟁 질서를 수정하려 한 것도 아니었다. 왜냐하면 벤담주의자는 자유방임주의자들과 마찬가지로 빈곤의 문제가 사회에 기인한다고 보지 않았기 때문이다. 단지 자유방임주의자가 빈곤의 문제를 시장에 맡기려 했다면 벤담주의자는 이들이 보다 빨리 시장에 적응하도록 하는 제도를 만들려 했던 것이다. 빈곤의 원인은 개인에게 있고, 빈곤은 개인의 문제라고 보는 점에서 이 양자 간에는 아무 차이가 없었으며, 이 문제는 개인 각자가 검소와 근면으로 해결해야 했다.

벤담주의자들은 여러 가지 개혁을 추진했다. 그것이 이들을 개혁주의자처럼 보이게 했다. 그리고 이로 인해 벤담주의자들은 자유방임과 국가간섭의 주장을 동시에 안고 있는 이중성을 지니게 되었으며, 그것이 이들을 이해하는 데 혼란을 야기시켰다.[61] 그러나 그들의 개혁이 시장을 겨냥한 것이 아니었고, 오히려 시장의 효율성을 겨냥한 것이었다는 점을 포착한다면 이들이 지닌 이중성의 문제는 쉽게 해결될 수 있을 것이다. 국가간섭은 시장의 경쟁을 위한 것이었기 때문이다. 애드윈 채드윅 같은 벤담의 제자는 외부불경제를 제거하기 위해 공공재를 확대할 필요가 있다고 생각했다.[62] 아울러 벤담주의자들은 빈민, 공장, 형무소, 학교, 보건, 위생 등에서 개혁을 이루었다. 그러나 이런 개혁은 모두 경제적 경쟁이 번창할 수 있는 정치적 틀을 수립하기 위해 의도된 것이었다.[63]

그러므로 그들의 개혁을 개혁이라고 말할 수 있을 것인가에 대해 질문을 던져볼 필요가 있다. 왜냐하면 그들의 개혁은 사회문제를 인도주의나 정의 혹은 사회적 평화의 관점에서 다루지 않기 때문이다. 그들의 개혁은 오히려 최적화 관점에서 이루어지고 있다고 볼 수 있다. 즉 최대의 행복을 이루기 위해 여러 가지 장애물들을 없애기 위해 제안되고 있는 것이다. 효율을 극대화하는 데 빈곤과 불결 등은 커다란 장애물이었다. 최고의 효율을 달성하기 위해서는 비용을 줄여야 하는 것이다. 그러려면 형무소의 감독체계도 바꾸어야 하고, 빈민 문제에 있어 비용을 줄일 수 있는 새로운 방식을 만들어 내야 하는 것이다. 그러기 위한 방법을 찾아내려 했던 것이 그들의 개혁이었다.

그럼에도 그들에게 개혁주의자의 외관을 유지하게 하는 것은 그들이 휘그를 공격했다는 점에 있다. 벤담주의자들은 귀족의 세습 특권에 대하여 도전했다. 벤담주의자들이 빈곤한 자들에 대해 도덕적 처방을 내렸다면, 부를 세습받은 자들에 대해서는 전통에 의해 유지되는 정치 권력을 비판했다. 벤담주의자들은 영국의 헌법을 부패했다고 간주했다. 왜냐하면 영국의 헌정질서는 소수 재산가의 부당한 이익을 안전하게 해 주고 있었기 때문이다. 이러한 부패에 대하여 제시된 치유책은 보통선거였다. 의회개혁에 대한 주장은 의회 내에서 벤담주의자와 휘그 사이에 논쟁을 불러일으켰고, 결국 매콜리같은 휘그들은 선거권을 중간계급에까지 확대시킴으로써 중간계급과 동맹을 맺으려 했다.[64]

벤담이 보통선거를 제안했다는 점은 벤담주의자들이 민주주의를 추구하지 않았는가 하는 생각을 하게 한다. 그러나 벤담주의와 민주주의를 바로 연결하기 어려운 점들이 있다. 우선 벤담이 제안한 보통선거는 자연권에 근거하지 않았기 때문이다. 보통선거는 부패한 귀족들이 장악하고 있는 의회를 개혁하기 위하여 고안된 수단이었을 따름이다. 선거를 통해 의회의 주체로 등장할 세력은 당연히 효용을 극대화하기에 합당한 덕성을 지닌 부르주아 세력이었다.

자유주의와 관련한 문서들 :
벤담의 「입법의 이론」 *Theory of Legislation* (1802)

벤담은 효용을 기초로 해서 권리에 대해 설명하고 있다. 효용에 대한 강조는 결국 효율로 연결되고 있다.

정부의 유일한 목적은 그 사회의 가능한 최대의 행복the greatest possible happiness을 추구하는 것이 되어야 한다. 개인의 행복은 그의 고통이 줄어들고 그의 즐거움이 커지는 것에 비례해 증가한다. 즐거움을 추구하는 것은 전적으로 개인에게 맡겨져야 한다. 정부의 중요 기능은 고통에 대해 방어하는 것이다. 정부는 이 목적을 정부가 개인에게 부여하는 권리들rights을 만들어냄으로써 달성하게 된다. 재산에 대한 권리, 필요할 때 구호를 받을 권리같은 것이다. …

권리와 의무를 분배하는데 있어서 입법자는 사회의 행복을 그의 목적으로 삼아야만 한다. 행복이 구성되는 것으로 우리는 4개의 하위 목적을 발견한다. 생존subsistence, 풍요abundance, 평등equality, 안전security이 그것이다. … 법의 모

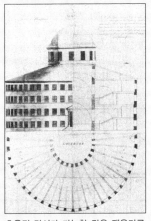

효율적 감시가 가능한 감옥 팬옵티콘

든 기능은 이 네 개의 목적과 연관되는데 즉 생존을 보장하기 위해, 풍요를 만들어 내기 위해, 평등을 촉진하기 위해, 안전을 유지하기 위해 작용하는 것이다. … 법은 생존을 위해 무엇을 할 수 있는가? 직접적으로는 아무 것도 할 수 없다. 그것이 할 수 있는 모든 것은 동기motives를 만들어내는 것뿐이다. 즉 징벌이나 보상이다. 이런 것들로 인해 사람들은 자신들이 생존해 나가도록 유도되는 것이다.…

법의 이점들을 더 잘 이해하기 위해 우리는 재산에 대한 분명한 생각을 가져 보도록 하자. 우리는 자연적 재산natural property 같은 것은 없다는 것을 알게 될 것이다. 재산은 전적으로 법의 작품이다. … 재산과 법은 함께 태어나고 함께 사망한다. 법이 만들어지기 전에는 재산도 없었다. 법을 없애버리면 재산도 사라진다. …

절대적으로 필수적인 것을 결여한 사람들만이 빈곤한indigent 자들로 간주되어야 한다. … 법률적인 구호는 진정으로 필수적인 것 이상으로 나아가서는 안 된다. 이 이상으로 나아가는 것은 나태한 자들을 돌보기 위해 근면한 사람들에게 과세하는 것이 된다.

아울러 그는 민주주의가 집단주의적 경향을 보이게 되리라고 예측하지 못했을 것이다. 그에게는 자유로운 경쟁의 원칙이 중요하게 여겨졌으므로 그러한 원칙이 경제의 영역에서만이 아니라 정치의 영역에서 추구되는 것을 무비판적으로 받아들였을 가능성이 높다. 그러나 경쟁이 경제적 차원에서 일어나는 것과 정치적 차원에서 일어나는 것은 그 성격과 결과가 다르다는 점을 그는 간과했던 것으로 보인다.65)

6. 신자유주의적 기원 : 자본주의 사회의 성숙과 함께 나타난 자유주의

신자유주의는 다른 자유주의의 기원과는 달리 자유방임의 자유주의에 대한 반발에서 나왔다. 신자유주의 사상의 기초를 제공한 것으로 알려져 있는 그린T. H. Green은 벤담주의의 개인주의적 원칙에 대하여 의식적으로 공격했다.66) 자유방임의 자유주의가 산업화로 인해 생겨난 많은 사회문제들에 대해 국가의 특별한 역할을 부여하지 않았거나, 설혹 국가의 역할을 인정했다 해도 효율의 관점에서 관료적으로 접근했다면 신자유주의는 이런 문제들을 "자유의 확대"라는 관점에서 접근했다. 자유는 "억압이 없는 상태"를 의미하는 것에서 한 발 더 나아가 "무엇인가를 할 수 있는 상태"를 의미하는 단계로 나아간 것이다. 자유에 대한 그린의 주장을 보면 그가 자유의 개념을 기존의 자유 개념과는 다르게 사용하고 있음을 알 수 있다. 그는 다음과 같이 주장했다.

> 우리가 자유를 매우 가치있는 것으로 이야기할 때, 우리는 자유로 무엇을 할 수 있는 혹은 즐길 수 있는 적극적 힘 혹은 능력의 의미로 사용한다. 그리고 그것은 다른 사람들과 함께 하고 즐기는 어떤 것이다.67)

그린은 자유를 무엇인가를 할 수 있는 힘으로 그것도 다른 사람들과 함께 무엇을 할 수 있는 능력으로 간주하고 있는 것이다. 자유는 "억압이 없는 상태"에서 "무엇인가 할 수 있는 능력을 갖는 상태", "자기 실현이 이루어지는 상태"로 확대되었다.[68] 이런 생각은 매튜 아놀드의 "자유는 인간 능력을 최고로 개발함으로써 균형과 완성을 달성하는 것"이라는 주장에서도 되풀이되었다.[69]

이러한 자유를 획득하는 과정에서 중요한 역할을 하는 매체로 떠오른 것이 국가였다. 그린은 국가행위의 일정한 영역을 정당화하려고 했다. 특히 그린은 고용의 영역에서 계약의 자유에 대한 제한이 필요하다고 주장했다. 왜냐하면 계약의 두 당사자는 불평등한 위치에 놓여 있었기 때문이다.[70]

그린은 자유주의를 의심받은 글래드스톤의 입법들을 환영했다. 그런 입법들로 사냥법Ground Game Act과 고용주책임법Employers Liability Act이 있었다. 전자는 지주들이 그들의 토지에서 마음대로 사냥을 할 수 있는 권리를 제한했고,[71] 후자는 작업장에서 다친 노동자들에 대해 고용주들이 보상해 줄 책임을 규정했다. 그린은 이러한 입법들을 공동의 선을 확대시키는 증거로 환영했다.[72]

신자유주의는 19세기 말 홉하우스L.T. Hobhouse와 홉슨J.A. Hobson에 의해 이론적으로 정치해졌으며 세속화되었다.[73] 19세기말쯤 영국에서 자유주의의 새로운 경향이 뚜렷하게 감지되었다는 점은 1890년 대륙의 한 관찰자가 영국에서 나타난 자유주의의 새로운 경향에 대해 "자유주의 학파의 사회주의"라는 명칭을 붙였다는 사실에서도 확인할 수 있다.[74]

자유의 확대를 위해 개인의 능력을 증진시킬 기회는 여러 형태의 사회조직들에 의해 도움을 받게 될 것이다. 여기에는 노동조합, 협동조합 등이

100

포함되지만 무엇보다도 국가와 지방자치 조직이 큰 역할을 하게 될 것이다.75) 그러므로 국가는 개인에 적대적인 관계에 있는 것으로 간주되지 않았다. 오히려 개인은 국가를 통해 자유를 실현시킬 수 있다고 간주되었다. 홉하우스는 국가를 개인의 잠재력을 실현시키는데 필요한 조건을 제공하기에 합당한 존재로 간주했다.76)

홉하우스는 규제의 정당성을 주장하기 위해 **사회적 자유**와 **비사회적 자유**를 구분했다. 비사회적 자유는 다른 사람의 이해와 무관하게 그의 권력을 사용할 수 있는 권리였고 규제를 받을 필요가 없었다. 여기에 반해 사회적 자유는 다른 사람에게 해를 끼치지 않는 행동을 선택해야 할 자유이며 규제가 가능한 영역이었던 것이다. 그것은 함께 사는 사람들이 향유하는 자유였다. 어떤 행위의 사회적 결과에 대한 경험이 확대될수록 사회적 양심도 확대되며 규제의 영역도 커지게 되는 것이다.77)

홉하우스는 규제의 한 예로 계약의 자유를 제시했다. 그는 "계약의 자유"에 대해 만약 한쪽이 빈곤으로 제약받거나 혹은 한쪽이 자신의 이익을 합리적으로 행사하지 못하도록 방해받는다면 결코 자유로운 계약이 될 수 없다고 지적했다. 다른 곳에서 그는 독점에 반대하는 입법을 지지했는데, 그 근거는 이 법이 "계약의 불평등을 수정하려는 의도를 가졌고 … 자유와 평등이라는 오랜 자유주의의 두 원칙을 완성하기 위해 필요한 수단"이었기 때문이다.78)

홉하우스는 개인이 완성되어 나가는 형태를 설명하기 위해 다윈주의의 진화 개념을 이용하기는 했지만, 사회적 다윈주의와는 달리 협동을 진화의 중요한 원리로 간주했다. 즉 사회적 다윈주의가 생존경쟁을 신성시한 반면, 홉하우스는 사회가 상호협조를 통해 발전해 나간다고 믿었던 것이다. 이 새로운 진화이론은 1898년 출간된 『집단주의의 윤리적 기초*The Ethical*

Basis of Collectivism』에서 제시되었는데 여기서 인간 역사는 이기주의와 경쟁으로부터 이타주의와 사회적 연대로 점진적으로 이행해 나간 과정으로 묘사되었다.[79] 가장 진화된 형태의 사회는 개인들의 행동과 공동의 목적이 완벽하게 조화를 이루는 사회였다. 이러한 생각은 거의 무정부주의에 가까운 스펜서의 이상과 유사했지만 홉하우스는 스펜서와는 다른 결론에 도달했다. 그는 진화론이 올바르게 이해된다면 공장법, 보건법 등에서와 같이 사회는 집단주의적 정책을 추구하게 될 것이라고 주장했던 것이다.[80]

홉슨 역시 스펜서로부터 영향을 받았지만 스펜서와는 다른 결론에 도달했다. 그는 스펜서와 같이 사회적 행위는 유기적 전체로서의 사회라는 맥락 속에서 관찰되어야 한다는 생각을 가지고 있었다. 홉슨은 모든 사람이 자신의 능력을 충분히 발휘하는 삶을 이끌어 나가는 유기적 사회로 진화해 나가야 한다고 믿었다.[81]

이러한 전제를 놓고 볼 때 그에게 자유방임 자유주의는 새로운 시대의 중요한 문제들을 접근하는 사상의 틀로 부적합했다. 홉슨은 당시에 출현한 식민지 팽창 현상을 개혁되지 않은 자본주의 내에서 부의 분배가 잘못된 결과 나타난 현상으로 보았다.[82] 그의 제국주의론은 자유방임의 자유주의에 대한 그의 생각의 연장선상에 있었다. 그러므로 그는 산업의 공공통제가 필요하다는 생각을 제시했다. 어떤 산업이 사회적으로 필요한 성격을 갖는 경우, 산업은 공적으로 통제되어야 했으며 그런 것들로 철도, 전기, 에너지 부문 등을 들 수 있었다.[83]

홉슨은 여러 저작에서 거의 페이비언들을 떠올릴 만큼 자세하게 공적 기관에 의해 제공될 최저생활의 기준에 대해 서술했다.[84] 신자유주의자들은 자유를 개인이 가진 가능성과 잠재력을 발휘할 수 있는 조건으로 이해함으로써 국가가 빈민이나 실업 등의 문제에 개입해야 한다는 주장을 제시했다.

자유주의와 관련한 문서들 :
홉슨의 『자유주의의 위기』 *The Crisis of Liberalism* (1909)

홉슨은 자유에 대해 제약의 부재보다 기회의 존재를 강조한다. 그가 차티스트 운동과 비교해 제시하는 새로운 인민헌장은 권력에 참여할 평등한 조건이 아니라 능력을 발휘할 수 있는 평등한 조건들을 강조하고 있다.

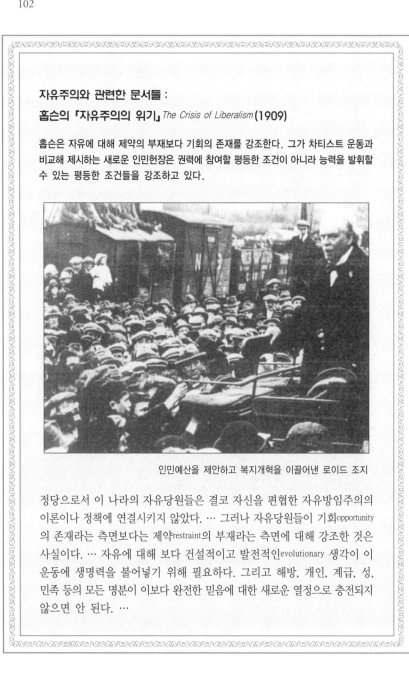

인민예산을 제안하고 복지개혁을 이끌어낸 로이드 조지

정당으로서 이 나라의 자유당원들은 결코 자신을 편협한 자유방임주의의 이론이나 정책에 연결시키지 않았다. … 그러나 자유당원들이 기회opportunity 의 존재라는 측면보다는 제약restraint의 부재라는 측면에 대해 강조한 것은 사실이다. … 자유에 대해 보다 건설적이고 발전적인evolutionary 생각이 이 운동에 생명력을 불어넣기 위해 필요하다. 그리고 해방, 개인, 계급, 성, 민족 등의 모든 명분이 이보다 완전한 믿음에 대한 새로운 열정으로 충전되지 않으면 안 된다. …

현재 자유로운 영국인이란 무엇인가? 우리가 여기에 충실하게 대답하려면 우리는 그것이 아직 국민들이 얻지 못한 진정한 자유real liberty와 기회opportunity 의 여러 요소들을 포함하고 있다는 점을 깨닫게 될 것이다. 그의 동료들과 동일한 기회를 갖지 못한 사람이 자유로운가? 동일한 기회란 적어도 작업장과 가정으로 자신의 나라의 토지를 사용하는데 동일하게 접근할 수 있는 것을 의미한다. 경제적 독립에 필수적인 자본과 신용에 동일하게 접근할 수 있는 것을 의미한다. 이러한 것들이 충분히 제공되지 않은 사람은 노동과 삶에서 자기 발전을 추구한다는 목적에 대해 진정으로 자유롭지는 않은 것이다. …

빈곤의 주 원인은 기회의 불평등이다. 왜냐하면 그러한 불평등은 생산력 productive power을 한 쪽에 낭비하면서, 구매력consuming power을 다른 한 쪽에 잘못 분배하거나 낭비하는 것을 의미하기 때문이다. …

우리는 지금 새로운 인민헌장new People's Charter의 여섯 가지 항목을 요구한다.

a) 국민을 위한 토지의 사용. 지방정부가 적절한 가격에 농지를 구입하고 적절한 임대조건으로 토지를 임대하도록 할 권력을 의미한다.

b) 고속도로, 철도, 전차, 운하 등의 공적 소유

c) 신용과 보험을 공적으로 조직할 것public organization

d) 교육의 완전한 자유

e) 공공의 법률에 대한 평등한 접근. 재판의 전 비용이 공공기금에서 지출되어야 한다. 현재는 부자와 빈자 사이에서 문제가 일어날 때마다 부자는 법률기구를 이용하는데 큰 이점을 가지고 있어서 결과는 '정의'justice가 돈으로 구매되는 현상이 나타나고 있다.

f) 어떤 종류의 독점이나 불평등이 발생할 때마다 여기에 과세하거나 이를 통제할 대중권력popular power에 대한 주장. 이는 현재의 '계급 정부'class government를 없애고 여기에 대해 효과적인 민주주의effective democracy를 대체하기 위해 요구되는 정부기구의 변화를 의미하는 것이다.

신자유주의자들에게 빈곤이나 실업과 같은 사회문제의 해결은 마치 사회적 인프라를 구축하는 작업과도 같이 발전을 위한 전제조건이었다.

신자유주의를 기원으로 갖는 자유주의는 1906년 자유당 정부에서 국가정책으로 구체화되었을 뿐 아니라,85) 1차대전과 2차대전 이후에는 각각 케인즈와 비버리지에게로 이어졌다. 자유당은 1920년대에 사실상 수권정당의 능력을 상실했지만 자유주의는 오히려 이데올로기적 부활기를 맞이했다. 케인즈의 일반이론의 기초는 자유당의 여름학교Summer School에서 이루어졌다. 1926년 로이드 조지는 자유당 여름학교가 영국 경제에 대한 조사를 하도록 재정지원을 하였고 그 결과가 1928년 황서Yellow Book로 흔히 알려져 있는『영국 산업의 미래Britain's Industrial Future』로 출판되었다. 여기에는 홉하우스, 케인즈, 허버트 사무엘 등이 관여했는데 이들은 자신들이 극단의 개인주의와 집단주의의 중간 길을 택하고 있다고 생각했다. 실용적인 국가간섭이 적극적 자유를 증진시키고, 개인들로 하여금 공동의 선을 위해 협동하도록 만들 것이라고 생각했던 것이다.86) 콘라드 러셀은 케인즈의 사상과 역할을 자유주의의 자랑스러운 부분으로 간주하고 있다.87)

케인즈의 일반이론이 나온 지 10년 후 비버리지는 영국이 다섯 개의 악으로부터 벗어날 수 있을 것이라는 주장을 했다. 다섯 개의 해악은 결핍, 질병, 무지, 불결, 나태로 제시되었다. 비버리지는 이러한 자신의 주장을 자유주의로 간주하였으며, 그러한 생각은 그가 펴낸 책『왜 나는 자유주의자인가Why I am a Liberal』에서 잘 드러나고 있다. 비버리지 역시 10년 전의 케인즈처럼 자유주의를 완고한 보수주의와 극단적 사회주의 사이의 중간의 길이라고 생각했다.88)

7. 맺음말

자유주의가 여러 개의 기원을 가지고 있다는 점은 자유주의에 여러 가지 함의가 담겨 있다는 의미를 지닌다. 그렇다면 서로 다른 기원을 갖는 자유주의는 아무런 공통점을 갖지 않는 것일까. 이러한 상이함에도 불구하고 자유주의가 공통으로 근거하는 가치를 찾아 볼 수 있다.

그러한 것들 중 하나로 지적할 수 있는 사항은 권력과 관련된 것이다. 여러 기원을 갖는 자유주의는 그것의 출발점에서 모두 권력과 관련되어 있다는 점을 발견하게 된다. 그것이 왕권이든, 귀족의 권력이든, 독점 세력의 권력이든, 관습의 권력이든, 다수의 권력이든 어떤 형태의 권력이던 간에 그 권력에 저항하고 그 권력을 통제하려는 관심을 가지고 있는 것이다. 권력의 자의적 행사를 막으려는 관심을 보여 준다는 점에서 자유주의는 항상 권력과 긴장관계를 유지할 수밖에 없다.

또 하나 지적해 볼 수 있는 것은 자유주의가 권력과 관련해 항상 정의에 대한 관심을 가지고 있다는 점이다. 여성참정권 운동가였던 밀리선트 가렛 포셋Millicent Garret Fawcett은 1885년 「왜 나는 자유주의자인가Why I Am A Liberal」라는 글에서 다음과 같이 지적했다.

> 누구라도 정치권력으로부터 배제되면 입법의 불의로 고통받게 된다. 약간의 경우를 들어보자. 노동계급은 임금을 고정하려는 법으로 수세기 동안 고통받아왔다. 보다 나은 임금을 찾아 이동하려는 노동자들을 막으려는 법으로 인해 고통받아왔다. 노동조합을 억압하려는 법으로 고통받아왔다. … 여성들은 부당한 법으로 고통받아왔고 여전히 고통받고 있다. … 자유주의는 불의의 뿌리를 자르는 중요한 힘이다. … 노동자든 귀족이든 모든 사람에게 평등한 정의라는 주장은 자유주의의 이름을 붙일 만한 유일한 종류의 원칙이다.[89]

여성참정권 운동 일지

1851년 세필드 여성 정치연합The Sheffield Female Political Association이 결성되어 상원에 여성의 선거권을 청원했다.

1889년 여성 선거권 연맹Women's Franchise League이 수립되었다.

1897년 밀리선트 포셋Millicent Fawcett이 주도하여 여성 선거권 협회 전국 연합National Union of Women's Suffrage Societies: NUWSS이 결성되었다.

1903년 에멀린 팽크허스트Emmeline Pankhurst의 주도하에 여성 사회정치 연합Women's Social and Political Union: WSPU이 결성되었다.

1907년 2월 NUWSS가 주도해 머드 행진Mud March이 개최되었다. 이제까지 열렸던 시위 중 가장 규모가 컸던 공개적 시위였는데 3천명 이상의 여성들이 참여했다.

1908년 엘리자베스 가렛 앤더슨Elizabeth Garrett Anderson이 이해 11월 올드브러Aldeburgh 에서 여성으로서는 처음으로 시장으로 선출되었다.

1909년 7월 5일 매리언 월러스 던럽Marion Wallace Dunlop이 처음으로 단식투쟁에 돌입했다. 91시간의 단식 끝에 석방되었다.

1909년 9월 잉글랜드의 감옥에서 단식투쟁에 대한 조처로 강제 음식 투입이 시작되었다.

1910년 11월 18일 검은 금요일Black Friday이라고 불리는 사건 발생했다. 여성참정권 운동가WSPU들이 웨스트민스터에서 항의 집회를 열었고 경찰은 시위에 처음으로 폭력을 사용했다.

1912년 수상 애스퀴쓰가 더블린의 왕립극장을 방문한 후 글래디스 에반스Gladys Evans와 메리 레이Mary Leigh, 리지 베이커Lizzie Baker 등은 화약을 터트렸다. 같은 날 메리 레이는 애스퀴쓰가 탄 마차에 도끼를 던졌다.

1913년 2월 여성 사회정치 연합에 의해 로이드 조지의 집에 방화를 하는 사건이 일어났다. 여성 사회정치 연합이 벌인 호전적인 투쟁에는 교회 방화, 큐가든의 온실파괴, 전화선 절단, 우체통 방화, 경찰과 정치인에 침뱉기, 매주 정부관청 유리창 깨기 등 다양한 방법이 동원되었다.

1913년 4월 단식죄수 가출옥법(고양이와 쥐의 법Cat and Mouse Act으로 알려져 있다) 이 통과되었다. 이 법은 단식을 하는 여성의 건강이 위험하면 석방을 하고 건강이 회복되면 재수감하는 내용을 담고 있었다.

1913년 6월 4일 에밀리 데이비슨Emily Davison이 엡섬 더비Epsom Derby에서 달려오는 말에 뛰어들어 사망하는 사건이 발생했다.

1914년 3월 13일 메리 리차드슨Mary Richardson이 런던 국립미술관의 디에고 벨라스케스Diego Velázquez의 그림 〈록비 비너스Rokeby Venus〉를 고기를 자르는 칼로 훼손시켰다.

　자유주의는 왕권에 대한 저항, 인간의 권리에 대한 요구, 세습 특권에
대한 항의, 독점에 대한 저항, 선거권에 대한 요구, 국가의 적극적인 역할
등 여러 가지 형태로 주장이 바뀌었지만 그러한 주장의 밑바닥에 정의에
대한 관심이 있다는 점을 발견할 수 있다.

　영국 자유주의의 기원을 이루는 다섯 개의 자유주의에는 모두 이 두
요소가 내재되어 있다. 자유주의는 왕권에 대한 도전, 귀족의 특권에 대한
도전, 소수의 유권자가 지배하는 의회에 대한 도전, 특권 상인의 독점에
대한 도전, 기업 권력에 대한 도전 등 권력에 대해 항상 항의했으며, 이
과정에서 권력에 대한 인민의 참여, 자유로운 경쟁의 보장, 개인의 독립과
개성의 보장, 인간의 능력을 발휘할 수 있는 조건의 보장과 같은 정의에
대한 관심이 함께 따라 다녔다.

　중요한 점은 자유주의는 종종 시간이 흐르면서 그것이 지녔던 초기의
의미와 개혁성을 상실하게 된다는 사실이다. 18세기의 휘그주의는 19세기
가 되면서 그 적절성을 상실하게 되었다. "자유롭게 태어난 영국인들"은
왕권을 제한하는 것을 넘어서서 귀족들의 권력을 제한할 필요를 발견했기
때문이다. 그런가 하면 19세기의 자유방임주의도 동일한 과정을 겪게
된다. 19세기의 정책을 지지한 가정들이 시간이 지나면서 사라져 버렸기
때문이다. 19세기 자유방임주의는 독점이 없고, 완전고용이 가정된 세계에
대한 고안물이었던 것이다.[90] 결국 자유주의는 그 시대의 권력과 정의
개념에 대해 정의를 내릴 수 있을 때 그 개혁성과 적절성을 계속 유지할
수 있게 되는 것이다.

　역사적으로 다섯 개의 기원을 보여주는 영국의 자유주의는 현재의 자유
주의를 설명하는 데도 유용하다. 자유주의는 여러 가지 기원을 가졌지만
그것들의 생존 여부는 그 기원을 형성한 세력과 관련이 된다. 휘그 자유주

는 귀족 세력이 약화되어 버렸으므로 현재적 의미는 사라져 버렸다. 급진적 자유주의는 보통선거가 아직도 실시되지 않는 나라에서 의미가 있지만 보통선거가 실현된 나라에서는 그 의미가 많이 줄어들었다. 그러나 보통선거가 실시된다 해도, 대의제가 실질적으로 실현되는 문제가 남아 있음으로 참여를 강조하는 급진적 자유주의는 여전히 의미가 있다. 자유방임 자유주의는 자유방임을 주장하는 세력이 여전히 중요한 사회세력을 형성하고 있으므로 현실적으로 큰 의미를 지니고 있다. 그러나 초기에 자유방임을 주장한 세력은 독점에 대항하는 사업가들이었지만 지금 자유방임을 주장하는 세력은 독점적 세력이 되어 있는 사업가들이라는 점에서 자유방임주의의 의미는 달라져 있다. 자유방임주의는 사실상 보수 세력에 의해 크게 활용되고 있는 상황이다. 벤담주의적 자유주의 역시 시장을 효율화하려는 세력과 함께 여전히 의미있는 자유주의로 남아 있다. 벤담주의적 자유주의는 약자의 경쟁구도를 강화하는 방식으로 개혁을 추구하는 보수의 논리로 살아남아 있다. 신자유주의는 적극적 자유개념을 제시하면서 여전히 의미있는 자유주의로 남아 있다. 국가의 역할에 적극성을 부여한다는 점에서 신자유주의는 사회주의와 협력하는 부분이 있다.

살아남아 있는 네 개의 자유주의 중 자유방임 자유주의와 벤담적 자유주의는 협력하고 있으며 급진적 자유주의와 신자유주의는 이들과 대항관계에 놓여 있어 자유주의는 분열되어 있는 상황이다. 그리고 각기 보수 세력과 진보 세력에 연결되어 있는 모습을 보여준다. 자유방임 자유주의는 뉴라이트의 보수주의와 연결된 반면, 신자유주의는 시장사회주의와 협력하고 있다.[91]

흥미로운 점은 자유주의는 크게 두 개의 진영으로 분열되어 있지만 자유주의라는 용어가 종종 선택적으로 사용된다는 점이다. 자유방임적

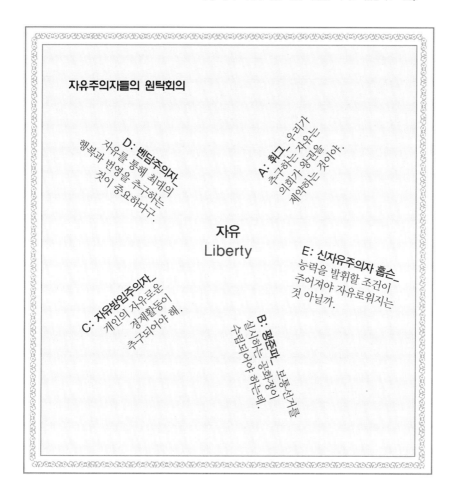

자유주의는 신자유주의 진영을 자유주의라고 부르지 않고, 이들에 대해 좌파 혹은 사회주의라는 용어를 사용하고 있다. 자유방임적 자유주의는 자유주의를 선점하고 이 용어에 대한 기득권을 유지하고 있다. 역사는 자유주의의 운반자의 모습을 바꾸어 놓았다. 그것이 새로운 자유주의를 출현하게 만드는 이유이기도 하다.

2장
자유주의를 내건 보수단체는 역사를 어떻게 해석했을까?

자유와 재산 방어 연맹의 빈곤과 임금제에 대한 해석

The Supreme Authority of England ... shall be and reside henceforward in a Representative of the People consisting of four hundred persons, but no more, in the choice of whom (according to natural right) all men of the age of one and twenty years and upwards (not being servants, or receiving alms, or having served the late King in Arms ...) shall have their voices.

Levellers

영국의 최고 권력은 4백 명으로 구성되는 대의기구에 있게 될 것인데 대표들은 (자연권에 따라) 21세 이상의 성인남자들에 의해 선출될 것이다. (종복, 구호금을 받는 사람들, 왕의 군대에 복무했던 사람들은 제외한다)

평준파

릴번

평준파 운동을 이끈 릴번의 사진이다. 평준파의 보통
선거 주장은 영국 내란의 와중에서 군대 내의 평범한
사병들이 중심이 되어 권력을 민주화하려 했다는 점
에서 의미가 깊다. 만약 평준파의 보통선거가 실현되
었다면 영국은 크롬웰의 독재정이 아니라 진정한 공
화정으로 나아갔을 것이며, 프랑스 혁명을 150년 앞
당겨 영국에서 실현시키는 결과를 낳았을 것이다. 그
렇게 되었다면 영국의 역사만이 아니라 유럽의 역사
가 다시 쓰여겼을 것이다.

1. 머리말

영국의 1880년대는 "사회주의의 부활" 현상이 나타난 시대였다. "민주동맹", "사회민주동맹", "사회주의자 연맹", "페이비언 협회" 등등 많은 사회주의 조직들이 나타났고, 『페이비언 에세이즈*Fabian Essays*』를 비롯하여 많은 사회주의 책자들이 출판되었다. 그 뿐만 아니라 노동운동의 성격도 변화하기 시작했다. 1880년대 말이 되면 비숙련노동자들의 "신조합주의" 운동이 출현하여 노동운동은 공격적인 성격을 띠기 시작했다. 이런 현상만을 놓고 보면 1880년대에 공세적 노동자들과 사회개혁 세력 앞에 토지 세력과 기업 세력은 수세에 놓여 있었던 것처럼 보인다. 조직 면에서나 운동의 측면에서나 아니면 이념의 측면에서 이들은 이전 시대와는 달리 모두 움츠러들어 있었던 것처럼 보이는 것이다. 과연 그랬던 것일까?

얼핏 보기에는 진보적 세력의 화려한 수사修辭와 활동에 가려 이들의 반대편에 서 있었던 세력은 그저 소극적이었던 것처럼 보인다. 그렇지만 실상은 그렇지 않았다. 개혁에 대한 요구만 시끄러웠던 것이 아니라 개혁에 대한 저항도 그에 못지않게 시끄러웠던 것이다. 소위 '개인주의'의 시대가 끝나고 자유방임의 물결이 물러갈 무렵인 1882년 영국에서는 극단적 자유방임주의를 추구하는 철저하게 교조적인 압력집단이 처음으로 출현했다.[1] 바로 자유와 재산 방어 연맹(Liberty and Property Defense League: 이하 LPDL이라고 표기한다)이 출현한 것이다. 이 연맹은 비에트리스 웹이 지적한 바에 따르면 '글래드스톤의 경험적 사회주의에 대한 반동'으로 시작되었다.[2] 1880년대 초의 토지법안, 헨리 조지의 책이 가져온 효과 등이 이 조직이 출현하는데 함께 영향을 미쳤을 것이다.[3] 연맹을 조직한 사람은 엘코 경Lord Elcho이었는데,[4] 그는 반反사회주의자, 반反노동조합주의자로서

1914년 96세로 사망할 때까지 연맹에서 활발히 활동했다. 그는 불만에 찬 휘그, 극우 토리, 일부 급진주의자, 산업계의 사람들을 끌어 모아 이 조직을 만들었다. 연맹에 가입한 사람들은 토지 재산을 가진 사람들을 비롯해 주류업자publican, 제조업자 등이 주축이었으므로 사회적으로 보면 부유한 보수층이라고 할 수 있었다. 그러나 연맹의 활동은 자신들을 '개인주의자'로 간주한 사람들에 의해 주도되었고 이데올로기도 그들로부터 나왔다. 이들은 보수주의를 슬로건으로 내걸지 않았고 그 대신 "개인의 자유"라는 슬로건을 내걸었다. LPDL의 첫 번째 서기였던 크로프츠W. C. Crofts는 1883년 노동자 클럽에서 한 연설에서 '개인주의Individualism'라는 용어를 일반적인 용법으로 만들었고, 도니스쏘프는 1888년까지 '개인주의'의 중요한 이데올로기 지도자였다.5)

"개인의 자유"를 내건 이들의 사상은 결국 자유주의의 한 살래였다고 볼 수 있다. 그러나 영국에서 자유주의는 1880년 경 개인주의적 자유주의와 집단주의적 자유주의로 분화되고 있었다. 자유당에 의해 1870년대부터 시작된 여러 가지 집단주의적 정책들은 아일랜드 문제로 자유당이 두 조각나기 이전에 이미 자유당을 분열시키고 있었다. 그러나 이 시기에 출현한 개인주의적 자유주의는 그 배경이 19세기 초기와는 달랐다. 그들의 자유주의는 19세기 말 나타나는 각종 사회 입법들과 관련하여 출현한 것이었다. 따라서 개인주의적 자유주의가 출현한 역사적 맥락을 포착하면서 이 자유주의를 이해해야 할 필요가 발생한다. 각종 사회 입법을 국가간섭이라고 간주한 개인주의적 자유주의자들은 노동문제, 빈곤문제, 주거문제, 교육문제 등에 입법의 형태로 국가가 개입하는 것을 자유에 대한 침해라고 주장했다. 이런 주장은 "자유"의 이름을 내걸고 국가의 개입을 주장한 또 다른 자유주의자들의 "자유"개념과 다를 뿐 아니라, 역시 기본적으로

휘그파 Whig Party

휘그는 휘가모어Whiggamor의 준말로 원래는 스코틀랜드의 가축몰이꾼을 지칭하는 용어였다.

이 용어가 영국 내란기에 스코틀랜드 장로파들을 다소 경멸적으로 지칭하는 용어로 쓰여졌다. 그러다 왕정복고 이후 찰스 2세의 시기인 1679년 지방파 Country Party 의원들을 가리키는 용어로 처음 쓰여졌다.

지방파의 지도자는 샤프츠베리 백작Earl of Shaftesbury인 안쏘니 애쉴리 쿠퍼 Anthony Ashley Cooper 였으며 구성원은 주로 토지를 가진 의원들이었는데, 이들은 반反카톨릭 입장을 가진 사람들이었다. 지방파는 궁정파Court Party와 대비되었으며, 찰스 2세 시기에 카톨릭 교도였던 요크공작(이후 1685년 제임스 2세로 즉위한다)을 왕위 계승에서 배제시키려고 했다. 이들은 세 번이나 왕위계승 배제 법안Exclusion Bill을 통과시키려는 시도를 했지만 실패로 그쳤다.(1679년 5월 법안은 두 번째 독회를 통과했지만 왕은 의회를 해산시켰다. 1680년 10월 법안은 하원을 통과했지만 상원에서 법안이 부결되자 왕은 의회를 해산시켰다. 1681년 3월 의회가 다시 소집되었지만 왕은 곧 의회를 해산시켜 버렸다.) 이 과정에서 이들이 휘그라고 불리게 되었던 것이다. 휘그는 제임스 2세의 즉위를 막지는 못했지만 제임스 2세를 결국 명예혁명으로 몰아내고 입헌군주제를 실현시킨다.

이들은 윌리엄 3세와 앤여왕의 시기에 강력한 권력집단junto을 형성했다. 여기에는 소머스Somers경, 화튼Wharton경, 할리팩스Halifax경, 오어포드Orford경, 선덜랜드Sunderland경 등이 포함되었다. 휘그는 1714년 하노버 왕조를 여는데 중요한 역할을 했으며, 토리가 자코바이트Jacobites 운동(축출된 제임스 2세를 복위시키려는 운동으로 거의 60년간이나 지속되었다)과 연결되는 바람에 조지 3세의 시대까지 영국 정치에서 과두적 지배를 유지할 수 있었다. 1780년 소小피트Pitt the younger에 의해 부활된 토리가 휘그 지배를 대체했지만 1830년 이후 다시 권력을 잡게 되고, 1859년 자유당을 형성하는 중요한 세력이 된다.

토리파 Tory Party

토리는 아일랜드어 토라이데toraidhe에서 기원한 것으로 원래 아일랜드의 노상강도를 의미하는 말이었다. 이 용어가 영국 정치에서 쓰여진 것은 1679~1681년 사이에 걸쳐 왕위계승 배제법Exclusion Bill을 둘러싼 논란이 전개되는 과정에서였다.

휘그파는 카톨릭 교도였던 요크공작 제임스를 왕위계승에서 배제하기 위해 왕위계승 배제법을 통과시키려 했지만 찰스 2세는 의회를 해산하고 의회소집을 막았다. 의회를 소집하자는 청원이 제기되자, 왕을 지지하는 궁정파들은 이 의회소집 청원에 반대하는 운동을 벌였다. 이 과정에서 이들은 어브호러스 Abhorrers(의회 소집 청원에 반대하는 사람들)라는 호칭을 얻었는데, 법안을 통과시키려 한 휘그파가 이 파를 두고 토리라고 부르면서 이 용어가 퍼지게 된 것이다. 명예혁명 이후 토리파 중 다수가 윌리엄 3세의 적법성에 대해 의문을 품었으며 의회 권력에 대한 휘그의 주장을 받아들이기를 주지했다. 토리가 권력에서 더욱 멀어진 것은 1714년 휘그에 의해 주도된 하노버 왕조가 시작되면서 토리파 내의 강경파가 제임스 2세를 복위시키려는 자코바이트 Jacobite 쪽으로 기울어진 때문이었다.

이런 현상은 토리파 전체를 불경하고 위험한 집단으로 인식되게 만드는 경향을 낳았다. 이런 상황이 결국 1760년대까지 토리파가 중요 관직에서 배제되는 결과를 낳게 만들었다. 하지만 조지 3세 이후부터 토리는 다시 부상하게 되는데 소小피트Pitt the younger에 의해 새로운 토리파가 나타나면서 1783년부터 1830년에 이르는 동안 토리는 집권세력으로 등장했다. 토리의 가치는 국교회를 강조하고 국가권력을 신성시하는 것이다. 19세기에 토리파는 차츰 보수파와 동일시되었으며 1830년대에 보수당으로 발전하게 되었다. (보수당이라는 명칭은 탬워쓰 성명Tamworth Manifesto을 만든 서 로버트 필Sir Robert Peel에 의해 1834년경 공식적으로 쓰여진다) 토리는 지금도 보수당을 의미하는 용어로 쓰이고 있다.

자유의 가치를 담고 있었던 사회주의자들의 "자유" 개념과도 달랐다. LPDL의 자유주의에 대한 이해에 도달해 보려는 것이 이 글의 목적이다. LPDL의 형성배경, LPDL의 개인주의적 역사해석과 빈민법에 대한 견해, 노동문제 해결 방법으로 제시한 임금제에 대한 대안 등을 차례로 검토해 나가면서 이 문제에 접근해 보도록 하겠다.6)

2. 자유와 재산 방어 연맹의 형성 배경

1850년대와 60년대는 매우 조용한 시대였다. 선거권은 1832년 선거법 개정 이후 재산을 가진 소수의 사람들에게만 주어졌고 의회는 표를 얻기 위해 이들 외에 다른 계층에 눈을 돌릴 필요가 없었다. 이 시기는 신형 고용주와 신형 노조 사이의 합의를 낳은 시기이기도 했다. 이 두 세력은 서로 협력했다. 신형 고용주와 신형 노조에서 출현한 사무엘 플림졸, 샘 몰리, 조지 호웰, 문델라, 로버트 애플가쓰, 엘코 경, 알렉산더 맥도날드, 크로세이 형제, 존 케인 등은 약간의 예에 불과했다. 보수적인 신형 노조를 협력자로 가졌던 신형 고용주의 힘과 부는 매우 강력했는데 일종의 산업봉건주의industrial feudalism와도 같았다.7)

그러나 상황이 계속 좋을 수는 없었다. 1867년에서 1914년의 기간은 영국에서 커다란 변화가 일어난 시기였다. 이 시기에 영국인들은 영국에서 복지국가가 출현하는 것을 목격했다. 1867년의 선거법 개정은 보통선거와는 한참 거리가 먼 매우 미흡한 수준의 개혁이었지만 그것이 영국 정치에 준 영향은 유권자의 수를 뛰어넘는 것이었다. 왜냐하면 정치인들은 이제 늘어난 새로운 유권자들을 위해 무언가 발언하고 행동해야 한다는 생각을 하기 시작했기 때문이다. 유권자는 성인의 7%에서 14%로 겨우 7% 늘어난 것에 불과했지만 새로 늘어난 7%는 기존의 과두적 7%와는 성격이 다른 집단이었다. 곧 1867년 선거법 개정으로 표를 얻은 계층과 1832년 이래 선거권을 행사하고 있었던 과두 집단 사이의 대결이 목격되었다.[8] 그것은 1870년대부터 시작된 일련의 입법들에서 나타나기 시작했다. 1870년의 아일랜드 토지법, 1870년의 교육법, 1871년의 노동조합법, 1873년의 법률 개혁Legal Reforms 등은 모두 영국 지주들, 주류 판매업자, 휘그와 토리의 기득권자들을 격분시켰다.[9]

게다가 1870년대 후반부터는 경제 상황이 나빠지기 시작했다. 지주들은 1877년과 1879년의 흉작으로 타격을 받았을 뿐 아니라, 곡물과 육류의 수입으로 도전을 받는 처지가 되었다. 여기에 더해 1881년에는 수렵법Ground Game Act, 아일랜드 토지법Irish Land Bill 등이 통과되어 이들에 타격을 가했다. 국가는 이들에게 더 이상 호의적인 존재가 아니었다.

정치권의 움직임도 과두 집단에게는 매우 불만스러웠다. 글래드스톤은 1879~80년의 미들로씨안 연설에서 새로운 유권자들에게 듣기 좋은 말을 들려주며 여러 가지 약속을 하고 있었다. 자유당은 집권하자 곧 고용주 책임법, 아일랜드 토지법 등을 밀어붙였다. 조지프 체임벌린은 부유층의 안전을 위한 급진주의ransom radicalism를 주장했다. 글래드스톤과 체임벌린 의 주장들로 인해 자유당은 자유주의 세력을 갈라놓고 있었다. 사상적으로 는 헨리 조지가 토지 세력을 공격하는 『진보와 빈곤Progress and Poverty』을 펴내 반향을 불러일으키고 있었다.[10] 사회적으로는 노동조합회의가 결성 되어 노동계의 힘을 결집시키고 있었으며 의회에서는 1871년 노동조합회 의의 의회 위원회가 구성되어 의원들에게 압력을 가하고 있었다. 재산가들 은 여러 가지 상황이 불리하게 돌아가고 있다고 판단했다. 그들이 당시의 상황에 대해 가졌던 위기감의 정도는 LPDL이 형성된 후이기는 하지만

펨브로크 경이 영국의 분위기를 "몰수하자는 분위기"라고 묘사한 것에서
잘 드러난다.11)

　이런 상황에 대응하여 고용주들은 LPDL 형성 이전인 1870년대에 이미
연합의 움직임을 보였다. 1867년 선거법 개정 이후 고용주들 중에는 계급
입법의 장벽이 무너졌다고 생각한 사람들이 생겨났는데, 이들은 1871년까
지의 일련의 사건전개 과정을 지켜본 후 1872년 산업간 세력들을 연합하려
는 시도를 하게 되었다. 이러한 시도는 면직과 기계업 지도자들이 만든
고용주연합 전국 동맹National Federation of Associated Employers of Labour의 형태로
나타났다.12)

　그러나 1870년대의 지속적인 집단주의적 정책의 출현은 1867년 이전의
과두집단으로 하여금 이에 대응하기 위한 보다 강력한 결집을 요구했다.
그 결과 1882년 7월 노동조합회의Trade Union Congress에 대항할 수 있는
자유와 재산 방어 연맹이라는 이익집단이 결성된 것이다. 이 단체는 자유계
약, 개인주의, 자유방임이라는 원칙을 옹호했으며 '후견적grandmotherly' 입법
과 노동조합주의에 대해 반대했다. 연맹의 위원회는 브람웰 경(항소 법원
판사며 금주법 반대자), 도니스쏘프(요크셔의 광산소유주), 서 조지 엘리엇
(광산기사 연합 회장이며 보수당 의원), 캡틴 함버(『스탠다드』 및 『모닝
애드버타이저』의 前 편집장), 포칭(H. D. Poching, 비누제조업계의 거물),
스티픈스(잉크공장 소유주), 펨브로크 백작(아일랜드의 대지주), 펜잔스
백작 등으로 구성되었다.13) LPDL이 토지재산과 자본을 가진 사람들 및
고위직 관료들로 구성되어 있음을 알 수 있다.

　LPDL과 연계하려는 단체들도 나타났다. 그런 단체들은 사립학교교장연
합Association of Principals of Private Schools, 선박협회Chamber of Shipping, 선박소유
주 협회General Shipowners' Society, 선장협회Shipmasters' Society, 주류업자 협회

자유와 재산 방어 연맹의 회칙

Ⅰ. 연맹의 목적은 자유의 원칙을 지키고 국가의 부당한 간섭에 대항해 노동과 재산의 권리를 보호하기 위한 것이다; 그리고 국가의 부조State-help에 대해 자조self-help를 장려하기 위한 것이다.

Ⅱ. 이러한 목적을 연맹의 공동 행동을 통해 성취하고자 노력한다. 개별 이익들을 보호하기 위해 현재의 조직들을 연합한다. 언제라도 필요하고 바람직한 방식으로 이러한 목적을 수행한다.

Ⅲ. 연맹은 연간 1실링 혹은 그 이상 기부하는 사람들로 구성된다.

Ⅳ. 연맹의 재산은 위원회Council에 의해 지정되는 두 사람의 수탁자Trustee에게 위탁된다.

Ⅴ. 수탁자들은 회계담당관Treasurer을 지명한다.

Ⅵ. 수탁자와 회계담당관은 위원회의 직권상의 위원이 된다.

Ⅶ. 연맹의 연례 총회에서 선출한 15명의 평회원으로 위원회Council를 조직한다. 이들 중 1/3은 매년 교체된다.(첫 해와 두 번째 해는 알파벳 순으로 그 이후로는 선출된 순서에 따라) 이들은 재선출될 수 있다. 연맹과 연합하고 있는 각 협회의 의장은 위원회의 직권상 구성원이 된다. 정족수는 3명이다. 위원회는 집행위원회Executive Committee와 소위원회를 지명할 권한이 있다.

Ⅷ. 위원회의 직권상 위원이 15명을 넘게 되면 평회원에서 뽑히는 위원의 숫자도 그에 상응해 늘어나게 된다.

Ⅸ. 위원회는 연맹의 수입과 기금을 단독으로 관장하며 위원회는 총회에 매년 회계 보고를 해야 한다.

Society of Licensed Victuallers, 주류업자 보호협회Licensed Victuallers' Protection Society, 광산협회Mining Association, 뮤직홀 재산보호협회Music Hall Property Protection Association, 전국 전당포 방어협회National Pawnbrokers' Defense Association, 철도협회Railway Association 등이었는데 역시 LPDL의 회원들과 사회적 구성이 동일함을 보여주고 있다.14) LPDL이 조직된 후 10년 만에 각 업종의 협회trade association는 처음의 11개에서 150개로 늘어났고 개인 회원은 이천

명을 넘어섰다.

그런데 LPDL의 결성 과정에는 또 하나의 갈래가 있었다. 그것은 이들에게 이념적 지지물을 제공해 준 사람들의 활동이었다. LPDL의 이론에는 스펜서가 기여한 부분이 큰데, 그의 두 제자 워즈워쓰 도니스쏘프Wordsworth Donisthorpe와 크로프츠W. C. Crofts는 1873년 가을 개인주의자 그룹을 결성해서 온정주의적 성격을 지닌 조처들의 위험성을 경고하고 있었다. 이들은 아울러 『렛비Let Be』라는 이름의 주간지도 발간했다. 1880년대에 들어서 크로프츠와 도니스쏘프는 엘코 경이 『세인트 제임스 가젯St James Gazette』에 쓴 편지를 읽고 난 후 그들 그룹의 이름을 정치진화협회Political Evolution Society에서 국가저항연합State Resistance Union으로 바꾸었다. 엘코 경은 이 글에서 개인이 가진 "계약의 자유"의 권리를 주장했다. 그는 이 원리가 전문직 종사자, 선박소유주, 공장 소유주, 지주, 주택소유자, 피고용인들을 소위 자유입법에 대항해 단결시킬 수 있을 것이라고 생각했다.15)

1881년 도니스쏘프와 크로프츠는 스펜서로부터 여러 개인주의 단체들과 협력해 보라는 조언을 받았다. 자유당의 변화된 정책에 스펜서는 충격을 받았던 것으로 보인다. 도니스쏘프와 크로프츠는 엘코 경이 『팰맬가젯Pall Mall Gazette』에 실은 글에서 "개인의 자유"와 "재산의 안전"을 위해 단체를 조직하자는 것을 보고 국가저항연합의 규모를 확대시키기로 결정했다.16) 같은 해 도니스쏘프는 윔즈 백작과 회동했고 연합하게 되었다.17) 개인주의자들의 결집은 LPDL이 형성되는데 하나의 축으로 작용했지만 개인주의자들의 의도는 재산가들의 의도와 동일하지는 않았다. 개인주의자들은 국가가 재산이 아닌 다른 것에 간섭했어도 동일하게 반발했을 것이다. 그러나 재산에 대한 국가의 간섭은 개인주의자들을 재산의 방어자들과 연대시킴으로써 개인주의자들을 재산가들의 이데올로그ideologue로 만들었다.

122

웜즈 백작 Earl of Wemyss 과 엘코경 Lord Elcho 은 다른 사람일까?

글을 읽다 보면 웜즈 백작과 엘코경이란 사람이 등장할 것이다. 그런데 이들은 다른 사람 같지만 사실은 동일한 인물이다. 호칭이 다른데 동일 인물이라니 이상하다는 생각이 들 것이다. "백작"과 "경"이란 호칭이 다르고, 게다가 "웜즈"와 "엘코"라는 지역 이름이 역시 상이하다. 우선 웜즈와 엘코부터 살펴보도록 하자. 웜즈와 엘코는 모두 지역을 의미하는 명칭인데, 다른 지역의 이름을 쓰고 있는데도(즉 다른 지역을 기반으로 하고 있다는 의미가 되는데) 동일 인물이라는 점이 이상하게 여겨진다. 여기에는 사연이 있을 수밖에 없다.

웜즈는 스코틀랜드 저지대Lowland에 있는 파이프Fife주의 해안가에 있는 한 지역 이름이다. 파이프주는 북쪽으로 테이 협만Firth of Tay, 남쪽으로 포쓰 협만Firth of Forth을 두고 돌출해 있는 바다에 접해 있는 지역이다. 웜즈Wemyss는 게일어의 윔weem에서 나왔다고 하는데 윔은 동굴을 의미한다. 즉 웜즈는 동굴이 많은 지역이라는 뜻을 가지고 있다. 지금도 이 지역에는 동굴관련 유적이 많이 남아 있는데 이러한 웜즈 지역은 파이프주의 남쪽 해안, 포쓰협만의 북쪽에 위치하고 있다. 포쓰협만을 사이에 두고 에든버러와 마주보고 있다고 생각하면 될 것이다. 이 파이프주의 웜즈 지역을 차지하고 있던 가문에 1628년 엘코의 웜즈경Lord Wemyss of Elcho이라는 작위가 주어졌고 이어 1633년 엘코와 메씰경Lord of Elcho and Methel의 작위와 함께 웜즈 백작 작위Earl of Wemyss가 주어졌다. 그러면서 웜즈 백작 가문이 탄생한 것이다. 웜즈 백작이 거주했던 웜즈성이 지금도 남아 있다.

그런데 웜즈 백작에게는 엘코경이라는 작위가 먼저 주어졌고 그의 계승자는 엘코경Lord Elcho이라는 명칭으로 불리고 있다. 그러니 웜즈와 엘코 사이에는 분명 큰 관련성이 있는 셈이다. 엘코성Elcho Castle이 이 두 명칭 사이의 관계에 단서를 던져주고 있다. 엘코성은 퍼스Perth에서 남동쪽으로 6.5킬로 정도 떨어진 거리에 위치해 있으며 테이강River Tay을 북쪽으로 보고 서 있다. 행정적으로는 퍼스Perth주에 위치하고 있지만 위치상으로 파이프주의 북쪽에 위치하고 있는 셈이다.

엘코에 대한 언급은 13세기까지 거슬러 올라가 지금의 엘코성이 있던 자리에 요새와 같은 건조물이 있었다는 이야기가 남아 있다. 하지만 엘코에 대한 최초의 기록은 1429년 데이빗 윔즈와 휴 프레이저가 엘쏙Elthok에서 계약을 맺었다는 것에서 등장한다. 1501년에는 존 윔즈가 나의 땅 엘촉Elchok이라고 부른 기록이 있다. 이 지역에 엘코 수도원이 있었는데 1550년 경 이 수도원이 어려움에 봉착했을 때 존 윔즈가 이 수도원을 재정적으로 지원했고 이로 인해 그는 수도원 관리자가 되었다. 존 윔즈는 1560년대의 종교개혁기를 거치며 엘코 수도원과 주변의 땅들 거의 모두를 수중에 넣었고 그러면서 윔즈가는 엘코지역에 확실한 기반을 갖게 되었다. 윔즈가는 윔즈에 건설된 윔즈성에서 주로 거주했지만 엘코에도 성을 건축했다. 바로 이 무렵 엘코성이 건축되었는데 이 성은 지금도 스코틀랜드의 중요한 문화유적으로 남아 있다. 즉 윔즈 가문은 엘코지역에도 세력 기반을 가지고 있었고 그로 인해 윔즈 귀족 가문의 후손들에게는 엘코경이란 또 다른 명칭이 붙여지게 되었던 것이다. 두 번째 의문은 윔즈 백작과 엘코경이 동일인물이라면 둘 중 하나의 명칭을 쓰면 되지 왜 헛갈리게 두 명칭을 혼용해 쓰는가 하는 것이다. 하지만 여기에도 이유가 있다. 두 인물은 동일 인물이지만 시기에 따라 엘코경과 윔즈 백작이란 호칭이 단계별로 분리되어 쓰여졌기 때문이다. 영국에서 귀족은 한 가문에서 한 사람에게만 세습된다. 즉 장자에게 세습된다는 말이다. 그러므로 장자는 귀족인 그의 아버지가 사망할 때까지는 법률상 평민인 셈이다. 그렇지만 귀족의 아들들에게는 경칭이 붙여졌다. 공작과 후작의 아들들과 백작의 장자에게는 로드Lord라는 경칭이 쓰여졌다. 그래서 엘코경은 그의 아버지가 사망할 때까지는 엘코경이라는 호칭으로 불리다가 그의 아버지가 사망하면서 작위를 물려받아 그의 나이 65세가 되던 1883년부터 윔즈 백작(10대 백작)으로 불리게 된 것이다. 그는 백작이 되기 전에는 1841년부터 1883년까지 차례로 동 글루스터셔East Gloucestershire(1841~46)와 해딩턴셔Haddingtonshire의(1847~1883) 하원 의원으로 활동하다가 백작이 되면서 상원으로 자리를 옮겼다.
마지막까지 의문이 드는 부분이 있을 것이다. "Wemyss"라는 영어 표기는 우리 말로 웨미스라고 발음되어야 할 것만 같다. 하지만 이 단어를 스코틀랜드 사람들은 윔즈weems라고 발음한다고 하니 여기서도 그렇게 표기한 것이다.

LPDL이 형성된 두 개의 갈래를 살펴보면 한 갈래는 재산에 대한 간섭을 막으려는 동기에서 결집된 세력이며, 다른 하나는 개인의 자유에 대한 간섭을 배제하려는 동기에서 결집된 세력인 것을 알 수 있다. 그러니 자유와 재산 방어 연맹이란 단체에 "자유"와 "재산"이란 두 개의 단어가 그 이름에 들어가 있는 것은 매우 타당하다. 그러나 사실 재산과 자유는 반드시 연결되는 개념은 아니다. 더욱이 재산을 방어하려는 사람들은 특별한 자유의 분배를 요구했다. 그들은 사회의 다른 구성원들이 여성, 아동, 슬럼가의 임차인들, 노동조합주의자들, 불량식품의 소비자들이나 오염된 물을 마시는 사람들을 위한 자유의 분배를 제안했을 때 화를 내었던 것이다.[18] 그래서 양 진영 모두에서 이 조직이 가진 부조화를 간파한 사람들이 나타났다. 도니스쏘프는 하나의 깃발 아래 자유의 방어자와 재산이 방어자를 함께 연합시킨다는 것이 불가능하다는 점을 간파했다.[19] 그런가 하면 다른 편에서는 모호하기만 한 "자유"라는 단어를 삭제해버리자는 주장이 나오기도 했다. 재산의 방어자였던 윕즈는 도니스쏘프에게 자유주의의 날개를 버리자는 권고를 하기도 했다. 베켓은 1885년 자유와 재산 방어 연맹 회의에서 자신이라면 자유와 같은 애매한 용어를 선택하지 않았을 것이라고 발언하기도 했다.[20]

그러니 자유와 재산이라는 두 개의 가치를 매개해 줄 무엇인가가 필요했다. 그것이 "계약의 자유"라는 개념으로 나타났다. 사인들 간의 자유로운 계약에 국가가 개입하는 것은 '자유에 대한 침해'이지만, 그것의 실제 의미는 바로 '재산에 대한 침해'였던 것이다. 웨일즈와 몬무쓰에서 여흥을 위해, 윈베리를 따기 위해, 과학적 탐사를 위해, 스케치를 하기 위해, 골동품 조사를 위해 토지에 들어가게 하는 법은 계약의 자유를 위반하는 동시에 재산권을 침해했던 것이다.[21]

3. 자유와 재산 방어 연맹의 역사 해석과 빈민법

LPDL은 국가간섭의 해악을 일반화하기 위해 역사를 끌어들였다. 국가간섭에 대비된 것은 개인의 자유였다. 자유와 재산 방어 연맹은 역사는 "자유"의 발전 과정이며, 역사가 발전해 나가는 과정에서 "인간 개개인의 자유"가 증진되어 나갔다고 주장했다. 이런 점을 전제로 하여 자유와 재산 방어 연맹은 "자유의 발전" 과정을 "개인주의의 발전"과 동일시했다.

도니스쏘프는 개인주의가 크게 발전한 문명으로 그리스 문명을 들었다. 반면 그리스 문명에 비해 동 시대의 아시리아나 바빌로니아 문명은 개인주의의 힘이 크지 못하였다. 그 결과 아시리아나 바빌로니아 문명은 그리스 문명에 비해 뒤떨어지게 된 것이다. 그리스는 개인주의의 발전으로 말미암아 타 문명에 비해 훨씬 더 완성도 높은 문명에 도달할 수 있게 되었던 것이다. 개인주의는 자유에 대한 사랑으로부터 나온 것이므로 그리스 인들은 자유를 사랑하고 추구한 사람들이었다. 자유에 대한 사랑과 개인의 자유에 대한 강조는 로마 공화국에서 더욱 확대되었다. 그 결과 로마 공화국은 서양 문명의 요람이 될 수 있었던 것이다.[22]

도니스쏘프는 자유의 확대와 개인주의의 발전 과정을 더욱 연장시켰다. 그 연장선상에 앵글로 색슨 족이 있었다. 앵글로 색슨 족이 자유를 추구해 나가는 과정에서 영국의 문명이 탄생한 것이다. 도니스쏘프는 그리스와 로마의 자유정신이 확대되어 나간 과정에서 나타난 가장 탁월한 문명이 바로 영국의 문명이라고 주장했다. 그의 주장에 따르면 영국에서 자유가 가장 크게 확대되었으므로 개인주의도 가장 크게 발전했으며 그래서 가장 우수한 문명이 형성되었다는 것이다.[23]

역사의 쇠퇴는 그 반대 과정이었다. 즉 자유가 축소되고 개인주의가 힘을 잃어 가는 현상이 나타나면 역사는 쇠퇴하는 것이다. 그리스 문명의 정점은 페리클레스 시대였지만 바로 그 시대에 쇠퇴의 씨앗이 자라고 있었다. 그 예로 드는 것이 클레온Cleon의 정책이다. 클레온은 재판에 참여한 모든 사람들에게 3오볼을 주는 조처를 취했다. 아울러 그는 국가부조를 모든 빈민들에게 시행했다. 그리스에는 곡물법이 시행되어 시민들이 구매하는 곡물가격이 낮게 책정되었다. 그렇지만 이러한 일련의 사건들 이후 그리스는 마케도니아의 침략으로 말미암아 몰락하게 되었다. 로마 공화국은 자유를 확대시켜 나갔지만 역시 그 정점에서 티베리우스 그라쿠스가 나타났다. 그는 토지법을 시행하고 지대를 고정시켰다. 그리고 곡물법을 시행하여 시민들이 시장가격의 반값으로 곡물을 살 수 있게 만들었다. 그 결과 로마의 공화국은 몰락했고 시저가 출현한 것이다. 시저의 통치를 거친 이후 로마에는 제국이 출현하게 되었다. 도니스쏘프는 로마 공화국의 종말을 로마 문명의 종말로 간주했다.

프랑스 혁명의 사례는 근대 문명의 예가 될 것이다. 프랑스 혁명 과정에서 시행된 식량법bread law은 고대 로마의 곡물법과 다르지 않았다. 식량법은 빵값을 시장가격보다 매우 낮게 책정했다. 이 법은 빵을 정해진 가격보다 높게 파는 행위를 범죄 행위로 간주해 처벌했다. 이런 국가간섭의 결과 나폴레옹이 등장했고 프랑스 국민의 자유는 종식되었다.[24]

빈민문제에 국가가 개입한 여러 사례들은 모두 국가의 몰락으로 귀결되었다는 것이 도니스쏘프의 역사 해석의 요지다. 클레온의 부조정책, 그라쿠스 형제의 토지개혁, 프랑스 혁명기의 빵값 정책 등은 국가가 빈곤문제에 정책적으로 개입한 사례들인데 이런 행위는 개인의 자유를 침해했고 결국 역사를 후퇴시켰다는 것이다.

이러한 사례에 대비되는 케이스로 영국의 역사가 있다. 영국은 국가의 수많은 간섭적 조처들에 대해 자유를 요구하는 운동으로 점철된 역사를 가지고 있다. 플랜타지넷 왕조와 튜더 왕조는 여러 가지 법률들로 국민을 간섭했지만 영국인들은 그 법률들을 폐지하면서 간섭에서 계속 벗어나는 노력을 해 왔다. 플랜타지넷 왕조에서는 국민의 옷과 음식을 규제하는 사치단속법Sumptuary Law을 시행했다. 아일랜드 복장법Irish Apparel Law은 잉글랜드 인들과 동일하게 옷을 입지 않으면 그 사람을 처형한다는 내용을 담고 있다. 임금을 특정 한도 이하로 낮추는 규제, 지대에 대한 규제, 종교문제에 대한 규제 등등이 영국인들의 삶을 간섭했다. 그러나 영국인들은 점점 규제를 완화시켜 갔다. 헨리 8세 시대에는 이자율의 한도를 10%로 정했지만25) 제임스 1세 시대에는 8%로, 찰스 2세 시대에는 6%로, 앤 여왕 시대에는 5%로 줄어들었다. 그러다 빅토리아 여왕 시대에 와서는 고리대금업법 자체가 폐지되어 버렸다.26)

또 다른 규제의 예로 들 수 있는 것이 기계 사용에 관한 법률이다. 헨리 8세 시대에는 기계 사용을 금지하는 법령들이 있었다. 특히 직물업에서 기계사용을 금지했다. 그러한 법이 시행된 결과 네덜란드는 세계 시장에서 영국을 능가하게 되었다. 아일랜드도 영국의 직물업을 앞서 나갔는데 요크셔와 노포크, 브리스톨의 양모 제조업자들은 국왕에게 아일랜드의 직물제조업자들에 규제를 가하도록 청원했고 이런 조처는 곧 실행되었다. 그러나 시장과 관련된 여러 규제들은 하나씩 폐지되어 나갔으며 그런 경향은 곡물법의 폐지에서 절정에 도달했다. 영국은 자유무역 체제를 수립한 것이다.27)

이러한 도니스쏘프의 역사 해석에는 몇 가지 흥미로운 점이 있다. 먼저 그는 자유와 국가의 간섭을 대비시키고 있다. 이 점에서 형식 논리적으로는 그의 주장에 타당한 부분이 있다. 그러나 자유의 침해가 지니는 구체적 의미가 무엇인지에 대하여 살펴보면 국가간섭에 대비되는 개념이 보다 선명해진다. 국가간섭과 자유의 침해에 대한 예로 든 클레온, 그라쿠스 형제의 개혁은 모두 국가가 빈민문제에 간섭한 경우라는 것을 알 수 있다. 그러므로 여기서 자유의 침해는 결국 부유층에 대한 재산권의 침해를 의미하고 있음을 알 수 있다. 이런 의미는 도니스쏘프가 이 시대의 국가간섭을 사회주의와 동일시하고 있으므로 더욱 분명해진다. 그의 역사 해석에서 길항적으로 작용하는 대립 개념은 '자유와 국가간섭'이라기보다는 '재산권과 국가간섭'이라고 보아야 할 것이다.

또 하나 주의해야 할 부분은 그가 국가의 성격을 구별하지 않고 있다는 점이다. 이 부분이 중요한 것은 국가의 성격에 따라 국가간섭의 의미도 달라질 수 있기 때문이다. 특히 고대와 근대라는 시대적 차이에 유의할 필요가 있다. 왜냐하면 고대 국가와 근대 국가의 성격은 현저히 다르기 때문이다. 고대 국가는 근대 민주주의 이념과는 무관하게 성립된 국가였다. 그러나 근대의 국가들은 민주주의 이념에 기초해 수립된 국가이거나 적어도 민주주의를 추구하는 국가라는 점을 유의할 필요가 있다. 민주주의로 인해 권력의 성격이 바뀐 국가와 그렇지 못한 국가의 국가간섭의 성격을 동일하게 처리할 수는 없다.

LPDL이 빈민법에 대해 내리는 해석은 영국 역사에 대한 하나의 특별한 해석이기도 하며 영국의 빈민문제에 대한 LPDL의 관점이기도 하다. 윔즈 백작은 1388년 리차드 2세의 시대부터 1601년 엘리자베스의 시대까지 빈민을 다루는 법안이 시행되었고, 헨리 8세의 통치 시대에(1538) 의무적 자선의 원칙이 도입되었다고 지적했다. 그리고 이 때 만들어진 빈민법 체계가 여전히 자신들의 시대의 빈민법 체계의 근간을 이루고 있다고 주장했다. 이러한 법안에서 지칭하는 빈민은 방랑자들과 유랑 걸인들이었다. 엘리자베스 시대에 "빈민 구제를 위한 법"이라고 명명한 법이 통과된 후 윌리엄 4세 시대에는 빈민과 관련된 약 10개의 법안이 통과되었다.[28]

그러나 빈민을 구제하기 위해 국가가 개입한 이러한 조처는 여러 가지 문제를 낳았다. 그 결과 1832년 왕립위원회가 결성되어 빈민법의 시행과 관련한 여러 가지 사항들을 조사하게 되었다. 1834년 왕립위원회는 많은 지역에서 빈민법 기금이 빈민법의 정신과 위배되는 목적에 사용되고 있음을 지적했고, 빈민법이 사람들의 도덕과 복지를 파괴하고 있다고 보고했다. 노동력이 있는 사람들이 현물이나 금전의 형태로 원외부조를 제공받았는가 하면, 교구노동자들은 교구기금에서 집세를 받았다. 그래서 북웨일즈에서는 독립 노동자들보다 빈민들이 임차인으로 선호되는 현상이 나타났다. 교구에 고용된 노동자들은 "당신이 일하든 않든 주 12실링 혹은 10실링을 받아야만 한다. 나는 일하는 바보가 되지 않을 것이다."라고 말했다는 것이다. 웜즈 백작은 심지어 노동자들의 아내는 그들의 남편이 빈민이 아닌 것을 후회했다고 주장했다.[29]

그 결과 1834년 빈민법에 대한 수정법안이 통과되었다. 수정법안 54조에서는 "어떤 부조relief도 감독청Board of Guardians만이 제공할 수 있으며, 감독관 Guardians은 갑작스럽고 급박한 상황이 아니고는 감독관 혹은 특별 교구회가 지시한 것 이상의 부조를 제공해서는 안 된다"고 규정했다. 1838년 이 법의 시행 상태를 조사하기 위해 하원 위원회가 지명되었는데 이들이 조사를 해 본 결과 이 제도가 매우 유익하다는 점을 발견하게 되었다. 이 위원회는 미래에도 이 제도가 계속 시행될 것을 강력히 권고해 이 법의 정당성을 확인했다. 웜즈 백작은 빈민법 수정안이 노동계급을 도덕적 타락과 빈곤으로부터 구했음을 하원 위원회가 완전히 인정했다고 주장했다.[30]

빈민법에 대한 윔즈 백작의 해석은 빈민법으로 인해 빈민들을 위한 구호기금은 남용되었으며, 노동자들의 도덕적 타락 현상이 빚어졌다는 것이다. 즉 그는 자선의 원리로 빈민문제에 접근해서는 안 된다는 생각을 제시하고 있다. 그러나 윔즈 백작의 이런 주장은 빈민법 자체에 대해서부터 검토해 볼 필요를 야기한다.

16세기에 출현한 빈민법은 "과연 빈민을 구제하기 위한 법이었을까?" 하는 의문부터 제기해 볼 필요가 있다. 우선 빈민법의 대상이 주로 유랑 걸인을 향한 것이어서 빈민의 범주에 대한 의구심을 야기한다. 그리고 자선의 원리를 시행하려 한 법치고는 빈민들에 대한 제재가 너무 가혹했다. 걸인을 단속하기 위해 계속 구걸을 하는 사람들에게 처음에는 태형을 가했고, 두 번째에는 그의 오른 쪽 귀를 잘랐다. 만약 다시 구걸을 하면 그는 나태한 죄로 재판을 받았으며 유죄로 판정되면 중죄인으로 처형되었다. 법률들은 더욱 엄격해져 계속 구걸하는 자와 노동력이 있는 방랑자들에 대해 처음의 경우보다 더욱 가혹한 제재를 가했다. 그들은 어깨에 V자로 낙인을 찍었다. 그리고 2년 동안 노예가 되어야 했다. 만약 이들이 도망간다면 그들은 볼에 S자 낙인이 찍혔다. 그리고 평생 노예가 되어야 했다. 엘리자베스 시대에는 불에 달군 철로 귀에 구멍을 뚫는 형벌을 포함한 가혹한 제재가 유랑자와 상시 걸인들에게 가해졌다.[31] 이런 법의 내용으로 보건대 "빈민을 구제하기 위한 법"이라고 명명된 이 법안은 사실상 "유랑걸인을 처리하기 위한 법"이라고 보는 것이 타당할 것이다. 그것도 "빈민을 구제하기 위한 법"이라는 이름에 걸맞지 않게 매우 "비인간적인 방식으로 빈민을 처리하는 법"이라고 볼 수 있을 것이다.

빈민법의 성격을 달리 보아야 할 뿐 아니라 빈민의 성격도 달리 보아야 할 것이다. 즉 19세기의 빈곤 및 빈민의 문제는 16세기와는 달랐다는 점에 유의할 필요가 있다. 19세기의 빈민은 봉건시대의 유랑걸인과는 성격이 다른 계층으로 출현하고 있다. 19세기 후반 찰스 부스와 시봄 라운트리의 연구 결과를 보면 런던의 이스트 엔드나 요크에서는 그 지역의 인구 중 1/3이 빈곤에 시달리고 있었다.[32] 이런 현상은 16세기 농촌 사회의 유랑 걸인과는 다른 차원의 현상이었다. 인구의 상당 부분에서 빈곤현상이 나타났고 그것은 특별한 사회 현상과 연관을 맺고 있었기 때문이다. 즉 19세기의 빈민은 산업화가 진행되는 과정에서 빚어진 또 다른 사회문제였던 것이다.[33]

그러므로 19세기의 빈민층에 대해 수정된 빈민법을 시행하자는 주장은 19세기의 빈민을 16세기의 빈민처리법으로 다루자는 의도 이상이 될 수 없었다. 더욱이 이런 주장은 빈민들을 모두 자발적 실업자로 간주하는 비합리적인 전제 위에 서 있었다. 윔즈 백작의 빈민법에 대한 해석은 국가의 간섭이 노동자들을 도덕적으로 타락시킨다는 것이었지만, 사회 통제 차원에서 실시된 16세기의 빈민에 대한 처방과, 사회 통합과 국가 효율 등 새로운 필요 그리고 인간에 대한 새로운 인식에 따라 고안된 19세기 말의 빈곤에 대한 대책은 그 성격도 그 결과도 다를 수밖에 없는 것이다.

빈민법에 대한 윔즈 백작의 해석은 그가 빈민을 어떻게 바라보고 있는가를 잘 보여준다. 빈민문제에 대한 그의 입장은 빈민을 문제가 아니라 하나의 현상으로 받아들이자는 것이다. 펨브로크 경의 다음과 같은 발언도 같은 맥락에 서 있다.

빈곤이나, 불결한 위생 등은 어떤 특정한 시대나 나라의 독점물이 아니다. 우리는 유럽의 모든 나라에서 그런 것을 발견한다. 인도, 러시아, 이집트,

132

중국 같은 우리와 다른 나라에서도 발견한다. 과거로 돌아가 보면 굶어
죽는 로마의 폭도들을 볼 수 있으며, 그리스의 작가들이 알려주는 빈민들의
이야기를 우리는 알고 있다.34)

즉 빈민은 사회문제라기보다는 불가피한 현실이며 각자가 해결해야
할 문제지 사회가 개입해야 할 문제가 아니라는 것이다. 빈민을 문제로
인식하고 국가가 여러 가지 방식으로 개입하는 것은 개인의 자유를 침해할
뿐 아니라 빈민들에게도 해를 끼치게 된다는 것이다.
　빈민법의 역사에 대한 웜즈 백작의 해석은 도니스쏘프의 그리스, 로마,
프랑스에 대한 역사 해석처럼 국가간섭이 해악과 쇠퇴를 불러 온다는
점을 증명하고 싶은 의도에서 나온 것이다. 그러나 그의 해석에서도 시대에
따른 국가 성격의 차이는 전혀 고려되지 않고 있음을 지적해야 할 것
같다. 그의 빈민법 해석에서 등징하는 영국의 국가는 플랜타지넷 왕조부터
줄곧 동일한 성질을 지니고 있으며 전혀 차별화되어 있지 않다. 하지만
실제로는 영국은 역사를 통해 국가의 성격을 계속 변화시켜 나간 것을
확인할 수 있는 것이다.

4. 임금제에 대한 관점

　개인주의적 자유주의자는 계약의 자유를 가장 중요한 자유로 간주했다.
자신의 노동에 대해서도 이러한 자유는 적용되어야 했다. 사람들은 자신들
을 고정된 가격으로 일당, 주급, 월급 혹은 연봉으로 팔 수 있어야 하는
것이다. 심지어 몇 년을 기간으로 정해 자신의 노동을 판매할 수도 있는
것이다. 이는 마치 사람들이 자신들의 말이나 기계를 대여하는 것과도

같았다. 기계를 대여하는 자가 자신의 기계는 오직 곡물 분쇄에만 쓰여야 한다고 규정하는 것처럼, 노동자는 임금을 받기 전에 노동에 대한 일정한 조건을 정해야 한다.[35] 브람웰은 고용주 책임법 하에서 하루에 5실링을 받는 노동자가 고용주의 책임을 묻지 않는 대신 하루에 6실링을 받기를 원한다면 그렇게 노동할 수 있어야 한다고 주장했다.[36]

그런데 노동자들은 노동운동을 한다면서 스스로 자신들의 자유를 축소시키려 하고 있었다. 자신들의 자유에 대해 규제를 해 달라고 외치고 있는 것이다. 그 예로 들 수 있는 것이 공장법과 8시간 노동법이었다. 노동시간을 8시간으로 규정하는 것은 노동자들이 노동할 자유를 막는 조처였다. 노동자들로 하여금 노동시간을 선택하지 못하게 한다면 이는 노동자들의 자유를 침해하는 것이었다.[37]

도니스쏘프는 고용주와 노동자가 모두 계약의 자유를 누려야 하는 것은 당연하지만, 이 둘의 관계가 대결적 관계라는 점을 부인하지 않았다. 그는 다음과 같이 지적했다.

> 거대한 중간계급은 15세기 말경 성장해 지주귀족들과 갈등을 벌이기 시작했다. 이러한 갈등은 결국 1832년 선거법개혁에서 중간계급의 승리로 끝이 났다. 그렇지만 이 계급은 두 개의 뚜렷한 집단으로 그 안에서 다시 나뉘게 되었다. 바로 고용주와 피고용자였다. 주인과 하인 혹은 감독자와 육체노동자 등의 구분이 역사적 사실로 나타났다. … 싸움은 지금 고용주와 피고용자 사이에서 진행되고 있다.[38]

이런 대결의 결과 노동문제가 대두되었다. 그리고 이 문제에 대한 해결책을 찾으려는 노력도 나타났다. 노사관계에서 발생한 19세기의 여러 사건들은 모두 여기에 대한 해결책을 찾으려는 노력의 결과였다. 노동자 쪽에서는

134

19세기 중반 50년간 산업을 마비시키는 파업이 일어났다. 그런가 하면 고용주는 공장을 폐쇄하고 외국인노동자를 수입했다. 사회적 측면에서 본다면 노동시간의 규제, 노동자연령의 규제 등이 이루어졌다. 경제학에서는 이 문제에 대처하기 위한 여러 가지 거시적 계획들이 나타났다.

도니스쏘프도 이 문제에 대한 궁극적 해결책을 제시했는데, 그 방안은 노동자와 고용주를 동료로 만드는 방법이었다. 도니스쏘프는 노동자를 고용하는 고용주에서부터 마루를 쓰는 청소부에 이르기까지 모두 파트너가 된다면 그들 각각은 모두 자신의 이익을 위해 노동하게 될 것이라고 보았던 것이다.[39] 자신을 위해 노동하니 대결도 사라질 것이다.

이렇게 고용주와 노동자의 파트너쉽을 이루기 위해서는 고용주는 개별 노동자에게 임금을 지급하는 방식이 아니라 노동자들 전체의 몫을 노동자들에게 일괄적으로 지급하는 방식을 취할 필요가 있었다. 노동자의 몫을 덩어리로 노동자들에게 넘겨주게 되면 노동자들은 그것을 자신들의 방식대로 분배할 것이며, 그 결과 임금을 둘러싼 고용주와의 다툼은 사라지게 될 것이다.

노동자에게 개별적으로 임금을 지급하는 방식에서 노동자들 전체에 총액제로 임금을 지급하게 되면 이제까지의 임금제는 지양되고 노동자는 자유를 획득하는 단계로 올라가게 될 것이다. 도니스쏘프는 산업주의industrialism는 그것이 진행되어 나가는 과정에서 세 개의 단계를 거치며 발전한다고 주장했다. 그것은 농노제, 임금제, 자유의 세 단계이다. 개인주의적 자유주의자들은 당대의 영국이 농노제와 임금제가 혼재하는 상태에 놓여 있다고 판단했다. 농촌에서는 첫 번째 단계에서 두 번째 단계로 나가려 하고 있었으며, 도시에서는 두 번째 단계에서 세 번째 단계로 나가려 하고 있었다. 농업노동자의 경우는 농노제의 마지막 흔적을 벗어던지려 노력하고 있었다. 이들은 저임금에서 벗어나기 위해 보다 높은 고정임금을 요구하고 있었다. 그런가 하면 광산노동자와 철강노동자의 경우는 이윤의 변화에 따른 임금 변화를 요구하고 있었다. 전자의 경우는 농노제에서 임금제로의 이행을 대표하며, 두 번째는 임금제에서 자유로의 이행을 대표했다. 결국 문제가 되고 있는 임금제는 노예의 제도와 자유의 제도 사이에 끼어 있는 잠정적 단계였다.[40]

노동자들이 임금제에서 벗어나게 된다면 그들은 자신들에게 돌아온 총액임금을 분배하기 위해 스스로 자신들의 대표를 뽑고, 분배의 원칙을 정하게 될 것이다. 그 결과 분배 과정에 고용주가 관여해야 하는 수고가 사라질 뿐 아니라 분배를 관장할 대표를 그들 스스로 선출함으로써 효율성과 공정성이 함께 확보될 것이다. 새로운 단계에서 얻게 되는 것은 이것만이 아니었다. 임금제의 시대에 모든 상품은 영혼이 없고 관심도 없는 노동자들에 의해 가장 저렴한 비용으로 만들어질 따름이다. 거기에는 어떤 개성 individuality의 표현도 없다. 모든 디자인은 동일한 주형으로 만들어진다. 그러나 임금제에서 벗어나게 되면 대장장이는 자신의 예술적 기질과 상상력을 발휘할 수 있게 될 것이다. 오래된 수도원을 건설한 사람들이 임금수령자들이 아니었던 것처럼 말이다. 수도원의 작은 구석들에 이것을 만든 사람들의 개성이 각인되어 있는 것처럼, 임금제에서 벗어나게 되면 노동자들은 자신들의 개성을 상품에 구현하게 될 것이다.[41]

임금제의 폐지와 계약의 자유가 갖는 관계는 어떠할까? 개인주의적 자유주의자들의 관점에서 본다면 임금제를 폐지하는 운동은 역사를 후진시키는 운동이 아닐까? 임금제를 폐지하는 행위는 계약의 자유를 침해하는 것처럼 보이기 때문이다. 그런데 흥미롭게도 도니스쏘프는 다소 다른 견해를 제시했다. 그는 계약은 시간이 지나면서 세 가지 방식으로 수정된다고 주장하면서 그 내용을 첫째 계약은 점점 자유롭게 되어가는 경향이 있고, 둘째 계약은 점점 더 명확해져 가는 경향이 있으며, 셋째 계약은 점점 더 분리되며 단순해지는 경향이 있다고 규정했다. 그렇다면 고정임금 대신 이윤에 대한 고정 비율로 노동하겠다고 합의한 노동자는 계약의 자유를 행사하지 못한 것인가? 그렇지 않다는 것이다. 오히려 이런 방식의 변화로 노동자는 더욱 자유롭고 자발적인 계약을 맺게 된다. 그는 이런 비유를 하였다. 노예로 자신을 파는 사람도 매우 자발적인 계약을 맺는다. 그러나 그는 마치 자신의 물건을 팔고도 무식해서 가짜 돈을 받는 사람처럼 무지로 인해 족쇄에 매어 있는 사람인 것이다.[42]

이런 논리는 고정임금을 받는 사람은 자신의 노동가치를 잘 모르면서 돈을 받는 계약을 했으므로 결국 자유로운 상태가 아니라는 주장이다. 반면 이윤에 연계해서 임금을 받는 사람은 자신의 노동가치를 잘 알고서 계약을 했으므로 매우 자유로운 노동자라고 주장하는 것이다. 즉 계약이라 해도 자유로운 계약과 자유를 잃어버린 계약이 있다는 주장인 것이다. 도니스쏘프는 다음과 같이 주장했다.

> (임금제의 폐지는)노동계급의 번영을 증가시키고, 절약에 도움을 주고, 생산비를 절감하고, 노동조합주의를 대체하고, 파업을 근절시키고, 노동자의 자질을 향상시키고, 노동자의 자유와 지위를 향상시키고, 산업 예술의 기조를 고무시키고, 고용주와 피고용자의 차이를 없애고, 산업주의의 도덕성을 고양시키는 효과를 낳을 것이다.[43]

도니스쏘프는 임금제가 지금은 보편적인 관행이지만 언제가 이 관행은 과거로부터 물려받은 흥미로운 잔존물로 여겨질 날이 멀지 않아 도래할 것이라고 주장했다. 임금제의 폐지를 둘러싼 이런 주장이 흥미로운 것은

개인주의적 자유주의가 임금제의 미래에 대해 가진 생각이 신디칼리즘의
주장과 거의 흡사하기 때문이다. 임금제 부분만이 아니라 작업과정의
통제에 대한 관점도 유사하다. 도니스쏘프는 작업과정에 대한 노동자들의
자율적 통제를 옹호했다. 그는 다음과 같이 지적했다.

> 광부들은 국가의 감독관을 원하지 않으며 그들 자신의 계급에서 나온
> 감독관을 원한다고 말한다. … 선박에 대해서도 동일한 사항이 적용된다.
> 선원들은 플림졸 입법(Plimsoll legislation–흘수선 입법)이라고 하는 바보같
> 은 국가간섭에 대해 비웃는다. 나는 해안을 돌면서 모든 항구에서 어민과
> 선원들의 이야기를 들었다, 그들은 검사관이 오면 "플림졸이 그의 송곳
> gimlet과 함께 온다"고 말한다는 것이다.44)

도니스쏘프의 주장은 노동자들 스스로 십장을 뽑자는 신디칼리스트들
의 생각과 별로 다르지 않다. 임금제와 노동자 자치를 둘러싼 이런 유사성은
신디칼리즘을 사회주의의 한 종류로 볼 수 있기 때문에 매우 흥미롭다.
왜냐하면 개인주의적 자유주의는 사회주의를 가장 적대적 사상으로 간주
했기 때문이다. 그러나 여기에는 따져 보아야 할 미묘한 문제가 숨어
있다. 개인주의적 자유주의가 사회주의를 공격한 가장 큰 이유는 사회주의
가 국가간섭을 추구했다는 점에 있었다. 그러므로 개인주의적 자유주의는
사회주의 중에서도 국가사회주의를 비판한 것이다. 신디칼리즘은 동일한
사회주의의 범주 안에 들어가면서도 국가권력의 간섭에 반대하는 입장에
서 있었다. 사회주의 사상들이 국가에 대해 가지는 서로 다른 입장이
개인주의적 자유주의와 신디칼리즘의 주장이 어떤 부분에서 수렴하는
것처럼 보이게 만드는 것이다. 하지만 엄연한 차이가 있다는 점을 놓쳐서는
안 되겠다. 국가간섭이 사라진 공간에 신디칼리즘은 노동자들의 민주주의

를 대체시켰다. 그렇지만 개인주의적 자유주의자들은 바로 이 공간에 개인들 간의 계약을 밀어 넣었던 것이다.[45]

　임금제를 폐지하자는 주장이 개인주의자들에게서 나왔다는 점은 매우 아이러니컬하다. 왜냐하면 영국 사회주의의 중요한 한 갈래라고 할 수 있었던 신디칼리즘의 가장 중요한 주장의 하나가 임금제를 폐지하자는 것이었기 때문이다. 서로 다투는 두 세력에게서 동일한 주장이 나왔다는 점은 매우 흥미롭다. 그러나 동일한 용어를 쓴다고 해서 두 주장이 동일하다고 볼 수는 없다. 개인주의자들이 임금제를 폐지하자고 했을 때 그들은 임금을 총액제로 노동자들에게 분배하는 방안을 제시했다. 그리고 총액제로 받은 임금은 노동자들이 자율적으로 재분배할 것을 제안했다. 이런 방안은 나름 합리적으로 보이지만 이윤이 적을 때 노동자들은 모두 저소득을 감내해야 하는 결과를 낳을지도 모른다. 예를 들어 고용주의 몫과 노동자의 몫을 30 대 70으로 나눈다면 이윤이 풍부할 때는 노동자들이 받은 70으로 개별 노동자들은 넉넉한 소득을 확보할 수 있겠지만 이윤이 적을 때는 개별 노동자들의 소득이 생계비 이하로 떨어질지도 모를 일이다. 반면 고용주는 이윤이 제로 이하로 떨어지지 않는 한 항상 상당한 소득을 안전하게 확보할 수 있게 될 것이다. 게다가 총액임금 배분제라는 이 논리를 끝까지 밀고 나가면 거기에 무이윤 무임금이라는 결론이 출현한다. 즉 상품을 제조해 판매했지만 이윤이 발생하지 않을 수도 있는 법이다. 그런데도 고용주가 노동자들에게 이윤이 발생한 것처럼 임금을 지급해야 하는 것은 어처구니없다고 도니스쏘프는 주장했다.[46]

　LPDL의 임금제 폐지 주장은 흥미로운 주장이긴 하나 임금에 소작제를 적용시키려는 논리 이상이 될 수 없다는 점에 유의해야 할 것 같다.

5. 맺음말

국가간섭을 비난하면서 여기에 대비해 개인의 자유를 강조한 자유와 재산 방어 연맹은 분명 자유주의 단체였지만 그들이 자유와 재산 중 더욱 중시한 가치는 무엇이었을까? 명칭에서 자유가 먼저 나오니 자유가 먼저 강조된 것일까? 자유와 재산 방어 연맹은 비록 명칭에서 '자유'를 먼저 내걸었지만 사실은 '재산'을 방어하려는 것이 일차적인 목적이었다. 역사에 대한 해석이나 빈민법에 대한 해석 등이 모두 이런 사실을 보여준다. 이런 사례들에서 강조된 것은 빈곤이나 빈민 문제가 재산에 대한 침해로 이어졌을 때 나타나는 부정적 현상이었다. 임금제를 폐지하자는 주장도 노자간의 대립으로부터 이윤을 안전하게 확보하기 위한 방편에서 나온 대안이었다. 자유와 재산 방어 연맹에서 자유는 재산에 봉사하는 가치로서 역할하고 있다고 생각된다. 본디 자유와 재산 방어 연맹에 참가한 개인주의자들이 강조한 가치는 개인의 자유였지만 그것은 재산의 수호자들과 조우하면서 특정한 형태의 자유로 귀결되었다. 바로 계약의 자유였던 것이다.

자유와 재산 방어 연맹에 참여했던 19세기 후반의 개인주의적 자유주의자들의 자유주의는 분명 19세기 초반의 자유주의와는 성격이 달라졌다. 이전의 자유주의가 새로운 부를 찾기 위해 규제를 타파하려는 공세적 자유주의였다면 이들의 자유주의는 자신들의 부를 지키기 위해 빗장을 걸어 잠그는 방어적 자유주의였다. 이전의 개인주의가 단자론적 개인주의였다면 이들의 개인주의는 스펜서적으로 변형된 개인주의였다. 이 이념을 내세운 계층은 변하지 않았지만 그들의 입장은 달라져 있었다. 이전에 그들은 부를 늘리기 위해 사회에 존재하는 독점을 깨뜨리려 한 진보적인 계층이었지만 이제 그들은 자신들의 부를 지키기 위해 그들의 독점을

웜즈와 도니스쏘프의 대화

자유와 재산 방어 연맹 회원인 두 사람이 역사와 빈곤에 대해 설명하고 있다.

도니스쏘프_ 역사는 결국 개인주의와 사회주의의 역사구만. 그리스의 곡물법, 로마의 토지법, 프랑스 혁명기의 식량법 등은 모두 사회주의야.

웜즈_ 빈곤은 역사 속에 편재하는거야. 그것은 하나의 현상에 불과해. 결코 문제는 아니라구.

도니스쏘프_ (웜즈를 향해) 그런데 당신은 너무 개인의 재산을 강조하는구만.

웜즈_ (도니스쏘프를 향해) 당신들은 개인의 자유만을 너무 강조하는군.

유지하려 하는 보수적 계층이 되어 있었다. 그들의 사회적 위상이 달라졌으므로 그들의 이념이 봉사해야 할 목적도 달라져야 했다. 이제 "자유"라는 가치는 무엇보다 재산을 수호하기 위해 이용되어야 했다. 자유와 재산을 연결시키고 자유가 재산을 위해 봉사할 수 있도록 하기 위해 "계약의 자유"가 매개되었다.[47] 계약의 자유에 국가가 간섭하는 것은 개인의 자유를 크게 훼손하는 행위로 간주되었다.

이들의 주장은 자유주의의 논리에 매우 충실하다. 그러나 개인주의적 자유주의자들이 간과하고 있는 함정이 하나 있다. 계약의 자유는 수호되어야 하지만 부당한 계약의 자유마저 용인될 수 있는가 하는 문제가 그것이다. 1870년대와 80년대에 출현한 노동에 관련된 많은 법안들은 사실상 이 부분에 대한 국가의 관심을 반영한다. 시간이 지나 노동자들이 부당한 계약을 더 이상 맺지 않을 정도로 조직되자 국가는 당사자주의로 물러섰다. 오히려 고용주가 국가의 개입을 원하는 현상이 나타나기도 했다. 결국 계약의 자유는 존중되어야 하지만 계약 당사자가 대등한 위치에서 어느 쪽도 기만당하지 않는 계약이 맺어질 때만 그 자유는 존중될 수 있는 것이다. 계약의 자유가 지니는 함정에서 벗어나 있을 때 이 자유는 진정한 의미를 지닐 수 있을 것이다.

3장
영국의 보수파는 개인주의와 사회주의를 어떤 의미로 사용했을까?

자유와 재산 방어 연맹의 개인주의와 사회주의 개념

*The English Government is one of those which arose
out of a conquest, and not out of society ...
the country has not yet regenerated itself,
and is therefore without a constitution.*
Tom Paine

영국 정부는 사회로부터 만들어진 것이 아니라
정복으로부터 탄생한 정부 중의 하나이다. …
이 나라는 자신을 아직 재생시키지 못했고
따라서 헌법이 없는 상태인 것이다.
톰 페인

톰 페인

프랑스 혁명기에 영국에서 공화주의 사상을 제시한 톰 페인의 사진이다. 프랑스 혁명이 대륙을 휩쓸고 있을 때 영국에서도 공화주의 운동이 일어났다. 톰 페인의 책은 큰 인기를 끌었으나 공화주의 운동은 탄압을 받았다. 영국 자유주의 운동에서 공화주의는 주변으로 밀려나 있으나, 톰 페인의 공화주의와 서신 교환 협회의 활동 등은 재조명될 필요가 있다.

1. 머리말

자유와 재산 방어 연맹Liberty and Property Defense League은 1882년 7월 런던에서 "자유"와 "재산"이란 두 개의 구호를 내걸고 조직되었다. 이 단체가 추구한 목표는 사회주의에 반대하는 논리를 제시하고 그 활동을 저지하는 것이었다. 그래서 얼핏 보면 자유와 재산 방어 연맹은 1880년대 영국 사회주의자들의 활동에 대응해 출현한 단체인 것처럼 보인다. 1880년대에는 영국에서 사회민주동맹Social Democratic Federation, 사회주의자 연맹Socialist League, 페이비언 협회Fabian Society 등 여러 사회주의 단체들이 출현했으며, 이 시기는 오웬R. Owen의 초기 사회주의 운동 이후 나타난 소위 사회주의의 부활기라고 불리는 시기이기도 했기 때문이다.[1]

그러나 이런 사회적 연대기를 보고 손쉽게 판단을 내려서는 안 될 것 같다. 왜냐하면 자유와 재산 방어 연맹은 1880년대의 상황에 대하여 위기를 느낀 것이 아니라 이 시기를 선행하는 1870년대의 상황에 대해 위기감을 가졌었기 때문이다. 물론 이 위기감은 1880년대에도 지속되었지만 자유와 재산 방어 연맹을 조직했던 사람들이 위기라고 생각하며 반응했던 최초의 국면은 1880년대가 아니었다.[2]

그렇다면 사회주의자들이 출현한 1880년대 이전에 무슨 일이 일어났기에 자유와 재산 방어 연맹은 위기감을 가졌고, 사회주의에 반대하는 조직을 만들었던 것일까. 1870년대의 여러 상황이 중요했을 것이지만 아마도 그 시작은 1867년의 선거법 개정에서 찾아야 할 것이다. 사실 1867년의 선거법 개정은 보통선거에 미치지 못한 빈약한 내용을 가졌지만 개정 이전에 비해 상대적으로 많은 유권자를 만들어 내었다.[3] 선거법 개정은 유권자의 수를 늘렸고 정책입안자들은 늘어난 유권자들을 의식하기 시작

1867년 이차선거법 개정 Second Reform Ac

1867년 개정된 선거법으로 주로 도시 노동자들에게 선거권을 부여한 법이다. 이 법으로 인해 구십삼만 팔천 명(938,000)의 새로운 유권자가 기존의 백오만 육천 명(1,056,000)의 유권자에 더해져 유권자는 거의 이백만 명으로 늘어났다. 기술을 가진 수입이 괜찮은 노동자들respectable worker에게 선거권을 부여하려 한 이 법안은 처음에 자유당의 러셀 백작(러셀은 1861년 백작 작위를 받았다)과 글래드스톤에 의해 제안되었지만(1866) 자유당 내에서 의견이 갈라지면서(이 법에 반대한 자유당의 일파를 애덜러마이트라고 불렀다) 부결되었다. 그렇지만 일 년도 못 가 자유당의 선거법 개정을 반대했었던 보수당의 더비 백작(더비는 1851년 14대 백작 작위를 계승했다)과 디즈레일리에 의해 선거법 개정이 이루어지게 되었다. 선거법 개정은 사회운동에 큰 영향을 받았다. 1865년 세워진 개혁연맹Reform League은 맨체스터와 글라스고우 같은 대도시에서 대규모 집회를 벌이면서 선거법 개정을 촉구했다. 1866년 트라팔가 광장의 집회와 하이드파크의 집회는 사람들을 놀라게 했으며 이 운동은 결국 1867년 5월 런던의 하이드 파크에서 20만 명이 모이는 대규모 집회로 이어졌다. 경찰은 집회를 해산시키기 위해 집결해 있었지만 집회의 규모에 놀라 개입하지 못했다. 이런 과정을 거치면서 이차 선거법이 제정된 것이다. 선거권은 가구주나 연 10파운드 이상의 임대료를 내는 세입자들에게 주어졌다. 이차선 거법 개정도 일차선거법 개정에 못지않은 사회적 압력 속에서 실현되었다는 점을 기억해 둘 필요가 있다.

했다. 그 결과 대중의 이익을 고려한 정책들이 출현하게 된 것이다. 자유와 재산 방어 연맹의 구성원들은 이런 현상에 대해 우려했고 여기에 조직적으로 대응하게 되었다.

사실 1870년대는 사회주의의 부활이 시작되기 전이므로 이 시기에 대한 반응으로 자유와 재산 방어 연맹이 조직되었다고 한다면, 평범하게 생각해 볼 때 자유와 재산 방어 연맹의 옹호자들이 투쟁해야 할 대상으로 지목한 이념은 사회주의가 아닌 다른 무엇이었을 가능성이 컸다. 그럼에도 불구하고 자유와 재산 방어 연맹의 옹호자들은 자신들의 이념을 사회주의와 대비시켰다. 그렇다면 사회주의의 부활이 시작되기 이전에 이미 이들의 눈에는 사회주의적 현상이 나타났다는 의미가 된다.

자유와 재산 방어 연맹이 개인주의를 내건 것도 바로 사회주의에 대항하는 논리를 제시하기 위해서였다. 하지만 재미있게도 그들의 조직의 명칭에는 개인주의가 등장하지 않았다. 여기에는 그 대신 자유와 재산이라는 용어가 내걸렸다. 따라서 자유와 재산 방어 연맹은 그들의 이념에서 자유와 재산 개념을 개인주의와 연결시켜 놓았음을 알 수 있다.

그렇다면 자유와 재산 방어 연맹이 주장한 개인주의와 이 단체가 포착한 사회주의는 도대체 무엇이었을까 하는 의문이 제기된다. 그 개인주의는 개성의 자유를 강조하는 내용을 가지고 있을까? 서로 다른 삶의 방식에 대한 관용을 의미하고 있는 것일까? 그 사회주의는 마르크스의 혁명적 사회주의였을까 아니면 오웬의 초기 사회주의였을까? 그것도 아니라면 또 다른 새로운 운동을 지칭하는 것이었을까? 그리고 왜 이들은 사회주의의 대항 이념으로 개인주의를 제시한 것일까?

이러한 질문들에 대한 답변은 다른 미묘한 문제들에 대한 이해에도 도움을 줄 수 있을 것이다. 자유와 재산 방어 연맹의 개인주의가 민주주의와 갖는 관계, 이 개인주의가 보수나 사회개혁과 연결되는 문제들에 대해서도 시사점을 제공할 수 있을 것이다. 자유와 재산 방어 연맹의 이데올로그들은 자신들의 개인주의가 본질적으로 민주주의이며 사회개혁을 거부하지 않는다고 주장했지만[4] 그런 주장은 유지될 수 있는 것일까?

여기서는 이런 의문들에 대해 하나씩 검토해 나가 보도록 하겠다. 이런 의문들에 대한 검토과정에서 자유와 재산 방어 연맹이 내세운 자유의 실질적 의미도 드러날 수 있을 것이라 생각된다. 먼저 자유와 재산 방어 연맹이 옹호한 개인주의에 대해 살펴보고, 이어서 그들이 사용한 사회주의 개념의 용법에 대해 검토해 나가도록 하겠다.

2. 자유와 재산 방어 연맹의 개인주의

자유와 재산 방어 연맹은 자신들이 추구하는 이념을 개인주의라고 주장 했다. 개인주의는 자유와 재산 방어 연맹이 처음 주장한 이념은 아니었다. 개인주의는 자유방임주의의 출현과 함께 19세기 초에 이미 출현했었다. 그러나 자유와 재산 방어 연맹이 내세운 개인주의는 19세기 초의 개인주의 와는 약간 달랐다. 자유와 재산 방어 연맹은 이제까지 이기적이고 자기중심 적이라는 의미로 쓰이던 개인주의 용어를 개인의 자유를 강조하는 매우 긍정적 의미를 담은 용어로 바꾸어 놓으려 했다. 그러나 그들이 의미하는 개인주의가 무엇인지에 대하여는 따져볼 구석이 많이 있다.

자유와 재산 방어 연맹에서 활동한 개인주의자들의 특이한 점은 이들이 자연권 개념을 거부했다는 것이다. 웜즈 백작Earl of Wemyss은 체임벌린이 1885년 1월 5일 버밍엄의 타운홀에서 "모든 사람은 자연권을 가지고 태어났 으며 … 사회의 위대한 유산을 공유할 권리를 가지고 태어났다"고 한 발언에 대해 강력히 반발했다. 그는 이런 발언을 버밍엄의 새로운 철학이라 고 하면서 벤담의 철학을 여기에 대비시켰다. 웜즈 백작은 벤담이 1791년 발언한 내용을 환기시켰다. 벤담은 다음과 같이 주장했다.

자연은 누구에게도 그러한 권리[자연권]를 주지 않았다. 왜냐하면 대부 분의 권리와 관련해 모든 사람의 권리는 누구의 권리도 아니기 때문이다.

마치 모든 사람의 사업은 누구의 사업도 아닌 것과 마찬가지이다. …
자연권과 같은 것은 없다. - 정부의 수립에 선행하는 그러한 권리와 같은
것은 존재하지 않았다 - 법률적인 것에 반대되는 자연권과 같은 것은
존재하지 않았다. 그런 표현은 단지 수사적인figurative 것이다. 그것에 실질
적인 의미를 부여하려 할 때 그것은 오류를 발생시킨다. 그리고 이 오류는
해악을 초래하는 오류이다. … 자연권은 단순한 넌센스이다. 자연적이고
시효가 없는 권리 그것은 수사학적 넌센스이다. 그러나 이 수사학적 넌센스
는 해악을 끼치는 넌센스가 되어 버렸다. … 실질적인 권리는 법률의
자식이다. 진정한 법으로부터 진정한 권리가 나온다. 그러나 상상의 법으로
부터 즉 자연의 법laws of nature으로부터는-시인과 수사학자들이 발명해낸
- 상상의 권리가 나올 뿐이다. 괴물의 서자들인 것이다. 그래서 법의
자손인 법률적 권리legal rights로부터 법에 반대하는 권리가 나오는 것이다.
바로 법에 대한 적대자며, 정부의 전복자며, 안전의 암살자인 것이다.[5]

매우 긴 인용문을 통해 윔즈 백작은 자연법은 실재하지 않으며 상상의
법에 불과하다고 주장했다. 자연권도 상상의 법을 근거로 하여 만들어진
것이므로 역시 실재하지 않는다고 주장했다. 그리고 이런 개념들로부터
해악이 발생하고 있다는 점을 강조했다. 가장 큰 해악은 이런 상상의
법들이 실재하는 법률들을 파괴하는 현상이었다. 실재하는 법률들을 파괴
함으로써 '개인의 자유'가 파괴되는 현상이 나타났다. 윔즈 백작은 이러한
개인의 자유의 침해는 대부분 국가간섭을 통해 일어난다고 주장했다.
그는 매콜리를 인용해 국가간섭과 개인의 자유를 대비시켰다.

영국이 문명을 발전시켜 온 것은 그 국민들의 주의력, 에너지, 선견지명
때문이지 전능한 국가의 간섭 때문이 아니었다. … 우리의 통치자는 국가의
번영을 그들의 일을 자신들의 의무에만 한정시킴으로써, 자본이 이익을
찾도록 내버려 둠으로써, 상품이 공정한 가격을 찾도록 함으로써, 평화를
유지함으로써, 재산을 보호함으로써 이룰 수 있을 것이다.[6]

150

　자유와 재산 방어 연맹의 개인주의는 무엇보다도 개인의 자유를 강조하
며, 자유의 가치를 앞세우고 있음을 확인할 수 있다. 자유와 재산 방어
연맹이 발간한 여러 책자들은 반복하여 이런 점들을 확인하고 있으며,
영국의 번영은 자유의 가치 위에서 탄생하였음을 강조하고 있다. 심지어
윔즈 백작은 자유가 없으면 삶 그 자체가 의미 없어진다고 주장하기도
했다.7)

　그렇지만 자유와 재산 방어 연맹의 "자유"의 용법에 대해 주의해야
할 대목이 있다. 윔즈 백작이 자연권 개념을 거부하였을 때 이미 그런
측면이 있을 것이라는 점이 예시되었다. 윔즈 백작은 자연권 개념을 바탕으
로 하여 국가간섭이 일어나고 그것이 개인의 자유를 파괴한다는 논리를
제시했기 때문이다. 따라서 자유와 재산 방어 연맹이 자유를 강조할 때
항상 따라 다니는 몇 개의 단어들을 포착할 필요가 있다. "자유 계약"과
"재산의 권리"가 바로 그것이다. 자유와 재산 방어 연맹이 자유를 언급할
때마다 항상 세트로 움직이는 이 단어들을 놓치지 않는다면 자유와 재산
방어 연맹이 강조하는 자유의 실질적인 의미는 재산과 관련되어 있음을
파악하게 된다.

　앞에서 인용한 매콜리의 글에서도 이 점은 쉽게 파악되는데, 그가 말하는
자유는 "자본의 자유"라는 점이 드러나기 때문이다. 윔즈 백작은 매콜리의
글을 통해 개인의 자유가 재산의 보호와 연관됨을 지적하고 있는 것이다.
윔즈 백작은 한 발 더 나아가 "저축은행의 예금주들과 상호부조클럽과
건설협회의 회원들, 소토지 보유자들의 수는 적어도 천만 명에 달하며
이들은 사유재산의 원칙을 위해 싸울 것"이라고 주장했는데 그의 자유가
무엇을 지향하고 있는지를 확인시켜 준다.

　자유와 재산 방어 연맹의 개인주의에서 강조되는 "자유"가 특별한 용법으

로 사용되고 있다는 점은 산업에 대해 자치 운영self-government을 주장하는 대목에서도 살펴볼 수 있다. 윔즈백작은 개인의 행동의 자유가 중앙권력에 의해 1870년부터 15년 동안이나 침해당해 왔으며, 그 과정에서 산업은 자율 경영에 어려움을 겪게 되었다고 주장했다.8) 즉 산업의 자치 운영이 국가에 의해 침해당했음을 지적한 것이다. 그런데 여기서 윔즈가 지적한 산업의 자치 운영은 20세기 초 영국의 신디칼리스트들이 주장한 산업으로의 민주주의의 확대 즉 "작업장 민주주의"를 의미한 것이 아니었다. 국가의 간섭이 없는 가운데서 기업가가 기업을 마음대로 경영하는 자치를 의미한 것이었다. 그렇다면 자유와 재산 방어 연맹이 산업의 자치 운영과 자유를 주장했을 때 이것이 의미한 자유는 다름 아닌 기업가의 자유라는 점이 분명해진다. 자유와 재산 방어 연맹과 신디칼리스트들은 자치 운영이라는 동일한 용어를 썼고 동일하게 자유를 추구했지만 그들이 자치 운영과 자유에 부여한 의미는 상이했다는 점에 유의할 필요가 있다.

그렇다면 자유와 재산 방어 연맹의 개인주의자들은 사회문제에 대해서는 어떤 입장을 지녔을까? 이들이 사회문제에 대해 가지고 있었던 입장은 매우 간명했다. 이런 문제를 처리하기 위해 국가가 나서는 어떤 사회개혁에도 반대하는 것이었다. 모든 사회적 질병에 대한 최선의 치료책은 자유였다.9) 그래서 공장법, 교육법, 토지법, 선박법 등은 모두 자조의 원리에 위배되는 법으로 간주되었다.10) 국가가 나서서 개혁을 한다면서 사회에 여러 가지 규제를 가하는 것은 시간을 엘리자베스의 시대로 돌리는 반동적인 행위였다.11) 국가가 나서는 사회개혁이란 결국 정치경제학을 신의 영역으로 끌고 가려는 행위였다.

빈곤에 대한 인식과 처방도 사회문제라는 차원에서 접근하지 않았다. 빈곤은 충격적인 현상이긴 하지만 불가피한 현상으로 간주되었고, 그것의

자선조직협회 Charity Organization Society

자선조직협회는 자조의 원칙을 추구하고, 빈곤에 대한 정부의 간섭을 제한하려는 취지로 1869년 런던에서 조직되었다. 이러한 취지에 따라 원외 부조outdoor relief를 엄격히 제한하고 빈민에 대해서는 과학적 원칙을 적용할 것을 요구했다. 따라서 자선조직협회는 자선은 빈민들에게 무작정 베풀어져서는 안 되며, 빈민이 오직 도덕적으로 올바른 경우에 있을 때만 개입해야 한다는 입장을 견지했다. 빈민들이 복지에 의존하는 것은 사회적 해악이었고, 정신적 타락이었고, 치료를 요하는 일종의 질병이었다. 회원들로는 샤프츠베리경Lord Shaftesbury과 존 러스킨John Ruskin, 토마스 맥케이Thomas Mackay, 옥타비아 힐Octavia Hill, 헬렌 보상케Helen Bosanquet 등이 있었다. 이 글에 나오는 로크Charles Stewart Loch는 1875년부터 자선조직협회의 서기직을 맡은 사람이었다.

원인은 개인의 나약함과 나태함, 어리석음, 경솔함 등에 있었으므로 개인이 스스로 자신의 잘못을 고쳐서 벗어나야 할 문제였을 따름이다.12) 빈민문제에 대한 해결은 개혁이 아니라 다른 곳에 있었다. 자선 조직 협회의 서기인 로크Loch는 『노령연금과 구빈문제Pauperism』라는 소책자에서 노령의 빈곤을 막기 위해 어떤 전국적 연금계획도 필요하지 않으며, 필요한 것은 1832년의 빈민법위원회가 제안했던 "교정적 조처들"을 실행하는 것이라고 주장했다. 이 중 가장 중요한 것은 원외부조outdoor relief를 예외적 사항으로 만들고, 원외부조를 노동력이 있는 어떤 사람에게도 주지 않는 것이었다. 그는 남자든 여자든 이 규칙이 채택될 때, 노령빈곤을 포함한 모든 종류의 빈곤pauperism이 감소하게 될 것이라고 주장했다.13)

빈민과 자본가의 관계도 길항적이기보다는 상보적으로 간주되었다. 즉 자본가에 대한 간섭과 규제를 없애야 빈민의 문제도 해결될 수 있을 것이라는 주장인 셈이다. 기업의 자유, 가벼운 과세, 재산의 안전 등이야말로 거대한 산업군단에 빵을 제공할 수 있는 조건이었다. 만약 자본가를 규제하거나, 지방세나 국세로 크게 부담을 지운다면 자본가는 외국과의 경쟁에서 실패하게 될 것이고 그 결과 국민들은 기아에 빠지게 된다는 것이다.[14)]

개혁을 한다면서 시행된 국가의 간섭은 문제를 해결하기는커녕 오히려 개인의 도덕적 해이를 가져왔다. 1834년 빈민법을 조사한 왕립위원회는 "[빈민법에서 발생하는] 남용의 가장 큰 원인은 노동력이 있는 사람들에게 주어진 원외부조인데", "많은 경우에 교구노동자는 세금에서 면제되고 그들의 집세rent는 교구기금에서 지불된다"고 지적했다. 서포크에서는 8식구를 거느린 제빵공의 한 해 집세 13파운드를 교구가 대신 지불해 주기도 했다.[15)] 심지어 한 노동자의 아내는 그의 남편이 빈민으로 간주되지 않은 것을 애석하게 생각하기도 했다는 것이다.

또 다른 예로는 프랑스 2월 혁명 이후 출현한 국립작업장의 경우가 제시되었다. 국립작업장은 1848년 3월 15일 1만 4천 명을 고용한 것을 시작으로 4월 1일 4만 명, 4월 16일에는 6만 6천 명을 고용하는 것으로 고용자 수를 늘려갔다. 국립작업장은 5월 25일 8만 7천 명, 6월 20일에는 11만 5천 명으로 고용을 늘렸지만 6월 28일 결국 폐쇄되고 말았다. 루이 블랑이 세운 이 기관은 결국 노동자들의 도덕적 타락, 정부의 도산과 국립작업장의 강제 폐쇄를 초래했을 뿐 아니라 나아가 소요와 봉기를 몰고 왔고 그 결과 1만 2천 명이나 되는 노동자들이 살해되는 참상을 빚었다.[16)]

개인주의자들은 사회문제를 인정하지 않는 태도를 가졌을 뿐 아니라, 노사문제와 같은 사회적 갈등 상황에 대해서도 거기에 국가가 간섭할 필요가 없다는 입장을 제시했다. 그런 문제를 해결하는 것은 당사자의 몫이라는 점을 강조하고 있는 것이다. 도니스쏘프는 공장법, 광산법, 선박법 등도 그것이 국가간섭이 아니라 당사자 해결주의의 원칙 위에 서 있다면 얼마든지 환영할 법이라는 주장을 폈다. 그는 "한편으로 고용주들의 결사가 조직되고 다른 한편으로는 노동자들의 독립기구가 결성되어 이들 간의 자발적인 조정이 일어나는 방식으로 문제가 해결되어야 한다"고 주장했다.17) 결국 그는 국가가 인위적으로 사회문제에 개입하는 행위는 의도는 좋을지 모르나 상황을 더욱 악화시키거나 현상을 더욱 복잡하게 만들게 된다고 보았다.18)

자유와 재산 방어 연맹의 개인주의는 바로 19세기 말에 나타난 국가의 간섭행위에 대한 반응이었다. 그 개인주의는 개인의 자유를 추구한다는 점에서 긍정적인 측면이 있었다. 원자론주의atomism나 이기주의selfishness와 연관되면서 비난조로 쓰이던 개인주의라는 용어에19) "외부 간섭에 대해 반대하는 사상"이라는 새로운 의미를 부각시킨 점에서 평가해 줄 부분이 있었다. 개인주의자들은 자유의 개념을 영국인들의 선조들에게 영감을 불어 넣었고 수세기의 투쟁 이후 봉건제와 노예제의 벽을 무너뜨린 자유의 개념으로 부활시키려고 노력했다.20) 그들이 자유를 외쳤을 때 내세운 "자유계약과 자조"의 의미는 그들의 측면에서 해석하자면 "개인의 자기책임과 독립"이기도 했다.

그러나 자유와 재산 방어 연맹의 개인주의는 특별한 뉘앙스를 가지고 있었음을 지적해야 하겠다. 왜냐하면 "개인의 문제에 대한 국가의 개입이나 개인의 자유에 대한 국가의 규제를 반대한다"는 주장의 구체적 맥락은 항상 "재산" 혹은 "작업장과 관련된 국가의 입법 행위"와 연관되어 있었기 때문이다. 따라서 개인주의자들은 자유를 주장했지만 계층적으로는 보수층의 논리를 대변하는 역할을 맡았다. 이런 사실을 개인주의자들 자신도 인식하고 있었던 것으로 보인다. 도니스쏘프는 한 강연에서 개인주의가 안락한 계층의 교리로 간주되고 있다는 점을 지적했다.[21] 자유와 재산 방어 연맹의 개인주의가 "계약의 자유"와 "재산의 권리"를 수호하고 보수층의 질서를 유지하기 위한 논리를 전개했다는 점을 포착해야 할 것이다.

3. 자유와 재산 방어 연맹의 사회주의에 대한 관점

그렇다면 개인주의의 반대쪽에는 무엇이 있었나? 거기에 사회주의가 있었다. 도니스쏘프는 개인주의와 사회주의를 명확하게 대비시켰다. 그는 앞으로의 투쟁은 개인주의와 사회주의의 투쟁이 될 것이라고 주장했다.[22] 먼저 윔즈 백작이 개인주의에 대비시킨 사회주의를 살펴보자. 윔즈 백작은 마르크스의 공산당 선언을 떠올리게 하는 문구를 그대로 사용해, 영국에 "사회주의의 무시무시한 유령이 떠돌아다니고 있다"고 주장했다. 윔즈 백작은 사회주의를 세 가지 종류의 것으로 구별했다. 거리의 사회주의, 교수의 사회주의, 그리고 정치가의 사회주의가 그것이다.

첫 번째 사회주의는 공산주의로 불리는 것으로 그는 이것이 프랑스에서 출현했다고 파악했다. 그러나 파리에서는 거리 투쟁 방식의 사회주의가 나타났지만 영국에서는 아직 그런 종류의 사회주의가 출현하지 않았다. 그러나 언젠가 영국에서도 그런 투쟁이 벌어지게 될 가능성은 존재했다.

두 번째 사회주의는 독일에서 의자의 사회주의라고 부르고 있는 것으로, 철학자와 교수들이 자유방임주의를 배격하면서 사회의 모든 해악을 치료

하기 위해 국가간섭을 주장하는 사회주의였다. 의자의 사회주의자들은 강자에 대해 약자를 보호하고, 생활의 조건을 평등하게 만들기 위해 국가가 나설 것을 주문한다. 그렇지만 이런 인도주의 철학파보다 자유방임의 구학파가 더욱 인도주의적이라는 점이 증명될 것이다.

세 번째 사회주의는 정치가의 사회주의였다. 이 사회주의 정치가는 다시 두 부류로 나뉘는데 한 부류는 진정으로 자선적인 정치가들이며, 또 다른 부류는 정치적 게릴라라고 할 수 있는 자선적 정치가들이었다.[23]

세 부류의 사회주의자들 중 웜즈가 특히 주목한 부류는 마지막의 정치가의 사회주의였다. 여기에 분류되는 사람들은 정당에서 활동하는 사람들로 사회주의를 정치로 실현시키려고 했다. 그리고 그런 경향이 바로 영국에서 뚜렷이 드러나고 있었다. 그는 1885년 이미 자유당과 보수당 간에 사회주의 경쟁이 벌어지고 있다고 주장했고,[24] 10년 뒤에는 여기에 자유통합당이 더해져 영국의 중요한 세 정당 모두에서 그런 경향이 발견된다고 주장했다. 그러므로 영국은 유럽의 다른 나라와 달리 사회주의에 직접 반대하고 대항하는 정당이 하나도 없는 나라였다. 웜즈 백작이 보기에는 영국이야말로 정말 위험한 나라였던 것이다.[25]

먼저 영국의 자유당은 진정한 의미에서 자유당이 아니었다. 자유당은 사회주의 정당으로 불리는 것이 보다 타당했다. 그레이, 알쏩 경, 멜번 경, 존 러슬 경, 파머스톤 경의 자유주의와 매콜리, 콥덴, 브라이트, 밀, 포셋의 자유주의는 어디에도 찾아볼 수 없었다. 웜즈 백작은 자유주의에 대한 정의를 다음과 같은 인용문을 통해 제시했다.

만약 규제적 입법 정책에 반대할 것을 공약하는 정당이 있다면 그 정당이 자유당이다. 그것이[자유당이] 가진 자랑스러운 명칭은 그 정당이 세워진 원칙이 자유의 원칙이라는 점을 선언한다. 자유는 당신이 생각하기에 옳은 것을 타인이 하도록 만드는 것에 존재하지 않는다. 자유로운 정부와 그렇지 못한 정부의 차이는 원칙적으로 이것이다. 자유롭지 못한 정부는 모든 것에 간섭한다. 반면 자유로운 정부는 그것이 해야만 하는 것을 제외하고는 간섭하지 않는다. 전제적인 정부는 국민들로 하여금 정부가 원하는 것을 하도록 만든다. 자유당 정부는 사회의 안전이 허용하는 한 모든 사람들이 자신들이 원하는 것을 하도록 허용한다. 개인의 자유의 원칙을 유지하는 것이 자유당의 전통이 되어 왔다. … 자유당이 항상 반대해 온 것은 일단의 사람들이 일단의 다른 사람들에게 무엇을 강제하는 것이었다.[26]

인용문에서 강조하고 있는 것은 정부간섭에 대한 철저한 반대이다. 윔즈 백작은 마그나 카르타와 권리장전의 정신을 강조함으로써 자신의 생각을 다시 한 번 강조했다. 그러나 당대의 자유당은 이런 원칙과는 위배되는 행위를 하고 있었다. 그러므로 자유당은 그 이름이 잘못 불려지고 있었던 것이다. 자유당은 사회주의적 성격을 지니고 있었으며 그러한 사실은 진보적 성격의 『데일리 크로니클Daily Chronicle』조차 자유당의 입법을 "사회주의적"이고 약탈적인 입법이라고 지적하는데서 드러났다.[27]

보수당의 경우도 예외는 아니었다. 이스트 브랫포드East Bradford의 보수당 당원이었던 바이런 리드H. Byron Reid는 그의 선거연설에서 "전반적인 사회 입법을 시행할 것", "영국 노동계급이 공공 대부에 의해 그들의 집을 소유할 수 있도록 자유보유주택freehold house을 공급할 것", "위험한 일에 종사하는 사람들에 대해 8시간 노동제를 실시할 것" 등을 내걸었다. 런던에서는 울위치Woolwich의 보수당 의원인 휴Hugh 대령이 "노동자 임금을 시간당 최소 6펜스로 올릴 것", "선원들을 위해 보다 많은 노령연금을 지급할 것", "군인들을 위해 노령연금을 만들 것" 등을 선거 때 공약했다. 이런

158

공약의 내용들은 명백하게 사회주의적이었고 결국 보수당은 사회주의와 놀아나고 있었던 것이다.28) 흥미로운 점은 윔즈 백작에 의해 8시간 노동제, 최저임금제, 사회입법, 노령연금법 등이 모두 사회주의적 조치들로 간주되었다는 것이다.

보수당과 손을 잡고 있는 또 다른 정당인 자유통합당 역시 사회주의적이기는 마찬가지였다. 요크서 시플리 구의 자유통합당 당원인 플라너리Mr. Flannery는 자신의 팸플릿에서 "생계비, 노령연금, 누진소득세, 철도의 국유화, 8시간 노동제, 토지법 개혁" 등을 약속했다. 플라너리는 38개 항목의 계획 끝에 체임벌린의 계획을 함께 제시했는데 이것은 명백한 사회주의적 제안을 담고 있었다. 그것은 일곱 가지로 1.노령연금, 2.노동자 주거법, 3.구빈법 개혁, 4.상해를 입은 노동자들에 대한 보상, 5.빈민들의 주거생활 개선을 위해 지방 당국에 보다 많은 권한을 부여하는 조치, 6.빈민 이민을 방지하는 조치, 7.상점원들의 근무시간을 줄이는 것 등이었다. 이러한 제안들은 모두 국가의 간섭을 추구하며 결국 사회주의적이었다. 이런 조처들은 영국인들의 자유를 위협했다. 특히 성인의 노동시간을 법률로 줄이는 것은 자유에 대한 심각한 침해였다. 만약 성인이 자신이 선택한 임금으로 자신이 선택한 만큼 노동할 수 없다면 그는 자유로운 사람이 아니었다.29)

윔즈 백작은 영국의 하원에 대표되는 정당들이 모두 사회주의적이었으므로 1870년에서 1885년 사이에 통과된 법안들 중 상당수가 사회주의적이라고 주장했다. 1870년 통과된 아일랜드 토지법안은 재산을 다루는 방식에서 사회주의의 씨앗을 가지고 있었다. 토지와 관련된 법은 여기에서 그치지 않았다. "지주-소작인법"(아일랜드)(Landlord and Tenant Act, 1870), "농지보유법"(Agricultural Holdings Act, 1875), "사냥법"(Ground Game Act, 1880), "토지법"(아일랜드)(Land Law Act, 1881), "지대연체법"(아일랜드)(Arrears of Rent Act, 1882), "농지보유법"(잉글랜드)(Agricultural Holdings Act, 1883), "농지보유법"(스코 틀랜드)(Agricultural Holdings Act, 1883) 등이 모두 사회주의적 내용을 담고 있는 토지 관련법이었던 것이다. 이런 법안들은 국가가 부동산을 규제하거 나 몰수할 권리를 가정하고 있었으며 토지를 개인소유에서 국유화로 대체 하는 방향으로 몰고 가고 있었다.30)

개인의 재산만이 아니라 법인의 재산에 대한 침해도 일어나고 있었다. 수도회사법Water Companies(Regulation of Powers) Bill을 비롯해 법인의 재산과 관련된 4개의 법안이 1885년도 회기에 올라와 있었다. 브람웰은 이런 상황에 대해 국가가 수도회사의 재산을 빼앗으려 한다고 주장했다. 이런 법안은 결국 수도 공급에 대해 개인 기업이 가지고 있는 권리를 자치시의 독점적 권리로 넘기려는 조처라는 것이다.

해운과 관련해서는 1871년의 상선법Merchant Shipping Act을 비롯해 9개의 법안이 등장했으며 광산과 관련해서는 1872년의 광산규제법Mines Regulation Act을 비롯해 6개의 법안이 통과되었다. 이러한 법으로 말미암아 광산에서 개인의 책임감은 경감되는 반면, 국가감독에 대한 잘못된 신뢰는 증폭되는 결과가 나타나게 되었다. 철도와 관련해서도 역시 여러 규제 법안들이 나타났다. 1871년의 철도규제법Railways Regulation Act을 비롯해 6개의 법안이 차례로 등장했다. 제조업이나 상업과 관련해서는 1872년의 전당포법 Pawnbroker's Act과 1880년의 고용주 책임법Employers' Liability Act을 비롯해 12개의 법안을 찾아 볼 수 있었다. 주류와 관련해서는 20개의 법안, 노동자 거주에 관련해서는 16개의 법안, 교육과 관련해서는 13개의 법안이 사회주 의적 내용을 담은 채 통과되었다.31)

토지, 법인 재산, 해운업, 광산업, 철도업, 제조업, 상업, 주류판매업,

노동자거주, 교육 등과 관련해 만들어진 여러 가지 법안들의 궁극적 의미는 국가 내의 다양한 이익들에 대해 국민들이 가진 자율적 관리권을 국가가 침해했다는 것이다. 아울러 이러한 법안들은 고용주와 피고용인 사이의 계약의 자유를 축소시켰다. 웜즈 백작은 이러한 1885년의 상황을 다음과 같이 요약했다.

> 이러한 법안은 퇴행적인 변형이다. 국가가 가격, 임금 그리고 다른 모든 것들을 규제하는 것은 플란타지넷 왕조 시대로 돌아가는 것이다. 이것은 제임스 1세의 주류판매 규제법Tippling Act으로 돌아가는 것이다. … 자유가 삭감되고, 재산은 약탈되고, 절도가 횡행하고, 토지는 팔 수가 없고, 기업은 규제되고, 자본은 유출되고, 산업은 마비되어 버린다. 나는 이 모든 입법이 기업에 제약을 가하고 자본을 추방시켰다고 믿는다.[32]

이러한 사회주의적 입법으로 말미암아 영국은 거리의 사회주의는 아니지만 정치가의 사회주의를 실현시키고 있었다. 웜즈 백작은 영국이 대륙보다 사회주의에 더 많이 침투당해 있다고 보았다. 그는 프랑스의 공산주의자 루이 미셸의 말을 인용해 "프랑스에서 사회주의자들은 부두에 서 있지만 영국에서는 사회주의자들이 하원에 서 있다"고 지적했다. 이런 지적은 사회주의 운동은 대륙에서 보다 소란스럽게 전개되었지만 사회주의의 실제 성과는 영국에서 더 크게 나타났다는 생각을 역설적으로 보여주고 있다. 그러한 생각은 비단 웜즈만의 생각이 아니었고 자유와 재산 방어 연맹의 회원들 다수가 공유했던 것으로 보인다. 펨브로크 경의 발언에서도 그런 관점이 나타났는데, 그는 1885년의 발언에서 "영국에서 사회주의는 (이미)나타났으며 그것은 물질적 번영과 국민 성격을 해치고 파괴하기에 충분할 정도로 진행되었다"고 주장했다.[33]

　그러나 이러한 영국 사회의 진단에 대해서는 검토를 해 볼 부분들이 있다. 먼저 과거와 현재의 국가간섭의 성격에 관한 문제가 떠오른다. 윔즈 백작의 주장을 통해서 볼 때 사회주의는 국가간섭과 동일시되고 있음을 알 수 있다. 이렇게 사회주의를 국가간섭과 등가물로 보는 현상은 비단 윔즈 백작의 경우에만 국한되지 않았다. 도니스쏘프도 이 두 개념을 여기저기서 거의 동의어처럼 썼다.[34] 이들은 이러한 동일시 현상 위에서 과거의 규제적 상태와 현재의 국가간섭을 동일하게 비판했다. 그러나 여기에는 심각한 논리적 결함이 있었다. 왜냐하면 이들은 플랜타지넷 왕조나 스튜어트 왕정 시대의 국가간섭과 자신의 시대의 국가간섭의 성격을 구별하지 않았기 때문이다. 플랜타지넷 왕조의 국가간섭은 민주주의 원리를 바탕에 깔고 있지 않았지만 19세기 후반의 국가간섭은 민주주의 원리를 바탕에 깔고 있었다. 따라서 과거와 당대의 국가간섭을 동일하게 처리하는 것은 타당하지 않았다.

　아울러 개인주의자들이 "사회주의"라는 단어를 사용하는 용법에도 주의가 필요하다. 왜냐하면 국가간섭과 사회주의를 유사한 개념으로 사용함으로써 개인주의자들이 반대한 "사회주의"에는 집단주의적 조치를 옹호하는 모든 입장들이 다 포함되어 버렸기 때문이다. 그 결과 정당이나 정파와 관계없이 사회문제에 대해 국가나 자치시의 차원에서 이루어지는 정책 개입은 모두 사회주의로 간주된 것이다. 공장법조차도 점진적 사회주의로 간주되었다.[35] 그러므로 개인주의자들의 눈에는 19세기 후반의 영국은 개인주의와 사회주의의 양 세력으로 이분화된 모습으로 비쳐졌다. 사회주의에 대한 이들의 용법을 따른다면 영국은 이미 사회주의 사회가 되어 있었던 셈이다.

　한 가지 흥미로운 점은 사회주의의 혁명적 성격에 대한 인식이었다.

162

영국에서 공화주의는 어떤 의미를 지녔을까?

크롬웰의 짧은 공화정 시기 이후 영국에서 공화주의를 내건 정당은 출현하지 않았다. 하지만 공화주의에 대한 주장이 없었던 것은 아니다. 공화주의 사상은 18세기 후반부터 나타나기 시작했다.

18세기 후반과 19세기 초반에 걸쳐 미국독립과 프랑스 혁명을 지지했던 사람들, 톰 페인을 추종했던 사람들, 그리고 1819~26년에 걸쳐『공화주의자 Republican』를 집필한 리차드 카알라일의 추종자들 등이 공화주의자들로 간주될 수 있었다. 차티스트들 사이에서도 공화주의에 대한 주장이 나타났다. 하딩C. G. Harding은 1848년『공화주의자Republican』라는 저널을, 린튼W. J. Linton은 1851년『영국 공화국English Republic』이라는 저널을 펴냈다. 1860년대와 1870년대에는 서 찰스 딜크Sir Charles Dilke와 조지프 체임벌린Joseph Chamberlain 등이 공화주의 주장을 제기했고, 찰스 브래들로우Charles Bradlaugh와 세속주의 secularist 운동 역시 공화주의 운동을 자극했다. 1870년대에도『공화주의자 Republican』라는 저널이 잠시 나타났다.

런던에는 공화주의 클럽도 출현하기 시작했다. 그러나 공화주의는 영국에서 위험한 사상으로 간주되었다. 흥미로운 점은 영국에서 공화주의는 사회주의 보다도 더욱 과격한 사상으로 간주되었다는 점이다. 영국에서 공화주의는 반체제 운동에 해당되었기 때문이다. 1848년 국사범처벌법Treason Felony Act이 통과되어 공화주의 주장을 편 사람들을 오스트레일리아로 추방하거나 종신형에 처할 수 있게 만든 것을 보면 알 수 있다. 좌우파의 정치적 스펙트럼으로 친다면 사회주의보다 더 급진적이고 위험한 사상이며 운동이었던 셈이다. 최근에는 1991년 노동당의 토니 벤Tony Benn이 영국 공화국법안Commonwealth of Britain Bill을 제출한 바 있다. 이 법안은 영국에서 왕정을 폐지하고 성문헌법을 제정할 것을 제안하고 있으며, 국교회는 폐지하고 상원은 귀족이 아닌 일반 유권자들에 기초해 구성할 것을 제안하고 있다.

자유와 재산 방어 연맹은 영국내의 여러 정당과 정파를 사회주의라고
비난하였지만 그것을 혁명 사상이라고 비난하지 않았다는 점이다. 사회주
의가 국가간섭의 형태로 야금야금 들어옴으로써 개인의 자유를 침식하게
된다고 비판하지, 사회주의가 국가를 전복시키려 하는 세력이라고 비판하
지 않았다. 그래서 사회주의는 좌파의 스펙트럼에서 극단적 위치에 분류되
지 않았다. 좌파의 극단적 위치에 분류되고 혁명사상으로 간주된 사상은
흥미롭게도 공화주의였다. 도니스쏘프는 공화주의를 좌파의 가장 극단에
위치시켰으며 여기에 빨갱이red라는 수식어를 붙였다.36)

　그렇다면 모든 형태의 국가간섭을 사회주의로 간주하는 용법을 구사한
개인주의자들은 법의 필요성마저 거부하며 무정부주의를 향해 나아갔을
까? 오버론 허버트, 레비 등과 같은 일부 인사는 그러했다. 그러나 다수는
그러하지 않았다. 그와는 반대로 개인주의자들은 법과 질서를 옹호하는
입장을 취했다. 그런데 이런 태도는 자유와 국가간섭의 관계에 대한 그들의
생각에 모순이 있다는 의구심을 자아내게 한다. 개인주의자들은 법이
규제적 성격을 지닌다는 점을 받아들였고, 그래서 법 자체를 국가간섭으로
생각하고 있었기 때문이다. 그러므로 그들의 논법으로 본다면 법률을
시행하는 것 역시 사회주의적 성격을 지닌 조처에서 배제될 수 없었다.37)

　사실 이러한 논리적 귀결을 도니스쏘프는 파악하고 있었던 것으로 보인
다. 그는 법과 질서를 인정하는 대목에서 개인주의자들도 약간의 사회주의
를 받아들인다는 표현을 씀으로써 법을 사회주의의 영역에 포함시켰기
때문이다.38) 그렇지만 그들은 법률의 시행에 반대하지 않았다. 즉 모든
종류의 국가간섭에 반대하지는 않았다는 말이다. 법이 없다면 질서가
사라지는 것이고 그렇게 되는 것은 무정부 상태를 만드는 것이기 때문이었
다. 개인주의자들은 홉즈나 로크 식의 자연권 사상을 받아들이지 않으면서

164

도 무정부 상태에서 벗어나기 위해 자연권 개념을 바탕으로 해서 고안된 "법률"의 타당성에는 합의하고 있는 셈이다.

그렇다면 개인주의자들은 집단주의적 성격을 지닌 법률의 타당성도 인정해야 마땅하지 않을까? 하지만 개인주의자들은 이 함정에서 벗어나기 위해 그들 나름의 논리를 제시했다. 즉 법률이라고 해서 모든 법률이 타당하다고 보지는 않는다는 입장을 제시했던 것이다. 많은 사람들이 찬성한다고 해서 옳은 법률이라고 할 수도 없다는 입장도 제시했다.[39] 특히 개인주의자들은 과세를 통해 재산에 간섭하거나, 노동조건에 대한 규정 등으로 계약에 간섭하는 것과 같은 조처는 아무리 다수가 찬성하는 법률로 규정되었다 해도 받아들일 수 없다는 입장을 피력했다.[40]

그렇다면 개인주의자들이 받아들이는 올바른 법률은 무엇일까? 그것은 자신들의 재산권과 계약의 권리를 공고하게 해 주는 법률들이었다. 결국 개인주의자들의 이익과 부합하는 법률만이 받아들일 수 있는 법률이었던 셈이다.[41] 따라서 개인주의자들의 법과 질서에 대한 주장은 다분히 편견에 차 있다는 점이 지적되어야 할 것이다. 그들은 모든 법이 아니라 자신들의 이익을 위해 필요한 부분의 법과 질서만을 인정했던 것이다.

4. 윔즈 백작과 도니스쏘프의 차이점

2절에서 자유와 재산 방어 연맹의 개인주의가 국가의 간섭행위에 대한 반대를 의미하지만 그 무게중심은 사실상 재산에 대한 간섭에 놓여 있었음을 지적한 바 있다. 하지만 여기서는 개인주의와 사회주의를 둘러싸고 자유와 재산 방어 연맹 안에 있었던 미묘한 입장 차이를 약간 지적해 보고자 한다.

  자유와 재산 방어 연맹은 재산가 계급이라고 할 수 있었던 토지 세력과 기업 세력을 중요한 축으로 하고 있었지만 여기에 개인주의자 그룹이 가세해 씽크탱크 역할을 하고 있었다. 재산가 계급에서 웜즈 백작이 가장 중요하고 활동적인 인물이었다면 개인주의자 그룹에서는 도니스쏘프가 두드러졌다.42)

  이 두 사람은 비록 같은 조직에서 동일한 목적을 위해 활동했지만 그들이 구사한 사회주의라는 용어의 의미는 과연 동일한 것이었을까? 사회주의를 비난조의 용어로 사용하고 있다는 점에서는 동일하였지만 두 사람이 사회주의라는 용어를 사용하였을 때 그 뉘앙스가 다소 상이했다는 점을 지적해 두고 싶다.

  웜즈 백작은 사회주의라는 용어를 구사했을 때 주로 재산에 대해 간섭하는 조처들을 비난하며 사용했다. 여기서 재산은 크게 두 가지를 의미했다. 그것은 자유와 재산 방어 연맹 안의 재산가가 크게 두 부류로 나뉘어졌기 때문이다. 그 두 가지 중 하나는 토지재산이었으며 다른 하나는 기업가의 재산이었다. 토지재산에 대한 간섭은 글래드스톤이 시행한 아일랜드 토지개혁에서 나타났다.43) 기업가의 재산에 대한 간섭은 노동과 관련된 여러 사항들에 대한 간섭에서 드러났다. 노동시간의 규제, 임금 인상에 대한 요구, 산업재해에 대한 보상 문제 등을 제기한 여러 가지 법안들이 그러한 간섭의 예였다.44)

  웜즈 백작은 귀족들의 토지재산이 침해당하거나 기업가의 이윤이 침해당하는 국가간섭에 대해 사회주의라는 용어를 붙인 것이다. 이런 간섭이 일어나면 보수당이든 자유당이든 상관하지 않고 그런 주장을 한 집단이나 인물을 사회주의라고 비난했다.

  도니스쏘프의 경우도 온정주의적 입법을 사회주의라고 비판하고 있는 점에서 윔즈 백작의 사회주의 용법과 유사한 부분이 있다. 그리고 노동문제에 대해서는 계약의 자유를 주장하고 있다는 점에서도 사회주의 용법은 윔즈 백작과 유사하다고 할 수 있다.45)

그렇지만 도니스쏘프가 온정주의적 입법에 반대하고 계약의 자유를 옹호한 근거는 윔즈 백작과는 약간 상이했다. 도니스쏘프가 크게 우려하고 있는 것은 재산에 대한 간섭이기보다는 국가기능이 확대되는 상황이었다. 그는 재산이 침해되든 침해되지 않든 개인들 간의 자유로운 진화의 영역에 국가가 들어오는 것에 대해 반대했다.46) 또 사회개혁을 추구하든 않든 그것도 사회주의와는 무관하다고 지적했다. 그는 "사회개혁이 사회주의를 의미한다면 나는 사회주의에 전혀 반대하지 않는다"고 주장했다.47) 문제는 개인의 영역에 국가가 들어오는 것이었다.

그리고 도니스쏘프는 획일화된 여론을 우려했다. 왜냐하면 국가기능의 확대는 이 획일화된 여론을 바탕으로 일어났기 때문이다. 그는 재산의 침해를 넘어서서, 개인의 목소리가 배제되고 박탈되는 상황을 경계했다.

그러므로 그가 사회주의라고 생각한 것은 집단적 요구가 개인의 의사를 무시하는 상황과, 이러한 집단적 요구를 반영해서 국가가 개인에 대해 간섭하게 되는 조치나 행위들이었다. 비단 재산을 둘러싼 문제만이 아니라 당사자 간의 자유로운 문제해결을 무시하고 국가가 끼어드는 행위 모두가 여기에 해당되었다. 그에게 사회주의라는 용어는 재산에 대한 간섭만이 아니라 개인에 대한 모든 종류의 국가간섭이라는 의미로 쓰여졌다.

재산과는 무관한 간섭행위로 도니스쏘프가 든 예는 종교였다. 그는 종교적 간섭이 얼마나 전제적이 될 수 있는가에 대해 지적했다. 그는 종교라는 추상적인 문제에서 다수에게 동의하지 않았다고 하여 사람들이 소외되고, 박해받고, 권리가 박탈되는 현상을 지적하면서 이를 가장 나쁜

형태의 사회주의라고 주장했다.[48]

그러므로 어떻게 해석하면 윔즈 백작의 경우에는 재산을 침해하지만 않는다면 국가가 하는 간섭 행위는 굳이 사회주의적이지 않았다. 그러나 도니스쏘프의 경우는 재산의 침해와는 무관하게 집단적 요구를 수용해 개인의 영역 혹은 개인들 간의 영역에 국가가 발을 들여 놓을 때 그것은 사회주의적 현상이 되는 것이었다.

사회주의라는 용어는 윔즈 백작과 도니스쏘프에 의해 공히 당시의 집단 주의적 입법에 대해 비판하는 과정에서 쓰여졌지만 집단주의적 입법에 대해 반대한 근거에는 미묘한 차이가 있었다는 점을 기억해 둘 필요가 있다. 굳이 용어를 붙여 보자면 전자를 보수주의적 개인주의자들의 사회주의에 대한 해석이라고 한다면 후자는 자유주의적 개인주의자들의 사회주의에 대한 해석이라고 할 수 있을 것이다. 그들은 모두 사회주의로 국가간섭을 의미하기는 했지만 국가간섭이 일어나는 지점에는 미묘한 차이가 있었던 것이다. 전자가 재산에 특별히 관심을 두고 있다면 후자는 프라이버시와 개성 등을 포함한 보다 넓은 사적 영역에 관심을 두고 있는 것이다.

아울러 지적할 것은 19세기 말 영국의 사회주의 부활기 이후 출현한 여러 사회주의자들이 사회주의의 가장 중요한 문제로 산업통제의 영역을 다루었다는 점에 비추어 보면, 윔즈 백작이나 도니스쏘프는 산업통제의 영역을 전혀 건드리지 않으면서 사회주의라는 용어를 사용하고 있다는 점이다. 따라서 '사회주의'는 19세기 말 영국에서 재산을 침해하는 행위, 개인의 영역에 국가가 들어오는 행위, 산업통제의 문제를 건드리는 행위 등 서로 다른 의미를 담은 채 혼란스럽게 사용되었다는 것을 알 수 있다.

5. 맺음말

　자유와 재산 방어 연맹은 자유의 이름으로 개인주의를 내걸었다. 그렇지만 그 자유는 구체적으로 계약의 자유와 기업 활동의 자유를 의미하였으며, 개인주의는 토지와 자본의 권력에 대한 국가의 어떤 간섭도 배제하는 것을 의미했다. 그러므로 자유와 재산 방어 연맹이 사용한 개인주의라는 용어는 특별한 나름의 용법과 뉘앙스를 가진다고 보아야 할 것이다.

　개인주의자들이 주장한 자유의 개념은 무엇보다 국가의 억압과 규제를 없애야 한다는 의미를 담고 있다. 그러나 그들의 자유는 거기서 멈춘다. 이제까지 개인에게 간섭하던 국가의 규제가 사라진 상태가 자유의 상태인 것이다. 그러나 이 상태에서 자유의 영역이 다른 두 방향으로 흘러가는 것에는 반대했다. 하나는 자유가 더 확장되어 국가의 힘이 완전히 사라지는 상태였다. 그런 상태에서는 기득권층의 안전이 보장되지 않았다. 따라서 법과 질서가 살아 있는 정도로 국가의 규제는 남아야 했다. 다른 한 방향은 국가가 다수의 의견에 따라 자유를 실현시켜 나가는 상태였다. 이런 현상은 국가의 개입을 낳게 되는데 개인주의자들은 이 현상을 과거의 규제적 상태와 동일시하면서 비판했다. 개인주의자들이 구사한 자유의 개념이 특별한 내용을 지닌다는 점을 기억할 필요가 있다.

　사회주의에 대한 자유와 재산 방어 연맹의 관심은 특히 두드러졌다. 자유와 재산 방어 연맹의 적극적 행위가 이루어지게 된 배경이 바로 여기에 있었기 때문이다. 그런데 이 조직의 활동가들이 발견한 사회주의는 오웬이나 마르크스의 사회주의가 아니었다. 그들은 1870년대의 영국 정부와 정당에서 사회주의를 발견한 것이다. 따라서 자유와 재산 방어 연맹이 사용한 사회주의라는 용어 역시 특별한 의미를 지니고 있었다. 자유와 재산 방어 연맹은 사회주의라는 용어를 공장법, 광산법, 토지법 등 국가가 기업이나 지주에 대해 가하는 여러 가지 제약이나 규제를 의미하는 것으로 사용했다. 여기서 사용된 사회주의 개념은 혁명을 지칭하지 않았으며 산업의 국유화를 의미하지도 않았다. 하지만 그들이 사용한 용법의 사회주의는 자유당과 보수당, 자유통합당 등 당시의 주요 정당에서 모두 발견되었으며 폭넓게 퍼져 있었다.

흥미로운 점은 사회주의를 다수의 요구에 의해 국가가 시행하는 정책이라는 의미로 사용함으로써 사실상 사회주의는 민주주의의 요소를 부여받고 있다는 점이다. 웝즈나 도니스쏘프는 어디서도 사회주의와 민주주의를 동의어로 사용하지는 않았지만 이들이 사회주의를 설명한 맥락은 민주주의를 설명하는 맥락과 거의 비슷하다. 다수의 의사가 반영된 의사결정이라는 점에서 사회주의는 민주주의의 의미를 그대로 부여받고 있기 때문이다. 그 결과 아이러니컬하게도 개인주의는 논리적으로 민주주의와 대립되는 개념으로 자리매김된다.[49]

하지만 개인주의와 사회주의의 민주주의에 대한 관계는 이들에게 다소 혼란스럽게 인지되고 있었다. 도니스쏘프는 개인주의는 필연적으로 민주적이지만 사회주의는 반드시 민주적이지는 않다고 주장해서[50] 개인주의와 민주주의를 등가시켰다. 하지만 그는 민주주의가 사회주의로 나아가는 현상을 보여 준다는 점을 지적하고, 다수의 지지에 의해 만들어진 법률이라고 하여 다 받아들일 수는 없다고 주장하여 그가 민주주의에 그렇게 호의적이지 않음을 발견하게 된다. 따라서 자유와 재산 방어 연맹의 개인주의는 민주주의에 대해서는 양면 가치적인 입장을 견지하고 있는 것으로 보인다. 잠정적으로 내릴 수 있는 결론은 자유와 재산 방어 연맹은 민주주의의 보편적 가치를 부정하지는 않았지만 실제로는 민주주의를 거부했다는 것이다. 여기에 대해서는 더 깊은 연구가 필요하다.

자유와 재산 방어 연맹이 사회주의라는 용어를 사용한 용법은 산업혁명 이후 등장한 사회주의자들이 사용한 용법과는 다소 달랐다. 왜냐하면 자유와 재산 방어 연맹은 국가의 간섭으로 인해 토지와 자본의 이익이 침해당하는 모든 현상에 대해 사회주의라는 용어를 구사했기 때문이다. 따라서 사회주의는 복잡한 강령이나 이론으로 존재하는 것이 아니라 단순한 정책으로 존재하게 되었다. 이런 용법은 사회주의에 대한 대중의 인식에 어떤 영향을 미쳤을까? 긍정적인 측면과 부정적인 측면이 함께 포착될 수 있을 것이다. 한편으로는 사회주의 개념에 대해 혼란을 야기하면서도 다른 한편으로는 사회주의 개념을 세속화시키는 작용을 하였을 것이다.

결국 자유와 재산 방어 연맹의 개인주의와 사회주의의 논리는 민주주의의 확대 과정에서 나타나기 시작한 토지와 기업 세력의 반응이었다고 보아야 할 것이다. 민주주의는 집단주의적 정책을 실현시켰으며 그것이 이 정책에 반대하는 자들의 반응을 불러온 것이다. 그러므로 자유와 재산 방어 연맹의 논리에 따른다면 사실상 사회주의는 민주주의가 실현되는 과정에서 함께 출현하고 있는 것이다.

4장
보수파가 이용한 자유주의의 논리들은 무엇이었을까?

자유와 재산 방어 연맹과 보수파, 보수주의, 기업옹호 자유주의

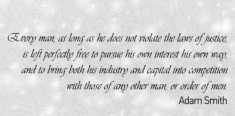

Every man, as long as he does not violate the laws of justice,
is left perfectly free to pursue his own interest his own way,
and to bring both his industry and capital into competition
with those of any other man, or order of men.
Adam Smith

모든 사람에게는 그가 정의의 법을 위반하지 않는 한
자신의 방식대로 자신의 이익을 추구하고,
다른 사람과의 경쟁에서 자신의 노동과 자본을
투여할 자유가 완전히 주어진다.
아담 스미스

아담 스미스

국부론을 쓴 아담 스미스의 초상이다. 그는 자기 이익을 추구하는 개인들의 자유로운 활동을 옹호해 시장경제의 발전에 이론적 기초를 제공했다. 스미스는 이익을 추구하는 자유로운 인간들의 사회가 조화를 이룰 것이라고 보았지만, 스미스보다 120년 전 홉즈는 간섭없이 자기보존을 추구하는 인간들의 관계는 격렬한 투쟁상태가 될 것이라고 보았다. 희소성을 극복해 나가고 있는 산업혁명기의 환경이 이런 견해 차이를 설명할 것이다. 영국에서 자유주의는 시장경제의 추구라는 새로운 의미를 부여받게 된다.

1. 머리말

1882년 조직된 자유와 재산 방어 연맹Liberty and Property Defense League의
구성원들과 이 조직과 연계된 단체들을 살펴보면 자유와 재산 방어 연맹이
보수파의 단체라는 점이 분명히 드러난다.1) 광산 기사 연합회장, 보수
언론의 편집장, 비누제조 기업가, 잉크공장 소유주, 아일랜드의 대지주,
철도회사 의장 등이 포진해 있고, 사립학교 교장연합과 선박소유주 협회,
광산 협회 등이 연계되어 있었던 이 단체는 한 눈에도 보수파의 단체임을
파악할 수 있다. 자유와 재산 방어 연맹의 보조기구로 1898년 출범한
고용주 의회위원회Employers' Parliamentary Council에는 10억 파운드 이상의
재산을 가진 직물업, 철강업, 조선업, 건설업의 대표자들이 참석하여 이러한
점을 더욱 분명히 확인시켜 주고 있다.2) 그렇다면 이 단체는 보수주의를
자신의 이념으로 내세웠을 가능성이 크다. 이 단체의 명칭에서 제시된
"재산"이나 "방어"라는 단어는 이 단체의 이념이 보수주의에 가까울 것이라
는 짐작을 하게 한다.

그렇지만 자유와 재산 방어 연맹은 그 명칭에 제일 먼저 "자유"라는
단어를 제시했다. 그리고 자유와 재산 방어 연맹은 여러 가지 주장을
제시하는 과정에서 자유의 가치를 앞에 내세웠다. 국가간섭을 배격하는
근거로 제시된 가치는 언제나 개인의 자유였다. 이런 점은 자유와 재산
방어 연맹이 자유주의를 중시하고 있음을 보여준다. 자유와 재산 방어
연맹의 회장직을 맡아 활동한 윔즈 백작에게는 자유주의적 보수주의자
liberal-conservative라는 명칭이 따라 다녔다.3)

이러한 점들로 인해 이 단체가 분명한 보수파 단체임에도 불구하고
그 정체성을 이데올로기적으로 확인하기는 쉽지 않다. 이 단체의 활동

노동조합회의 Trade Union Congress

영국 노동운동의 초기 단계에서 나타났던 노동조합 조직은 1834년의 노동조합 전국 총동맹Grand National Consolidated Trade Union이었다. 이 조직은 회원을 많이 끌어들이긴 했지만 기금은 별로 확보하지 못했고 일 년도 지속하지 못하고 사라졌다.

하지만 이후 30년 동안 노동자 조직들이 여럿 나타나게 되었고 주로 숙련노동 자들의 영역에서 그러한 조직들이 많이 나타났다. 연합기사회Amalgamated Society of Engineers나 연합목수회Amalgamated Society of Carpenters같은 조직들이 1851년과 1860년 차례로 출현했다. 1858년에는 글라스고우 노동조합 협의회 Trade Council가 조직되었고 1860년에는 런던 노동조합 협의회가 조직되었다. 결국 이런 조직들의 대표 34명이 1868년 맨체스터에서 모여 매년 모임을 가질 것을 결의했다. 노동조합회의는 이렇게 탄생했다. 노동조합회의는 1871 년 입법과정에서 로비를 하기 위한 기구로 의회 위원회를 만들었다. 1900년에 는 노동자들의 대표를 의회에 보내기 위한 노력의 일환으로 노동당의 전신인 노동대표 위원회Labour Representation Committee가 조직되었다. 한편으로 노동조 합회의가 성장하면서 노동조합회의는 노동조합회의를 만드는 기반을 제공했 던 노동조합 협의회Trade Council를 차츰 흡수하게 되었다.

1893년에는 100만 명 이상의 회원이 노동조합회의에 가입되어 있었으며, 회원 숫자는 1920년에는 600만 명, 1979년에는 1200만 명으로 늘어났다. 2013년 현재 노동조합회의는 54개의 노동조합과 약 600만 명의 회원을 가지고 있다. 공식 사이트로 www.tuc.or.uk를 운영하고 있다.

목표가 노동조합회의Trade Union Congress와 노동조합회의의 의회위원회에 대한 대항조직을 만드는 것이었고, 운동 과정에서 사회주의자들 특히 자치시 사회주의의 확산을 저지시키려 했던 점을 놓고 보면 이 단체는 노동조합과 사회주의에 반대했던 것으로 보인다. 그런데 이 단체가 조직된 1882년의 시점에는 1890년대의 호전적인 신조합주의도 출현하기 전이었으며, 1880년대의 사회주의의 부활도 아직 뚜렷하지 않을 때였다. 그러므로 자유와 재산 방어 연맹은 1870년대의 글래드스톤식의 개혁에 대해 반발하고 위기감을 가진 상태에서 출범했던 것이다.

자유와 재산 방어 연맹의 일차적인 목표는 재산을 방어하는데 있었던 것으로 보인다. 자유와 재산 방어 연맹이 모든 집단주의적 조치들에 대해 반대하고 이를 저지하려 했던 것을 보면 그것을 알 수 있다. 윔즈는 1885년의 글에서 1870년 이후의 법안 중 자그마치 100개가 넘는 법안들에 대해 사회주의적 경향을 가지고 있다고 비판했다.[4] 그런데 재산의 방어를 위해 자유와 재산 방어 연맹은 보수주의가 아니라 자유주의를 이념으로 내걸었다. 따라서 자유주의는 이 조직의 목적을 위해 동원되었다. 여기서 보수파와 자유주의의 다소 기묘한 결합이 발생하게 되었다.

자유와 재산 방어 연맹은 재산가 세력이 주축을 이루었지만 일단의 지식인 그룹이 여기에 합류했다. 도니스쏘프와 크로프츠 등이 이 단체에서 활동했는데 이들은 스펜서의 영향을 크게 받은 자들로 자유의 가치를 중시한 개인주의자들이었다. 이들은 자유와 재산 방어 연맹의 보수 세력들과 조율되어 있었으나 그 입장이 동일하지는 않았다.

자유주의는 원래 개혁 세력과 연결되어 나타난 이념이다. 자유주의는 억압에 대해 저항하는 과정에서 출현한 이념이니 그것은 너무도 당연하다. 그런데 19세기 후반 영국에서는 보수파가 자유주의를 이용해 개혁 세력과 대항하는 현상이 나타났다. 이런 현상을 어떻게 설명해야 할까. 자유주의는 어떻게 보수파와 연결될 수 있는 것일까. 이 글에서는 자유와 재산 방어 연맹의 논리를 추적하면서 보수파와 자유주의의 관계에 대해 살펴보도록 하겠다. 이 과정에서 보수파가 자유주의의 특정한 갈래들을 활용하고 있음이 밝혀질 것이다. 따라서 자유와 재산 보호 연맹이 내건 자유주의의 전반적인 성격 역시 파악될 수 있을 것이라 생각된다. 아울러 자유와

신조합주의 New Unionism

신조합주의는 1880년대 후반 영국에서 출현한 새로운 경향의 노동조합운동을 가리킨다. 노동조합주의에 '새로운'이라는 용어가 붙은 것은 이전의 노동조합주의 즉 신형 노동조합 New Model Trade Union 으로 대표되는 노동조합주의와 구별하기 위해서이다. 이전의 노동조합이 숙련공 중심이고 온건한 성격을 지녔던데 반해, 새로운 노동조합은 비숙련공 중심이며 호전적인 성격을 지녔기 때문이다. 신조합주의 운동은 1888~92년 경기가 호전되는 상황에서 나타났는데, 신조합주의 운동의 주체는 비숙련공들이었다. 신노동조합의 결성에 참여한 비숙련공들로는 부두 노동자, 가스 노동자, 선원, 일반 노동자들을 들 수 있다. 이 노동조합들은 이전의 노동조합과는 여러 면에서 달랐다. 신노동조합은 특정 직종에 한정시키지 않고 여러 부류의 노동자들을 끌어들였으며, 조합의 가입비와 회비를 낮게 책정해 가입의 문턱을 낮추었다. 신조합주의는 노동운동의 방법에서도 이전의 노동운동과 성격이 달랐다. 신조합주의는 호전적인 성격을 보였으며 파업과 같은 공격적인 방법을 적극 활용했다. 아울러 신조합주의는 사회주의자들과도 협력하면서 운동을 펴 나갔다. 가장 유명한 신노동조합으로는 부두 노동자 노조, 가스 노동자 노조, 전국 선원 및 화부 노조 등을 들 수 있다.

신조합주의가 주도한 가장 유명한 파업은 1889년 8월 20일 시작되어 9월 16일 끝난 런던 부두 파업이었다. 이 파업은 기존의 숙련공들이 조직한 노조가 아니라 비숙련 노동자, 일용 노동자들이 주축이 되어 조직한 신노동조합이 주도한 파업이었다. 요구 사항은 시간당 6펜스의 임금 요구였는데 매닝 Manning 추기경이 중재에 나선 이 파업은 중간계급으로부터 큰 호응을 받았다. 런던 부두 파업을 이끈 사람들은 톰 만 Tom Mann, 벤 틸렛 Ben Tillet, 존 번즈 John Burns 등이었다. 이 파업의 성공으로 신노동조합들이 결성되고 기존 조합의 노조 회원 수가 증가하는 등 신조합주의 운동은 크게 발전하게 되었다.

신조합주의는 1890년대에 고용주들의 반격을 불러왔다. 고용주들은 선원과 부두 노동자들, 가스 노동자들에 대해 곧 반격을 가했고 그 절정은 1901년 노동조합에 대해 손해배상의 책임을 묻는 태프배일 Taff Vale 판결로 나타났다. 그 결과 노동자들은 법을 만들 수 있는 영역 즉 정치적 영역으로 노동운동을 확대시켜야 한다는 생각을 갖게 되었다. 그 결과 노동자들이 직접 의회에 진출해야 한다는 생각이 힘을 얻게 되었고, 결국 노동조합과 온건한 사회주의자들 사이에 이루어진 정치적 동맹이 1906년 노동당을 탄생시키게 된다.

재산 방어 연맹의 자유주의에서는 개혁성을 전혀 찾아볼 수 없는지에
대해서도 살펴보도록 하겠다. 이 과정에서 자유와 재산 방어 연맹의 한
주축이었던 도니스쏘프 등 개인주의자 그룹의 자유주의가 지녔던 의미를
검토해 보게 될 것이다. 이런 검토를 통해 자유와 재산 방어 연맹의 자유주의
에서도 개혁성을 찾아 볼 여지가 있다는 점이 지적될 것이다.

2. 자유와 재산 방어 연맹과 휘그주의

자유와 재산 방어 연맹은 보수 세력의 기득권을 유지하기 위한 목적에서
조직된 것이다. 그러나 이 과정에서 이 단체는 자유주의를 내걸고 그
목적을 관철시키려고 했다. 자유주의는 어떻게 보수에 봉사하였을까?
영국에는 보수 세력에 봉사할 수 있었던 세 개의 자유주의가 있었다.
그 세 가지의 자유주의는 각기 휘그주의, 자유방임주의, 벤담주의였다.
보수 세력은 이 세 개의 자유주의를 각기 다른 맥락에서 보수의 이익에
봉사할 수 있는 논리로 활용했다.

자유와 재산 방어 연맹의 일차적인 목적은 재산을 방어하는 것이었다.
재산의 방어를 "자유의 수호"와 연결시킨 사례는 영국 역사 속에서 발견된
다. 이러한 논리는 200년 전 명예혁명 과정에서 바로 휘그들이 들고 나왔던
논리였다. 그러므로 자유와 재산 방어 연맹이 내건 자유주의에는 휘그
자유주의의 요소가 중요한 한 갈래로 자리잡고 있다.

휘그 자유주의는 영국인들이 고대의 헌정질서를 전제적 왕권으로부터
지켜 나오는 과정에서 자신들의 자유를 추구했다는 논리를 가지고 있다.
휘그 자유주의는 존 왕이나 찰스 1세 같은 전제적 왕들에 대해 저항했고,
그 과정에서 만들어진 마그나 카르타, 권리청원과 같은 문서에서 자유는

확인되었다. 휘그 자유주의는 명예혁명에서 절정에 이르렀고, 권리장전을 만들어 냄으로써 왕권을 억제하는 데 성공하게 되었다.[5]

휘그가 전제적 왕권에 대해 특히 반발했던 부분은 왕의 자의적 과세와 관련한 것이었다.

휘그는 무엇보다도 자신들의 재산을 왕권으로부터 보존하려고 했던 것이다. 휘그의 이러한 관심은 로크가 자연권으로 생명권. 자유권. 재산권을 주장하는 가운데서 반영되었다. 로크는 휘그의 이익을 위해 발언하고 있었다.[6]

"왕권으로부터의 재산의 수호"라는 휘그의 논리는 자유와 재산 방어 연맹에서 "의회권력으로부터의 재산의 수호"라는 형태로 바뀌어져 있다. 자유와 재산 방어 연맹의 회원들은 재산에 대한 위협을 의회의 여러 입법들에서 감지했기 때문이다. 웝즈는 1885년의 글에서 토지에 관련된 7개의 법을 제시하면서 이들이 모두 국가가 토지를 몰수하거나 규제할 근거를 가지고 있다고 주장했다.[7] 이런 법들은 마치 자의적 왕권이 그러했던 것처럼 재산을 위협하고 있었다. 이러한 상황에서 웝즈는 재산권을 보호하기 위해 휘그 자유주의의 논리를 그대로 차용했던 것이다. 단지 200년 전과 달랐던 점은 의회가 왕에 등치되어 있었다는 것이었다.

따라서 자유와 재산 방어 연맹은 의회의 권력을 자의적 왕권과도 같이 독재적 성격을 띠는 것으로 간주했다. 그 독재권력은 자의적 왕권보다 더욱 처리하기 힘든 독재권력으로 간주되었다. 도니스쏘프는 다음과 같이 주장했다.

만약 당신이 한 사람의 우두머리를 가지고 있고 그가 독재자라면despot 그의 머리를 자를 수 있을 것이다. 그러나 당신은 여러 개의 머리를 가지고 있는 독재자의 머리를 자를 수는 없다. 이 나라에서 우리는 6번 왕을 왕위에서 쫓아냈다. 다음에는 7번째가 될 것이다. 그러나 폭도가 왕 대신에 권력을 잡게 된다면 우리는 문제를 처리하기가 어렵게 될 것이다.[8]

자의적 권력을 휘두르는 왕에 대해 휘그 자유주의는 왕을 쫓아내는 것으로 대응하면서 자유를 지켜내었다. 하지만 현재의 상황은 다수가 권력을 장악함으로써 독재에 대응하기가 매우 어려운 상황이 되어 버렸다. 다수가 만들어 낸 권력의 의사결정에 대해서는 강한 의구심이 제기되었다. 잘못된 다수가 소크라테스를 죽였고, 예수를 처형했고, 갈릴레오를 감옥에 넣었다. 그리고 우주의 구조에 대해 다수와 다른 견해를 가지고 있다고 해서 브루노를 화형시켰던 것이다.[9]

자유와 재산 방어 연맹의 회원들은 왕이 권력을 장악한 절대왕정기에는 과세가 왕권신수설에 기반해 이루어졌다면, 의회가 권력을 장악한 당대에는 과세가 사회주의에 기반해 이루어지고 있다고 생각했다. 그러므로 재산을 침해하는 모든 종류의 입법이 사회주의적 입법으로 간주되었고, 재산권에 대해 간섭하는 모든 세력은 사회주의 세력으로 간주되었다. 윔즈 백작은 1895년 『사회주의의 유령』이라는 글에서 자유당이 사회주의적 성격을 띠고 있을 뿐 아니라 보수당과 자유통합당마저 사회주의의 유령에 사로잡혀 있다는 주장을 폈다.[10]

자유와 재산 방어 연맹이 휘그주의를 이용한 맥락은 재산을 권력으로부터 보호한다는 점에 있었다. 그러나 200년 전과 달라진 점이 있었다. 그것은 재산을 방어하려는 세력에 휘그를 포함한 토지 세력과 함께 사업가 세력이 포진해 있었다는 점이다. 아울러 재산을 방어하기 위해 상대하게 된 권력이 왕권에서 의회권력으로 변화되어 있었다는 점도 달라져 있었다. 하지만 휘그 자유주의를 원용한 자유와 재산 방어 연맹은 당대의 의회권력을 과거의 왕권과 동일한 시각으로 바라보았다.

　따라서 19세기 말 휘그 자유주의의 현실적 의미가 달라져 있었다는 점에 유의해야 할 것이다. 19세기에 들어선 후 선거권이 확대되어 나가면서 의회는 차츰 민주적 성격을 부여받게 되었고, 그 과정에서 의회는 명예혁명 이후 휘그가 장악했던 의회와는 성격이 달라지게 되었다. 휘그의 수중에서 벗어나 휘그가 통제할 수 없게 된 의회의 성격이 자유와 재산 방어 연맹의 옹호자들로 하여금 의회를 도전해야 할 억압기구로 간주하게 만든 것이다. 휘그 자유주의는 자유와 재산 방어 연맹 안에서 살아 있었고 이념적으로 작동했지만 그것이 상대하는 권력은 달라져 있었다. 휘그 자유주의가 자유를 향한 외침으로 작동할지 탐욕의 보루로 작동할지는 휘그 자유주의가 상대할 권력의 성격에 달려 있었던 셈이다.

3. 자유와 재산 방어 연맹과 자유방임 자유주의

　자유와 재산 방어 연맹이 두 번째로 원용하고 있는 자유주의는 자유방임주의이다. 자유와 재산 방어 연맹을 주도했던 윔즈 백작은 사실상 귀족이며 대지주였다. 그는 동 글루스터셔에 6만 2천 에이커의 토지를 소유하고 있었고, 그의 연간 소득은 대체로 5만 7천 파운드가량 되었다.[11] 그래서 길레스피 같은 이는 그를 전형적인 반동 귀족으로 그리고 있다.[12] 윔즈 백작은 1867년 2차 선거법 개정 당시 이 법에 반대해 어덜러마이트Adullamite로 활동했고,[13] 반귀족 선동가였던 존 브라이트와는 적대적인 관계에 놓이기도 했다. 그는 브라이트를 계급 대결을 주도하고 귀족에 대한 비방을 일삼는 사람으로 묘사했다. 이런 정황으로 본다면 자유와 재산 방어 연맹이 기업가의 이데올로기였던 자유방임주의를 받아들였다는 점은 다소 의아해 보인다. 그러나 자유와 재산 방어 연맹은 재산의 보호라는 목적을 위해 또 하나의 자유주의를 활용했다.[14]

자유방임주의는 원래는 봉건적 독점을 타파하기 위해 제안된 주장이었다. 아담 스미스의 중상주의 비판에서부터 콥덴과 브라이트의 수입곡물에 대한 보호관세 폐지 주장에 이르기까지 핵심은 모두 교역의 독점에 반대하고 자유 경쟁을 촉진하는 것이었다. 자유 경쟁은 봉건제에 대한 개혁의 논리였고, 새롭게 등장하는 기업가들의 이익에 봉사했지만 토지에 의존하는 귀족계급에게는 이익을 주지 않았다. 오히려 자유방임의 논리는 귀족계급에게 성가신 존재였다. 1860년대에 브라이트가 엘코 경의 중요한 적대자였다는 점이 그것을 보여준다. 그러나 1870년대에 들어서며 집단주의적 정책들이 출현하면서 전선은 새롭게 형성되었다. 귀족계급과 고용주 계층은 그들이 재산을 소유하고 있다는 점에서 이익을 공유한다는 점을 인식하게 되었고 집단주의 정책에 대해 공동의 전선을 펴게 되었다. 그 과정에서 자유방임주의는 다시 한 번 새로운 역할을 맡게 되었다.

자유와 재산 방어 연맹이 자유방임주의를 받아들여 활용한 것들 가운데서 가장 중요한 부분은 계약의 자유를 옹호한 점이었다. 자유의 구체적 내용으로 열거될 수 있는 수많은 항목 중 계약의 자유는 재산의 보호와 밀접하게 연관되었기 때문이다. 계약의 자유에 대한 주장이 특별히 원용된 경우는 "고용주와 노동자의 계약"에 관한 부분이었다.

자유와 재산 방어 연맹은 노동 조건에 대해 제3자가 개입하는 것은 모두 계약의 자유에 위배되는 것으로 간주했다. 공장법과 관련된 사항이나 8시간 노동법과 같은 노동시간에 관련된 입법 사항들은 모두 노동자의 계약의 자유를 침해하고 있는 것으로 묘사되었다. 자유와 재산 방어 연맹은 노동자들 자신이 자신의 노동시간에 대한 가장 훌륭한 판단자라는 논리를

폈다.15)

고용주 책임법은 고용주와 노동자 사이의 계약의 자유를 축소시킨 것으로 간주되었다.16)

고용주와 피고용인들은 고용주 책임법에서 벗어날 수가 없었다. 그러나 그것은 "자유 계약의 원칙"을 위반한 것이었다. 노동자는 고용주에게 와서 그의 "임금은 책임조항과 함께 5실링인데 책임 조항없이 6실링을 달라"고 제안할 수 있어야 했다. 고용주가 생각하기에 하루에 일 실링이 위험의 대가가 될 만하다고 계산되면 계약이 이루어지는 것이다. 그러나 물론 그런 계약이 맺어지지 않을 수도 있었다.17)

심지어 임금노동을 둘러싸고 일어나는 문제들을 해결하기 위한 방책으로 자유로운 계약의 원리를 이용해 임금제를 폐지할 것을 주장하기도 했다. 그 방책은 노동자들에게 고정임금을 지급하지 않고 이윤에 대한 고정 비율로 급여를 지급하는 것이었다. 계약의 자유가 보장된다면 지금 보편적인 관행으로 통하고 있는 낡은 임금제가 폐지되고 임금제는 역사의 흥미로운 잔존물로 남게 될 것이라는 전망을 제시하기도 했다.18)

노동조건과 관련된 법이나 고용주 책임법과 같은 경우 계약의 자유는 고용주의 자유와 노동자의 자유 양 쪽을 모두 겨냥하고 있는 것처럼 보인다. 그러나 계약의 자유가 의도하고 있는 것은 결국 제3자의 개입을 막는 것이었다. 여기서 제3자는 대체로 국가를 의미했다. 국가의 개입이 계약 당사자가 가진 힘의 현저한 불균형에 근거하고 불공정한 계약을 막기 위한 것이라는 점에 유의한다면, 자유와 재산 방어 연맹이 주장한 계약의 자유는 결국 고용주의 기득권을 방어하는 논리로 활용된 것임을 알 수 있다.

자유와 재산 방어 연맹이 자유방임주의를 활용한 또 하나의 경우는 공기업 특히 시영 공기업의 활동을 저지하는 과정에서였다. 국가의 간섭이 없는 가운데서 개인의 자유로운 경제활동이 번영을 가져 온다는 자유방임주의의 논리는 국가나 자치시가 공적 성격을 띠는 사업을 떠맡는 행위에 대해 강력한 반대 논리를 제시했다.

프레드릭 브람웰 경은 1884년, 수도와 가스, 전기 등의 분야에서 자치시가 사업을 하기 시작하면서 재산에 대한 약탈이 벌어지고 있다는 주장을 폈다. 수도회사의 경우 자치시는 여러 가지 구실을 내세워 결국 수도회사를 매입한다는 것이다. 즉 자치시는 물이 부족하고 수질이 좋지 못하고 수압이 낮다는 이런 저런 주장들을 내세운다. 결국 수도회사는 지쳐서 포기를 하고 매각을 하게 되는 것이다. 그리고 소유자가 이전된다. 하지만 그렇다고 하여 구매자가 어떤 일도 하지 않았는데 갑자기 물이 충분해 지고, 수질이 좋아지고, 수압이 높아질 것인지에 대해 브람웰은 의문을 제기한다.[19]

가스회사의 경우는 자치시가 수도회사보다 더 탐을 내는데 이유는 수익이 더 좋았기 때문이다. 가스의 경우에는 불이 충분히 밝지 못하고, 가격이 너무 높고, 가스의 순도가 충분하지 못하다는 점 등이 시영화의 이유로 제시되었다. 다시 한 번 시당국이 승리한다. 시당국이 소유권을 넘겨 받게 된다. 그렇지만 시는 가스에 더 높은 비용을 물리게 될 것이다.[20]

그는 1882년의 전기회사법Electric Lighting Act에 대해 언급했다. 이 법은 전기를 배급하는 모든 회사들에 관련되는 법이었는데, 7년 후에 자치시가 회사를 단지 자산 가치로 구입할 수 있게 했다. 어떤 보상도 과거나 현재의 수익과 관련해 주어지지 않았다. 만약 자치시가 구입을 원하지 않으면 선택권은 7년마다 주어지게 된다. 자치시는 이익이 나지 않는 한 구입할 필요가 없다. 그리고 이익이 난다고 생각될 때 구입하면 되는 것이다. 회사는 이윤에 대해 어떤 보상도 받지 못한 채 회사를 팔아야 할 것이다.[21]

184

전차의 경우는 1870년의 전차법Tramway Act을 제시했는데, 자치시는 21년 후 시가 원한다면 전차회사를 당시의 가치를 주고 살 권리를 갖게 된다.

이런 모든 법과 행위들은 자유로운 경제활동의 자유를 막는 것이었다. 그 결과는 번영을 깨뜨리게 되는 것이었다. 프레드릭 브람웰 경은 다음과 같이 주장했다.

> 사업을 사유기업이 맡으면 각 사업자는 경쟁을 통하여 위험을 스스로 떠안는다. 각자는 그의 사업을 향상시키기 위해 노력한다. 그리고 뒤쳐진 사람은 다른 사람보다 앞서 나가기 위해 혁신을 추구한다. … 그 결과 발전이 이루어진다. 그러나 정부에 의한 사업은 중앙정부든 자치시든 발전을 방해한다.22)

자치시의 시영화가 재산에 대한 약탈로 규정되었던 만큼 자유와 재산 방어 연맹의 회원들의 관심은 이 문제와 관련해 자유에 대한 수호보다는 재산에 대한 방어에 있었다는 점을 쉽게 알 수 있다. 하지만 이 목적을 위해 끌어들인 논리는 보수주의가 아니었으며, 자유로운 경제활동이 번영을 가져 온다는 자유방임의 논리였던 것이다.

사기업 확대를 촉구하는 이러한 논리는 19세기 말의 자치시에 반대하는 십자군 운동으로 구체화되었다. 이 운동은 1888년 런던시의회London County Council가 진보적 세력에 의해 주도되고, 1898년 웨스트 햄 구의회West Ham Borough Council가 사회주의자에 의해 장악된 이후 시영화에 대한 요구가 거세진 상황에서 나타난 현상이었다.23)

자유와 재산 방어 연맹이 자유방임주의를 활용한 또 다른 경우는 빈곤과 실업에 대한 처방에서였다. 빈곤은 사회문제 중에서도 이를 해결하기 위해 막대한 비용이 초래되는 사항이었다. 빈곤은 19세기 말 영국에서 부인할 수 없는 하나의 현상이 되어 있었다. 찰스 부스의 런던에 대한 조사나, 시봄 라운트리의 요크에 대한 조사는 주민의 1/3 가량이 만성적 빈곤 상태에 놓여 있다는 점을 확인시켜 주었다.[24] 빈곤 현상을 확인하게 됨에 따라 이에 대한 반응으로 여러 종류의 개혁 사상과 개혁가들이 출현하게 된 것이다.

그러나 자유와 재산 방어 연맹은 이 현상에 대해 자유방임주의의 논리를 적용함으로써 자선의 논리나 집단주의, 혹은 사회주의의 논리를 모두 배격할 수 있었다. 브람웰 경은 빈곤에 대해 다음과 같은 주장을 제시했다.

> 빈곤과 비참함은 우리들에게 충격이다. 그러나 그것들은 불가피한 것이다. 그것들은 당신이 나약함, 병약함, 나태함, 어리석음, 경솔함improvidence 등을 없앤다면 막아 낼 수 있을 것이다. 다른 방법은 없다.[25]

브람웰 경은 1885년 빈자에 대한 의료구호에 반대하면서 "그러한 조처는 거기에 영향을 받는 사람들 즉 빈자들 자신의 이익에 반한다. … 노동자들에게 좋은 시절에는 잘 지내고 어려운 시절에는 빈민법에 의존한다는 생각을 갖게 할 위험성이 있다"는 주장을 펴기도 했다.[26] 심지어 빈곤을 사회문제로 인정하기를 꺼리는 경향을 보여주기도 했다. 펨브로크 경은 빈곤에 대해 다음과 같은 견해를 밝혔다.

> 빈곤이나, 불결한 위생 등은 어떤 특정한 시대나 나라의 독점물이 아니다. 우리는 유럽의 모든 나라에서 그런 것을 발견한다. 인도, 러시아, 이집트, 중국 같은 우리와 다른 나라에서도 발견한다. 과거로 돌아가 보면 굶어 죽는 로마의 폭도들을 볼 수 있으며, 그리스의 작가들이 알려주는 빈민들의

이야기를 알고 있다.[27]

빈곤을 개인의 문제로 돌려 버리는 시각은 사실 새로운 것이 아니다. 이런 시각은 빅토리아 중기 맨체스터 학파로 알려진 자유방임주의자들의 사고 속에서 활발하게 발견된다. 그들은 심지어 백만 명의 목숨을 앗아간 아일랜드 기근의 와중에서도 자립, 자조, 검소, 나태와 같은 개인적 차원으로 돌려질 요소들을 언급하고 있었다.[28] 빈곤이 다시 한 번 영국에서 심각한 문제로 대두되고, 선거권의 확대와 함께 집단주의적 정책들이 입안되기 시작했을 때 자유와 재산 방어 연맹은 빈곤의 문제에 대해 자유방임주의의 원리를 들고 나왔다. "자선심을 가진 늙은 여성들과 전문적인 자선가들과 잡다한 진보주의자, 사회주의자들이" 이야기하는 것은 생각없는 사람들이 빨려 들어가는 정치적 미신이었을 따름이다.[29] 빈곤을 사회문제로 인정하게 되면 국가나 사회가 비용을 지불해야 했고 그 부담은 재산을 가진 세력들이 져야할 수밖에 없었다. 자유방임주의는 재산을 방어하는 도구로 훌륭하게 작동할 수 있는 논리를 제공했다.

4. 자유와 재산 방어 연맹과 벤담주의

자유와 재산 방어 연맹이 활용한 또 하나의 자유주의가 있었다. 그것은 벤담주의였다. 사실 벤담주의는 여러 가지 개혁을 주장하는 논리와 연결되었기 때문에 자유와 재산 방어 연맹이 지닌 보수성과 어떤 면에서는 불화를 빚을 수도 있는 사상이었다. 그럼에도 불구하고 벤담주의의 논리에는 보수파의 이해와 맞아 떨어지는 부분이 있었다. 자유와 재산 보호 연맹은 그런 점들을 놓치지 않고 벤담주의를 활용했다.

우선 벤담주의는 자연권을 거부하는 논리로 활용되었다. 윔즈 백작은
자연권을 근거로 해서 주장되는 집단주의적 요구들에 대해 우려를 표시했
다. 특히 그는 체임벌린이 버밍엄에서 벌인 개혁과 그가 사람들은 자연권을
가지고 태어났다고 주장한데 대해 반발했다.30) 소위 버밍엄의 새로운
철학에 대해 그는 바라바의 철학이라고 응답했다. 즉 약탈의 철학이었던
셈이다.

자연권을 근거로 하여 사회적 권리를 요구하는 주장에 대해 윔즈 백작은
벤담의 논리를 끌어들였다. 그는 벤담이 1791년 발언한 내용을 다음과
같이 제시했다.

> 자연은 누구에게도 그러한 권리를 주지 않았다. … 자연권과 같은 것은
> 없다 – 정부의 수립에 선행하는 그러한 권리와 같은 것은 존재하지 않았다
> – 법률적인 것에 반대되는 자연권과 같은 것은 존재하지 않았다. 그런
> 표현은 단지 수사적일 뿐이다. 그것에 실질적인 의미를 부여하려 할 때
> 그것은 오류를 발생시킨다. 그리고 이것은 해악을 초래하는 오류이다.
> … 자연권은 단순한 넌센스이다. 자연적이고 시효가 없는 권리 그것은
> 수사학적 넌센스이다. … 이 수사학적 넌센스는 해악을 주는 넌센스로
> 끝난다. … 실질적 권리는 법률의 자식이다. … 시인과 수사학자들이 만들어
> 낸 상상의 법으로부터 즉 자연의 법laws of nature으로부터 상상의 권리가
> 나온다. (이들은)괴물의 서자들이다. … 이들은 법에 대한 적대자들이며
> 정부를 전복하고 안전을 파괴하는 자들이다.31)

벤담주의자들이 부를 세습받은 자들의 정치권력에 반대했고, 1817년
의회 개혁 계획Plan of Parliamentary Reform을 제시해 휘그를 비판한 점을 놓고
보면32) 귀족이었던 윔즈 백작이 그의 논리를 수용한 것은 의외로 보일지
모른다. 그러나 자연권을 근거로 해 제기된 재산에 대한 공격에 대해

원외부조 Outdoor Relief

돈이나, 음식, 의복 등을 빈민들에게 제공하는 형태의 부조를 의미한다. 빈민원poorhouse과 같은 특별한 시설에 빈민들을 수용하지 않는다는 점에서 원내부조와 구별된다. 빈민의 문제를 다루기 위한 관심이 나타난 것은 튜더시대로 거슬러 올라가는데, 엘리자베스 시절에 만들어진 1601년의 빈민법Poor Law이 1834년 신빈민법이 제정될 때까지 영국 빈민법의 골격을 유지했다.

벤담의 논리는 훌륭한 도구로 작동했다. 윔즈는 서슴없이 벤담의 자유주의 논리를 수용했다.

벤담의 자유주의가 활용된 또 다른 경우는 빈곤의 문제와 관련해서였다. 빈곤에 대한 자유와 재산 방어 연맹의 기본적 입장은 자유방임주의의 논리였지만 빈민 혹은 실업자에 대한 처방에 대해서는 벤담주의를 끌어들이고 있는 것을 볼 수 있다. 그것은 1834년 수정 빈민법에 대한 입장에서 드러났다. 윔즈는 1908년 출간된 빈민법에 관한 글에서 1834년 수정 빈민법이 통과되기 전에 시행되고 있었던 원외부조에 대해 비판했다. 그는 노동자들은 일하지 않아도 일주일에 10실링 혹은 12실링의 돈을 받았으며, 이러한 원외부조는 사람들의 도덕을 파괴하고 있다고 지적했다. 윔즈는 노동할 수 있는 사람들에게 주어지는 어떤 구호금도 불법이며 중단되어야 한다고 주장했다. 그리고 1834년 수정 빈민법은 노동계급을 타락과 빈곤으로부터 구해 내었다는 입장을 견지했다.[33]

수정 빈민법의 논리는 전형적으로 벤담의 효용주의가 드러난 경우이다.

수정 빈민법은 빈민원이라 불린 수용소에 들어가기를 원하는 사람에게만 구호를 제공했다. 사람들은 도덕적 절제를 배우기 위해 가족 내의 남녀가 구분되어 수용되었고, 생활수준은 최저 임금을 받는 노동자의 수준보다 낮게 유지되었다. 노동력이 있는 사람은 빈민원에서 나가는 것이 더 나을 정도로 빈민원을 열악한 조건으로 만들어, 사람들은 빈민원에 수용되는 것을 두려워할 정도였다.34) 자유와 재산 방어 연맹은 빈민문제 해결에 대해 벤담주의적 간섭을 수용했다. 벤담주의적 간섭은 비록 국가간섭의 형태를 띠고 있기는 했지만 보수층에 유리하게 작용하는 간섭이었기 때문이다.

5. 자유와 재산 방어 연맹과 개혁성

자유와 재산 방어 연맹은 성립 당시부터 두 개의 세력을 안고 있었다. 하나는 윔즈 백작으로 대표되는 토지 귀족과 산업의 부유층을 아우르는 보수 세력이었다. 또 다른 하나는 스펜서의 제자들로 개인주의 철학을 가진 지식인 집단이었다. 도니스쏘프와 크로프츠는 1870년대에 이미 개인주의자 조직을 만들어 활동을 하고 있었으며, 자유와 재산 방어 연맹의 창설 초기부터 엘코 경 – 후에 윔즈 백작이 됨 – 과 협력하면서 이 조직에 관여했다.35) 그러나 이들은 재산을 옹호하는 다양한 이해 그룹들과는 다소 다른 동기를 가지고 이 조직에 참여했다. 한 쪽이 재산의 방어에 관심이 있었다면, 이들은 국가간섭에 대해 반대했고 국가간섭을 최소화하려는 노력을 했다. 이들은 자신들을 "개인주의자"로 규정했다. 개인주의라는 용어는 1880년대 이전에는 원자론atomism이나 이기주의selfishness를 언급하는 다소 비난이 섞여 있는 의미로 쓰이고 있었다. 그런 용어에 이들은

190

적극적 의미를 부여했다. 자유와 재산 방어 연맹의 첫 번째 서기였던 크로프츠W. C. Crofts가 1883년 노동자 클럽에서 "개인주의"를 언급하면서 이 용어는 일반화되기 시작했는데, 차츰 이 용어는 국가간섭에 대한 반대를 의미하는 개념으로 체계화되었다.36) 19세기 말 다시 출현한 개인주의는 스펜서류의 사회유기체론을 바탕에 깔고 있었다는 점에서도 단자론적 개인주의와 달랐다.37)

　개인주의자 그룹은 많은 부분에서 재산 옹호 그룹과 견해를 공유했다. 하지만 이들의 관심은 재산에 대한 국가간섭을 넘어, 국가간섭 전반에 대해 확장되어 있었고 그 과정에서 권력에 대한 저항과 자유에 대한 요구를 드러내었다. 자유와 재산 방어 연맹이 보여주는 자유주의는 보수에 포획된 자유주의였지만, 다른 한편으로 이들에 의해 제시된 자유주의에서는 개혁적인 면모를 찾아볼 수 있었다.

　개인주의자 그룹의 주도자라 할 수 있었던 도니스쏘프는 국가간섭에 대해 구체적으로 저항했다. 그는 플리델 부버리Pleydell Bouverie의 연설을 인용하여 "400년 전에 나타났던 규제적인 법률들에 의해 저질러졌던 과오들이 지금 다시 저질러지고 있으며 … 과거의 법률들은 해로운 것으로 간주되어 파괴되었는데도 지금 다시 그런 일이 벌어지는데" 대해 반감을 표시했다.38) 그는 그런 국가간섭의 근거를 무너뜨리기 위해 그것이 근거하고 있는 법의 성격에 대해 의견을 밝혔다.

　도니스쏘프가 법에 대해 주장하는 궁극적인 부분은 법은 정의에 기초해 만들어질 수 없다는 점이었다. 법을 정의에 기초해서 만들 수 있다는 사고로부터 국가간섭이 정당화되는 논리가 나오게 된다는 것이다. 그는 다음과 같이 지적했다.

어떤 사람들은 공동의 이익을 위해 사람을 강제하는 문제가 정의에 호소함으로써 해결된다고 말한다. ⋯ 그러나 진정으로 나는 정의가 (여러 사람들에게) 공통적으로 무엇을 의미하는지 알지 못한다. 행복과 복지를 나는 알고 있다. ⋯ 그것을 우리는 즐거움이라고 부른다. 우리는 왜 행복이 불행보다 좋은지 묻지 않는다. 우리는 행복과 고통이 이성보다 앞서는 능력이라는 점을 알고 있다. 아이는 복통이 무엇인지 그 의미를 알기 전에 복통에 대해 이미 알고 있는 것이다.[39]

도니스쏘프는 본능적으로 알게 되는 고통과 쾌락, 행복과 불행을 법리가 근거할 수 있는 확실한 발판으로 간주한 반면, 정의는 상대적인 개념이라고 생각했다. 그는 이런 행복과 불행의 가치를 편의성expediency이라고 불렀으며 법은 여기에 근거해야 한다는 생각을 제시했다. 그리고 설령 정의가 숭고한 것이어서 그것을 따르게 된다 하더라도 그 근거는 편의성에 환원될 수밖에 없었다. 도니스쏘프는 다음과 같이 지적했다.

정의가 숭고한 것이라고 가정한다 해도 내가 왜 그것을 따라야 하는가? 그것이 도덕적이기 때문에? 말이 안된다. 왜냐하면 그것이 편리하기 expedient 때문이다. 왜 내가 진실을 말해야 하는가? 거기에는 다른 이유가 없다. 오직 내가 경험에서 알게 되었듯이 그것이 편리하기 때문인 것이다.[40]

도니스쏘프는 우리가 어떤 행위를 하는 것은 편리함 때문이고 그 편리함은 단지 경험을 통해서 알게 된다고 주장하고 있다. 모든 사람이 공통으로 받아들이는 정의와 같은 개념은 믿을 수 없으며, 따라서 국가는 어떤 추상적 원칙으로부터 집단의 도덕을 찾고 그것을 강제하려 해서는 안 된다는 것이다. 도박은 나쁘지만 그것이 국가가 여기에 간섭하는 것을 정당화할 수 없으며, 간통 역시 그 자체는 이미 더 이상 경범죄조차 되지

192

않으며, 문학을 정화하려는 시도는 영국을 유럽에서 웃음거리로 만들었을 뿐이다. 모든 것이 좋은 의도로 시도된 것이고, 보카치오의 데카메론을 기소하는 것조차도 그러한 의도에서 비롯된 것이겠지만 그러한 의도가 국가간섭을 정당화할 수는 없는 것이다.41) 역사를 관찰해 보면 오히려 이런 간섭 행위가 사회에 커다란 해악을 끼쳤다는 점을 알 수 있다. 국가는 예술을 망치고 발전을 저지시켰다. 예술이 인간의 가장 훌륭한 감정을 표현하려 하는 노력을 파괴한 것이다.42)

가금류가 귀해졌다는 이유로 "수탉capon의 가격은 3펜스를 넘으면 안 되고, 암탉은 2펜스, 어린 암탉pullet은 1펜스, 거위는 4펜스를 넘으면 안 된다"고 한 규정이나, 사람들이 양궁에 시간을 쓴다면 더 유익할 것이라는 의도에서 "축구, 테니스, 나인핀ninepin, 고리던지기 등을 금지한 것"이나, 잉글랜드가 의상을 13세기부터 두 세기동안이나 법으로 규제한 것이나 모두 의도는 좋은 것이었을지 모르나 국가는 부당한 판단을 내렸으며, 그런 규제는 모두 실패할 수밖에 없었다. 대중은 편견이 있는 판단자일지 모르지만 적어도 국가보다는 적절한 판단을 내리는 판단자들이었다.43)

도니스쏘프는 역사적으로 볼 때 국가가 수많은 법을 통해 인간의 자유를 제한했다는 주장을 폈다. 이집트인, 아시리아인, 바빌로니아인 등 모두가 절대적으로 중앙권력에 종속되어 있었다. 더욱 잘 알려져 있는 법률은 유태인의 법률이었다. 모세의 책 속에는 일상생활의 모든 부분이 법에 의해 규율되었다. 언제 어떻게 씻고, 무엇을 먹고, 무엇을 먹지 말고, 음식은 어떻게 조리되어야 하고, 어떤 옷을 입어야 하고, 누구와 결혼을 해야 하고, 어떤 의식을 행해야 하고 등등이 규정되어 있는 것이다.44)

도니스쏘프는 그렇지만 모든 역사는 국가가 시민의 절대적인 자유에 대한 규제를 점차 제거해 나가는 경향을 보여 왔다고 주장했다. 그는 이러한 경향을 부인할 수 없는 관찰된 사실이라고 주장했다.[45] 그리고 그가 주장하듯이 법이 추상적 원칙으로부터 연역되어 나올 수 없다면 국가는 강제를 멈추어야 하고, 국가의 행동 영역은 점점 줄어들어야 하는 것이다.[46]

　이러한 자유 추구의 논리를 자유와 재산 방어 연맹의 구체적인 주장 속에서 확인해 볼 수 있다. 그리고 그런 구체적인 사례들 속에서 개인주의적 자유주의의 살아 있는 개혁성을 찾아볼 수 있다. 그런 사항 몇 가지를 제시해 보겠다.

　우선 여성 노동에 대한 주장을 들 수 있다. 1886년과 87년 토마스 버트 등 몇몇 노동조합 지도자들이 지하에서 여성이 노동하는 것을 금지시킨 사례를 확대하여, 지상에서도 석탄통을 나르는 6천 명의 탄광노동 여성들의 노동을 금지시키려 했다. 그 이유는 이런 노동이 비위생적이며, 비도덕적이며, 바람직하지 않다는 것이었다. 노동조합회의는 이 법을 인도 적인 입법이라고 생각했지만 여성 고용협회는 이 법을 6천 명의 남성노동자를 확보하기 위한 시도로 보았다. 이러한 견해는 1883년 노팅엄에서 있었던 노동조합회의에 여성대표들이 파견되었을 때의 경험에 의해 강화되었다. 한 여성대표가 "만약 여성들이 돈을 벌도록 허용되지 않는다면 그들은 무엇을 해야 하나"라고 불평을 하자 남성 대표들은 웃으면서 "결혼하면 되지"라고 답했다는 것이다. 개인주의자들은 여성 노동을 금지시키려는 시도에 반대하는 캠페인을 조직적으로 벌이기 시작했다.[47]

　그런가 하면 개인주의적 자유주의자들은 블랙컨트리의 철강업에 종사하는 8천 명의 여성노동자들의 일자리를 구해내기 위해 30년 동안 투쟁한 여성 고용협회SEW: the Society for the Employment of Women를 지원했다.[48] 헬렌 블랙번과 에밀리아 부셔렛은 『영국 여성 비평Englishwomen's Review』을 공동

블랙컨트리 Black Country

영국 중부의 웨스트 미들랜즈West Midlands의 한 지역으로 산업혁명기에 석탄업,
철강업 등이 활발했던 지역이다. 검은 지방이란 뜻의 이름이 붙은 것은
이 지역의 산업으로 인해 도시가 검댕으로 뒤덮여 있었기 때문이었다. 이러한
이름은 1840년대부터 쓰이기 시작했다. 블랙컨트리는 월살, 샌드웰, 더들리
및 울버햄튼의 일부 지역을 포함하고 있으며 블랙컨트리의 동쪽으로 버밍엄이
자리잡고 있다.

편집했는데 이들은 자유와 재산 방어 연맹의 회원이기도 했다.49) 『영국
여성 비평』은 1886년 광산법을 막는데 선봉에 섰다. 비록 착취적인 노동일
지라도 남성들과 동등하게 일자리에 접근할 권리를 주장한 페미니스트들
의 주장을 어떻게 해석해야 할지에 대한 까다로운 문제가 남아 있기는
하다. 그러나 국가가 일방적으로 여성의 이익이라고 판단해 당사자의
의사와는 무관하게 여성 노동에 간섭하는 행위에 대한 저항이었다는 점에
주목해야 할 것이다.

여성과 관련한 또 하나의 사례를 들 수 있다. 그것은 전염병 예방법에
대한 주장이었다. 조세핀 버틀러가 18개 마을에서 강제적으로 여성 검진을
하도록 한 전염병 예방법을 폐지하려는 운동을 벌이는 과정에서 개인의
권리 협회PRA: Personal Rights Association가 만들어졌을 때, 여기에는 많은 개인
주의적 자유주의자들이 합세했다. 1886년 전염병예방법 폐지 전국협회the
National Association for the Repeal of the Contagious Diseases Acts가 해체되자, 이 협회의
서기였던 뱅크스F. C. Banks가 개인의 권리 협회PRA의 서기가 되었다. 이후

개인의 권리 협회는 여성 문제를 넘어서서 운동의 범위를 확대시켜 나갔으며, 자유와 재산 방어 연맹과 개인의 권리 협회는 서로 협조하면서 노동자 클럽에서 강연을 하고 팸플릿을 펴내었다.50)

영업시간을 제한하려는 움직임에 대한 반대도 자유와 관련해 의미있는 사례였다. 개인주의적 자유주의자들은 영업시간을 규제하려는 끈질긴 노력에 대해 꾸준히 반대했다. 루복Lubbock은 처음에 18세 이하의 상점보조원의 노동시간을 제한하려고 했다. 이후 1873년 그의 영업시간 제한법Shop Hours Regulation Bill이 소개되었고, 1886년 의회 특별 위원회에 의해 승인되었으며 그 해 법안이 통과되었다. 그러나 개인주의자들은 여기에 저항했고, 특히 찰스 브래들로우는 그가 "소상인 근절법"이라고 부른 법안에 대해 반대하는 사람들을 조직하기 시작했다. 조금이라도 이익을 내기 위해 오랜 시간 일해야 하는 소매상들, 안식일에 의해 이미 제한을 받고 있는 유태인 소상인들, 노점상stallkeeper, 과자소매상confectioner, 전당포pawnbroker, 약을 팔기 위해 문을 열어야 하는 약국 등이 영업시간을 제한하는 것에 반대하여 이들에 동조했다.51)

또 하나의 흥미로운 부분은 알콜 판매와 관련된 문제였다. 개인주의적 자유주의자들은 알콜 판매를 제한하는 법에 대해 적극적으로 반대했다. 『주류 판매가 허가된 요식업자들의 후견인Licensed Victuallers' Guardian』은 "보수당의 일반당원들을 이끄는 지도자들은 이 문제에 무관심하지만 … 웜즈 경이나 브람웰 경이 이 법안에 반대할 것을 제안했다"고 지적했다. 알콜 판매를 제한하는 것과 관련된 콘월법을 거부한 지 몇 주 만에 자유와 재산 방어 연맹의 사람들은 2만 2천 명의 콘월Cornwall사람들의 서명을 얻어냈다. "부자들은 클럽에서 술을 마시게 하면서도 빈자로부터는 맥주를 빼앗아 가려는 후보에게 투표하지 마라"라는 것이 연맹이 내건 선거공약

찰스 브래들로우 Charles Bradlaugh

무신론자이며 공화주의자로 알려져 있는 인물이다. 그는 유명한 세속주의 secularist 연설가이기도 했다. 그는 잡지 『국민 개혁가*National Reformer*』의 편집을 1862년부터 맡아 운영했으며 1866년에는 전국 세속주의 협회National Secular Society를 창건했다. 그리고 1873년에는 전국 공화주의 연맹National Republican League을 창건했다. 1877년에는 이후 사회주의자로 활동하게 되는 애니 베산트Annie Besant와 함께 산아제한을 옹호하는 찰스 노울튼Charles Knowlton의 소책자를 재발행했는데 이로 인해 재판에 회부되기도 했다. 1880년 그는 노스앰턴에서 하원의원에 당선되었지만 무신론자에게 선서가 허용되지 않아 의회에 들어갈 수 없었으며, 의회에 들어가려는 그의 시도는 1886년에 가서야 이루어질 수 있었다. 의회에 들어가 그는 인도 문제에 큰 관심을 보였으며 사회주의에 대해서는 반대하는 입장을 취했다.

이 되었다. 자유와 재산 방어 연맹의 회원들은 19세기 말까지 이 문제와 관련하여 하원 내에서 방해 활동을 폈고, 이와 관련된 법에 대한 상원의 반대를 이끌어냈다.52) 알콜 판매 제한에 대한 반대는 주류 판매업자의 이해와 맞물리는 부분이 있어서 재산의 방어와 어느 정도는 연관된다고 할 수 있겠지만, 그보다는 도니스쏘프가 강조하고 있는 입법의 근거와 더 크게 관련된다고 보아야 할 것이다.

　여성노동 금지, 전염병 예방법, 영업시간 제한, 알콜 판매 문제 등과 관련해 자유와 재산 방어 연맹이 요구한 자유는 국가의 온정주의적 간섭에 대해 시민의 자율적 영역을 지키려는 노력이었다. 개인주의자들은 작업장에서 노동을 하려는 여성들, 강제 검진에 저항하는 여성들, 늦게까지 장사하

려 하는 소상인들, 술을 마시고 싶어 하는 평범한 시민들에 대해 모두
국가는 부당하게 간섭하고 있다고 생각했다. 국가는 시민들의 자율적
영역에 발을 들여 놓고 있었던 것이다. 국가는 비록 선의로 간섭하려
한다지만 그것은 국가가 간섭해야 할 영역이 아니었다. 토지와 기업 이익에
대한 관심을 넘어서서 확장되어 있는 자유와 재산 방어 연맹의 "개인의
자유" 주장은 경우에 따라서는 집단주의적 간섭이 낳은 부작용에 대한
훌륭한 견제 수단이 될 수 있었다.

개인주의적 자유주의자들은 전제적 권력은 말할 것도 없고 심지어 그것
이 민주적 권력이라 하더라도 개인의 자유를 간섭해서는 안 된다는 주장을
하는 점에서 자유주의를 극단으로 끌고 갔다. 이들은 민주적 권력 안에
숨어 있는 다수의 오류를 지적하고 있다. 다수의 오류를 벗어나거나 극복할
수 있는 방법은 개인의 자유를 허용하는 방법밖에 없었던 것이다. 개인주의
적 자유주의자들의 개혁성은 이들이 국가권력을 약화시킬 것에 대해 매우
분명한 주장을 했다는 점에 있었다. 다른 사람들이 국가권력의 영역이란
문제에 대해 모호한 발언을 하고 있을 때 이들은 각종 법안들을 폐지하고
국가의 기능을 줄여 나가야 한다는 구체적인 주장을 했던 것이다.

6. 맺음말

자유와 재산 방어 연맹은 자유주의를 보수 세력의 목적을 위해 활용했다.
자유주의의 여러 갈래 중에서 보수의 목적에 이용된 자유주의는 휘그주의
와 자유방임주의 그리고 벤담주의였다. 그러나 자유와 재산 방어 연맹
내의 개인주의적 자유주의자들로부터 나온 주장 속에는 자유주의의 개혁
성이 살아 있는 부분도 있었다. 개인의 영역에 국가가 설사 온정주의에

198

입각해 간섭하려 한다 해도 그것은 자유를 침해하는 것이라는 주장은 민주적 권력의 위험성에 대해 경고하는 의미도 지녔다. 따라서 자유와 재산 방어 연맹의 자유주의는 사회적 강자의 특권을 유지하려는 이해관계가 깔려 있는 부분과, 다수의 이름으로 사회적 소수 세력이나 개인에 대해 가해지는 억압과 차별을 개선하고 교정하는 관심을 함께 가지고 있는 자유주의였다고 할 수 있다. 그러나 이 두 관심 중 전자의 관심이 주류에 서 있었다.

자유와 재산 방어 연맹 내의 보수 세력의 논리는 자유주의를 활용하는 것이었지만 그 자유주의가 민주주의로 연결되지는 않았다. 자유와 재산 방어 연맹은 선거권의 확대에 대해서 부정적 태도를 가지고 있었다.53) 아울러 자유와 재산 방어 연맹은 사회는 통치력을 가진 집단에 의존해야 한다는 점을 강조함으로써 엘리트주의를 드러내었다.54) 대체적으로 볼 때 자유와 재산 방어 연맹의 자유주의는 보수에 포획된 자유주의였다.

자유와 재산 방어 연맹의 보수성은 자신의 논리를 구사하면서 보여주는 기회주의적 성격에서도 드러났다. 예를 들어 보자면 자연권에 대한 입장같은 것이다. 자유와 재산 방어 연맹은 자연권을 근거로 해서 재산을 공격하는 행위에 대하여는 자연권 논리를 배격하였지만 노동의 자유를 주장하기 위해서는 자연권 논리를 끌어들였다. 즉 자신의 노동을 마음대로 팔 수 있는 양도할 수 없는 인간의 권리를 주장한 것이다.55) 200년 전 휘그 귀족들은 왕으로부터 재산을 보호하기 위하여 로크의 자연권을 원용했다. 그러나 그 자연권의 논리가 하층민으로부터 제기되며 오히려 재산을 위협하는 도구로 이용되자 이들은 서슴없이 자연권 논리를 배격했다. 하지만 노동의 자유가 계약의 자유를 지지한다는 사실을 발견하자 다시 자연권 논리를 활용하는 신축성을 보여주고 있다.

　자유와 재산 방어 연맹의 자유주의는 일부분에서 개인의 자유를 향한 개혁성을 지니고 있었으나 대체로 보수 세력의 재산을 방어하기 위한 논리로 사용되었다는 점에서 자유주의의 역할에 대하여 생각해 볼 필요를 야기한다. 그러나 이 문제는 자유주의가 지닌 또 다른 갈래인 급진주의와 신자유주의의 전혀 다른 기능을 함께 고려하면서 검토되어야 할 것이다.

5장
왜 어떤 자유주의는 민주주의를 거부하게 되었을까?

민주주의를 거부하게 된 스펜서의 자유주의

It is desirable, in short, that in things which do not primarily concern others,
individuality should assert itself. Where not the person's own character, but
the traditions or customs of other people are the rule of conduct,
there is wanting one of the principal ingredients of human happiness,
and quite the chief ingredient of individual and social progress.
John Stuart Mill

요약하자면 다른 사람들에게 관계되지 않는 사항들에 있어서는
개성의 권리가 주장되어야 한다는 것이다. 자기 자신의 개성이 아니라
전통이나 다른 사람들의 관습이 행동규칙이 되어 있는 사회는
인간 행복의 중요한 요소를 결여하고 있을 뿐 아니라
개인 및 사회발전의 중요한 요소도 결여하고 있는 것이다.
존 스튜어트 밀

존 스튜어트 밀

자유론을 쓴 존 스튜어트 밀의 초상이다. 그는 타인
과 관련되지 않는 행위에 대하여는 각 개인에게 완전
한 자유가 주어져야 한다고 주장해 효용주의에 근거
한 자유의 논리를 제시했다. 그러나 개성을 추구하
고, 여론의 압력에 저항한 밀의 자유론이 아직 민주
주의가 실현되지도 않고 귀족 특권이 여전히 살아있
는 사회에서 제시되었다는 점이 아이러닉하다.

1. 머리말

자유주의는 민주주의와 함께 보편적 가치를 담고 있는 이데올로기처럼 보인다. 그래서 뉴라이트의 보수파로부터 민주적 사회주의자들까지 "우리는 모두 자유주의자"라는 말이 나오기도 한다.[1] 하지만 자유주의의 구체적 함의는 그렇게 간단한 것 같지 같다. 좌파와 우파의 이데올로기적 스펙트럼에서 자유주의는 좌우에 걸쳐 있는 것처럼 보이기 때문이다.

사실 자유주의는 역사적으로 볼 때 늘 개혁 세력의 편에 서 있었다. 자유를 추구하는 노력은 필연적으로 자유를 억압하는 세력과의 싸움을 낳을 수밖에 없었기 때문일 것이다. 권력의 규제와 간섭에 대항해 개인의 자유와 독립을 요구해 온 자유주의가 개혁과 진보의 명찰을 달지 않는다면 그것이 이상한 일이 될 것이다. 그러나 자유주의는 차츰 좌파에서 우파로 수평이동을 해 나갔다. 그런 현상은 19세기 후반 영국에서 뚜렷이 관찰되었다. 이 과정 속에서 자유주의 세력은 자유에 대한 해석을 놓고 개혁 세력과 보수 세력의 양 편으로 갈라지게 되었다.[2] 자유주의의 한 갈래는 보수파에 속하게 된 것이다.

19세기 후반 영국 보수파의 이데올로기적 기초는 단일하지 않았다. 크게 나누어 보자면 이들은 보수주의 그룹과 자유주의 그룹으로 나누어졌다. 보수주의 그룹은 그 안에서 다시 여러 입장으로 나뉘었다. 우선 솔즈베리, 밸푸어 등 전통적 보수주의자들이 있었다. 이들은 보수주의의 기본적 전제들을 존중했지만 정책에서는 종종 기회주의적인 면모를 보였다. 두 번째로는 급진 우파를 들 수 있을 것이다. 이들은 윌러비 드 브로크 Willoughby de broke를 대표로 하여 기성 질서에 대한 공격을 보수파가 무력으로라도 막아내야 한다는 강경 우파였다. 세 번째로는 보수당 사회개혁위원회의 스미스F. E. Smith로 대표되는 그룹이다. 이 그룹은 사회문제에 보수당이 적극적으로 개입해야 한다는 입장을 가지고 있었다. 이 그룹은 보수주의에 기초하여 공동체의 조화를 추구해야 한다는 입장을 가지고 있었다. 네 번째로는 사회적 제국주의자들을 들 수 있었다. 여기에는 체임벌린, 밀너 같은 사람들이 해당될 것이다.3) 이들은 국가 효율을 중시하는 그룹으로 제국주의 정책을 적극적으로 밀고 나가야 한다는 입장을 가지고 있었다.

그리고 자유주의적 함의를 가진 정치적 세력들이 보수파 안에서 활동하고 있었다. 이들 역시 입장이 동일하지는 않았는데 먼저 자유와 재산 방어 연맹의 웜즈Wemyss 백작으로 대표되는 그룹을 들 수 있었다. 토지소유자와 산업가로 구성된 이 그룹은 국가간섭에 대해 반대하는 자유주의를 전면에 내세운 그룹이긴 했지만 사실은 자유주의로 위장한 보수파였다. 이들의 가장 중요한 관심은 국가가 계약의 자유에 간섭하는 것을 막는 것에 있었다. 또 다른 갈래로 자유주의가 19세기 중반 영국에서 완성되었다고 보는 그룹이 있었다. 이들은 영국 사회에서 자유주의가 성취됨으로 인해 사실상 역사가 완성되었으므로 개혁은 끝이 났다고 보는 입장이었다. 그러니 이제 남은 것은 완성된 질서를 보존하는 일이었다. 다이시A. V. Dicey와 같은 사람들이 여기에 해당되었다.4) 이들이 보수파로 편입된 것은 당연했다. 또 다른 자유주의 그룹으로 자유주의의 목적이 아직 달성되지 않았다고 판단하는 사람들이 있었다. 이들은 비록 자유와 재산 방어 연맹을 지지하였지만, 역사는 더욱더 자유를 향해 나아가야 한다고 보았고 자유주의는 더욱 추구되어야 한다는 입장을 지녔다. 스펜서H. Spencer가 바로 이 입장에 서 있었다. 이 글에서 살펴보려고 하는 것은 바로 맨 마지막의 입장이다.

스펜서는 더 많은 자유를 추구하였으므로 그에게 개혁의 요소는 살아 있었던 것으로 보인다. 그럼에도 불구하고 그는 왜 보수파에 속하게 되었던 것일까? 더욱이 2차 선거법 개정이 일어나기 전에, 즉 영국에서 집단주의적 경향이 나타나기 이전 시기에 스펜서는 토지의 공유화와 보통선거를 주장했다. 그는 보수의 편이 아니라 개혁의 편에 서 있었던 것이다. 그래서 스펜서의 자유주의에 대해 혼란이 일어나게 되는 것이다. 그는 과연 개혁파에서 보수파로 입장을 바꾼 것일까? 그렇다면 그의 자유주의는 어떻게 해석해야 하는가. 그는 후기로 가면서 자유주의를 포기한 것일까? 그가 자유주의를 포기하지 않았다면 그의 자유주의의 성격이 후기로 가면서 바뀐 것일까? 후기로 가면서 스펜서가 보수파로 입장이 바뀌었다면 그의 개혁성은 어떻게 보아야 하는 것일까? 스펜서에게 보수성과 개혁성이 함께 존재한다면 그의 보수성과 개혁성을 어떻게 이해해야 하는 것일까?

이런 의문들은 자유주의가 보수파 및 개혁파와 갖는 연관 관계에 대해 혼란과 의문을 함께 자아내고 있다. 이런 의문을 해결하기 위해 스펜서의 자유주의가 지니고 있는 이중적인 성격에 대해 간단히 살펴본 후 스펜서 자유주의의 토대가 되고 있는 스펜서의 역사관과 스펜서가 생각한 자유로운 사회로의 이행방법론에 대해 검토해 보도록 하겠다. 이 과정에서 스펜서가 바라본 자유주의와 민주주의의 관계가 설명될 수 있을 것이다.

2. 스펜서 자유주의의 이중성

스펜서의 자유주의는 얼핏 보면 혼란을 야기한다. 그는 초기에 급진적 운동에 연루되어 있었으며,[5] 엘리 알레비는 그의 초기 입장을 무정부주의자라고 묘사할 정도였다.[6] 하지만 그는 후기로 가면서 전형적인 보수 단체였던 자유와 재산 방어 연맹에 동조하는 입장을 취하고 있다.[7] 사실

이러한 행적만이 아니라 그의 사상은 곳곳에서 보수와 개혁 사이에서 의심을 자아내게 하는 이중적인 모습을 드러낸다. 몇 가지 점을 지적해 보겠다.

첫 번째로 토지공유화에 대한 그의 입장을 지적해 볼 수 있다. 그는 1851년 『사회정학』을 출판하면서 토지공유화론을 주장해서 당시의 지주 계급들을 놀라게 만들었다. 한 세대가 지난 후 급진적 개혁가들과 사회주의자들이 토지공유화에 대한 주장을 제기했지만 스펜서는 한 세대나 빨리 이런 파격적 주장을 했던 것이다. 이런 이유로 1880년대에 토지국유화 운동이 일어났을 때 스펜서는 이 운동의 지적 선구자로 간주되기도 했다.[8] 그러나 그는 정작 1880년대에 토지국유화 주장이 제기되었을 때 그의 초기의 주장을 잊어버리기라도 한 듯이 토지국유화 주장을 비난했다. 초기에 토지공유화를 주장했다가 후기에 토지공유화를 반대한 그의 모습은 그의 생각의 진정성이 어디에 있는지에 대한 의문을 자아낸다. 그래서 막스 비어Max Beer는 스펜서의 토지공유화론을 일관성이 없는 내용이라고 무시해 버리기도 했다.[9]

두 번째로 지적하는 것은 보통선거에 대한 그의 입장이다. 스펜서는 초기에 노동자와 여성들에게도 선거권을 확대시키자는 주장을 했다. 즉 스펜서는 보통선거권을 실현시키자는 입장을 가지고 있었다.[10] 그러나 후기로 가면서 그는 이런 주장을 철회하게 된다. 노동자와 여성의 선거권은 제한되어야 하며 보통선거는 실현될 필요가 없었다. 스펜서는 보통선거가 그의 자유주의를 실현시키는데 방해가 된다고 생각했다. 보통선거에 대한 모순되는 두 개의 태도는 그의 진정성이 어디에 있는가에 대해 의문을 야기한다. 나아가 이런 이중적 모습은 그의 자유주의가 민주주의를 지향하는가 아닌가 하는 의문을 자아낸다.

  세 번째로 지적해 볼 수 있는 부분은 개인주의와 사회유기체주의에 대한 그의 입장이다. 스펜서의 자유주의는 개인주의를 바탕으로 하고 있다. 그래서 흔히 그의 자유주의는 개인주의적 자유주의로 불렸다. 스펜서의 제자들이 자유와 재산 방어 연맹 안에서 활동할 때도 그들을 따라다닌 이름은 개인주의적 자유주의였다. 개인주의에서 본질적으로 중요한 것은 개인이므로 어떤 존재도 개인을 뛰어넘는 가치를 담지하지 못한다. 개인주의의 이런 입장 위에서 심지어 사회의 실체를 인정하지 않는 경향이 나타나게 되는 것이다.

  그렇지만 스펜서는 사회를 받아들였을 뿐 아니라 한 발 더 나아가 사회를 유기체로 간주하는 입장을 견지했다. 사회유기체론은 사회를 단순한 개인들의 집합 이상으로 간주하고, 사회가 그 자체의 고유한 목적이나 가치를 가지고 있다는 입장을 가지기 때문에 개인을 절대적인 가치로 내세우는 개인주의와 조화되지 않는 것처럼 보인다.[11] 따라서 개인주의를 바탕으로 하면서도 사회유기체설을 받아들이고 있는 스펜서의 자유주의가 내적으로 모순을 안고 있지 않나 하는 의문이 야기되는 것이다.

  네 번째로 지적할 점은 그가 사회유기체설을 받아들이고 주장했음에도 불구하고 제국주의에는 반대했다는 것이다. 당대에 사회유기체설을 받아들인 많은 정치그룹들은 대개 제국주의를 지지했다. 사회유기체설이 사회의 집단적 번영을 강조하는 논리를 안고 있으므로 사회유기체설이 제국주의로 연결되는 것은 자연스럽게 보인다. 국가를 단위로 한 국제사회에서의 경쟁이 제국주의 논리로 치닫게 되는 것은 너무도 당연하기 때문이다. 더욱이 스펜서가 진화론을 열렬히 받아들였다는 점을 고려하면 사회유기체설에 바탕을 둔 그의 자유주의가 제국주의에 반대했다는 점은 매우 흥미로운 대목이다.

마지막으로 지적할 점은 후기에 그가 보수파와 동조했고 그의 제자들이 자유와 재산 방어 연맹에서 활동하게 되었음에도 불구하고 그가 보수파와 일정한 긴장관계를 유지했다는 점이다. 자유와 재산 방어 연맹 안에서 주류파와 구별되는 개인주의자 그룹이 형성되었다는 점은 비록 스펜서의 자유주의가 보수에 포섭되기는 했지만 완전한 보수파로 분류되기 어려운 점들이 있었다는 점을 시사한다. 이러한 문제들은 스펜서의 자유주의에 내재된 보수성과 개혁성을 구분해볼 필요를 제기하고 있다.

스펜서의 자유주의가 갖는 이중적 요소들과 모순되게 보이는 부분들은 서론에서 언급한 바대로 그를 어떻게 평가해야 할지 혼란스럽게 만든다. 스펜서 자유주의의 정체성을 살펴보기 위해 먼저 그의 역사관을 살펴보도록 하겠다.

3. 스펜서의 역사 해석

스펜서의 자유주의는 역사에 대한 스펜서의 관점과 밀접하게 연결되어 있다. 스펜서의 역사 해석의 원형을 이루는 사람이 있다. 바로 법률사가인 헨리 제임스 섬너 매인Sir Henry James Sumner Maine인데 그는 1861년 『고대법』을 출간했다. 여기서 그는 역사가 신분status에서 계약contract으로 나아간다는 일반화를 제시했다. 메인은 자연 상태에서 인간은 무제한의 자유를 가진 홉스Hobbes적 상태에 놓여 있지 않고, 가부장적 가족 국가family state에 종속되어 있는 상태에 있다고 믿었다.[12] 자연 상태는 관습의 지배가 지속되는 상태였는데 사람들은 결국 이러한 억압 상태에서 도망쳐 나오게 되었다. 이 과정에서 공동체적 관습을 대신하여 개인의 권리가 출현하게 되었고, 자유로운 계약이 중요한 의미를 지니게 되었다.[13] 이러한 변화는 폐쇄사회

에서 개방사회로의 변화를 의미했으며, 이것이 바로 인류 역사의 발전과정
이며 매인의 "신분에서 계약으로"가 의미하는 것이었다.

  스펜서의 역사 해석 역시 매인과 유사한 면이 있다. 스펜서는 역사는
관습에 매이고, 공격적이고, 명령과 복종 관계에 기초한 계서제적 형태의
사회조직으로부터 개방되고, 자유롭고, 진보적인 자유주의 사회로 나아간
다고 보았다. 이러한 사회는 자발적으로 이루어지는 계약적 사회관계에
기초하고 있었다.[14]

  스펜서는 근대사회의 단위로서 개인이 가족을 대신하게 되었다는 사실
에 주목하였고, 개인들의 자발적 협력이 새로운 사회 형태를 만들어 내게
되었다고 주장했다. 이 사회형태가 바로 산업형 사회industrial society였다.
이보다 앞서 나타났던 사회 형태는 군사형 사회military society였다. 군사형
사회는 군사적 용맹성에 높은 가치를 부여하고 상급자에 대한 무비판적인
복종과 물리적 힘에 대해 높은 가치를 부여했다. 군사형 사회는 개인으로부
터 사고의 자유와 행위의 자율성을 빼앗아 버렸다.[15] 이 사회의 모델은
군대였는데, 원시공동 사회에서 가장 순수한 형태로 발견되었다. 이 사회에
서 국가는 시민들의 재산만이 아니라 심지어 시민 자신까지도 소유했다.
여기서는 정의나 관용같은 이타적 감정은 개발될 수 없었다.[16]

  군사형 사회는 사회적 협력을 강조했고 강제 수단을 이용해 이를 실현시
키려 했다. 협동 행위를 이루어 내기 위해 필요한 단결은 강력한 통제장치
없이는 불가능했던 것이다. 통제장치의 필요성은 고도로 중앙집권화된
사회구조를 만들어 내게 되었다. 하지만 군사형 사회는 스펜서에게 불쾌한
것이었다. 왜냐하면 그는 강제를 싫어했기 때문이다. 그가 사회주의 사회를
군사 조직의 한 종류로 분류한 것도 이 사회가 본질적으로 강제에 의해
움직인다고 보았기 때문이다.[17]

스펜서는 하지만 19세기 후반에 들어서서 인간들의 전쟁 국면은 끝났다고 생각했다. 인류는 사회적 유대의 초기 조건을 만들어 내는데 해야 할 일을 다 했으므로 군사형 사회의 본능 즉 투쟁과 정복의 본능은 이제 사라져야 했다. 더 이상 전쟁이 없는 사회를 가정했다는 점에서 스펜서는 평화주의자였다.18)

군사형 사회가 종식되면서 나타나게 될 산업형 사회에서 공적 조직은 점점 그 영역이 좁아질 것이라고 기대되었다. 그에 반해 사적 영역은 점점 확대되어 나갈 것이다. 이전에는 국가권력의 영역에 속했던 기능들을 수행하기 위해 자발적 조직들이 광범위하게 나타나게 될 것이다. 이 과정에서 자발적으로 협동하는 기업들이 차츰 국가의 자리를 대신하게 될 것이다.19)

이 사회에서는 자유가 억제되었던 상태에서 자유를 사랑하는 상태로, 권력을 행사하는 것을 즐기는 상태에서 다른 사람의 주장과 재산을 존경하는 상태로, 복수의 욕구를 대신해서 정의를 사랑하는 상태로, 종속의 미덕에 대한 믿음에서 독립의 욕구가 강화되는 상태로 변화되어 나가는 현상이 나타날 것이다.20) 산업형 사회로 전환됨에 따라 나타날 자유로운 사회에서는 집단을 위한 애국심에 가득 찬 자기희생과 같은 행위는 무의미해질 것이다.21)

스펜서는 역사를 종속의 상황에서 자유의 상황으로 이행해 나가는 것으로 해석했다. 그는 빅토리아 시대에 벤담주의적 급진주의자들이 귀족에 대항해 벌인 운동을 자유를 향한 투쟁으로 간주했다. 이런 스펜서의 역사 해석은 흥미롭게도 역사는 사회주의로부터 개인주의로 나아간다는 주장을 낳았다. 스펜서에 의하면 사회주의는 근대 이전에 이미 출현한 군사형 사회의 경향이었다. 스펜서의 제자였던 도니스쏘프Donisthorpe는 영국인들은 부족적 사회주의tribal Socialism의 단계에서 지금의 시민적 자유를 얻기까지 수세기가 걸렸다고 지적했다. 토마스 매케이Thomas Mackay 역시 "사회주의는 새로운 것이고 과거에는 인간의 운명이 개인주의적 원칙에 맡겨졌다고 주장되지만 이보다 더 틀린 말은 없다"고 주장했다. 매케이는 개인주의와 사회주의의 원칙은 역사 속에서 영원한 투쟁 관계를 형성하고 있다고 보았다. 이 둘을 구별하는 것은 행위의 원칙이었는데 개인주의의 행위원칙은 사람들이 그의 성격을 환경에 적응시키도록 만들었던데 반해, 사회주의적 본능은 행복을 찾기 위해 그룹이나 조직에 종속됨으로써 이 원칙을 피하는 경향을 만들어 내었다.22)

자유로운 상태는 개인주의와 사회주의에 대비되어 설명되었다. 자유로운 사람은 개인주의적 상태 즉 자본주의 사회 혹은 시장질서 안에서 자연Nature의 비인격적인impersonal 강제 하에서 사는 사람이며, 노예는 사회주의 혹은 군사 제도 안에서 그보다 위에 있는 사람의 개인적인personal 지배를 받으면서 사는 사람인 것이다.23)

역사 속의 진보는 인간이 조직으로부터 벗어나온 과정을 의미했다. 즉 조직에 속하려는 사회주의적 본능에 의해 만들어진 여러 제도들로부터 인간이 해방되어 나온 계속적인 과정이었다. 진보는 인간들이 사상과 행동의 자유를 위하여 관습과 미신의 노예상태로부터 해방되어 나온 과정이었다. 역사는 노예제, 봉건제, 중앙집권적 국가의 사회주의적 전제권력으로부터 개인들이 힘겹게 해방되어 나온 기록인 것이다.

그런데 19세기 후반 유감스럽게도 이러한 진보의 과정은 역전되려 하고 있었다. 스펜서는 영국 근대사에서도 역사의 퇴행현상을 보여준 시기들이 있었음을 인정했다. 17세기 중엽 크롬웰의 시기와 1775년에서 1815년 사이의 전쟁기가 거기에 해당했다. 그러나 이런 퇴행은 상대적으로 단기에

212

그쳤다. 하지만 당대의 재再야만화rebarbarization는 보다 분명하고 훨씬 더 길게 지속되고 있었다.24)

첫 번째로 관찰된 재야만화는 빅토리아 후기에 제국주의와 군국주의로의 경향이 뚜렷해지고 있었다는 점이다. 식민지에 대한 군사적 정복이 일어났고 특히 그 현상은 보어전쟁에서 극명하게 드러났다.25) 이러한 움직임은 명백하게 산업형 사회에서 군사형 사회로의 퇴행 현상이었다. 스펜서는 보어전쟁에 반대했고 식민지 팽창에 대해서도 반대했다. 심지어 구세군의 출현에 대해서도 군대라는 표현이 등장함으로써 군사주의적 감정이 다시 출현한 것이라고 믿었다. 스펜서는 오랜 기간동안 비자발적 협력에서 자발적 협력으로 나아가는 변화가 있었지만 당대에 이 과정의 역전이 시작되었다고 주장했다.26)

두 번째로 관찰된 재야만화는 국외적으로 나타난 퇴행 현상에 더해 국내적으로 나타난 퇴행 현상이었다. 그것은 영국이란 사회유기체의 내부에서 일어나고 있었던 변화로 양대 정당이 모두 보여주는 사회주의적 경향이 그것이었다. 양대 정당은 모두 산업과 상업 활동에 대해 국가의 역할이 증가하는 쪽으로 나아가고 있었다. 이런 현상 모두가 군사형 사회로 퇴행하는 징조였던 것이다. 1884년 『인간 대 국가』라는 책이 나오기 전 20년 동안 나타난 집단주의적 입법은 사회조직의 군사적 형태를 재창조한 것이었다.27) 스펜서는 다음과 같이 지적했다.

공산주의 이론들이 부분적으로는 의회에 의해 하나씩 승인되고 명시적으로는 아니라 해도 묵시적으로 대중의 찬성을 받고 있는데 이 이론들은 대중 지도자들에 의해 열렬히 옹호되고 있다. … 수많은 사회주의적 변화들이 의회의 법안에 의해 이루어지고 있는데 이런 변화들은 모두 국가 사회주의 안으로 통합될 것이다.28)

사회주의가 진전됨에 따라 국가는 사적 생활에 더 큰 통제를 가하게될 것이고 저항할 수 없는 전제 상태를 만들어 내게 될 것이다. 관료제의증가하는 힘은 결국 노예제를 만들어 내게 될 것이다. 스펜서는 『다가오는노예제*Coming Slavery*』에서 사회주의는 신분의 권력을 부활시킬 것이며,"새로운 토리주의New Toryism"는 구舊토리주의가 보여주었던 강제적 협동과타락한 전통으로 우리를 다시 끌고갈 것이라고 주장했다. 사회주의는새로운 것이 아니라 다시 부활하고 있었던 것이다.29) 심지어 브루스 스미스Bruce Smith는 빅토리아 후기의 집단주의적 경향은 튜더의 국가 정책을특징지었던 과도 입법으로 회귀하는 모습을 보여준다는 생각을 하기까지했다. 그래서 19세기 말에 나타났던 과도 입법은 다시 한 번 더 개인주의의원칙에 의해 대체되어야만 했던 것이다.30)

보수주의자들의 입장 즉 토리의 사회 이론은 다소 감성적인 자선에물들어 있었고, 경미한 가부장제를 향하고 있었다. 토리는 사회와 집단이보존되고 보호될 것을 원했다. 그러나 이러한 생각은 잘못된 것이었다.벤담과 제임스 밀의 노력을 통해 이런 견해는 이론적으로 잘못되었음이지적되었고 실제적으로도 무너졌다. 그리고 계약의 자유를 통해 사회가자율적으로 규제되는 환경이 그 자리에 대신 들어섰다. 그럼에도 불구하고새로운 급진주의자들은 이런 경향을 역전시키면서 사회를 토리 가부장제로 돌려놓고 있었던 것이다.31)

나아가 스펜서는 자유주의 역시 새로운 토리주의New Toryism에 굴복했다고 주장했다. 자유주의는 계약과 근면성, 자발적 협력이란 전통적 자유주의를 버린 반면, 군사주의, 신분, 강제적 협동이란 토리의 이상을 추구하고있었다.32)

이러한 스펜서의 사회주의 비판은 타당한 것이라고 보아야 할까? 그러나 사실 이러한 비판에는 문제가 있었다. 스펜서의 용법에서는 "사회주의"에 대한 정의 자체가 혼란을 야기한다. 그는 국가간섭과 사회주의를 단순히 동의어로 사용하고 있기 때문이다. 그는 노예제 사회나 중앙집권적 권력에 대해서도 사회주의라는 표현을 썼다. 이런 용법에서 그는 전제나 독재를 사회주의와 동일한 의미로 쓰고 있다. 그런가 하면 스펜서는 당대의 사회주의적 경향에 대해 비판하면서 "과거의 자유주의의 기능은 왕의 권력에 대해 제한을 가하는 것이었지만, 미래의 진정한 자유주의의 기능은 의회의 권력에 대해 제한을 가하는 것이 될 것"이라고 주장했다.33) 이런 주장은 간섭하는 모든 권력을 사실상 사회주의로 간주하는 시각을 보여주고 있다. 왕의 권력이든 의회의 권력이든 그것이 개인을 간섭하는 행위를 할 때 스펜서는 이를 모두 사회주의라고 규정한 것이다.

그러나 사회주의는 산업화가 만들어 낸 모순과 문제점으로 인해 나타나게 된 특별한 사회 현상에 대해 제기된 특별한 제안이었으며, 사회주의를 바탕으로 하는 국가간섭 역시 그러한 문제의식 위에서 나타나는 정책이었다. 사회주의를 넓은 의미로 사용하여 집단주의와 동일시한다 해도 그런 집단주의에 입각한 국가간섭은 동기와 결과에 있어서 과거의 국가간섭과는 성격이 달랐다. 그가 국가간섭에 대해 사회주의라는 용어를 썼을 때 그는 농업사회와 산업사회의 조건을 구분하지 않았던 것이다. 그의 사회주의는 국가간섭주의라는 용어로 치환시키는 것이 타당할 것이다.

사회주의에 대한 정의 자체는 젖혀 두고라도 그가 비판한 내용 자체에 문제가 있었다. 왜냐하면 빅토리아 후기에 보수당과 자유당이 보여준 집단주의적 경향은 군사형 사회로의 복귀가 아니었기 때문이다. 19세기 후반 영국의 국가권력의 성격과 국가권력이 행사되는 목적은 군사형 사회의 성격과 목적과는 분명히 달랐다. 빅토리아 시대에 영국의 국가권력의 성격은 변화를 겪고 있었다. 선거권의 확대로 인해 국가는 완만하기는 하지만 민주화된 형태로 나아가고 있었기 때문이다. 이를 바탕으로 해서 국가권력이 행사되는 목적도 변화되고 있었다. 국가권력이 행사되는 목적은 전제군주나 독재자의 목적이 아니라 민주적 합의에 따라 도출된 목적이었기 때문이다.

스펜서의 역사 해석은 역사를 사회주의로부터 개인주의로 이행해 나간 역사로 간주하고 있지만 그는 사회주의라는 용어를 사용하면서 과거의 전제정과 당대의 집단주의를 모두 사회주의로 간주해 버렸다. 그러나 이 두 형태의 권력이 국가간섭이 있었다는 점에서 공통점을 가질지 몰라도 두 권력 형태는 사실상 전혀 다른 성격을 지니고 있었다. 스펜서는 역사가 사회주의로부터 개인주의로 해방되어 나온 과정을 거쳤지만 당대에 다시 사회주의로 회귀하는 경향을 보여주고 있다고 해석했다. 그러나 당대의 국가간섭의 성격은 고대나 절대왕정 시대와 같은 국가간섭 체제로 회귀하려는 성격을 지니고 있지 않았다. 그리고 국가간섭이 개인주의를 파괴하려는 성격을 띠고 있지도 않았다. 스펜서의 용어를 그대로 살려 두고 표현해 본다면 당대에 출현한 사회주의는 개인주의와 대립하는 사회주의가 아니라 개인주의를 위한 사회주의라고 보는 것이 타당할는지 모른다.

4. 스펜서의 사회진화론

스펜서는 1851년의 초기 저작에서 자유주의를 실현하기 위해 단지 평등한 자유의 원칙Law of Equal Freedom을 고수할 것을 주장했다.[34) 그런데 1859년 다윈의 『종의 기원』이 출간되면서 그는 진화론을 발견했고 그 이후 그는 자유주의 이론에 진화론을 받아들여 어떻게 자유주의 사회가 달성될 것인가를 설명하려 했다. 그런데 과연 그의 작업은 성공적이었을까.

스펜서가 『사회정학』에서 밝힌 평등한 자유의 원칙이란 "모든 사람은 그가 다른 사람의 평등한 자유를 해치지 않는 한 그가 하고자 하는 모든 것을 할 자유가 있다."(Every man has freedom to do all that he wills, provided he infringes not the equal freedom of any other man.)는 것이다.35) 그는 그의 자유주의의 기초를 이루는 이 주장을 두 개의 근원으로부터 끌어내었다. 신과 도덕 감정moral sense이 그것이다. 그는 평등한 자유의 원칙으로부터 "개인의 권리"를 끌어내었다. 그리고 개인의 권리를 통해 평등한 자유가 확대될 수 있다고 생각했다.36) 이러한 권리들로 생명권, 자유권, 토지사용권, 물질적 정신적 재산권, 교환의 권리, 자유 언론의 권리, 여성의 권리, 국가를 무시할 권리the right to ignore the state, 선거권과 같은 것들이 제시되었다.37)

스펜서는 완벽한 사회에 대한 설명을 하는 것과 함께 어떻게 완벽한 사회가 이루어지는가를 설명해야 할 필요가 있다는 점을 알고 있었다. 그는 이런 관심을 『사회정학』(1851)에서 사회 정학과 사회 동학으로 나누어 표명하면서 다음과 같이 지적했다.

> 사회 철학은 (정치경제학처럼) 정학과 동학으로 나누어질 수 있다. 첫 번째는 완벽한 사회의 균형에 대해 취급한다. 두 번째는 사회가 완벽성을 향해 나아가는 힘에 대해 취급한다. 우리가 완벽한 행복을 달성하기 위해 어떤 법칙을 따라야 하는가에 대해 다루는 것이 하나의 목적이라면, 다른 것의 목적은 우리가 이런 법칙을 따르는 것을 가능하게 하는 힘들을 분석하는 것이다. 이제까지 우리는 대체로 정학에 관심을 두어왔다. … 그러나 이제 동학이 특별한 관심을 요구한다.38)

스펜서는 1851년 이미 사회 동학에 대한 관심을 표명하긴 했지만 사실 완벽한 사회가 어떻게 이루어질 것인가에 대해 분명하게 설명하지 못했다. 그는 단지 도덕 감정이 사람들이 외부적 강제가 없어도 평등한 자유의 법칙을 따르도록 만들만큼 강력해질 것이라고 생각했을 따름이다. 자유로운 개인들의 자연적 조화를 가정했다는 점에서 스펜서의 논리는 어쩌면 아담 스미스의 논리와 유사했다. 그런 점에서 벨아미는 아담 스미스와 허버트 스펜서의 자유주의를 윤리적 자유주의라고 칭하고 있다.39) 아울러 사람들의 행동을 동기화시키는 개인의 자기 이익이 궁극적으로는 집단적 선과 일치하게 될 것이라고 생각했다는 점에서 효용주의자들의 생각과도 유사했다. 스펜서는 사적 요구와 공적 요구는 결국 일치하게 될 것이라고 주장했던 것이다.40) 사실 이런 생각의 타당성은 입증되지 않았다. 실제로는 그런 가정과 반대되는 결과가 나타난 경우가 오히려 많았다.

그러나 1859년 진화론이 나오게 되면서 스펜서는 사회 동학에 사회진화론을 적용할 수 있다고 생각하게 되었다. 우주에 대해 진화론적 기초를 발견한 것이 스펜서를 크게 고무시켰고, 그는 자신의 이론을 진화론에 입각해 재정비하는 작업을 시작했던 것이다.41)

그가 발견한 자연의 진화와 사회의 진화의 유사성은 잘 들어맞는 부분도 있었다. 스펜서는 자연은 모든 측면에서 동질성homogeneity, 단순성simplicity, 비일관성incoherence, 단일성uniformity으로부터 이질성heterogeneity, 복잡성complexity, 일관성coherence, 다양성variety으로 나아간다고 주장했는데 이러한 과정은 사회에서도 그대로 작동한다고 주장했다. 유기적 발전의 법칙은 모든 집단에 적용되는 발전 법칙이었다. 그것이 정부든 사회든 마찬가지였다.42)

스펜서가 유기적 발전의 법칙을 사회에 적용해 사회를 군사형 사회와 산업형 사회로 구분했을 때 이러한 생각은 잘 맞아 떨어지는 것 같았다. 그가 제시한 초기 사회는 군사적militant 타입의 사회였는데 이것은 동질적이며 단순했다. 여기서 대부분의 사람들은 동일한 기능을 수행했다. 후기 사회는 스펜서가 산업적industrial 타입의 사회로 명명한 것으로 보다 다양성을 가지게 되었다. 노동에서는 분업이 일어났고, 종교적 기능과 정치적 기능은 분리되었으며, 경제적 역할들 역시 분화되었기 때문이다. 이런 과정을 놓고 보면 사회진화는 자연진화의 한 부분인 셈이었다.

그러나 스펜서가 다윈의 자연도태의 원리를 사회에 적용시키기 시작하면서 진화하는 사회의 모습은 다른 차원을 띠기 시작했다. 스펜서는 1864년 『생물학 원리Principles of Biology』에서 다윈의 자연도태natural selection에 대한 동의어로 적자생존survival of the fittest이라는 용어를 만들어 내었다. 그리고 그는 이 과정에서 준수되는 원칙으로 "행위와 결과 사이의 정상관계"라는 원칙을 찾아내었다.43) 이는 사람들이 자신의 노력에 상응하는 만큼의 이익을 얻어내는 것을 의미했다. 그런데 "행위와 결과 사이의 정상 관계"는 특정한 종이나 개인의 보존을 위해 특별한 능력을 지닌 개인이 살아남을 것을 추구했다. 우수한 종은 그 우수성을 발휘하는 것이 당연했던 것이다.44)

결국 스펜서가 진화론을 도입하면서, 즉 "행위와 결과 사이의 정상 관계"를 완벽한 사회를 만들어 내는 과정을 설명하기 위해 이용하면서 스펜서의 완벽한 사회는 우수한 개인들의 사회로 변모하게 되었다. 스펜서는 우수한 자가 자신이 만들어낸 결과물을 자신의 재산으로 소유하는 것을 정의라고 생각했다.45) 1884년 『인간 대 국가』의 출간 이후 스펜서의 태도는 보수적인 "자유와 재산 방어 연맹"과 동조하게 되었던 반면, 노동자와의 모든 공감은 사라져 버렸다. 그들은 나태한 자들이었으며 "쓸모없는 사람들"이었다.46) 스펜서가 빈민법과 같은 종류의 국가간섭을 거부한 것도 이런 법은 결국 자신 혹은 타인에 대한 책임을 지지 않게 만들고 그래서 인간의 도덕적 자질을 약화시킨다고 생각했기 때문이다. 그 결과 인간의 성품은 손상되며, 개인들이 자발적으로 도덕적 바탕 위에서 행동할 시기는 무한정 연기되는 것이다.[47]

스펜서가 초기에 주장한 "평등한 자유의 원칙"과 그가 진화론을 받아들인 이후 주장한 "행위와 결과 사이의 정상관계" 사이에는 괴리가 발생했다. 그 괴리가 뚜렷이 드러난 구체적인 경우가 바로 보통선거권에 대한 입장이었다. 평등한 자유의 원칙에서 유도되는 개인의 권리를 선거권에 적용하고, 그로 인해 노동자들과 여성들에게 선거권을 확대시키는 것은 이제 받아들여질 수 없었다. 왜냐하면 선거권의 확대가 완전한 사회로 나아가는 것을 방해하기 때문이었다. 만약 보통선거권이 노동자와 여성들에게 주어진다면 이들은 국가의 간섭을 증가시킬 것이다. 왜냐하면 그들은 국가가 그들에게 이익이 돌아가는 정책을 요구할 것이기 때문이다. 그러한 국가간섭은 충분한 노력을 하지 않는 사람들에게 부당한 이익이 돌아가도록 하는 결과를 낳을 것이다.[48] 스펜서는 평등한 자유의 원칙이 개인의 권리를 이끌어 낸다는 점을 발견했지만, 확대된 개인의 권리가 민주적 원리를 통해 다시 개인의 자유를 침해하는 결과를 낳는 것에 놀란 것이다. 그는 개인의 권리가 확대되는 것에 제동을 거는 방식으로 이 현상에 대응했다.

보통선거의 결과로 인해 나타나게 되는 국가의 간섭은 사회진화를 방해했다. 스펜서는 1867년의 2차 선거법 개정 후 글래드스톤 행정부 시대에 나타난 현상이 바로 그런 경우라고 생각했다. 자유당의 역할은 국가권력을 축소시키고, 계약의 자유를 확대시키며, 개인이 자유롭게 활동할 권리를 방어하는 것이었는데 글래드스톤 정부의 사냥법, 고용주 책임법, 아일랜드 토지법 등은 오히려 계약의 자유와 재산권을 침해하고 있었다. 선거권의 확대는 자유당만이 아니라 보수당마저 사회진화를 방해하는 정책을 낳도록 만들었다. 보수당 솔즈베리 경이 노동계급 주택을 건설하기 위해 정부융자를 옹호한 행위는 스펜서를 더욱 놀라게 하였던 것이다.[49]

자유당과 보수당 정부는 모두 개인들에게 그들의 노력으로 인해 그들에게 주어지는 권리를 제외하고는 다른 이익들이 돌아가지 않도록 함으로써 원인과 결과 사이의 관계를 보다 명확히 해야 했다. 행위와 결과 사이의 정상관계를 시행함으로써 정부는 자율적인 삶을 살 수 없는 사람들이 점점 도태되도록 만들어야 했다. 그는 이러한 사회진화의 원리가 관철되는 과정에 보통선거권이 방해가 된다고 생각했던 것이다. 그 결과 스펜서는 보통선거를 받아들여서는 안 된다는 생각을 하게 되었고, 이는 결국 민주주의를 거부하는 논리로 귀결되어 버렸다. 민주주의의 자리에 대신 들어선 것은 더 나은 사람과 그렇지 않은 사람이 있다는 엘리트주의였다.

사회진화론이 그의 초기 자유주의 이론과 괴리를 형성한 부분을 제외하고도 스펜서의 진화론에는 그 자체로 모순들이 있다. 진화론은 결국 힘의 우월성을 사회진화의 원동력으로 간주했다. 그렇지만 그는 제국주의에 반대했다. 그는 군사형 사회를 혐오했고 식민주의적 착취를 비난했다. 그는 군사적으로 강한 민족이 약한 민족에 대해 가하는 야만적 행위에 대해 강렬한 혐오감을 표시했다.[50] 그래서 이상한 논리가 성립되었다. 그는 국내에서는 사회적 강자의 편에 서 있으면서도 국제 관계에서는 강자의 행위를 비난하고 있는 것이다. 그의 진화론은 국내에서 힘의 우월성을 진화의 동력으로 간주하면서도 국제사회의 진화에는 동일한 잣대를 받아들이지 않는 모순을 보여주고 있다.[51]

또 하나의 모순은 스펜서가 제시한 적자생존survival of the fittest의 과정은 도덕적 진화과정과는 무관하거나 오히려 역행할 가능성이 크다는 점이다.

문제는 이런 경우 적자생존의 원리는 무시되거나 거부되어야 할 필요가 발생한다는 것이다. 사실 많은 경우 사회적 성공은 비도덕적 행위의 바탕 위에서 이루어진다. 스펜서가 적자the fittest라고 규정한 사람들 다수가 어쩌면 범죄자들에 해당될는지도 모를 일이다. 헉슬리T. H. Huxley가 비판하였듯이 진화론적 압력들이 명백히 나쁜 방향으로 나아가려 할 때는 그 진화론적 압력에 대해 저항하는 것이 도덕적으로 타당한 결과를 낳게 되는 것이다.52) 생존한 적자들이 사기꾼과 위선자들로 구성된다면, 이런 사람들로 가득 찬 사회로 나아가는 것이 사회의 진화이고 완벽한 사회로 나아가는 방향이라고 보아야 할 것인지에 대해서는 의문이 제기될 수밖에 없다.

그래서 자본주의의 역사는 경제적 발전이 이루어졌음에도 불구하고 종종 도덕적으로는 흠이 있는 이야기로 전개되는 것이다. 자본주의의 경제적 성공의 이면에는 도덕의 상실이라는 대가가 치러진 것으로 묘사되고 있는 것이다. 서구 역사에서 무한 경쟁을 바탕으로 경제를 성공으로 이끄는 이기심은 그것이 서구의 도덕적 정통성을 위반하는 만큼 성공적이었다. 상업commerce과 미덕virtue 사이에는 필연적으로 대조가 이루어질 수밖에 없는 것이다.53) 상업적 이기주의를 발전시키는 과정에서 미덕이 파괴된다는 점은 서양의 윤리에서 중요한 전통이 되어 왔다.54)

또 하나의 모순은 스펜서가 자연과학자의 진화 이론들을 사회진화론에 무비판적으로 수용한 것에서 발생한다. 스펜서는 다윈의 진화론만이 아니라 라마르크Lamarck의 진화 이론도 수용했다.55) 그래서 그의 사회진화에 대한 입장은 그렇게 뚜렷하지 않다. 그는 이 두 이론을 뚜렷한 원칙이나 근거없이 무분별하게 사용했다. 스펜서는 다윈의 『종의 기원』이 출간된 이후 다윈의 자연도태 이론이 유기적 진화의 대부분을 라마르크주의보다

라마르크의 획득형질의 유전

라마르크(1744~1829)는 진화가 자연법과 조화를 이루며 진행되어 나간다는 생각을 제시한 프랑스의 생물학자였다. 그는 환경이 생물에 변화를 부여한다는 주장을 폈다. 그리고 그는 생명체는 서로 다른 부분들로 구성되어 있지만 그것들이 유기적인 운동을 가능하게 할 수 있도록 구조화되어 있다는 주장을 폈다. 그가 생각한 진화의 원리는 진화는 단순한 것에서 보다 복잡한 형태로 진화의 사다리를 만들면서 진행되어 나가고, 유기체organism는 각자의 환경에 적응하면서 분화되어 나가는 형식을 취한다는 것이었다. 진화론적 변화는 유기체와 환경의 상호작용 속에서 일어나는데 여기서 그가 제시한 특별한 주장은 유기체가 특정한 형질characteristics을 사용use하거나 사용하지 않는disuse 과정에서 변화가 야기된다는 것이다. 이는 용불용설이라고 불리게 되었다. 그리고 라마라크의 또 하나의 중요한 주장은 이런 과정을 거치면서 얻어진 형질의 변화acquired modification는 다음 세대에 유전된다는 것이었다. 이러한 이론은 1880년 바이스만August Weismann에 의해 반박당했시만 획득형질이 유전 inheritance of acquired characteristics 된다는 주장은 빅토리아 시대의 중간계급에게는 구미가 당기는 이론이었다. 성품이 유전될 수 있다는 생각은 개인의 성품을 변화시켜 사회를 개선시키자는 주장과 이어질 수 있었기 때문이다. 다윈은 그의 이론의 중요한 원리로 자연선택natural selection을 제시했지만 라마르크의 주장을 완전히 배격하지는 않았으며 1868년에 출판된 유전의 문제를 다룬 책의 마지막 장에서 그의 주장을 상세히 다루고 있다.

더 설득력있게 설명한다는 점을 인정하였지만, 어떤 부분에서는 라마르크주의가 사회진화를 설명하는데 더 중요하다고 보기도 했다. 이것이 스펜서가 다윈주의의 비판자와 라마르크주의의 비판자 양쪽 모두로부터 비판을 받은 이유이다.[56]

스펜서가 사회진화를 설명하는 과정에서 사용한 라마르크의 이론은 획득형질이 유전된다는 내용을 가지고 있었다. 이 이론에 따르면 부모가 환경에 대처하는 과정에서 어떤 성질을 획득하게 된다면 자식들이 그것을 물려받게 된다는 것이다.[57] 그런데 스펜서는 이러한 생각 즉 획득형질이 유전된다는 생각을 "성격"에 적용시켰다. 결국 스펜서는 영국 국민의 성격과 믿음이 라마르크적 과정에 의해 변화될 수 있다고 주장한 셈이다. 한 세대는 다음 세대에 변화된 도덕 감정을 전달할 수 있다고 본 것이다.[58]

이런 라마르크주의는 다윈주의보다 빅토리아기의 분위기에 더 잘 들어맞았다. 인간의 성격이 개선된다면 개선된 성격을 후손들에게 물려줄 수 있고, 그럼으로써 국민적 성격이 개선될 수 있다는 것이 빅토리아 시대의 믿음이었기 때문이다. 이런 이론은 사회의 모든 문제를 개인의 성격과 그에 따른 개인의 도덕적 책임과 연관짓는 빅토리아 시대의 정신과도 잘 들어맞았다. 그러나 획득된 성격이 자식에게 유전된다는 주장은 증명되지 않았으며, 이런 주장을 그대로 받아들이기는 어렵다. 라마르크의 주장을 받아들인다 하더라도 그것은 어디까지나 생물학적 특성에 적용될 따름이지 정신이나 태도의 변화까지 포함하는 것은 아니었기 때문이다.

스펜서는 그가 생각한 완벽한 사회를 달성하는 방법론으로서 진화론을 끌어들였다. 하지만 그가 자연과학의 이론을 사회에 적용하고 아울러 이상적 사회로 나아가는 방법론으로 채택하였을 때, 그것은 그의 초기 사상들과 순조롭게 엮어지지 않았다. 그가 생각한 완벽한 사회는 강자가 지배하는 사회는 아니었다. 평등한 자유가 실현되는 사회였다. 최종 인간 ultimate man은 완벽한 도덕성과 개체성이 사회 구성원 모두 안에서 동시에 발현되는 인간이었다. 그러한 사회에서는 모든 사람들이 자유로워질 때까지 누구도 완벽하게 자유로워질 수 없다. 모든 사람들이 도덕적이 될 때까지 누구도 완벽하게 도덕적이 될 수 없다. 모든 사람들이 행복해질 때까지 누구도 완벽하게 행복해질 수 없는 것이다.[59] 하지만 완벽한 사회로 나아가는 방법론으로 사회진화론이 적용되면서 완성되어질 사회는 강자가 정당화되는 사회로 변모해 버렸다. 이와 함께 그가 초기에 견지했던 인간의 권리를 강조하는 개혁적 입장은 어느새 보수적 입장으로 바뀌어 버렸다.60) 그리고 민주주의는 사회진화를 방해하는 작용을 한다고 여겨지게 되었다.

결국 스펜서의 사상에서 그가 생각한 완벽한 사회와 그러한 사회를 만들기 위한 방법론은 조화를 이루지 못하고 있다. 전자를 고수하려면 후자를 배척해야 하고 후자를 고집하려면 전자를 수정하지 않으면 안 되는 딜레마를 초래하고 있는 것이다.

5. 맺음말

스펜서의 역사 2단계설은 역사를 인간들이 국가의 억압에서부터 벗어나 개인의 영역을 확보해 나간 자유의 과정으로 보고 있다는 점에서 타당한 면이 있다. 그러나 그는 모든 국가간섭을 사회주의라고 규정함으로써 비민주적인 국가와 민주적인 국가의 행위를 구별하지 않는 역사관을 제시했다. 그래서 그는 19세기 후반 그가 산업형 사회라고 규정한 국가에서 나타난 국가의 간섭도 과거의 전제정과 동일한 성격을 지닌다고 주장했고 이를 역사의 퇴행 현상이라고 보는 혼란에 빠져 버린 것이다.

스펜서는 자유주의는 어떠한 형태의 국가간섭에도 저항해야 한다고 생각했다. 간섭에 저항해야 한다는 생각 그 자체는 개혁적이라고 볼 수 있었다. 하지만 실제적 의미는 상황에 따라 달라질 수 있었다. 왜냐하면 1870년대에 나타난 국가간섭은 대체로 사회문제에 대한 관심에서 제기되고 있었기 때문이다. 그 결과 이런 관심에서 제기된 국가간섭은 주로 귀족과 기업가등 보수파에 대해 간섭하는 결과를 낳았다. 보수파는 그들의 이익을 침해하는 국가간섭에 격렬히 반대했다. 그러므로 1870년대에 스펜서가 국가간섭에 대한 우려를 표명하였을 때, 그것의 실질적 의미는 보수파의 이해와 연결될 수밖에 없었다. 비록 국가간섭에 반대하는 동기는 달랐을지 모르나 스펜서와 보수파는 같은 편에 서게 되었다. 스펜서의 자유주의가 보수파에 봉사하게 된 것은 당연했다.

한편 스펜서는 보수주의자들과 구분되는 면모도 가지고 있었다. 그는 사회를 보존해야 한다는 토리의 입장에 반대해 사회의 변화를 추구했기 때문이다. 아울러 그는 자유를 확대시키기 위해 정부의 간섭은 더욱 줄어들어야 한다는 생각을 제시했다. 그가 이상 사회에 대해 지속적인 관심을 보여준다는 점에서 그는 나름 자유주의적 개혁에 대한 열망을 가지고 있었던 셈이다. 하지만 스펜서는 사회동학에 대한 관심을 사회진화론을 받아들여 해결했고, 그의 개혁은 힘에 의한 도태과정을 통해 이루어져야 했다. 결국 적자생존의 바탕 위에 서 있는 스펜서의 개혁은 황량하고 살벌한 성격을 띠게 되고 말았다. 과연 이런 변화를 개혁이라고 규정할 수 있을지조차 의문이다.

스펜서는 국가간섭을 낳는 기제에 대해서도 인식하고 있었다. 그는 자유주의는 개인주의를 낳는데 반해 민주주의는 집단주의를 낳는다는 사실을 일찍이 발견한 사람 중 한 사람이었다. 그는 모든 형태의 집단주의를 사회주의라고 지칭하였으며 그러한 사회주의에 반대했다. 사회주의 현상이 나타나는 것을 막기 위해 그는 민주주의를 억제해야 한다는 사실을 예리하게 포착했다. 그 결과 그는 그가 초기에 지지했던 보통선거와 토지공유화에 대해 시간이 지나면서 반대 의사를 표명하게 되었던 것이다.

결국 국가간섭을 배제하는 것에 집착한 스펜서의 자유주의는 보수파의 이익에 봉사하며 아울러 반反민주주의를 추구하는 사상이 되어 버리고

스펜서의 기자회견

스펜서에게 질문하는 **기자_** 스펜서씨, 당신은 보통선거와 토지 공유화를 주장합니까?

스펜서_ 예, 나의 제1원칙은 평등한 자유의 원칙입니다. 여기서 권리에 대한 주장이 나오게 됩니다. 그런 것들로 보통선거, 토지공유화, 국가간섭을 거부할 권리 같은 것들이 있어요.

기자_ 그런데 왜 나중에는 보통선거와 토지공유화를 거부했지요?

스펜서_ 예, 토지공유화는 자발적 과정을 통해 진행되어야 합니다. 사회가 발전하면 이타주의가 개발될 것이라고 생각했어요. 하지만 선거권이 확대되면서 국가는 집단주의적 입법을 하기 시작했습니다. 이것은 국가 간섭을 의미하지요. 국가간섭은 바람직하지 않으며 국가간섭을 통한 공유화 역시 허용되어서는 안 됩니다. 국가기능은 점차 축소되어야 합니다.

말았다. 그러나 그의 사상은 국가권력을 잡으려 한 것이 아니라 국가권력 자체를 축소시키려 했다는 점에서 보수주의와는 달랐다. 그는 홉스, 로크, 루소가 만들어낸 근대 권력 기구를 해체시키고 거기에 개인들의 자발적 조직들을 대체시키려 하고 있었다. 단지 스펜서는 자유를 추구했을지 모르나 적자생존의 원리가 적용된 사회에서 그 자유가 가져올 문제에 대하여는 인식하지 못하였고, 권력에 대한 근대적 해결책이었던 민주주의 역시 받아들이지 않았던 것이다.

6장
보수가 이용하는 자유주의에는 과연
개혁성이 없는 것일까?

스펜서 자유주의의 이중성에 대한 고찰

*In the amount of the legal contribution we ought not to
go beyond what is simply necessary.
To go beyond that would be taxing industry
for the support of idleness.*
Jeremy Bentham

법적인 분담은 진정으로 필수적인 것에 그쳐야 한다.
이 이상으로 나가는 것은 나태한 자들을 돌보기 위해
근면한 사람들에게 과세하는 것이 된다.
제레미 벤담

제레미 벤담

효용을 도덕적 가치 판단의 잣대로 간주한 벤담의 사진이다. 효용이 행복을 가져다주니 벤담에게는 효용을 증진시키는 것이 중요했으며, 행복과 쾌락을 높이는 것이 중요했다. 이를 위해 각각의 개인은 자유롭게 행복과 쾌락을 추구해야 했다. 아울러 최대 다수의 최대 행복을 추구한 벤담에게 사회의 행복을 최대화하기 위해 사회를 개혁하는 행위는 정당화될 수 있었다. 이러한 행위는 효율을 위해 시장경제에 대해 간섭할 수 있다는 의미를 지녔다. 시장에 대한 간섭이 정의나 복지를 이유로 한 것이 아니었다는 점에 유의해야 하겠다.

1. 머리말

스펜서는 19세기 후반 영국의 대표적인 자유주의자였다. 자유주의자라
고 하면 개혁가로서의 이미지가 먼저 떠오르기 마련이다. 하지만 그는
보수파의 단체였던 자유와 재산 방어 연맹The Liberty and Property Defense League
의 입장을 지지했다. 그래서 그는 당대에 이미 보수파에게 환영받았던
인물이다. 스펜서가 1882년 미국을 방문했을 때 그는 기업가들로부터
왕족과도 같은 대우를 받았다. 록펠러는 스탠다드 오일 트러스트라는
독점 기업을 만들어 낸 그의 행위를 종종 스펜서의 이론을 원용해서 방어했
다. 록펠러만이 아니라 카네기 역시 스펜서를 스승으로 끔찍이 예우한
것을 보면 스펜서 이론이 얼마나 보수파의 구미에 맞았는가 하는 것을
잘 알 수 있다.[1]

보수파에 대한 이념 제공자로서의 스펜서의 역할은 19세기에만 그치지
않았다. 20세기 후반 영국과 미국에서 스펜서의 사상은 화려하게 부활해
대처와 레이건의 정책을 지지하는 이념적 근거로서 원용되었다.[2] 심지어
대처는 스펜서가 『사회정학』에서 사용한 "대안은 없다"(There is no
alternative)라는 문구를 그녀의 구호로 사용하기도 했다.[3] 이 문구는 종종
티나TINA로 불리면서 보수파의 입장을 압축적으로 표현했다. 미국의 경우
스펜서는 에인 랜드Ayn Rand를 통해 부활했다고 생각되기도 한다. 에인
랜드의 절친한 친구인 앨런 그린스펀은 1987년부터 2006년까지 미연방준
비국FRB의 수장이었는데 그는 2008~2009년의 세계 금융위기의 와중에서
도 자신이 근본적으로 잘못되었다고 생각하지 않았다.[4]

스펜서의 자유주의가 보수파와 연결된 가장 중요한 논리는 "국가의
간섭을 거부해야 한다"는 주장이었다. 사실 스펜서가 국가의 간섭을 거부한

230

정도를 살펴보면 놀랍기 그지없다. 콜레라는 영국에서 빈번하게 창궐했는
데 1831년 절정에 달했으며, 1848년 다시 영국을 강타해 5만 명 이상의
생명을 앗아갔다. 사망자는 대부분 런던의 슬럼가에서 발생했는데, 이
지역들은 너무 불결해 보건종사자조차 들어가려 하지 않았다. 티푸스
역시 잉글랜드와 웨일즈에서 1840년대 지속적으로 발생했고 많은 사망자
를 발생시켰다. 이러한 전염병들은 위생이 불결한 도시 지역에서 집중적으
로 발생했기 때문에 벤담주의자였던 에드윈 채드윅은 국가가 도시의 위생
을 개선할 필요가 있다고 주장했다. 그렇지만 스펜서는 여기에 반대했다.
그는 그런 조치가 인류에게 오히려 해롭다고 주장했다. 이런 그의 생각은
『사회정학』(1851), 「과도입법」(1853), 『개인 대 국가』(1884), 『윤리학 원리』
(1879~1893) 등으로 이어진 저작들에서 지속적으로 나타났다.5)

　　빈곤, 교육, 질병, 위생 등의 문제를 사회적 문제로 파악하기보다는
개인의 문제로 인식했던 스펜서에게 이런 문제를 국가가 책임져야 한다는
생각은 매우 부당하게 여겨졌다. 그리고 사회문제 해결을 위해 국가가
비용을 지출하는 것에 반대하던 보수층에게는 이러한 스펜서의 논리가
더없이 반가웠을 것이다.

　　그러나 이런 논리가 보수파에게 환영받은 것은 사실이지만 그의 사상이
항상 보수파의 구미에 맞았던 것은 아니다. 스펜서의 사상에는 여러 가지
이중적인 요소들이 내재해 있었기 때문이다. 스펜서는 사회가 군사형
사회에서 산업형 사회로 변화해 나간다고 보았으며, 역사는 발전을 계속해
나가 완벽한 사회에 도달할 것이라는 생각을 가지고 있었다. 스펜서는
제국주의에 반대했으며 어떤 전쟁에도 반대했다. 그리고 스펜서의 사상
안에는 보통선거를 옹호하고, 토지공유화를 주장하는 논리가 내재해 있었
다. 스펜서의 사상 안에 있는 이러한 요소들은 보수파의 주장과는 거리가

먼 것들이었다.

그래서 스펜서의 자유주의 안에 섞여 있는 이중적 혹은 상충되는 요소들을 살펴보고 그것들이 어떤 관계를 가지고 있는지를 알아볼 필요성이 제기된다. 그 이중적 요소들은 때로는 모순을 빚기도 하지만 때로는 겉으로 보이는 모순을 넘어 공존을 모색하고 있다는 점을 발견할 수 있다. 그러한 이중적 요소들을 살펴봄으로써 스펜서의 사상에 보수성과 개혁성이 함께 섞여 있음을 지적해 보려는 것이 이 글의 목적이다. 이 글에서는 먼저 스펜서의 토지공유화론을 살펴보면서 그의 생각의 이중성을 검토해 본 후, 사회유기체설에 대한 검토를 통해 그의 사상의 또 다른 이중성을 검토해 보기로 하겠다. 그리고 마지막으로 그의 사상이 사회적으로는 보수에 봉사하였음에도 불구하고 실질적으로는 개혁 사상으로 작용할 수 있는 부분이 여럿 있음을 지적해 보기로 하겠다.

2. 스펜서의 토지공유화론

스펜서는『사회정학』에서 토지는 공유되어야 한다는 주장을 폈다. 사유재산의 강력한 옹호자로 간주되는 스펜서가 토지공유화론을 주장했다는 점을 발견하게 되는 것은 놀라운 일이다. 토지공유화는 사회주의자들이 주장한 구호이기도 해서 더욱 우리를 혼란스럽게 한다.

하지만 스펜서는 토지공유화에 대한 주장을 非사회주의적인 기초 위에서 유도해 내었다. 스펜서는 자신의 토지공유화론은 오웬, 푸리에, 루이 블랑의 논리와는 다르며 혁명을 초래하는 종류의 것도 아니라고 주장했다.[6] 스펜서는 그의 주장을 다음과 같이 풀어갔다. 스펜서는 영국에서 토지는 원래 공동으로 소유되었다고 주장했다. 이러한 토지는 정복과 무력에 의해 사적으로 소유되기 시작했다.[7] 결국 노르만 정복 이후 모든 토지는 국왕의 재산이 되어 버렸다. 스펜서는 다음과 같이 지적했다.

> 폭력, 사기, 특권 이런 것들이 토지소유권의 근원이다. (토지소유를 둘러싼) 원래의 행위들은 칼로 쓰여졌지 펜으로 쓰여지지 않았다. 법률가가 아니라 군인들이 양도 중개인conveyancer들이었다. … 피가 왁스보다 선호되었다.[8]

하지만 사회가 자유를 향해 나아가게 되면서 정복으로 일어난 이러한 토지 독점은 깨어지게 되었다. 여기에 하나의 원리가 작동하기 시작했다. 그것은 "평등한 자유의 법칙Law of Equal Freedom"이라는 원리였다. 스펜서는 "평등한 자유의 법칙"을 그의 전 저작을 통해 정의의 제1원칙으로 간주했다.[9] 그는 이 원리를 신의 목적Divine purpose에 대한 이해로부터 끌어내었다. 신은 인간의 행복을 그의 창조 계획의 일부로서 의도하고 있는데 그렇다면 신의 목적을 완성시키려 하는 행위 즉 행복을 추구하는 행위는 좋은 행위인 것이다. 인간은 행복을 위한 자신의 목적을 달성하기 위해 자신의 능력을 행사하게 된다. 그러므로 능력을 행사할 자유는 인간의 권리가 되지 않으면 안된다. 이것이 스펜서가 제시한 평등한 자유의 법칙인 것이다.[10] 이 법칙으로부터 모든 사람은 그의 능력을 행사할 완전한 자유를 요구해야 한다는 주장이 나오게 된다. 이는 『사회정학』과 『윤리학 원리』에 이르기까지 일관되게 주장된 스펜서의 원칙이었다.[11]

스펜서는 "만약 토지의 일부가 개인의 소유가 되고 그만이 유일하게 사용하도록 점유된다면 그리고 아울러 그만이 배타적 권리를 갖게 된다면 결국 다른 토지들 역시 그런 방식으로 점유될 것"이라고 지적했다. 토지가 그렇게 점유되기 시작한다면 "지구의 전체 토지는 결국 모두 개인들의

손으로 들어가게 될 것"이다.12)

사정이 이러하므로 토지는 사회에 환원되는 것이 마땅했다. 토지소유의 형식은 마치 주식 소유의 형태와도 같은 방식으로 사회를 구성하는 사람들에게 주어져야 했다. 인류 발전의 마지막 단계는 로크가 생각했던 것처럼 토지가 사점되는 형태로 완성되는 것이 아니었다.13) 토지는 자발적 과정을 통해 재분배되어야 했다.14)

토지공유의 논리 그 자체에 대한 스펜서의 주장은 1851년의『사회정학』에서 1879년의『정의』에 이르기까지 사실 크게 변하지 않았다고 볼 수 있다. 차이가 있다면『정의』에서는 신적 기초는 철회되고 도덕 감정moral sentiment 이론만이 평등한 자유의 법칙을 지지하고 있다는 점이다.15) 모든 인간은 평등한 자유가 직관적으로 존재하는 도덕 감정을 가지고 있는 것이다.16) 양 저작은 모두 토지의 사적 소유의 부당성을 제시하는 주장을 담고 있다. 그래서 다음과 같은 논리가 전개된다.

1. 모든 사람은 그의 삶을 지속하기 위해, 혹은 그의 행복을 확보하기 위해 그가 하고자 하는 바를 할 자유를 가진다. 단지 그가 다른 사람의 평등한 자유를 침해하지 않는 한 그러하다.
2. 그러므로 모든 사람은 그의 삶을 유지하거나 행복을 확보하기 위해 그가 다른 사람의 평등한 자유를 침해하지 않는 한 토지를 자유롭게 사용할 수 있어야 한다.17) 토지는 신이 인류에게 준 선물이며 인류는 공동의 상속자(All men are joint heirs to the world)인 것이다.18)
3. 토지재산은 토지 전체를 몇몇 거주자가 소유하는 형태로 나아갈 수 있는데, 이런 경우 토지를 갖지 못한 사람들은 토지소유자의 허락없이는 자신의 삶을 유지하기 위해 토지를 사용할 수 없게 된다. 이런 현상은 평등한 자유의 법칙을 위배하는 것이다. 토지를 모든 사람이 평등하게 사용할 수 있게 되어야 한다면 토지는 사유재산이 될 수 없다.19)
4. 그러한 평등한 사용권은 토지에 대한 공동소유와, '집단적 동의 없이는

토지는 개인적으로 소유될 수 없다는 것'을 의미한다.

5. 그러한 동의는 개인들이 사회 전체로부터 토지를 빌리는 과정을 통해 획득될 수 있다. 그러한 결과는 자발적으로 얻어질 수 있고 따라서 다른 사람들의 평등한 자유의 법칙을 침해하지 않는 것이다.[20]

그 뿐만 아니라 스펜서는 토지의 개인소유가 부적절하다는 주장에서 한 발 더 나아가 토지는 모든 사람이 평등하게 사용할 수 있어야 하는데 그런 평등한 사용권은 사회 구성원 모두에 의한 토지의 공동소유를 의미한다고 주장함으로써 토지의 집단적 소유를 정당화하는 주장을 펴고 있다.[21]

평등한 자유의 법칙에서부터 유추되는 토지공유화의 정당성에 대한 스펜서의 논리는 1879년 출간된 『윤리학 원리』에서 다시 확인되었다. 하지만 그는 1880년대 그의 동조자들이 출현하기 시작했을 때 이들에게 동조하지 않았다. 1879년 미국에서 헨리 조지가 『진보와 빈곤』을 출간하고 1882년 영국에 그의 이론을 소개했을 때 스펜서는 그의 입장을 다음과 같이 격렬하게 비판했다.

공동체주의적 이론은 … 점점 더 대중 지도자들에 의해 소리높이 옹호되고 있고 조직된 사회들에 의해 촉구되고 있다. 조지씨와 그 친구들에 의해 토지국유화 운동이 벌어지고 있는데 그것은 현재의 소유자들의 정당한 요구를 무시한 채 국가 사회주의로 반 이상 나아가는 계획의 기초이다.[22]

이런 지적은 토지공유화에 대한 스펜서의 입장이 후기로 가면서 바뀌었다는 생각이 들게 만든다. 그리고 스펜서는 1891년의 『정의』에서 토지공유화에 대한 자신의 생각이 바뀌었음을 보여주고 있다. 이런 논리를 전개하기 위해 그는 먼저 당대 토지소유자들의 토지소유의 기원에 대한 변명을 제시했다. 그는 다음과 같이 지적했다.

> 토지소유가 확립된 과정은 다음과 같다. 만약 토지소유의 기원이 부정으
> 로 가득 차 있다면 그것들은 어느 특정 계급의 선조에 의해 저질러진
> 것이 아니라 존재하는 모든 사람들의 선조들에 의해 저질러진 것이다.
> 현재 영국인들의 먼 조상들은 약탈자들이었다. 그들은 도적이었던 사람들
> 의 땅을 빼앗았다. … 노르만들에 의해 약탈된 땅들은 몇 세기 전 일부는
> 해적과도 같은 대인족Danes과 노스맨Norseman이 차지한 땅이었고 일부는
> 프리지안Frisian이나 고 잉글리시old English족의 무리들이 차지한 땅이었다.
> 이런 사람들에 의해 땅을 빼앗기고 추방된 켈틱인들 역시 그들 스스로가
> 먼 옛날에 여기 저기 흩어져 살고 있었던 원주민들을 착취했던 사람들이
> 다.23)

스펜서는 노르만인만이 아니라 그 이전의 대인족, 노스맨 역시 약탈자였
고 더 거슬러 올라가 프리지안이나 켈틱인마저 모두 토지의 약탈자였다고
주장하는 것이다. 그는 이러한 전제를 바탕으로 해서 현재의 토지소유자들
의 소유권이 약탈에 근거하지 않는다는 주장을 이끌어 내고 있다. 그는
다음과 같이 주장한다.

> 누가 잘못한 사람이고 누가 피해를 입은 사람인가? 땅을 빼앗은 사람과
> 땅을 빼앗긴 사람이 각각 여기에 해당할 것이다. 그러면 누가 빼앗은
> 사람과 빼앗긴 사람들의 후손들인가? 쉽게 생각하게 되는 것은 지금
> 땅을 가진 사람들은 빼앗은 사람들의 후손이고 지금 땅이 없는 사람들은
> 빼앗긴 사람들의 후손이라는 것이다. 그렇지만 이런 생각은 잘못이다.
> 지금 귀족들 가운데는 그들의 토지소유권이 마지막 약탈이 일어났을
> 때까지 거슬러 올라가는 사람은 거의 없다. 첫 번째 약탈이 일어났을
> 때까지 거슬러 올라가는 사람은 하나도 없다. … 한편으로 지금 토지가
> 없는 사람들의 조상을 거슬러 올라가 보면 처음에는 토지를 약탈했던

사람들이었던 경우도 있다.24)

스펜서는 토지소유자들의 소유권을 인정하는 발언을 했을 뿐 아니라 한 걸음 더 나아가 초기에 제시한 자신의 분석이 잘못되었음을 인정했다. 그는 사회정학에서 밝힌 자신의 입장에 오류가 있었음을 인정하는 발언을 하는 것이다.

> 1850년 출판된 『사회정학』에서 나는 평등한 자유의 법칙으로부터 토지는 공동체community로부터 분리될 수 없다는 결론을 끌어내었다. 그리고 나는 현재의 보유자들에게 보상을 해 준 다음 공동체에 의해 재분배되어야 reappropriated 한다는 주장을 폈다. 이런 주장을 폈을 때 나는 앞에서 밝힌 고려사항들을 간과했다. 게다가 나는 시간이 흐르면서 부가된 토지의 모든 가치들에 대해 보상한다는 것이 무엇을 의미하는지 분명히 파악하지 못했다.25)

그래서 결국 스펜서는 현재의 토지소유 형태 즉 개인의 토지소유는 계속 유지되어야 한다는 결론을 내리고 있는 것이다.26) 게다가 그는 토지국유화를 반대하는 논리에 중요한 이유 한 가지를 덧붙였다. 그것은 공적 관리의 비효율성이라는 점이었다. 그는 다음과 같이 강변하고 있다.

> 국유화에 대한 모든 금전적 반대들을 논외로 하더라도 사적 관리private administration에 대한 공공 관리public administration의 열등성을 기억하는 것으로 충분하다. 국가에 의한 소유는 잘 작동하지 않을 것이다. 현재의 소유제도 하에서 토지를 경영하는 사람들은 노력effort과 이익benefit 사이의 연관관계를 경험한다. 만약 국가 소유 하에서라면 토지를 운영하는 사람들은 그러한 관계를 경험하지 못할 것이다. 관료행정의 단점들은 불가피하게 커다란 해악을 가져오게 될 것이다.27)

스펜서는 1891년의 글에서 노력과 결과 사이의 관계가 중요하다는 입장을 강조하고 있다. 그는 노력과 결과 사이의 직접적인 관계를 찾아볼 수 없는 관료행정의 폐단이 사회 진화의 원리를 방해할 것이라고 보고 있는 것이다.

스펜서는 이상적으로 볼 때 토지의 집산화는 도덕적으로 요구된다고 생각했다. 그러나 그것을 시행하기 위해서는 보다 유리한 시간을 기다려야 한다고 생각했다. 아울러 그는 후기로 가면서 사회진화론과 토지공유화론을 접합시키려고 했다. 즉 토지공유화론을 사회진화론의 바탕 위에서 전개시키려 했던 것이다. 그 결과 그는 토지국유화가 즉시 실현되어야 한다는 요구를 거부하게 되었다. 그는 사회진화론으로부터 도덕적으로 이상적인 행위는 오직 완전히 진화된 인간fully evolved humanity에 의해서만 가능해질 것이라는 생각을 끌어내었다. 1870년대 후반쯤에 이르게 되면서 스펜서는 영국인이 토지를 공동소유할 만큼 성숙하지 않았다는 확신을 가지게 되는 것이다.[28] 스펜서는 진화론을 받아들이면서 도덕철학이 제시하는 요구들을 현실의 인간들이 충족시키기는 불가능하다고 생각하게 되었다. 여기서 그가 토지공유화론을 현실적으로 적용할 수 없다고 보는 결론이 도출된 것이다.[29]

이상과 이론은 살아 있었지만 이상을 실현시키기 위해서는 시간이 충족되기를 기다려야 했다. 하지만 빅토리아 후기의 영국 사회에서 이타주의가 개발된 스펜서의 시간은 아직 도래하지 않았다. 이런 상황 속에서 그의 이상 즉 토지공유화를 실현시키려는 노력은 다른 세력에 의해 나타났다. 그런데 그들의 방법은 스펜서의 생각과는 반대되게도 국가가 간섭을 하는 행위를 통해 토지공유화를 실현시키는 것이었다. 스펜서는 토지공유화를 실현시키는 방법론에 동의할 수 없었고 그렇게 되자 그는 기꺼이 보수의

238

편에 서서 현재의 토지제도를 유지하자는 주장을 하게 된 것이다.

스펜서의 토지공유화론의 경우 그 이상은 살아 있었지만 스펜서는 그것을 실현시킬 유효한 방법을 찾아 내지 못했다. 그 결과 그의 토지공유화론은 유토피아로 남고 말았다. 국가간섭이 토지문제에 대한 방법론으로 등장하였을 때 그는 국유화에 대해 반대하는 것으로 화답했다. 국가의 간섭은 그가 싫어했던 현상이며 자유의 실현에 역행하는 것이었다. 결국 그의 토지공유화론은 이론과 실제에서 괴리를 일으키면서 그의 사상의 이중성을 드러내고 말았다. 그리고 스펜서가 후기 저작『정의』에서 초기 저작인 『사회정학』과의 분명한 차이점으로 지적한 사회진화론이30) 그의 방법론으로 채택되어 지면서 이론과 실제의 괴리에 대한 해결책은 점점 더 멀어지게 되었다.

혹자는 스펜서의 사상이 초기에나 후기에나 모두 보수성을 유지했다는 주장을 펴기도 한다. 토지공유화론조차도 그것은 국가 개입을 배제한 채 가정된 아이디어로 그의 보수적 입장에서 벗어난 제안이 아니라는 것이다. 그러나 스펜서가 그의 활동 초기에 제안했던 보통선거와 함께 토지공유화에 대한 주장은 개혁가들의 입장과 동조되었으며 그 근거가 무엇이었든 사회의 변화를 추구한 행위들이었다. 스펜서가 초기와 후기에 이 문제에 대해 상이한 입장을 보여주는 것은 토지공유화의 방법에 대해 토지공유화를 주장한 또 다른 세력들과 뚜렷한 마찰을 빚었기 때문이다. 스펜서는 이 문제에서 이중성을 드러내었고, 방법론에 대한 반대가 그의 목표마저 왜곡시키는 결과를 낳고 말았다. 하지만 만약 이타주의와 자발주의라는 그의 방법론적 전제조건이 유효하다면 그의 토지공유화론은 살아 있다고 보아야 할 것이다.

3. 스펜서의 사회유기체론과 개인주의

19세기 후반 영국 사회는 산업화가 진행되는 과정에서 나타나는 기능적 분화와 각종 집단의 조직화로 인해 유기체적 사회관이 강하게 대두되었다.31) 스펜서는 그러한 경향 속에서 자신의 사회유기체설을 강화시켰다. 하지만 그는 개인주의자이기도 했다. 그래서 스펜서의 사상 속에서 이중적으로 보이는 부분 중 한 가지로 사회유기체론에 대한 생각을 지적해 볼 수 있다. 스펜서의 사상에는 사회유기체론과 개인주의가 함께 등장하기 때문이다. 일반적으로 사회유기체론은 집단주의적 사고의 기초를 이루고 있다고 간주되기 때문에 스펜서가 개인주의를 내세우면서 사회유기체론을 주장한 것은 어딘가 부자연스럽게 여겨진다. 그렇다면 사회유기체론과 개인주의는 스펜서의 사상 속에서 모순을 빚고 있는 것일까? 아니면 결국 어느 것 하나가 폐기되고 있는 것일까?

사실 스펜서의 사상에서 사회유기체론과 개인주의가 모순을 빚고 있다는 비판은 100년간이나 지속되어 왔고 거의 상식처럼 여겨지고 있다. 1871년 헉슬리T. H. Huxley가 처음으로 그러한 비판을 한 이래, 존 듀이John Dewey, 어니스트 바커Ernest Barker, 이보 브라운Ivor Brown, 히언쇼F. J. C. Hearnshaw, 아서바탐E. Asirvatham, 고우J. W. Gough, 스타크W. Stark, 안드레스키S. Andreski, 맥래D. MacRae, 윌셔D. Wiltshire, 폴E. F. Paul 등에 이르기까지 많은 사람들이 그를 비판했다.32)

개인주의나 사회유기체주의나 모두 간단히 정의내리기 어려운 까다로운 개념이다. 스티븐 류크스Steven Lukes가 그의 『개인주의』라는 책에서 개인주의의 기초개념을 확인했는데 그것은 인간에 대한 존엄성, 자율성, 사생활, 자기발전, 추상적 개인, 정치적 개인주의, 경제적 개인주의, 종교적 개인주의, 윤리적 개인주의, 인식론적 개인주의, 방법론적 개인주의 등 다양한 내용을 포함했다.

여기에 비추어 볼 때 스펜서의 생각들 중 다음과 같은 것들이 그 성격에 있어 개인주의적이라고 간주할 수 있을 것이다. 자연권 교리, 자유방임 사상, 사회계약 만능주의social contractarianism, 반국가주의anti-statism, 사회적 종교적 강제에 대한 반감, 개인의 독창성에 대한 강조, 자발적 협력, 사회에 대한 환원주의적이고 효용주의적인 사고 등과 같은 것들이 그것이다.33)

사회유기체주의라는 용어 역시 애매하기는 마찬가지다. 바커Barker는 유기체라는 것은 생물학적 특징을 가진 존재로 통합되고, 복잡하고, 살아 있고, 성장하는 구조로 이루어져 있는데, 이것은 보완적인 기능을 가진 서로 다른 부분들로 구성되어 있다고 주장했다. 유기체주의에서 부분은 전체로부터 분리하여 이해될 수 없다. 한 발 더 나아가 유기체주의는 '전체주의적'holistic 개념으로 제시되기도 한다. 즉 유기체whole organism 전체 는 '그 자체가 목적'이며 그 부분들의 목적들보다 상위에 있다는 주장인 것이다.34) 스펜서의 사회유기체론에도 이러한 개념들은 상당한 정도로 녹아 있다. 사회는 자연적으로 성장이 이루어진다는 점, 사회적 통합이 일어난다는 점, 부분들이 특화된 기능들을 가진 채 상호의존적이라는 점, 사회는 증식과 분화를 통해 성장한다는 점35) 등이 모두 스펜서에 의해 표명되었다. 분명히 스펜서는 방법론적 전체주의자였으며 유기체주의를 진화론 과정 전체 단계에서 유지했다.36)

그러면 개인주의는 스펜서의 사상에서 어떤 위치를 차지하고 있을까? 개인주의는 스펜서의 사상에서 요체를 차지하고 있다고 해도 과언이 아니다. 스펜서의 개인주의는 정치 경제 사회 이론의 전 영역에서 모두 다 드러나기 때문이다. 그의 자유주의를 개인주의적 자유주의로 부르는 이유도 여기에 있다. 그는 정치이론에서 국가의 기원을 사회적 계약이라는 개인주의적 원리에서 찾는다. 국가는 주식회사와 같은 사회로 시민은 가입하고 탈퇴할 권리를 가지고 있다. 여기서 정부는 기껏해야 필요악인 것이다. 정부는 개인의 활동에 개입하거나 간섭해서는 안 되었다. 정부의 역할은 개인의 권리를 보호하는 것에 엄격히 제한되어야 했다.[37]

그의 경제이론에서도 개인주의는 잘 드러난다. 스펜서는 국가간섭은 자연권을 위반하고 경제적 효율성을 저해한다고 주장했다. 그는 노동시간을 제한하거나 여성노동이나 아동노동을 규제하는 노동법에 반대했다. 그 뿐만 아니라 정부의 돈을 필요로 하는 어떤 종류의 공공시설이나 제도에 대해서도 반대했다.[38]

아울러 사회에 대한 관점에서도 스펜서는 개인주의를 드러내었다. 그는 사회를 개인들의 집합으로 간주한다. 사회는 그 자체로 생명력을 갖지 않으며, 그 자체로 존재하지 않는다는 것이다. 사회는 단지 개인들의 상호관계일 따름이라는 것이다.[39] 그리고 사회는 그 구성원들의 이익을 위해 존재할 따름이며 구성원들이 사회의 이익을 위해 존재하지 않는 것이다. 집단적 삶이 부분적 삶에 종속되어야 하는 것이다.[40]

하지만 이런 그의 개인주의적 주장의 다른 편에 사회유기체주의가 발견되는 것도 사실이다. 사회유기체주의 역시 각 영역에 두루 걸쳐서 발견되고 있다. 스펜서는 정부가 사회를 통합하는데 필수적인 역할을 한다고 보고 있는데, 특히 진화의 초기 국면에서 그러하다고 주장한다. 이러한 과정은 개인의 권리를 침해하는 대가를 치러야 할 것이다. 아울러 스펜서는 정부 형태를 문화적 맥락에서 보아야 한다는 주장도 하고 있다.[41] 스펜서가 철도회사들의 겉으로 보기에 무모해 보이는 경쟁들, 소매상들의 상업적 야만주의, 특정 산업 과정에서 나타나는 비인간적인 성격 등을 비난한 것은 그가 경제적 영역에서 개인주의를 버리고 있는 것처럼 보인다. 스펜서는 사회에 대한 설명에서도 부분들의 개별성과는 구별되는 전체의 개별성 individuality에 대해 언급하고 있다.

이러한 스펜서의 사회유기체 개념은 사회의 특성에 대해 특히 두 가지 부분을 강조한다. 첫째 사회는 그것을 구성하는 다양한 부분들의 구조와 기능이라는 측면에서 유기체를 닮았다는 것이다. 제도들은 사회유기체의 한 부분으로서 그들의 기능이라는 조건에서 설명되어야 했다. 신체의 기관이 유기체의 유지에 기여하는 것으로 설명되는 것과도 같았다. 스펜서가 기능주의functionalist라고 불리는 사회이론 및 심리학 이론에 커다란 영향을 미친 이유가 여기에 있다.[42] 둘째 사회는 유기체의 진화에서 나타나는 발전과정과 정확히 일치하는 과정을 거친다는 점이었다.[43] 스펜서는 개인의 사회적 발전 즉 사회화socialization는 종족의 사회적 발전을 반복한다는 주장도 폈다. 바에Baer와 헤켈Haeckel은 생물학자들에게 개체발생ontogeny은 종으로서의 인간의 진화 즉 계통발생phylogeny을 요약한 것이라는 주장을 폈는데 스펜서는 이러한 생물학의 법칙을 사회학의 법칙으로 끌어들였던 것이다.[44] 아울러 그는 사회는 그 규모와 일관성, 복잡성의 측면에서 유기체처럼 성장해 나간다고 주장했다.[45] 그는 사회의 존재를 인정하고 있고, 사회의 성장을 유기체의 진화와 동일시했다는 점에서 사회를 유기체적 존재로 간주하는 것처럼 보인다.

스펜서에게 개인주의와 사회유기체주의 모두가 발견된다는 점은 분명한 것 같다. 그래서 상충하는 것처럼 보이는 이 두 요소의 이상한 공존을 설명하는 여러 가지 방법들을 생각해 볼 수 있다. 그러한 방법들로 다음과 같은 것들을 제시해 볼 수 있다.

첫 번째 방법은 빈번하게 사용되는 해결방법인데, 사실 이런 갈등을 해결하는 간편한 방법이기도 하다. 한 사람의 사상을 초기와 후기로 나누는 것이다. 초기의 사상과 후기의 사상이 달라졌다고 설명해 버리면 두 개의 상이한 요소가 한 사람의 사상에서 나타나는 것을 이해할 수 있게 된다.

두 번째 해결책은 스펜서가 사실상 어느 한 쪽에 무게중심을 두고 있다고 설명하는 방식이다. 즉 스펜서가 두 개의 요소를 가지고 있기는 하나 두 개의 요소 중 하나가 주류이고 다른 것은 미미하게 나타난다는 식으로 설명하는 것이다. 사이먼과 히스키스는 스펜서가 사회유기체주의를 개인주의에 종속시켰다고 보았다.[46]

세 번째로 이 문제를 해결하는 보다 세련된 방법으로 개인주의와 유기체주의가 서로 보완적이라고 보는 시각을 제시해 볼 수 있다. 스펜서 자신이 방법론적 개인주의와 방법론적 유기체주의가 보완적이라는 점을 인정하고 있다는 점이 이런 해결 방법을 생각해 내게 한다. 스펜서는 "전체는 부분에 대한 지식없이는 올바르게 이해될 수 없다. 그리고 어떤 부분도 전체와의 관계를 벗어나서는 올바르게 이해될 수 없다"고 지적하는 것을 볼 수 있다.[47]

네 번째로 제시해볼 수 있는 해결책은 개인주의와 유기체주의가 수렴한다는 식의 설명방법이다. 그 예로 들어 볼 수 있는 부분이 자유방임주의이다. 데이빗 니콜스가 이런 방식으로 설명하고 있는데 그는 개인주의와 유기체주의가 결국은 자유방임주의라는 방향 속에서 수렴된다는 주장을 폈다. 개인주의는 정부의 간섭을 금지하기 때문에, 유기체주의는 기능의 분화가 이루어지는 가운데서 자유방임주의로 나아가게 된다는 것이다. 정부는 자신의 적절한 역할을 맡는 식으로 기능적 분화를 이루게 될 것이다.[48]

그러나 이런 해결책은 모두 약점을 가지고 있다. 스펜서의 초기와 후기 사상에서 모두 개인주의와 유기체주의적 요소를 보여주고 있고, 개인주와 유기체주의의 종속관계에서도 때때로 모호성이 나타나기 때문이다. 아울러 스펜서의 개인주의와 유기체주의를 보완적 관계로 설명하는 방식과 수렴 이론으로 설명하는 방식은 어느 정도 성공적인 듯 보이기는 하나, 두 요소가 모순 관계에서 벗어나 조화를 이루는 것처럼 보이지는 않는다.

그래서 스펜서의 개인주의와 유기체주의를 미리 반대되는 아이디어로 간주하고 모순 현상이라는 전제를 바탕에 두고 논리를 전개하는 방식에 대해 의문을 던져 볼 필요가 있다.[49] 개인주의와 유기체주의를 배타적이고 양립불가능한 관계로 파악하지 않고 서로 얽혀 있는 관계로 보면서 접근하는 것이다.

이런 시각을 이해하기 위해서는 우선 사회유기체주의에 대한 약간의 시각교정이 필요하다. 흔히 사회유기체주의는 권위주의적 국가와 연관되고, 전체주의나 파시즘 혹은 집단주의와 연결되는 것으로 생각하지만 그것은 하나의 편견이다. 실제로 사회를 유기체에 비유하는 논리는 모든 종류의 정치 교리와 양립가능하다. 보수주의자 버크는 사회유기체주의를 경제적 개인주의와 결합시켰다.[50] 그런가 하면 온정주의적 보수주의자들 역시 유기체적 사회관을 바탕에 깔고 있다. 전체주의에 반대하는 사회주의자들도 사회유기체론을 그들의 사상의 기초로 두고 있는 것을 볼 수 있다. 결국 사회유기체주의는 극단적 좌우파 및 온건 좌우파 모두와 연결될 수 있다는 말이다.

스펜서가 발전한 형태의 사회로 제시한 산업형 사회에서 사회유기체주의는 개인주의와 어떤 관계를 가지고 있는 것일까. 흥미롭게도 스펜서의 산업형 사회는 개인주의와 사회유기체주의 중 어느 하나를 배타적으로 선호하지 않는다. 산업형 사회는 이 두 요소를 모두 끌어안고 있다. 우선 개인주의는 스펜서가 그의 자유주의의 요체로 강조한 요소이다. 앞서 언급했지만 스펜서의 자유주의가 개인주의적 자유주의로 불린 이유가 여기에 있다. 스펜서는 완벽한 사회에서 실현되는 개인들의 "평등한 자유의 법칙"을 정의의 제1원칙으로 내세움으로써 개인의 자유를 무엇보다도 강조했다. 이 법칙에서 끌어낼 수 있는 개인의 권리들은 그의 개인주의의 기초를 이루고 있다. 후기로 가면서 포기된 부분들이 있긴 하지만 그의 사상 초기에는 이러한 권리들로 생명권, 자유권, 토지사용권, 물질적 정신적 재산권, 교환의 권리, 자유 언론의 권리, 여성의 동등한 권리, 국가를 무시할 권리, 선거권 등이 포함되었다.[51] 그러므로 산업형 사회에서 개인들은 자신들의 사적 이익을 추구하면서 자유롭게 발전해 나간다. 모든 행위는 자발적이며 그 과정에서 협력이 일어난다. 복잡한 사회구조는 보이지 않는 손이라는 과정에 의해 조절되는 것이다. 이런 모습은 스펜서의 개인주의를 잘 드러내고 있다. 여기까지는 사실 아담 스미스의 논리와 크게 다르지 않다.

그런데 아울러 산업형 사회는 기능적으로 분화되어 나가면서, 자연적인 성장이 이루어진다. 산업형 사회에서는 사회의 각 부분들이 더욱더 상호의존적 관계에 놓이게 되고, 사회구성원들은 자발적으로 응집되면서 도덕적 가치들을 공유하게 되는 현상이 나타나게 된다. 이런 요소들은 바로 사회유기체주의를 보여주는 특징들이다. 스펜서는 심지어 경쟁 현상을 다룰 때조차 그의 유기체주의를 고수하고 있다. 즉 경쟁을 협동의 한 측면으로 간주하는 것이다. 달리 말하면 경쟁은 유기적 협동의 한 부분인 것이다.[52]

산업형 사회로 나가면서 사회유기체적 성격이 점점 더 강해지는 현상은 스펜서의 진화론에 입각해 볼 때도 매우 타당한 결론이었다.[53] 스펜서에게 진화는 완전한 자연 상태perfect state of nature를 향해 나아가는 발전 운동 속에서 나타나는 분화와 통합의 자연적 과정이었다. 그는 진화를 중력과도

246

같은 우주의 보편 법칙이라고 믿었다. 우주는 모든 물질이 동일한 동질적 homogeneous 상태에서 출발한다. 하지만 시간이 지나면서 진화의 자연법의 결과에 따라 사물은 보다 복잡한 상태로 조직되고 보다 유기적인 상태로 변화되어 나가는 것이다.54) 즉 사회는 진화해 나갈수록 점점 유기체적 성격이 강해지는 것이다. 여기서 스펜서의 사회는 아담 스미스의 사회에서 한 발 더 나아가고 있다.

즉 스펜서의 산업형 사회에서 개인주의와 사회유기체주의의 요소는 함께 성장해 나가고 있는 것이다. 거꾸로 돌려서 살펴보면 산업형 사회 이전 단계인 군사형 사회에서 개인주의와 사회유기체주의는 어느 한쪽이 풍부하고 다른 쪽이 결여된 상태가 아니라 양자 모두 결여된 상태로 묘사되고 있다. 군사형 사회에서는 개인의 자유가 억압되고 있을 뿐 아니라, 기능적 분화와 자연적 성장 현상 역시 일어나지 않는 것이다. 스펜서의 비판자들은 군사형 사회를 유기체적 사회의 모델로 생각하였지만, 군사형 사회가 산업형 사회보다 더 유기체적인 사회라고 볼 수는 없을 것 같다. 스펜서 자신 역시 군사형 사회를 특별히 유기체적 사회라고 보지 않았다.55)

이렇게 놓고 본다면 개인주의와 사회유기체주의라는 문제에서 스펜서의 이론은 일견 모순적으로 보이지만 실제로는 조화를 이루고 있다는 점을 발견할 수 있다. 개인주의와 사회유기체주의는 스펜서의 산업형 사회에서 모두 중요한 요소로 강조되고 있다. 스펜서의 자유주의 사회는 개인주의와 유기체주의가 함께 발전해 나가고 함께 풍부해지는 사회인 것이다. 스펜서 자유주의가 가진 이중성은 어떤 부분에서는 외견상의 모순을 벗어나 통합된 가치로 녹아들고 있음을 발견하게 되는 것이다.

4. 스펜서의 보수성과 개혁성

사실 스펜서는 개혁으로 출발했다. 개인주의와 사회유기체주의가 함께 발전해 나가는 스펜서의 완벽한 사회는 평등한 권리와 자유방임이 강조되고 국가가 점차 사라진다는 점에서 자유만능주의의 전형적 특징을 보여준다.56) 이 사회는 어떤 면에서는 이상적 사회를 구상한 사회주의자 혹은 무정부주의자들의 사회와 그 아이디어에서 별반 다르지 않다. 몇몇 사람들은 스펜서의 『사회정학』이 단순한 자유방임주의 책자가 아니라는 점을 이미 간파하고 있었다. 헨리 시즈윅은 스펜서가 정부가 필요없고 따라서 정치가 사라져 버린 이상 사회에 대해 쓰고 있다는 점을 일찍이 암시하기도 했다.57) 스펜서의 이상 사회에서 개인과 사회는 마찰을 빚지 않는다. 인간들은 더욱 자유롭고 더욱 평화스런 상태에서 조화를 이루고 있다. 이기심과 이타심에 의해 동기화된 행위들은 동일한 결과로 나아가게 된다. 개인의 행위는 공공의 선을 추구하는 행위와 겹쳐진다.58) 나아가 평등한 자유가 토지의 공유화로 이어져 자유와 평등이 마찰을 빚지 않으면서 서로를 실현시키고 있다. 도덕 감정이 개발되면서 사회질서는 자발적 계약에 의한 합의에 의해 저절로 만들어지게 될 것이다.59)

그는 초기에 사회가 이런 상태에 도달하는 방법론에 대해 상세히 설명하지 않았지만, 사람들은 성품이 개발되어 나가는 과정 속에서 자발적으로 이런 사회에 도달하게 될 것이라고 믿었다. 이러한 생각에는 인간에 대한 믿음이 깔려 있었던 것으로 보인다. 스펜서가 평생을 독신으로 지내며 남성성을 선호했다는 점, 그가 여러 과학 클럽에 가입해 활동했다는 점, 유산으로 지금 가치로 따지면 수십억에 달하는 상당한 돈을 남길 만큼 경제적 여유가 있었다는 점60) 등은 그가 강인하고 자립적인 그러면서도 이해심이 풍부한 인간관을 가졌을 것이라는 점을 짐작하게 한다. 인간들은 이성에 의해 점차 이타주의적인 태도를 가지게 되면서 그가 생각한 평등한 자유의 법칙은 아무런 갈등없이 실현되리라 생각했던 것이다.61)

그러나 스펜서의 인간은 출현하지 않았다. 그러면서 그는 차츰 인간들에 대한 신뢰를 잃게 되었다. 그리고 그가 예측했던 것처럼 이타주의가 실현되는 바탕 위에서 변화가 일어나지 않았다. 그 대신 계층 간의 갈등이 출현했고 그 가운데서 국가간섭에 의한 집단주의적 경향이 나타나기 시작했다. 변화는 자발적으로 일어나야 했는데 국가가 개입하는 방식의 방법론이 부각되기 시작했던 것이다. 스펜서는 세금으로 시행하는 복지 계획에 대해 찬성할 수 없었다.62)

그는 결국 자신의 방법론을 고수하기 위해 국가간섭을 거부하는 사람들의 편에 서게 되었다. 그리고 다른 한편으로는 국가간섭이 없는 자발적 과정을 실현할 수 있는 방법론을 찾으려 했다. 다행인지 불행인지 그는 그 방법론을 진화론에서 발견했다. 그는 진화론에서 완벽한 사회적 상태로 나가는 강제가 없는 방법론을 찾았다고 생각했다. 하지만 유감스럽게도 그 방법론에 따른 사회 현상은 그가 생각한 완벽한 사회와는 반대 방향으로 나아가는 결과를 빚었다. 평등한 자유가 실현되고 서로가 서로에 대한 존중심으로 충만한 평화로운 상태가 아니라 적개심으로 충만한 갈등 상태가 나타난 것이다. 경쟁이 투쟁으로, 투쟁이 적개심으로 전화되고 이런 상황이 결국 평화가 아니라 극심한 혼란과 불안을 야기하는 결과를 낳게 된 것이다. 그 결과 그가 찾은 사회진화론이라는 방법론은 그가 구상한 완벽한 사회를 달성하는 도구로 잘 작동하지 않았을 뿐 아니라 그가 구상한 완벽한 사회에 대한 모습마저 왜곡시켜 버렸다. 완벽한 사회 대신 강자의 사회가 출현한 것이다.

　스펜서가 이타주의를 믿었다는 점은 그가 이상 사회를 달성하는 수단으로 성격과 제도 중 성격을 택했음을 보여준다. 스펜서는 잘못된 성격은 어떤 구조 속에 놓여 있다 하더라도 잘 작동하지 않는다는 생각을 피력했다. 제도가 성격을 바꿀 수 있다는 생각은 집단주의자들의(사회주의자든 자유주의자든) 망상이었다.[63] 그래서 그는 사람들의 성격이 변화되어야 사회는 이상적 상태에 도달하게 될 것이라고 믿었다.[64] 국가는 사람들의 성격을 해치는 행위를 해서는 안 되었다. 도덕적 성품은 다른 획득형질처럼 유전되기 때문에 스펜서는 한 세대의 도덕성의 감소는 다가올 세대에 대해 부정적인 결과를 낳을 것이라고 생각했다.[65] 스펜서는 사람들의 이기심은 줄어들고 이타심이 확대되는 과정에서 평등한 자유가 실현되는 단계에 도달하게 될 것이라고 믿었지만 현실은 그와는 반대로 전개되었다. 현실은 사람들의 이기심이 오히려 강화되는 현상을 보여 주었기 때문이다. 그리고 여기서부터 야기된 문제에 대한 처방으로 국가간섭이 제시되었다. 그것도 국가가 성격에 간섭하는 것이 아니라 제도에 간섭해 여러 제도를 바꾸는 방식이 나타났다. 스펜서가 지양되어야 할 것으로 본 두 개의 요소 즉 이기심과 국가의 간섭 이 두 개의 현상이 현실 속에서 동시에 작동하고 있었다. 그렇지만 스펜서는 설사 이기심이 낳은 사회문제들이 있다 해도 여기에 국가가 간섭하는 것에는 반대했다. 이런 입장 표명은 보수 세력의 이해관계에 동조되었고, 여기에 사회진화론의 방법론이 더해진 스펜서는 카네기, 록펠러 등이 환영하는 보수 세력의 인물로 부각된 것이다. 개혁으로 출발한 스펜서는 보수로 막을 내리고 있는 셈이다.

　하지만 스펜서의 입장에는 당대의 보수계층의 이해관계와 맞아 떨어지지 않는 부분들이 있었다는 점을 지적해 두고 싶다. 다시 말해 스펜서의 사상에는 보수성의 그늘에 가려 잘 드러나지 않은 개혁적인 요소들이 존재하고 있었다는 것이다. 그러한 것들로 다음과 같은 점들을 제시해 볼 수 있다.

첫째, 스펜서는 억압으로부터의 개인의 자유를 강조하고 있다는 측면에서 여전히 개혁적이라는 점이다. 스펜서는 극단적 자유주의자였으며 심지어 거의 무정부주의에 가까웠다. 그러므로 사람들은 억압되거나 강제되어서는 안 되었다.66) 개인의 자유를 강조하는 원칙으로부터 스펜서는 국가간섭을 거부하는 논리를 도출해 내었다. 설사 민주 국가의 국가권력이 행사하는 권력이라 해도 그것이 개인의 자유를 침해하는 한 평등한 자유의 법칙을 위반하는 것이었다. 이러한 생각은 재산 간섭에 대한 부분에서는 기업가나 재산가 같은 보수 세력의 이익을 옹호하는 결과를 낳았다. 그러나 다른 간섭들의 경우에는 그 의미가 달라질 수 있었다. 예를 들어 알코올 문제에 대한 간섭, 복장에 대한 간섭 등의 경우는 보수 세력의 이해와는 아무 관련이 없는 것이다. 오히려 스펜서의 주장은 다수의 이름으로 이루어지는 간섭에 대해 소수자의 권리가 보장되어야 한다는 생각을 담고 있어 매우 개혁적인 생각으로 이어질 수 있는 것이다. 만약 다수가 소수에게 자신의 의지를 강요하는 행위가 항상 정당화된다면 사회 내에 존재하는 소수자들의 자유와 권리는 어떻게 보장될 수 있겠는가. 국가간섭 거부라는 스펜서의 원리가 보수의 논리가 되어 버린 것은 국가가 강력하고 부유한 소수에게 간섭하려 했기 때문이다. 그러나 다수의 힘에 휘둘리는 연약한 소수 세력에게는 이 원리가 항상 개혁의 논리로 작용하고 있다는 점을 잊어서는 안 될 것이다. 재산을 제외한 부분에서는 국가간섭 배제라는 생각은 보수로 흐르지 않았다. 소수에 대한 다수의 간섭을 거부하고, 개인의 자유를 강조한 스펜서의 원리에는 다원주의 사회의 존립을 가능하게 만드는 원리가 숨어 있다.

6장 보수가 이용하는 자유주의에는 과연 개혁성이 없는 것일까?　251

　둘째로 지적할 점은 특권적 규제나 독점 현상에 대하여 스펜서의 사상은 여전히 개혁 원리로서 유효하다는 것이다. 스펜서는 국가의 간섭을 거부하기도 했지만, 국가권력과 기능 자체를 축소시키려고 했다. 이러한 시도는 기존의 권력자와 기득권층이 만들어 놓은 여러 가지 법률적 장치들을 제거하자는 의미를 지닌다. 사회에 잔존하는 기득권층의 독점적 장치들에 대해 스펜서의 자유주의는 항상 개혁 사상으로 작용할 수밖에 없다. 예를 들자면 특정 직업에 진입할 수 있는 사람 수를 제한하는 장치나, 자격 요건을 어렵게 만들어 특정 직업군에 대한 진입 자체를 어렵게 만드는 장치들 같은 것은 스펜서의 사상으로 보자면 모두 제거되어야 하는 것이다.

　셋째, 스펜서가 전쟁을 반대하고 국제평화주의를 추구한 점이다. 스펜서는 영국에서 나타난 군비 강화, 해군 지출의 증가, 군사기지 증설 등의 현상에 대해 모두 비판적이었다. 그리고 영국이 식민지에서 약탈적인 정책을 취하는 것에 대해 반대했다. 그는 영국이 아프가니스탄, 인도, 남아프리카에서 벌인 전쟁들에 모두 반대했다.[67] 스펜서는 1882년 2월 22일 런던에서 결성된 반反침략연맹Anti-Aggression League에 참여했을 뿐 아니라, 기독교 제국주의를 비판하는 글을 쓰도록 스윈번이나 부캐넌 같은 시인들을 설득하기도 했다. 그는 그의 말년에도 보어전쟁에 대해서 "나는 나의 나라를 부끄럽게 생각한다"는 발언을 되풀이해서 했다.[68] 스펜서는 사망하기 몇 주 전에 보어인의 한 가정에 편지를 보냈는데 이러한 행위를 통해서도 그는 그가 세계평화를 추구하고 사람들 사이에서 선의를 촉진시키려 한다는 점을 드러내었다.[69] 스펜서가 견지한 전쟁 반대와 식민주의 반대 입장은 당시의 제국주의 현상에 대해 정면으로 비판한 것이었을 뿐 아니라 군사 행위를 국가 정책의 수단으로 사용하는 모든 국가에 대한 도전이기도 했다. 그는 애국심에 대해서도 몹시 비판적이었다.

국가의 이익을 위해 타국을 침략하는 행위는 용납될 수 없었다. 마르크스는 노동자들에게 국가가 없다고 말했지만 스펜서는 개인들에게 국가가 없다고 말하고 있는 것이다.

아울러 그는 제국주의에 따라 다니는 타 인종에 대한 경멸감을 갖지 않았다. 그는 모든 사물과 사람들은 진화한다고 믿었다. 그래서 저급한 인종들 특히 아프리카인들과 태평양 섬들의 원주민들은 무지와 야만주의에 빠질 수밖에 없다는 식민주의자들의 생각과는 정반대로 그들은 생존할 것이고 발전할 것이라는 희망을 고수했다.[70] 스펜서는 문명과 야만을 구별하는 특징을 외면적인 물리적 특성에서 찾지 않은 것이다. 군사력 강화를 거부하고, 침략으로 이해를 관철시키는 행위를 막으려 한 점, 타 인종에 대한 경멸감을 보이지 않은 점, 애국심을 강조하지 않은 점 등은 당시의 보수 세력과는 정반대되는 입장이었다.

넷째는 스펜서가 자본주의와 기업에 대해 가지고 있는 생각이다. 스펜서는 자본주의가 개인의 자유를 방해하고 사람들이 사회에 대한 관심을 배제한 체 이기적으로 행동하도록 만드는 사업을 조장한다면, 그런 자본주의는 궁극적 사회 발전에 대한 자신의 생각과 일치하지 않는다고 보았다.[71] 그는 부패한 사업가들에 대해서도 비판하고 있다.

한 발 더 나아가 스펜서는 계서제 형태에서 벗어난 기업제도를 추구했다. 스펜서는 기업에 대한 국가간섭을 거부했지만 그렇다고 하여 기업의 계서제 형태 자체를 찬성한 것은 아니었다. 스펜서는 군사형 사회의 특징이었던 중앙집권적 권력을 싫어했다.[72] 스펜서에게는 어떤 명령과 복종의 관계이든 그런 것들은 잘못된 것이었다.[73] 스펜서는 주식회사가 초기의 군사형 사회의 계서제를 반복하고 있다는 점을 지적하면서 다음과 같이 서술했다.

주주들은 이사를 뽑고 이사는 대표이사를 뽑는다. 그것의 관리 형태는 명목적으로는 민주적이지만 사실상 국가의 축소판처럼 만들어지는 것이다. … 회사의 관리는 … 특별히 기지가 뛰어나거나 의지가 강하거나 아니면 부가 많거나 한 사람의 수중에 들어간다. 여기에 다수가 종속된다. 그리고 모든 문제에 대한 결정은 그가 취하는 방향에 따르게 되는 것이다.[74]

스펜서는 자유롭지 못한 노동자들의 상태에 대해 언급하였으며, 산업사회의 기업들의 권력구조에 대해서는 비판적이었다. 그래서 그는 사회가 발전함에 따라 기업의 형태가 변화될 것이라고 생각했다. 기업의 모습은 협동적이고 공동체적인 기업cooperative communal enterprise의 형태를 띠게 될 것이다. 그리고 이 기업은 민주적 의사결정을 하는 노동자 위원회worker committee에 의해 운영될 것이다. 자주적으로 경영되는self-managed 이 기업에서 이윤은 노동자들에게 배분될 것이다. 각각의 노동자들은 다른 노동자들과 협력하고 생산성은 향상될 것이다. 스펜서는 이러한 기업 속에서 개인들은 사실상 그들의 노동의 자유를 행사하게 될 것이라고 보았다.[75]

흥미롭게도 스펜서가 사회 진보의 결과로 인해 자주적으로 경영되는 기업이 나타나게 될 것이라고 주장한 점은 코울G. D. H. Cole과 같은 길드 사회주의자들이 구상한 민주화된 경제 체제의 모습과 닮아 있다. 기업권력이 계서제적 권력구조에서 벗어날 것을 구상하고 예측했다는 점에서 스펜서 사상의 개혁적 면모를 발견할 수 있다.

다섯째로 지적할 개혁성은 이타주의에 대한 그의 믿음이다. 스펜서는 이기주의와 이타주의가 함께 발전해 나갈 것이라는 주장을 버리지 않았다. 그는 개인의 삶에서 이타주의는 필수적인 감정이며, 군사형 사회에서 산업형 사회로의 발전과정에서 이타주의의 성장은 중요한 특징으로 나타날 것이라고 보고 있다.[76] 스펜서는 이기주의와 이타주의 사이의 논란에 대해 일축했다. 그는 인간의 이해관계는 매우 상호의존적이므로 어떤 사람도 다른 사람들에게 그들의 몫을 주지 않으면서 자기 자신의 복지를 추구할 수는 없다고 주장했다.[77] 스펜서의 사상 속에서 협동과 사회성은 개인주의와 함께 성장해 나가는 것이었다.[78] 스펜서는 후기에 가서도 이타주의가 미덕일 뿐 아니라 도덕적 의무라고 공언했다. 그래서 에인 랜드Ayn Rand의 한 제자Machan는 스펜서가 이타주의를 받아들인 것을 가장 나쁜 종류의 정치적 이단에 빠져든 것으로, 일종의 사회주의적 방향으로 빠져든 것이라고 비판하기까지 했다.[79] 스펜서는 정부가 나서는 개혁에 대해 반대한 것이지 이타주의로 인해 자발적으로 진행되는 개혁에 대해서는 반대하지 않았던 것이다.[80] 사실 이 점에 있어서 스펜서는 좌파 사상가들이 좌파에 의해 왜곡당하고 있는 만큼 우파에 의해 왜곡당하고 있는 셈이다.

그가 완벽한 사회에 대한 구상을 하면서도 적절한 개혁 방법론을 찾는데 실패한 이유는 어느 정도는 그가 가졌던 현실 인식에 문제가 있었을지 모른다. 그는 완벽한 사회에 대한 구상을 하였으므로 현실은 그에게 불완전한 것이었다. 하지만 그 불완전하고 문제가 있는 사회는 사회주의자들이 파악했던 불완전한 현실과는 달랐다. 스펜서의 현실은 스펜서와 동시대에 살았던 마르크스가 파악하였던 현실과는 다소 달랐던 것이다. 스펜서는 현실은 불만스러웠지만 그것의 결함은 일차적으로는 제도가 아니라 개인들에게 있었다고 본 것이다. 스펜서의 완벽한 사회가 완벽한 개인들로 충만해 있다는 점에서 그런 점을 알 수 있다. 스펜서의 완벽한 사회에는 보다 지적이고, 적극적이고, 자립적이고, 이타적인 사람들이 존재하는 것이다.[81] 현실은 보다 완벽한 상태로 나아가야 할 것이지만 스펜서에게는 그것이 구조적인 면에서 참을 수 없는 부조리의 상태로 인식되지는 않았다.

부조리한 산업 사회에 대한 인식의 바탕 위에서 출발한 사회주의자들의 방법론과 산업 사회의 문제가 아니라 인간성의 문제에 대한 인식의 바탕 위에서 출발한 그의 방법론이 달라질 수밖에 없었던 이유가 여기에 있는 것이다. 그렇지만 안타깝게도 스펜서는 이 문제를 해결하는데 핵심적인 요소였던 이타주의를 개발하기 위한 방법론을 제시하지 않았다. 그것이 그가 지닌 개혁적인 요소들을 퇴색시키고 있는 것이다.

5. 맺음말

20세기에 들어서며 자유방임적 자유주의는 여러 나라에서 앞 다투어 실시한 복지정책과, 특히 1929년의 대공황을 겪으면서 나타난 수정자본주의 및 복지국가의 논리에 자리를 내어준 듯 했지만 사실은 그러하지 않았다. 국가간섭을 거부하고 모든 것을 시장의 원리에 맡길 것을 주장하는 논리는 계속하여 출현했다. 루드비히 본 미제스, 빌헬름 뢰프케, 프리드리히 하이에크 및 밀튼 프리드만과 조지 스티글러와 같은 시카고 학파의 논객들이 이런 주장의 맥을 이었다.[82] 특히 1980년대 이후 자유방임적 자유주의의 경제이론은 미국과 영국의 집권세력이 활용하는 가운데서 보수파의 논리로 화려하게 부활했다. 스펜서는 이 화려한 부활 현상 속에서 원조 이론가로 종종 원용되었다.

스펜서의 자유주의는 국가간섭을 정면으로 거부하고, 사회진화론을 끌어들여 시장의 논리를 정당화했다는 점에서 진정한 자유방임주의를 옹호한 셈이다. 스펜서 이전에는 자유무역의 자유방임주의가 있었지, 국가간섭을 정면으로 거부하는 논리로서의 자유방임주의는 없었기 때문이다. 국가간섭을 거부하는 주장은 권력의 간섭을 거부한다는 의미를 지니므로 사실은 진보적 성격을 띠는 것이 마땅하다. 그러나 19세기에 걸쳐 권력은 민주화되어 가고 있었다. 그리고 간섭은 민주화된 국가로부터 사회문제를 해결하는 교정적 차원에서 제기되기 시작했다. 그렇지만 스펜서는 변화된 권력의 성격에 눈을 돌리지 않았다. 그는 모든 국가간섭을 거부함으로써 민주적 권력의 교정적 간섭마저 거부했다. 그 결과 그의 사상은 보수의 이익을 방어하는 논리로 이용될 수 있었다. 그래서 사실상 그는 민주주의의 힘에 대항하는 보수파에게 이데올로기적 근거를 제공한 셈이 되었다.

불간섭의 원칙이 강조되는 스펜서의 자유주의는 이자이아 벌린의 자유의 구분에 따르면 철저히 소극적 자유론에 해당하는 것으로 보인다. 하지만 스펜서가 정의의 제1원칙으로 제시한 평등한 자유의 법칙에 따르면 사람들은 자신의 능력을 발휘할 자유가 있어야 하는 것이다. 그러기 위해 토지에 평등하게 접근할 수 있어야 한다는 생긱은 사람들은 누구나 자유를 발휘할 수 있는 자원을 가져야 한다는 생각으로 이어진다. 그러므로 스펜서의 생각에는 적극적 자유의 측면이 내재되어 있다. 단 적극적 자유가 실현되는 방식은 자발주의를 따라서 진행되어야 한다는 단서가 따라 붙고 있다. 이런 방법론적 제약이 그의 사상을 실질적으로는 보수에 갇히게 만든 것이다.

현실적으로 스펜서는 보수에 봉사하였지만 스펜서의 사상에는 이중적인 측면들을 포함해 여러 면에서 단순하게 치부될 수 없는 요소들이 내재해 있었다. 토지공유화를 둘러싼 그의 견해는 초기와 후기에 걸쳐 일관되게 유지된 부분도 있었지만 생각이 달라진 부분이 있음을 보여주고 있으며, 개인주의와 사회유기체에 대한 생각은 그의 사상이 일견 모순되게 보이는 외관을 넘어 종합을 이루어 내는 측면이 있음을 보여주고 있다. 아울러 그의 사상에는 개혁적인 요소들도 존재하고 있으며, 종종 무시되고 있는 그런 개혁적 요소들을 함께 고려함으로써만이 그의 사상은 온전하게 자리 매김될 수 있을 것이다. 후기로 가면서 스펜서는 민주주의의 한 요소인 보통선거를 거부했지만 스펜서의 자유주의가 지니고 있는 보수성과 개혁성의 접점을 찾는데 – 예컨대 국가권력은 얼마나 축소되어야 하는지, 국가는 어떤 권력(혹은 간섭)을 행사할 수 있고 어느 부분에 어떻게 행사해야 할 것인지, 국가간섭이 없는 상태에서 기업권력은 어떤 형태를 띠어야 하는지와 같은 문제 – 적절한 역할을 해야 하는 힘은 아이러니컬하게도 바로 온전하고 균형 잡힌 민주주의가 될 수밖에 없을 것이다.

7장
자유주의는 민주주의로 어떻게 연결될 수 있었을까?

조지프 체임벌린의 집단주의적 자유주의

Are the Lords to dictate to us, the people of England?
Are the Lords to dictate to us the laws which we shall make
and the way in which we shall bring them in?
Are you going to be governed by yourselves?
Or will you submit to an oligarchy
which is a mere accident of birth?
Joseph Chamberlain

귀족들이 우리들 즉 영국 국민들에게 지시해야 하는가?
귀족들은 우리가 만들 법과 그것들을 제출할 방식을
우리에게 지시해야 하는가? 당신은 당신 스스로 통치할 것인가?
아니면 당신은 단지 출생의 우연에 의해 만들어진 것에 불과한
과두집단에 복종할 것인가?
조지프 체임벌린

조지프 체임벌린

자유당과 자유통합당의 지도자였던 체임벌린의 사진이다. 그는 귀족 특권의 폐지와 보통선거권의 실현을 주장했으며 교육, 노동, 토지, 노인 문제 등 사회 문제에 대해 개혁 프로그램을 들고 나왔다. 그는 자유주의는 국가간섭 배제가 아니라 국가간섭으로 추구되어야 한다고 주장한 사람이다. 그의 자유주의는 자유방임의 자유주의가 아니라 집단주의적 자유주의인 셈이다.

1. 머리말

자유주의는 매우 명료한 사상처럼 보이지만 사실은 참 애매한 사상이다. 자유주의라는 동일한 용어를 내걸고 있지만 구체적인 내용을 들여다보면 전혀 반대되는 정책을 주장하고 있는 경우를 종종 발견하기 때문이다. 19세기 후반 영국에서 자유주의를 주장한 스펜서는 적자생존survival of the fittest이라는 원리를 강조했다.[1] 그는 개인에 대한 국가의 간섭을 거부하였으며 각자의 삶에 대해 모든 책임은 개인에게 있다고 주장했다. 그는 사회문제를 인정하지 않았으며 빈곤과 질병과 같은 현상들은 설사 그것이 만연해 있다 하더라도 개인들이 각자 극복해야 할 문제라고 주장했다. 스펜서의 자유주의는 개인주의로 연결되고 있는 셈이다.

그렇지만 똑같이 자유주의를 주장하면서도 개인에 대한 국가의 간섭이 필요하다고 주장하는 사람들도 있었다. 그런 주장을 한 대표적인 사람의 하나로 조지프 체임벌린을 들 수 있다. 그는 자유당에서 활동한 대표적인 인물이면서도 스펜서와는 전혀 다른 주장을 하고 있었다. 즉 국가가 사회문제에 대해 적극 개입해야 하며 교육, 주택, 노동, 토지 문제 등을 국가가 나서서 개혁해야 한다는 주장을 했던 것이다. 자유당이 개혁당으로서의 이미지를 얻게 된 것에는 체임벌린의 영향이 컸다.[2]

자유주의 안에서의 이런 엇갈린 주장은 혼란을 야기시킬 수밖에 없었다. 실제로 사람들은 혼란을 느꼈다. 비에트리스 웹의 일화가 이를 잘 보여준다. 페이비언 사회주의의 이론가였던 시드니 웹과 결혼한 비에트리스는 결혼 전 체임벌린과 교제를 한 적이 있었다. 그녀가 체임벌린에게 던진 질문이 바로 스펜서의 자유주의였던 것이다.[3]

1880년대에 자유와 재산 방어 연맹이란 보수단체의 이론적 지도자로 부상한 스펜서와 역시 같은 시기에 "비인가 계획unauthorized programme"으로[4] 선거유세를 하고 다니면서 진보적 인물로 부각된 체임벌린은 똑같이 자유주의자로 분류된다. 스펜서의 자유주의는 개인주의로 귀결되었지만 체임벌린의 자유주의는 집단주의로 귀결되었다.[5] 스펜서의 자유주의와는 반대 방향으로 나아간 체임벌린의 자유주의는 어떤 내용을 가지며 어떤 근거를 갖고 있는 것일까. 여기서는 영국 자유주의의 또 다른 갈래를 보여주고 있는 체임벌린의 자유주의에 대한 검토를 해 나가면서 자유주의가 집단주의적으로 나아간 사례를 살펴보겠다. 아울러 이 집단주의적 자유주의가 사회주의와 어떻게 접점을 형성했는가를 살펴 볼 생각이다.

하지만 체임벌린이란 인물은 매우 특이한 인물이라 서론에서 그의 평가에 대해 미리 지적해 두어야 할 필요가 있다는 생각이 든다. 그는 참으로 여러 종류의 평가를 받은 인물이다. 항상 외눈박이 안경을 끼고 상의 왼쪽에 난초를 꽂고서 단정한 외투를 입고 깨끗이 면도한 얼굴로 등장하는 체임벌린은 귀족적인 외모와는 달리 1880년대에는 혁명가라는 평가를 받았는가 하면 심지어 공산주의자라는 평가를 받기도 한 사람이었다.[6] 그런 평가에 대해 체임벌린 스스로 "나는 공산주의자가 아니다"라는 말을 할 정도였다.[7] 그런가 하면 시간이 지나면서 그와는 정반대로 보수주의자며 제국주의자라는 평가를 받기도 했다. 그는 급진 우파에 분류되기도 했고[8] 급진적 보수주의자로 해석되기도 했다.[9] 그는 토리의 죽 한 사발에 급진주의를 팔아먹은 기회주의자로 해석되었는가 하면,[10] 반대로 일관된 입장을 유지한 사람,[11] 급진적 신념을 끝까지 가지고 간 사람으로[12] 평가되기도 했다.

그는 새로운 세계를 찾아 모험을 하듯 정치를 해 나갔다.[13] 1886년 홈룰 문제를 둘러싸고 자유당을 분열시켰는가 하면 1903년에는 관세문제를 둘러싸고 보수당을 분열시킨 장본인이기도 했다.14) 아마도 이런 과정에서 그에 대한 평가가 달라지거나, 새로운 평가가 덧붙여지며 그는 복잡한 인물로 자리매김되었을 것이다. 필자 역시 다른 글에서는 체임벌린을 19세기 말의 맥락 속에서 사회적 제국주의자로 보수파의 범주에 분류한 적도 있다.15) 체임벌린은 70세 생일을 기념하는 연설에서 스스로 자신이 변화해 왔음을 인정했다.16) 이런 점들을 놓고 보면 체임벌린에 대한 평가는 특정한 시점에 설 때 각기 달라질 수 있는 여지를 가지고 있다. 그래서 여기서의 분석은 1880년대의 그의 사상에 무게중심을 두고 있음을 밝혀 둔다. 그러나 비록 시간이 지나면서 그의 사상에 새로운 생각들이 덧붙여지고 강조점이 달라졌다 해도 그의 개혁 사상의 상당 부분은 유지되었던 것으로 보인다. 따라서 후기에 그의 사상의 전체적인 모습이 바뀌었다 해도17) 그 모습은 개혁적 자유주의의 부분을 고려하면서 파악되어야 할 필요가 있다.

2. 체임벌린의 자유주의와 민주주의

체임벌린은 사상가는 아니었다. 그러므로 그에게 정치한 사상이 있다고 하기는 어렵다. 하지만 그는 그의 정치 활동 속에 사회에 대한 자신의 전망을 투사한 정치가였다. 그런 만큼 그는 특정한 이념에 자신의 활동을 연관시켰다. 체임벌린은 정치활동을 자유당에서 시작하였으며 1885년 자유당에서 떨어져 나간 후에도 당명에 "자유"라는 문구를 떼지 않았다. 체임벌린은 자신을 자유주의자로 간주하는 발언을 했고18) 또 자유주의자로 간주되었다.19) 또 그는 자유라는 말을 쓰기를 좋아했다.20) 자신을 자유주의자로 생각한 체임벌린이 권력과 정치 질서에 대해서 어떤 생각을

264

했는지를 살펴보는 것은 흥미롭다.

체임벌린은 우선 인간의 자연권을 인정했다. 그는 사람들은 자연권natural right을 가지고 태어난다고 주장하면서, 사람들은 존재할 권리와 삶을 즐길 권리를 가지고 태어난다는 점을 지적해 자연권의 내용을 설명했다. 그는 "존재할 권리"와 "삶을 즐길 권리"라는 표현을 썼지만 이는 사실상 생명권과 행복추구권으로 번역할 수 있다.21) 그가 후에 유명한 인질금 이론ransom theory을 제시했을 때도 그는 자연권 개념을 원용했다.22)

체임벌린은 또 다른 곳에서는 인간의 기본권을 인정하는 발언을 했다. 그는 사람들은 품위있는 삶을 살기 위해 모든 사람들이 공통적으로 기본권 fundamental right을 가진다고 주장했다. 그리고 기본권은 정의와 공정justice and equity을 그 밑바탕에 깔고 있다고 주장했다.23) 이런 근거 위에서 그는 대중의 권리가 확보되어야 하고 자유와 해방이 추구되어야 한다는 당위를 끌어내고 있는 것으로 보인다.24)

인간의 자연권과 기본권을 인정하는 이러한 생각의 바탕에는 인간에 대한 완전한 믿음과 신뢰가 있었던 것으로 보인다. 그는 자유주의의 진정한 교리가 바로 여기에 기초하고 있다는 생각을 피력했다.25)

체임벌린은 인간의 자연권을 인정하는 바탕 위에서 영국 사회에 존재하는 모든 특권의 폐지를 주장했다. 체임벌린은 영국 사회가 여전히 신분제 사회라는 점을 인식하고 있었던 것으로 보인다. 그가 공격한 주 대상은 바로 교회와 귀족이었기 때문이다. 그는 종교에 대해 비판하였지만 종교 그 자체를 비판한 것은 아니었다. 그는 국교회를 비판하면서도 자신이 무너뜨리고자 하는 것은 국교회의 종교적 행위는 아니라고 지적했다. 그는 국교회라는 종교 제도를 비판했고, 종교가 행사하는 권력을 비판했다. 왜냐하면 국교회는 항상 특권의 편에 섰으며 국교회의 권력은 항상 국민

영국의 귀족제도

잉글랜드의 귀족은 다섯 계급으로 나뉘어진다. 공작Duke, 후작Marquis, 백작Earl, 자작Viscount, 남작Baron이 그것인데, 귀족들은 모두 귀족원의 의원이 될 자격을 가지고 있다. 이 중 백작은 노르만 정복 이전에 이미 출현했지만 13세기에 귀족원이 기구로서 생겨나면서 귀족계급은 두드러지기 시작했다. 귀족계급에는 백작에 이어 공작이 1337년 추가되었고, 1385년에는 후작이, 1387년에는 남작이, 1440년에는 자작이 추가되었다. 엘리자베스 여왕의 시대까지 귀족은 소수였다. 헨리 1세(1068~1135)의 시대에는 8명의 백작이 있었을 따름이었다. 엘리자베스의 시대에도 귀족은 불과 50여 명 정도밖에 되지 않았다. 하지만 왕실 재정이 어려웠던 스튜어트 왕조 초기에 왕이 귀족 작위를 팔기 시작하면서 귀족의 수는 크게 늘어났다. 1641년에는 130명 이상으로 귀족의 수가 늘어났다. 이후 영국이 스코틀랜드와 아일랜드를 차례로 합병하면서 귀족원의 구성에도 변화가 생겼다. 1707년 스코틀랜드와의 합병으로 스코틀랜드는 16명의 귀족을 귀족원에 보냈으며, 1800년 아일랜드와의 합병으로 아일랜드는 28명의 귀족을 귀족원에 보냈다. 스코틀랜드의 귀족제도는 잉글랜드와는 조금 달라 공작, 후작, 백작, 자작, 로드 옵 팔러먼트Lord of Parliament로 나뉘어진다. 배런Baron은 잉글랜드에서는 남작으로 가장 낮은 귀족에 해당하지만 스코틀랜드에서는 귀족의 아래에 속한 신분에 해당된다. 귀족계급의 아래로 준남작Baronet(귀족은 아니지만 작위가 세습된다)과 기사Knight, 향사Esquire 등의 신분이 있지만 이들은 법률상으로는 귀족에 속하지 않는다. 하지만 이들 역시 토지를 소유한 지주였다는 점에서 귀족과의 유사성을 가지고 있었고 강력한 사회적 권력을 지니고 있었다. 이들은 젠틀맨과 함께 젠트리gentry라는 계층을 구성했다.

귀족원(상원)은 영국 내란기에 크롬웰이 공화정을 선포하면서, 1649년 3월 쓸모없고 위험하다는 평가를 받으며 왕정과 함께 폐지되기도 했지만 1660년 왕정복고와 함께 다시 화려하게 부활했다. 이후 귀족들은 명예혁명을 성공시키면서 왕권에 대한 의회권력의 우위를 확인시켰다.

명예혁명으로 영국은 입헌군주정이 실현되었고, 의회가 실세로 등장했던 것이다. 그렇지만 이 의회는 실질적으로는 귀족들에 의해 장악되어 있었다. 귀족들로 구성되는 귀족원은 말할 것도 없고, 평민의 대표로 구성되는 하원도 사실상 귀족의 통제 하에 있었기 때문이다. 귀족은 선거에서 몇 사람 되지 않는 유권자들을 매수하여 얼마든지 자신들이 원하는 사람을 하원의원으로 선출할 수 있었다. 귀족들은 이렇게 구성된 상하 양원의 의회를 기반으로 하여 사실상의 귀족정을 구현할 수 있었던 것이다. 귀족의 영향력은 비록 하원의 다수당이 내각을 구성하였음에도 불구하고 수상은 상원의원 중에서 즉 귀족 중에서 나오기도 했다는 점에서 더욱 분명하게 드러난다. 이런 관행이 1902년까지 계속되었다. 귀족이 지배하는 의회의 질서는 19세기 중반부터 깨어지기 시작해 결국 1911년 의회법이 통과되면서 의회의 귀족 지배는 결정적으로 붕괴된다.

대다수의 이익에 반하여 이용되어 왔기 때문이다.26)

체임벌린은 귀족의 특권에 대해서도 비판적이었다. 체임벌린은 귀족들이 모여 있는 상원에 대해 일을 하지도 않고 물레를 돌리지도 않는 계급이라고 비판했으며, 귀족의 신성한 권리라는 생각에 대해서는 말도 안 되는 허구ridiculous figment라고 공박했다.27) 귀족들을 우월한 집단이며 지도계층이라고 보는 사고에 대하여도 의구심을 표명했다. 그는 다음과 같이 주장했다.

귀족들은 우리를, 영국 국민들을 지도해야 하는가? 귀족들은 우리가 만들어야 하는 법들을 우리에게 지도해 주어야 하는가? 당신은 당신

스스로에 의해 통치되기를 원하는가? 아니면 당신은 단지 출생에 의해
만들어진 과두집단에 복종하기를 원하는가? … 상원의 연대기는 연기할
만큼 연기하다 양보가 이루어진 하나의 긴 기록이다. 그것은 특권의 대표들
과 대중의 권리의 대표들 사이에 일어난 긴 투쟁에 대한 기록이다. 이
기간 동안 귀족들은 정의를 왜곡하고, 연장하고, 거부했던 것이다.[28]

　귀족들의 특권을 유지하게 만드는 법들, 특히 토지에 대한 특권을 바탕으
로 하여 만들어진 법들은 폐기되어야 했다. 구체적인 예로 들 수 있는
것은 사냥법Game Law의 경우였다. 그는 "자유롭게 선출된 어떤 의회도
이 이상하고 심지어 야만적인 법을 지속시키는 것을 용인하지 않을 것"
이라고 지적했다.[29] 지주들의 스포츠를 보호할 의도를 가지고 있는 즉
특권집단의 이익에 봉사하는 법은 폐지되어야 했던 것이다.
　귀족의 특권에 대한 비판은 심지어 빅토리아 여왕이 글래드스톤을 불러
체임벌린의 발언을 억제시켜 달라는 요청을 하고, 발언이 억제되지 않으면
내각에서 물러나게 해야 한다는 지적을 하도록 만들었다. 여왕은 아울러
글래드스톤으로 하여금 체임벌린과 선을 그어 줄 것을 요청하기도 했다.[30]
하지만 체임벌린은 이런 압력에 겁먹지 않았으며, 오히려 1885년 선거전에
뛰어들어 "토리는 붕괴되고 휘그는 소멸할 것"이라고 주장했다. 이런 발언
은 그가 심지어 자신이 소속되어 있는 자유당 안의 귀족층에 대해서도
비판적이었으며 모든 특권층을 거부하고 있었음을 보여주고 있다.[31] 로이
드 조지는 "체임벌린은 귀족이 인간의 권리를 발전시키는데 방해가 되는
존재라고 확신하고 있고, 귀족들은 체임벌린을 불손한 선동가라고 비난하
고 있다"고 지적했던 것이다.[32]
　더욱이 체임벌린은 특권들을 별개로 인식하지 않고 그것들이 서로 연결
되어 있다고 보았다. 교회의 특권, 귀족의 특권, 사회적 특권들은 서로

연결되어 있었으며 이렇게 연결된 특권들은 모두 사회의 진보와 개혁을 가로막는 작용을 했던 것이다.[33] 체임벌린은 특권층과 각종 특권들을 공격함으로써 왕정, 귀족, 상원, 국교회, 대부호등이 가진 모든 기득권에 대해 비판했던 셈이다.[34]

인간의 자연권에 대한 믿음과 특권의 폐지에 대한 신념은 그의 자유주의가 민주주의로 나아가도록 만들었다. 그의 민주주의가 먼저 감지된 부분은 선거권을 확대시켜야 한다는 주장에서였다. 그는 노동자들에게 선거권이 주어져야 한다고 주장했는데 그런 생각은 자연권에 대한 믿음과 연결되어 있었다. 그런 점은 다음의 발언에서 알 수 있다.

한 의원 입후보자가 사람들은 소나 돼지가 자연권을 갖지 않듯 자연권을 갖지 않는다고 말했다. 나는 그것이 무례한 발언이라고 생각한다. 이 후보자는 돼지가 선거권을 갖고 있지 않나는 점을 발견할 것이다.[35]

체임벌린은 농업노동자들에게 선거권을 확대시키려 했다. 자유당이 1884년 2월 농업노동자에게 선거권을 확대시키려 했을 때, 상원은 의석 재배치가 수반되어야만 한다는 이유로 이를 부결했다. 분노한 군중들의 집회가 잇따랐고 1884년 10월에는 버밍엄에서 보수당 집회 방해 사건까지 벌어졌다. 이러한 상황에서 상원에 대한 공격과 선거권 확대를 위한 노력을 주도해 나간 사람이 바로 체임벌린이었다.[36] 1885년 발간된 "비인가 계획 unauthorized programme"의 7개 명제 가운데에서도 의회개혁을 향한 주장들이 확인되었다. 보통선거와 세비지급은 바로 의회개혁을 향한 핵심적인 주장이었던 것이다.[37] 노동자들에게 선거권이 확대되어 나가야 한다고 주장하면서, 결국 보통선거를 향해 나아갔다는 점에서[38] 체임벌린은 자유주의를 민주주의로 연결시켰다고 할 수 있다.

그의 자유주의가 민주주의와 연결될 수 있는 또 다른 분야는 정당의 차원이었다. 그는 당의 구조를 민주적 구조로 바꾸려 노력했기 때문이다. 버밍엄에서 그는 버밍엄 코커스caucus라고 알려진 민주적 조직을 만들어 내었다. 모든 자유당원은 버밍엄의 각각의 구역ward에서 구성되는 당위원회의 위원을 선출할 투표권을 가졌다. 이 구역위원회는 총위원회를 구성하는 4백인의 대표들을 뽑았고 나중에는 6백인 위원회, 결국 2천 명 위원회의 대표를 뽑았다. 이 위원회가 당을 지배했는데 위원회는 약 백 명으로 구성되는 중앙위원회를 가졌으며, 보다 작은 수로 구성된 집행위원회를 가졌다. 총위원회의 위원 3/4이 노동계급이었다는 점은 이 기구의 민주성을 보여주고 있다.39)

나아가 체임벌린은 버밍엄 위원회를 모델로 해서 전국적 조직인 전국자유동맹National Liberal Federation을 조직했다. 전국자유동맹NLF은 그 기초가 매우 넓었는데 93개의 서로 다른 협회들이 첫 집회에서 대표되었다. 여기에는 전국교육연맹, 해방협회, 전국개혁연합National Reform Union, 토지개혁협회 등이 포함되었다. 이 기구는 사실상 자유당을 대중적 기반 위에서 조직하고, 아울러 자유당을 인적으로 쇄신하는 기구였다. 체임벌린은 전국자유동맹 NLF이 자유당 유권자들이 정책을 토론하고 만들어 내는 민주적 조직이라고 강조했다.40)

버밍엄 위원회에서 전국자유동맹에 이르기까지 새로운 조직을 만들어 내려한 이런 노력은 정당의 권력 형태를 민주적으로 개편하려는 노력이었다고 할 수 있었다.41) 당원들에 의해 지도부가 선출되는 소위 풀뿌리 민주주의를 자유당 안에서 실현하려 했던 셈이다. 비판할 구석이 있을지 모르지만 그가 만들어 내고 실험하려 했던 새로운 자유당 조직의 질서는 분명 민주주의로 한 발 나아간 형태를 띠고 있었다.42)

270

정치적 민주주의의 극단에는 공화주의에 대한 동경이 있었다. 그는 급진주의자 찰스 딜크Dilke와 특히 친하게 지냈는데 딜크는 왕정이 쓸모없고 낭비적인 시대착오적인 제도라고 생각한 공화주의자였다.43) 비록 후기로 가면서 체임벌린의 공화주의에 대한 입장은 온건한 태도로 변화했지만 그가 정치에 발을 들여놓을 무렵 그는 공화주의를 받아들이고 있었으며,44) 그래서 그를 영국의 자코뱅이라고 생각한 사람도 있었다.45) 그가 1874년 버밍엄 시장으로 재선되었을 때는 이로 인해 버밍엄에 불안감이 조성되기도 했다. 왜냐하면 왕세자가 버밍엄을 방문하기로 되어 있었지만 체임벌린은 공화주의자라는 생각이 널리 퍼져 있었기 때문이다.46) 그는 공화주의와 관련하여 자신이 공화주의자라고 불리는 것을 기꺼이 받아들였다. 그는 다음과 같이 발언했다.

나는 공화주의자라고 불리는 것에 반대하지 않는다. … 만약 공화주의가 대의제에 깊은 신뢰를 가지고 있는 것이라면, 업적이 출생보다 중요하게 간주되는 정부라면 나는 공화주의자로 불리는 것을 영예로 간주하겠다.47)

체임벌린의 자유주의는 정치적 민주주의를 향한 노력으로 연결되고 있는 것으로 보인다.48) 이로 인해 그의 자유주의는 스펜서와는 달리 적자생존survival of the fittest의 개인주의로 향하지 않게 되었다. 그는 개인들이 경쟁을 통해 각자 자신의 능력을 발휘했을 때 나타난 결과를 승인하기보다는, 경쟁이 일어나기 전에 먼저 특권을 제거할 것을 추구하고 있는 것이다. 그는 자유주의의 중요한 전제가 불공평한 상태를 제거하고 공정한 조건을 갖추는 것이라는 점을 강조하고 있는 것이다.

그 뿐만 아니라 정치적 민주주의로 나아간 그의 자유주의는 집단주의를 정당화시키는 논리적 기초를 제공했다. 왜냐하면 민주주의가 국가의 성격에 대해 새로운 인식을 낳았기 때문이다. 그는 다음과 같이 지적했다.

　　정부가 왕의 권위만을 대표했을 때는 국가권력을 제한하는 것이 국민들
의 의무였다. 그러나 이런 상황은 변했다. 정부는 지금 국민의 희망과
요구를 표현하기 위해 조직된 기구인 것이다. 이런 상황에서 우리는 국가를
의심의 눈초리로 보는 것을 중단하자.49)

　　체임벌린은 민주화된 국가를 과거의 국가와는 차별화시키면서 "정부가
국민의 이익을 위한 국민 전체의 조직이라는 것을 거부할 이유가 없다"고
주장했던 것이다.50) 그는 이 민주화된 권력을 전제로 해서 평등한 민주주의
egalitarian democracy로51) 나아가려 한 것이다. 그의 집단주의적 주장이었던
도시의 자치시 개혁과 농촌의 토지 재분배 아이디어는 바로 이런 생각의
바탕 위에서 전개되고 있다.

3. 체임벌린의 자치시 사회주의

　　체임벌린은 자신이 만들어낸 민주적인 자유당 조직을 기반으로 하여
1873년 버밍엄 시장으로 당선되었다. 그리고 1876년까지 연속하여 시장으
로 당선되었다. 체임벌린은 그가 버밍엄 시장으로 활동하는 동안 버밍엄의
모습을 바꾸어 놓았다. 그 변화는 가빈Garvin이 "체임벌린이 1876년부터
1914년까지 버밍엄 유권자들의 신뢰를 유지한 것이 그의 자치시 개혁에
근거한다"고 주장할 정도로 대단한 것이었다.52) 이런 해석에 대해 퀴노가
다른 해석을 제시하고 있기는 하지만 그렇다고 하여 자치시 개혁의 의미가
훼손되는 것은 아니다.53)

　　체임벌린이 시장으로 있었던 자치시 정부는 버밍엄의 사회적 상태를

개선시켰으며 버밍엄을 전 세계에서 가장 잘 관리되는 시로 주목받게 만들었다.54)

체임벌린의 개혁의 중심에 놓여 있었던 것은 시영화 프로그램이었다. 개혁은 가스와 수도의 시영화에서부터 시작되었다. 사실 양 경우 모두 버밍엄이 처음 시도한 것은 아니었다. 가스는 맨체스터에서 이미 중요한 문제로 떠올랐던 사안이며 수도의 공유화 역시 이미 리즈와 리버풀에서 논란이 되었던 문제였다. 체임벌린이 두 개의 가스회사를 구입했을 당시 자치시가 가스를 공급하는 도시는 영국에 50개나 된다고 추산되었으며, 자치시가 수도를 운영하고 있는 도시 역시 영국 내에 60개 정도나 되는 것으로 파악되었다. 체임벌린의 정책이 특별했던 것은 정책에 일관성이 드러났다는 점에 있었다. 1875년 8월 국왕의 동의를 얻은 두 개의 법안이 새로웠던 것은 이 자치시화가 일관된 시민 정책civic policy의 한 부분이었다는 점에 있었다. 다른 도시들은 이러한 문제들을 부분적으로 접근해 나갔던 반면 버밍엄의 시영화 정책은 도시의 문제들에 대한 잘 기획된 공격이었던 것이다.55)

가스와 수도의 시영화는 흔히 함께 묶여 표현되고 있지만 사실 이 두 부문에 대한 접근방식은 달랐다. 가스는 "수익"이란 측면에서 접근되었다. 독점적인 사업은 사적으로 소유되는 것보다 공적으로 관리되는 방식이 좋으며, 가스로부터 나오는 수익은 자치시의 지출을 보조할 수 있을 것이라는 생각이었다. 가스가 자치시의 수입원으로 간주되었던 반면 수도는 공중위생을 향상시키는 수단으로 간주되었다.56) 버밍엄의 수돗물 공급은 일주일에 3일만 이루어졌다. 버밍엄의 인구 30만 중 반은 우물물을 사용하고 있었으며 우물은 종종 오염되었다. 체임벌린은 수도의 시영화를 "사회문제"와 연관지어 즉 도시의 사망률을 낮추는 맥락 속에 위치시켰다. 그래서 체임벌린은 물값을 낮추려 했다. 그는 '가스사업에서는 이윤이 나야 하는 반면 수돗물은 결코 이윤의 원천이 되어서는 안 된다. 모든 이윤은 물값을 낮추는 데로 가야 한다'고 주장했다.[57]

가스와 수도에 대한 접근은 하나는 "효율"의 추구, 다른 하나는 "사회문제"에 대한 대응이라는 다른 동기 위에서 추진된 것이었지만 그 결과는 시영화municipalization라는 동일한 현상으로 나타났다. 체임벌린의 이러한 개혁은 '가스와 수도의 사회주의gas and water socialism'라는 말을 만들어 내었다.

그러나 체임벌린의 개혁은 가스와 수도의 사회주의에서 그치지 않았다. 1870년대의 그의 개혁은 사실상 1880년대 영국 사회주의자들의 제안에 근접하고 있었다. 체임벌린은 사회입법에 큰 관심을 가지고 있었다. 그는 사람들이 사회입법에 대해 더욱 큰 관심을 가져야 한다고 주장했다. 그는 사회입법의 첫 번째 예로 빈민법을 들었다. 이어서 그는 두 번째 예로 교육법을 제시하면서 교육법이 의무교육에서 한 발 더 나아가 무상교육으로 이어져야 한다는 주장을 폈다.[58] 또 다른 사회입법으로 그는 노령연금제를 도입할 것을 제안하기도 했다.[59]

나아가 체임벌린은 사회입법의 새로운 영역을 제시했다. 그것은 자치시가 제공하는 여러 가지 서비스들이었다. 시가 운영하는 목욕탕과 세탁소, 가로등, 공원, 무료 도서관과 무료 박물관, 시영화된 병원 등이 여기에 해당되었다. 이런 시설은 특정인을 겨냥한 것이 아니라 모든 시민들의 삶이 더욱 편안해 지도록 하기 위해 제공되는 것들이었다. 체임벌린은 이 경우의 사회입법을 조금 차별화했는데 그는 이런 사회입법은 자선입법이 아니라고 규정한 것이다. 그는 이 사회입법은 진실로 지혜로운 협력을 실천하는 것이라고 주장했다.[60] 체임벌린은 다음과 같이 말했다.

페이비언 Fabian

페이비언 협회Fabian Society에서 활동한 사람들을 지칭하는데, 페이비언 협회는 1884년 포에니 전쟁 당시 한니발과 맞서 싸웠던 로마의 장군 파비우스의 이름을 따 런던에서 창건된 사회주의 단체였다. 페이비언 협회는 점진적, 민주적, 합법적, 윤리적 사회주의를 추구했는데 파비우스가 한니발과 싸울 때 전투를 지연시키는 전술을 쓴 것에 착안해 협회의 이름에 그의 이름을 딴 것이다. 페이비언 협회의 중요 회원으로는 시드니 웹, 버나드 쇼, 그래엄 월라스, 시드니 올리비에, 비에트리스 웹 등이 있었고 이들에 의해 페이비언 사회주의의 중요한 내용을 담은 『페이비언 논집Fabian Essays』이 1889년 출간되었다. 페이비언들은 강연을 하고 소책자Fabian tract를 발간하는 활동을 하는 과정에서 공적 재화를 제공하는 자치시의 역할을 특별히 중시하는 자치시 사회주의를 강조했다. 페이비언 협회는 이후 노동당을 설립하는 과정에 참여했으며, 페이비언 사회주의는 노동당이 1918년 노동과 신사회질서Labour and the New Social Order라는(핵심은 조항 4Clause IV이다) 사회주의 강령을 채택하는 과정에서 큰 영향을 미치게 된다.

우리는 새로운 공원과 새로운 독서실을 열었다. 우리는 새로운 목욕탕을 세우고 도시의 위생환경을 개선했다. 우리는 도시의 외관을 정비했다. 우리는 도로를 개선했다. 우리는 보도를 개선했다. 우리는 더욱 높은 도덕심을 고취시켰고 행복을 증진시켰다. 그리고 가장 빈곤한 지역의 가장 불행한 주민들의 건강을 증진시켰다.61)

이런 주장은 사실상 페이비언들이 주장했던 자치시 사회주의가 실현되어 가는 내용과 놀랍도록 유사하다. 시드니 웹의 자치시 사회주의의 모습과 체임벌린의 주장의 내용을 비교해 보면 그런 점을 분명히 발견하게 된다. 시드니 웹은 다음과 같이 서술했다.

　개인주의자인 시의회 의원은 시유도로를 따라서 걷게 될 것이다. 이것은 시영가스로 불이 켜지고, 시영수도와 시영청소차로 깨끗이 되고 있다. 이윽고 그는 시영시장에 있는 시유의 시계를 보고. 그가 시립정신병원과 시립병원에 가까이 있는 시립학교로부터 돌아올 자기의 아이들을 만나기에는 너무 이르다는 것을 알게 된다. 그는 그들에게 시민공원을 통해서 걸어오지 말고 시영전철을 이용하여 오라고 전한다. 그런데 이 독서실 옆에는 시립미술관과 시립박물관, 시립도서관이 있다.[62]

　이 두 개의 글을 비교해 놓고 보면 시드니 웹이 주장한 자치시 사회주의가 체임벌린의 주장이 확대된 모습을 보여준다는 점이 뚜렷이 드러난다. 1875년의 입법으로 가능해진 체임벌린의 세 번째 성과물인 '불바드Boulevard' 건설은 이런 맥락 속에서 이해될 수 있을 것이다.[63]

　방법론에 있어서도 체임벌린은 영국 사회주의와의 유사성을 보여주었다. 그는 자치시의 목적을 위해 모든 재산에 과세하는 관행을 가치있는 방법이라고 간주했다. 그는 과세의 부담은 그것을 가장 잘 짊어질 수 있는 사람들의 어깨에 놓여야 한다고 주장해 재산가들에게 과세하는 것을 정당화하기도 했다.[64] 특히 그가 지역 사회의 번영과 산업의 발전으로부터 나온 토지 가치의 증가분이 지방정부의 지출에 기여해야 한다고 주장한 부분은 페이비언 사회주의의 자연증액분unearned increment에 대한 과세와 동일한 주장이었다.[65] 사실상 그는 과세를 통해 집단주의 정책을 펴자는 주장을 하고 있는 셈이었다.

　실제로 체임벌린은 그가 버밍엄의 시장으로 재직하는 동안 자치시 개혁을 위한 과세 정책을 지속했다. 그러한 정책에 대한 비판은 풍자만화에서 잘 드러났다. 1882년 그려진 한 풍자만화에서 체임벌린은 나사를 돌리면서 납세자들을 짓누르고 있다. 이런 모습은 그가 과거에 나사공장을 운영했던 사실을 빗대고 있는 것이라 할 수 있었다. 그림에서 체임벌린은 자기 키보다 큰 거대한 나사를 지렛대로 돌리면서 박고 있는데 나사가 돌아가면서 위에서 내리누르는 압력판 밑에 깔려 있는 사람들은 거의 머리가 으깨지고 있는 상황으로 묘사되고 있다.66)

그는 빈곤의 문제에 대한 중요한 처방책으로 과세를 계속하여 주장했다.67) 체임벌린은 누진세에 대하여도 호의적인 생각을 가지고 있었다. 그는 비스마르크가 제국의회에 소득세를 소득의 정도에 따라 누진적으로 부과하자고 주장한 사실을 언급하면서68) 과세제도를 수정할 것을 제안했다. 누진세에 대한 반대가 크다는 점을 알고 있었는지 그는 누진세 주장을 혁명적 교리라고 하는 비판에 대해서도 강력히 반박했다.69)

체임벌린의 시영화가 페이비언 사회주의와 다른 점이 있다면 그것은 시영화의 결과가 아니라 시영화를 주장하는 이론적 기초였다. 페이비언 사회주의는 시영화의 기초로 정치한 렌트 이론Rent Theory을 가지고 있었다. 페이비언들은 렌트 이론을 기초로 하여 잉여가치의 재분배를 실현하는 수단으로서 시영화를 주장했던 것이다.

반면 체임벌린은 렌트 이론과 같은 일종의 잉여가치 이론 위에서 시영화를 주장하지 않았다. 그의 시영화에 대한 주장은 사회주의와는 다른 기초 위에 놓여 있었다. 그는 "나는 최대 다수의 최대 행복the greatest happiness of the greatest number을 확보하기 위해 무언가를 해야 하는 것이 우리의 의무duty 라는 생각에 기반하고 있는 자유주의를 주장한다"고 말했다.70) 그는 또 다른 곳에서 "나는 지혜로운 정부가 인간의 행복의 총량sum of human happiness 을 증가시키고 불행과 빈곤을 감소시키는 힘에 대해 자신감을 가지고 있다"고 주장했다.71) 정치를 "사회적 행복의 과학science of social happiness"으로 간주하는 발언을 하기도 했다.72)

이런 언명은 체임벌린의 시영화 주장이 벤담J. Bentham류의 효용주의 utilitarianism[73])에 기초하고 있다는 점을 보여주고 있다.[74]) 그는 행복의 총량을 증가시키는 반면 불행을 감소시켜야 한다는 생각과 이를 위해 정부가 간섭해야 한다는 생각을 보여줌으로써 효용주의자의 면모를 유감없이 보여주고 있다.[75])

그런가 하면 그는 자유주의에서 개인의 도덕적 책임과 의무를 끊임없이 강조한다.[76]) 그의 인질금ransom 이론은 이런 생각의 기초 위에서 나온 것이다. 체임벌린은 1885년 1월 버밍엄 연설에서 "재산은 그것이 누리는 안전에 대해 어떤 인질금을 치러야 하는가?What ransom will property pay for the security which it enjoys?"라고 물었다.[77]) 이런 질문을 통해 체임벌린은 "사회는 빈곤계급에게 보상을 해줄 빚을 지고 있다"는 논리를 제시했다. 그 결과 도시 노동자들에게 주택을 공급해 주는 것과 같은 정책이 정당화될 수 있었다. 이 같은 정책은 체임벌린의 비판자들에게는 분명 사회주의적인 주장으로 비쳐졌을 것이다. 하지만 체임벌린에게 이런 복지 정책은 공동의 선common good을 위한 사회community의 의무였던 것이다.[78]) 개인의 도덕적 책임을 강조하는 부분은 밀J. S. Mill류의 윤리적 자유주의에 영향을 받았음을 보여준다. 체임벌린은 끊임없이 "행복의 총량"과 "사회의 의무"를 강조하면서 시영화에 대한 논리적 근거를 끄집어내려 했다. 자유당이 나아갈 길에 대한 체임벌린의 다음과 같은 발언은 매우 시사적이다.

> 자유당이 최대 다수의 최대 행복을 계속 추구하지 않는다면, 자유당이 부자를 보호하려는 것만큼 빈자에게 봉사하지 않는다면, 자유당이 재산의 권리를 방어하는 만큼 재산의 의무를 강제하려 하지 않는다면, 자유당은 자신의 사명을 다하지 않는 것이 될 것이다.[79])

비록 체임벌린의 시영화의 이론적 기초가 페이비언 사회주의자들의 그것과 다르고, 그의 생각이 페이비언 사회주의와는 아무 관련이 없었다 해도,[80] 그의 자치시의 역할에 대한 강조와 시영화 프로그램은 사실상 페이비언 사회주의자들의 그것과 유사했다는 점이 그의 자유주의의 외연을 확대시키고 있다. 그의 자유주의는 시영화 프로그램에 이르러 사회주의와 접점을 찾고 있는 셈이다. 그는 때로 공산주의자,[81] 급진주의자, 혁명가[82]라는 비판을 받았지만 시영화 프로그램에서 물러서지 않았다. 그는 자유주의가 시영화 프로그램을 포용할 수 있다는 자신감을 보여주고 있던 것이다. 체임벌린은 중앙 무대에 진출한 이후에도 그의 개혁정책을 자치시 사회주의의 아이디어 위에서 확장해 나갔다. 그가 지속적으로 지방정부의 역할과 권력의 확대에 대해 강조하고 있다는 점에서 그런 점을 확인할 수 있다.

4. 체임벌린의 토지분배론

체임벌린의 자치시 사회주의는 그가 도시문제에 큰 관심을 가졌음을 보여준다. 그런데 자치시 사회주의에 대한 강조는 자칫 그가 도시문제에만 관심을 가졌다는 오해에 빠지게 만든다. 체임벌린은 도시문제 못지않게 오히려 농촌문제에 더 크게 관심을 가졌기 때문이다.[83] 그 한 예로 들 수 있는 것이 체임벌린이 글래드스톤의 미들로씨안 연설에 반발하면서 작성한 개혁 계획안인 "비인가 계획unauthorized programme"이다.[84] 이 계획안은 농촌문제에 지대한 관심을 가지고 작성된 것이었다. 그러한 것을 보여주기라도 하듯이 체임벌린은 이 프로그램을 들고 스코틀랜드의 농업지대를 순회하며 연설했다. 전국에 산재한 농업 인구에 대한 관심은 특권층을 없애려는 귀족들에 대한 그의 관심과도 맞물려 있었다. 귀족들은 토지를 기반으로 하여 특권을 유지하고 있었기 때문이다. 농민들 중에서도 체임벌린이 관심을 가졌던 계층은 가장 광범한 계층을 형성하고 있었던 토지없는 농업노동자들이었다. 그는 이들이 가장 보상을 적게 받는 가장 비참한 존재라고 생각했다.[85] 그는 영국의 농업노동자에 대해 다음과 같이 평가했다.

> 농업노동자는 우리 전체 사회에서 가장 비참한 존재이다. 그는 가혹한 조건에 의해 계속 희망없는 노동을 하는 상황에 처해져 있다. (그의 삶은)빈민원에 들어가는 것으로 끝나는 것이 아마도 가장 그럴듯한 전망이 될 것이다. … 그들은 오랫동안 억압받고, 무시당하고, 기만당해 왔다. 그들은 이제 관심을 받아야만 한다.[86]

체임벌린은 어려운 상황 속에서 살아가는 농업노동자와 직접 대화를 한 사례를 제시하기도 했다.

> 나는 얼마 전에 한 농업노동자와 대화를 한 적이 있다. 그는 70세였다. 그는 그의 역사를 이야기했다. 그는 아침 일찍 밭으로 일하러 나간다. "나는 많은 경우 혼자서 밥을 먹는다. 식사는 약간의 빵과 약간의 베이컨조각이다. 나는 매우 배가 고파 그것을 일하러 가면서 먹는다. 그리고 나는 하루 종일 아무것도 먹지 않는다. 매우 어려운 시절이었다. 일 잘하는 노동자가 주당 6실링을 벌었다."[87]

체임벌린은 이런 비참한 농민들의 문제가 토지문제에 있다는 점을 간파했다. 그는 다음과 같이 지적했다.

왜 영국은 더 이상 '즐거운 잉글랜드'가 아닌가. 그것은 노동자들이 그들이 일하는 토지로부터 단절되어 있기 때문이다. 어떻게 그들에게 토지를 회복시켜 줄 것인가 하는 것이 토지문제land question인 것이다.88)

결국 토지문제land question를 해결하는 것은 농업노동자들을 토지에 복귀시키는 것이었다.89) 그런데 어떻게 이들을 토지에 복귀시킬 것인가? 여기에 대해 체임벌린은 농업노동자들에게는 토지를 보유할 권리가 있다는 생각을 제시했다. 그는 다음과 같이 발언했다.

사회 초기에는 이러한(토지를 보유할) 권리들은 충분히 인정되었다. 그것들은 여전히 많은 나라에서 인정되고 있다. 토지는 공동으로 보유되곤 한다. 공동 사회에 태어난 모든 사람들은 자신에게 할당된 일정 부분의 토지를 가졌다. 그리고 그가 노동을 하려고 하는 한 그의 생계는 보장되었다.90)

토지에 접근할 공동의 권리가 있다는 이런 주장은 사실 "다른 사람의 평등한 자유를 침해하지 않는 한 토지를 자유롭게 사용할 수 있어야 한다"는 스펜서의 토지공유화론과 거의 흡사했다.91) 스펜서는 그의 토지공유화 주장을 1880년대에 들어서며 유보시켰지만 체임벌린은 1885년의 시점에서 오히려 강력하게 주장했던 것이다. 체임벌린은 스코틀랜드의 하이랜드 농민들을 상대로 하여 다음과 같이 토지의 사적 소유제도를 비판했다.

(하이랜드에서)토지는 공동 소유의 형태로 족장chief에게 속해 있었다. 혹은 족장이 토지를 부족clan을 위해 위탁받고 있었다고 표현하는 것이 더욱 맞을 것이다. 어떤 경우에도 절대적인 소유권에 대해 주장할 수 없었다. 토지보유tenure를 확보하는 것은 관습에 내재되어 있는 것이다. 비록 법에 의해 보장받지 못한다 해도 말이다. 토지에 대한 절대적 소유권을

디센터 dissenter

디센트dissent는 떨어져 나온다는 뜻인데 영국의 종교개혁기에 감독교회인 영국 국교회에 동조하지 않고 영국 국교회로부터 떨어져 나온 분파들을 가리키는 용어로 쓰여졌다. 처음에는 카톨릭도 여기에 포함되었다고 하나 차츰 프로테스탄트만을 뜻하게 되었다. 올리버 크롬웰의 시기에 활발하게 활동했지만 왕정복고가 이루어지고 국교회가 회복되면서 이들의 활동은 제약받게 되었다. 영국 내란기에는 다양한 디센터들이 등장했는데 재세례파, 제5왕국파, 디거즈, 퓨리탄, 퀘이커, 머글토니안, 란터즈 등의 종교적 집단들이 크롬웰기에 활동한 분파들이다. 명예혁명 이후 1689년 관용법Act of Toleration이 제정되어 디센터들에게도 예배의 자유는 허용되었으나 여러 가지 제약들이 가해졌다. 장로파, 침례파, 회중파, 퀘이커, 감리교, 유니테리언 등은 지금도 남아 있다. 디센터는 18세기 중반부터 차츰 비국교도non-conformist라고(떨어져 나온다기보다는 순응하지 않는다는 뜻을 가진) 불리게 되었지만 이 용어는 지금도 여전히 쓰이고 있다.

주장하는 것은 지난 150년간 일어난 일이다. 이 과정에서 지주제landlordism는 오랜 가부장적 관계를 대체했다. 사적 소유에 대한 권리가 유례없는 엄격함을 가지고 관철되었다.[92]

그는 농업노동자들이 토지에 대한 권리가 있다는 주장을 "농업노동자들이 그들이 노동할 수 있는 작은 땅뙈기를 갖도록 해야 한다"는[93] 생각으로 구체화했는데 이런 아이디어는 "3에이커의 토지와 소 한 마리"라는 구호로 알려지게 되었다.[94] 이런 처방은 결국 토지없는 농업노동자들에게 소토지allotment를 부여하여 이들을 자영농yeoman으로 만들겠다는 야심찬 구상이었다.[95] 자영농 계층이 형성된다면 농촌의 빈곤도 사라지게 될 것이었다.

"3에이커의 토지와 소 한 마리"를 실현시키는 과제를 맡아야 할 기구는 지방 대의 정부local representative authority였다. 그가 도시에서 자치시가 개혁의 중심에 서 있어야 한다고 주장한 것처럼 농촌에서는 지방 정부가 개혁의 중심에 서 있어야 했다. 토지문제의 최종 해결책은 지방 정부에게 놓여져 있었고, 지방 정부에는 공적 목적을 위해 적절한 가격으로 토지를 수용할 권리가 주어져야 했다.[96] 체임벌린은 도시의 자치시가 공적 목적을 위해 가스와 수도를 시영화하였듯이, 농촌에서는 지방 정부가 농업노동자의 문제를 해결하기 위해 토지를 수용할 수 있어야 한다고 본 것이다.[97]

그는 이 과정에서 지주들의 저항이 심하다는 것을 알고 있었다. 사실 영국의 땅은 대지주들의 손에 집중되어 있었기 때문에 지주들의 영향력이 절대적이었다. 천 에이커 이상을 소유하는 지주들이 영국 땅의 절반 이상을 차지하고 있었다. 소토지 보유자들의 수가 25만에 이르기는 했지만 디센터 dissenter가 강했던 이스트 앵글리아와 같은 지역을 제외하고는 정치적으로 별 영향력을 행사하지 못하는 상황이었다.[98] 그는 자신의 방식에 대해 이데슬레이 경sir Iddesleigh이 약탈이나 몰수가 없이는 진행될 수 없는 방식이라고 말하고 있다는 점을 지적하기도 했다. 하지만 체임벌린은 지주들의 저항에 대해 다음과 같이 단호한 어조로 반박했다.

누가 나의 제안에 반대하는가? 지주들이다. 공적 목적을 위한 토지를 거부하는 권리는 항상 그들의 특권이었다. 그리고 그들이 공격당할 때는 언제나 그들은 매우 커다란 보상을 요구했다. 나는 이것을 재산의 신성한 권리의 하나로 인정하는 것을 거부한다. 나는 그것은 정의에서 인정받지 못하는 권리라고 말한다. 그리고 법의 지지를 받아서는 안 되는 권리라고 말한다.[99]

　체임벌린은 토지를 지방 정부가 수용할 수 있어야 한다는 주장을 하는 가운데서 재산권의 문제를 건드렸다. 이 과정에서 그는 지방 정부가 토지를 수용할 수 있어야 한다는 그의 주장이 온건하고, 정당하고, 합리적인 제안이었지 몰수의 계획은 아니라고 주장했다.[100] 따라서 체임벌린은 재산권을 부정하지는 않았다. 하지만 귀족들이 특권을 이용해 높은 보상을 요구하는 관행은 재산권을 행사하는 범위를 넘어선 것이었다. 그러한 주장을 재산권이라는 용어로 정당화할 수는 없었다. 이런 점을 놓고 볼 때 그의 주장은 비록 재산권을 부인하지는 않고 있다 해도 로크의 주장과는 달리 재산권을 절대적인 권리로 간주하고 있지는 않다는 점을 보여준다.

　그가 재산권의 제한을 옹호한 점은 그가 거대한 부를 가진 자산가였다는 점을 놓고 볼 때 다소 의아해 보이기도 한다. 그는 38살에 사업에서 물러날 때 이미 12만 파운드의 재산을 가진 자산가였으며 이후 그는 적절한 투자를 통해 재산을 3배로 불린 대부호이기도 했다.[101] 그가 재산권에 대한 제한을 옹호한 것은 아마도 그것이 지주들을 향한 것이기 때문이었을 것이다. 토지의 수용은 그가 특히 혐오한 특권 귀족층을 향한 주장이었으므로 재산권에 대한 발언이었음에도 불구하고 자신이 재산가라는 점에 개의치 않았던 것으로 보인다.

　논리적으로 볼 때는 체임벌린은 재산의 기원이 산업의 경우와 지주의 경우와는 구분된다고 본 것 같다. 지주들의 경우 토지소유의 기원이 약탈에 있었으므로 토지에서 나오는 소득은 산업이나 상업적 투자로부터 나오는 소득과는 다르다고 본 것이다. 즉 노동과 노력에 의해 획득된 소득이 아닌 것이다. 그렇다면 국가가 소작인의 권리를 확보하기 위해 간섭하는 행위는 재산권을 침해하는 행위가 아니며 자유당원을 두렵게 할 이유도 없었던 것이다.[102] 그는 자수성가의 방식으로 형성된 재산과 특권과 세습에 의해 보유하게 된 재산을 구별했던 셈이다.

토지에 대한 체임벌린의 생각은 농촌에서 소토지 보유농민을 만들어 내자는 제안으로 도시에 대한 대안이었던 자치시사회주의와는 다소 다른 차원에서 접근한 것으로 보인다. 즉 작은 재산소유자들을 만들어 내자는 주장으로 볼 수 있으니 말이다.103) 그러나 빈곤의 문제를 해결하고 사회문제를 해결해야 한다는 과제에 대해 제시한 처방이었다는 점에서는 궤를 같이 한다고 볼 수 있을 것이다. 양자 모두 지방 정부의 개입을 요구하는 집단주의적 처방이 내려졌다는 점에서도 유사성을 찾아볼 수 있다.

체임벌린의 주장은 사회의 하층민들 특히 도시의 빈민들과 농촌의 노동자들의 권리를 주장했다는 점과 기득권층에 대한 도전이었다는 점에서 분명히 개혁적이었다. 그 개혁이 비록 이론적으로는 사회주의에 기반하고 있지 않았지만 사회주의의 주장과 유사한 부분들이 나타났다는 점이 흥미롭다. 실상 체임벌린은 그가 1886년 홈룰 문제로 자유당에서 분리되어 나가기 전에 그의 개혁적인 주장으로 인해 이미 자유당을 분열시키고 있었다. 휘그지주였던 파이프Fife 백작은 체임벌린이 1886년 가을 동안 전국에 가득 채워놓은 쓰레기에 대한 혐오감을 표시했다. 그는 자유당 내의 이데올로기적 분열이 매우 심하다고 보았으며 새로운 사회주의적 교리를 자유주의적 교리로부터 박멸해야 한다는 생각을 표명했다.104)

그의 개혁성은 자유당 내에서 휘그와 자신을 분리시켰을 뿐 아니라 개혁 정책을 편 글래드스톤과도 분리시켰다. 그의 "비인가 계획"은 글래드스톤의 공식적 정책에 대해 반발하며 대안 정책으로 제시된 것이었다는 점을 상기할 필요가 있다. 그가 비록 글래드스톤과 홈룰 문제로 결별한 후 자유통합당을 만들어 보수당과 연대했다 해도 그것이 개혁성에 영향을 미쳤던 것은 아니다. 그는 보수당과 연대하는 상황에 놓이면서 당명에

"통합"이라는 수식어를 달게 되기는 했지만 자유당이라는 명칭을 버리지 않았고 자신이 생각하는 자유당의 정체성을 버리지 않았다. 그는 보수당에 통합되기보다는 자신의 정체성으로 보수당을 개조하기를 원했다. 그의 자유주의는 시간이 지나면서 분명히 변화한 것이 사실이다. 그러나 그의 개혁적 자유주의는 보수당의 영향을 받아 변했다기보다는 그가 영국에 대해 인식하게 된 새로운 사실에 의해 자체적으로 변화를 겪게 되는 것이다.

5. 맺음말

체임벌린은 1886년 홈룰 문제로 자유당을 분열시키고 보수당으로 건너 간 정치인으로 흔히 간주된다. 이런 서술은 체임벌린이 비록 초기에 개혁적 인 인물이었을지 모르나 홈룰 문제의 와중에서 보수화되었다는 인상을 던져 준다.105) 그러나 홈룰 문제로 체임벌린을 진보와 보수로 가르는 것은 커다란 오해를 불러일으키고 그를 잘못 이해하는 것이다. 왜냐하면 그는 홈룰 문제 이전에 자유당 안에서 개혁의 정도를 놓고 글래드스톤과 커다란 이견차를 보이고 있었기 때문이다. 1885년 가을 글래스고우, 헐, 워링턴을 돌면서 "비인가 계획"을 노동자들에게 외치고 다녔던 체임벌린의 주장은 자유당의 공식적인 개혁 계획보다 한 발 더 나아간 보다 급진적인 내용을 담고 있었다. 그러므로 사실상 체임벌린은 이미 개혁을 놓고 자유당 을 여러 층으로 분열시키고 있었던 것이다. 그 후 그가 홈룰 문제로 공식적으 로 자유당을 분열시키고 당을 떠났지만 그는 보다 급진적인 개혁을 추구하 는 인물로서 당을 떠났던 것이며 이후에도 그런 입장을 버리지 않았다. 그에게는 홈룰이 자유당 혹은 자유주의의 정체성을 시험하는 리트머스지 가 될 수 없었다. 그는 노동자들의 복지에 대한 관심을 그의 생애 내내

잃지 않았다.[106]

체임벌린이 보수당과 연합했다는 사실을 그의 사상이 보수로 돌아섰다는 것으로 이해하는 것도 커다란 오해이다. 왜냐하면 그는 보수당을 민주적인 대의기구로 만들려고 하였으며 보수당 내의 전통에 근거하고 있는 세력들과 싸우려 했기 때문이다. 체임벌린은 심지어 1907년 5월의 시점 즉 뇌졸중으로 병석에 누워 있는 상황에서도 "우리 당의 보수당 쪽 사람들은 거의 모두 민주적이 되었다. 낡은 반동적인 토리파에 속하는 사람들은 거의 남아 있지 않다"[107]고 주장했다.

체임벌린의 자유주의는 1870년대에 자유주의가 집단주의로 흘러간 경로를 보여준다. 체임벌린은 자유주의는 권리를 요구하는 요소가 있다고 생각했다. 그는 특히 자유주의가 정치와 경제에 대한 권리 즉 권력에 대한 권리와 생산수단에 대한 권리를 요구하는 요소가 있다고 보았다. 그의 경우 권력에 대한 권리는 특권의 제거와 보통선거권에 대한 요구로, 생산수단에 대한 권리는 소토지보유에 대한 권리로 각기 구체화되었다.

권력 형성에 대한 권리의 요구 즉 보통선거권의 실현은 결국 민주주의로 연결되었고 권력을 민주화하는 단계로 나아갔다. 그리고 체임벌린은 이렇게 해서 변화된 권력 즉 민주화된 국가는 집단주의적 간섭의 정당성을 담보한다고 생각했던 것이다. 이런 생각이 그의 집단주의적 정책을 설명하는 것이다.

체임벌린의 집단주의는 여러 정책들 속에서 확인되었다. 빈민법, 교육법, 노령연금법 나아가 다양한 영역에 걸쳐 있는 시영화 조치들이 도시에서의 집단주의적 정책이었다면 '3에이커와 소 한 마리'라는 문구로 상징되는, 자영농을 만들어 내려한 소토지 분배 정책은 농촌에서의 집단주의적 정책이었다.

 체임벌린의 자유주의는 자유주의 안에 이미 집단주의로 연결될 수 있는 논리가 내재되어 있었음을 보여준다. 그것은 스펜서의 자유주의에서도 확인된다. 왜냐하면 스펜서 역시 체임벌린보다 일찍이 1850년대에 보통선거권과 토지공유화를 주장했기 때문이다. 그렇지만 스펜서는 그의 자유주의적 주장이 1870년대에 민주주의를 거쳐 집단주의로 연결되는 현상을 관찰하면서 권리에 대한 여러 주장들 즉 보통선거권과 토지공유화의 주장을 모두 철회했던 것이다. 그는 자유주의가 집단주의로 흐르는 경향을 없애기 위해 권리에 대한 주장을 모두 내려놓고 개인들 사이의 자유로운 경쟁을 강조하게 되었던 것이다.[108]

 결국 자유주의는 두 개의 길을 걷게 되었다. 민주화된 권력을 바탕으로 국가의 개혁 정책을 지지한 집단주의적 자유주의와 권력의 간섭 자체를 거부하면서 작은 권력을 지향하는 개인주의적 자유주의로 나뉘어진 것이다. 1880년대 당시에 그것이 지녔던 현실적 의미는 전자는 진보 세력을 후자는 보수 세력을 정당화하는 것이었다. 하지만 아이러니컬하게도 사회 개혁을 추구했던 체임벌린의 집단주의적 자유주의는 제국과 침략을 정당화하는 길로 나아가게 되었다. 이와는 반대로 사회문제에 대한 국가간섭을 거부했던 스펜서의 개인주의적 자유주의는 제국주의에 반대하며 평화를 추구하는 입장을 견지하게 되었던 것이다.

체임벌린을 향해 발언하는 두 사람

A씨_ 체임벌린씨, 당신은 특권타파와 보통선거를 주장하시는군요. 노동자에게 선거권을 부여할 것과 소작농에게 "3에이커와 소 한 마리"를 줄 것을 주장하는군요. 당신은 교육, 노동, 농민, 노령연금 등 광범위한 사회개혁을 주장합니다.

B씨_ 당신은 스펜서씨와는 달리 국가의 역할이 중요하다고 보는군요. 자유주의는 집단주의로 나갈 수도 있는가 봅니다. 국가를 배제한 자유주의의 길, 국가를 통한 자유주의의 길. 두 개의 길이 모두 나타났습니다. 두 개의 길이 만나는 점, 조화를 이루는 지점을 찾는 것이 중요합니다.

부록

부록 1. 영국의 자유주의와 관련한 중요 인물들

인물들은 시대순으로 제시되었다. 17세기의 레벨러에서 18세기의 인권운동, 19세기의 차티스트 운동, 보통선거를 향한 운동의 순으로 이어져 있다.

월윈(윌리엄 월윈) Walwyn, William(1600~1681)

의사이며 평준파의 지도자였다. 영국에서 내란이 발생했을 때 그는 종교적 관용을 주장하며 의회파의 편에 섰으며 1647년에는 평준파의 지도자로 부상했다. 1646년에는 그를 위험한 인물로 서술하고 있는 토마스 에드워드의 강그래나Gangraena에 대해 반박하는 5개의 팸플릿을 썼다. 1649년 5월에는 런던탑에 투옥된 상태에서 평준파의 지도자 세 사람과 함께 3차 인민협정을 작성했다. 아울러 그는 『윌윈의 정당한 변호Walwyn's Just Defense』라는 글을 존 프라이스의 『윌윈의 간계Walwyn's Wiles』에 대한 반박문으로 발표했다. 프라이스가 보기에는 평준파의 지도자 중 가장 위험한 사람은 릴번이 아니라 월윈이었다. 1653년 릴번이 망명생활을 끝내고 브뤼헤에서 돌아왔을 때 토마스 프린스와 리차드 오버톤은 평준파 지지자들을 모으는 활동을 했지만 그는 체포된 상태였으며 릴번의 재판이 끝날 때까지 런던탑에 갇혀 있었다.

292

릴번(존 릴번) Lilburne, John(1615~1657)

릴번은 평준파Leveller의 지도자였는데, 더람Durham의 젠트리 집안에서 태어났다. 1630년대에 릴번은 종교적 박해를 피해 네덜란드로 도피하게 되었다. 네덜란드에서 돌아온 후 그는 윌리엄 프린의 『입스위치로부터의 뉴스』를 불법 출판하고 배포한 죄로 1637년 12월 체포되었다. 그는 1638년 불법적인 종교 서적과 관련되어 성실청에서 조사를 받고, 태형을 당하고, 필로리 처벌을 받은 후 투옥되는 고초를 겪었다. 크롬웰은 1640년 그를 석방했고 그는 크롬웰의 동부연합 기병대에서 중령의 계급까지 올라갔다. 그러나 그는 1645년 군을 떠났다. 그 후 그는 자유롭게 태어난 영국인들의 권리Freeborn Rights를 주장하는 그의 소책자들로 인해 투옥되기를 거듭했다. 그는 1647년부터 평준파 운동의 지도자가 되었으며 크롬웰과는 결별했다. 1649년 1월 찰스가 처형되고 난 후 그는 크롬웰에 의해 새로 수립된 공화정Commonwealth을 비난하였으며 군대 내에서의 폭동을 기획했다. 그리고 크롬웰을 탄핵할 것을 공공연하게 주장했다. 그는 1649년 5월 윌리엄 월윈William Walwyn, 토마스 프린스Thomas Prince, 리차드 오버톤Richard Overton 등과 함께 런던탑에 투옥된 상태에서 인민협정을 작성했다. 그는 이 문서가 새롭게 탄생한 공화국의 성문헌법과 같은 것이 되기를 희망했다. 런던의 배심원들은 그에게 반란죄가 없다고 판정했지만 럼프Rump 의회는 1651년 12월 그를 추방했다. 그는 네덜란드의 브뤼헤에서 망명 생활을 한 후, 1653년 영국으로 돌아왔지만 계속 구금된 채 생활을 하게 된다. 그는 후에 퀘이커 교도가 되었다.

프린스(토마스 프린스) Prince, Thomas(1630~1657)

레벨러Leveller의 지도자 중 한 사람이었다. 그는 요크셔에서 태어났으나 런던으로 이사를 와서 도제 생활을 하게 된다. 그는 양모직조공이었지만 치즈 판매 상인이기도 했다. 그는 영국 내전에서 의회파의 편에 서서 싸웠는데 뉴베리Newbury 전투에서 크게 부상을 당했다. 내전 동안 그는 부대에 치즈를 판매하면서 상당한 부를 축적했다. 1647년 11월 그는 1차 인민협정을 제출한 사람들 중 한 사람으로 등장했으며 이로 인해 투옥되었다. 같은 해 12월 풀려났지만 평준파의 주장을 알리는 활동을 계속했다. 1648년 그는 평준파 지도자의 중요한 인물로 부각되었으며, 그 해 12월 군사위원회가 2차 인민협정Second Agreement of the People을 거부한 것에 대해 페어팩스에게 보낸 항의문에 다른 평준파 지도자들과 함께 서명을 했다. 1649년 3월 그는 릴번 등 다른 세 사람의 평준파 지도자들과 함께 런던탑에 수감되었다. 하지만 그는 5월 이들 평준파 지도자들과 함께 3차 인민협정을 런던탑에 투옥된 상태에서 발표했다. 그는 크롬웰의 공화정 수립 이후의 권력기관으로 등장한 국가위원회Council of State에 대해 비판했으며 평준파에 대한 독립파의 공격에 대해 비판하는 글을 쓰기도 했다. 1649년 10월 릴번이 반란죄로부터 풀려남에 따라 프린스도 석방되었고 1657년까지 그는 계속 런던에 거주했다.

오버튼(리차드 오버튼) Overton, Richard(1640~1663)

평준파Leveller 지도자의 한 사람이었으며 인민협정을 작성한 사람이기도 하다. 그는 장기의회가 열릴 무렵 주교들을 비판하는 서적을 익명으로 출판한 것으로 알려져 있다. 1646년 그는 귀족들을 비판하는 서적을 출판한 것으로 인해 투옥되었다. 책자는 『존 릴번 중령에 대한 태도에서 드러난 귀족들이 국민의 자유와 권리를 무례하게 침해한 것에 대한 경고』라는 제목을 달고 있었는데 그는 1646년 8월 11일 시티 안의 뉴게이트Newgate

감옥에 수감되었다. 수감되었음에도 불구하고 그는 귀족에 대해 더욱 신랄한 비판을 담은 책자를 펴냈다. 하지만 신형군대New Model Army가 그의 편에 섬으로써 그는 1647년 9월 석방될 수 있었다. 그는 1648년 9월 런던 평준파의 탄원서를 제출하는데 큰 역할을 했다. 그는 1648년 12월 페어팩스에게 『공동의 권리와 자유를 위한 호소The Plea for Common Right and Freedom』라는 항의문을 보낸 사람 중의 한 사람이었다. 이 글은 릴번의 인민협정Agreement of the People의 초안에 대해 군사위원회Council of Army가 수정을 가한 것에 대해 항의하는 내용을 담고 있었다. 그는 『잉글랜드의 새로운 족쇄England's new Chains Discovered』라는 글을 쓴 것으로 인해 1649년 3월 릴번 및 다른 평준파의 지도자들과 함께 체포되었다. 그는 런던탑Tower of London에 투옥되었으며 여기서 그는 1649년 5월 1일 다른 세 사람의 평준파 지도자들과 함께 인민협정Agreement of the Free People of England을 작성했다. 1649년 7월에는 정부에 항의하는 글을 서한의 형태로 작성했다. 이 글은 왕립거래소Royal Exchange 뒤에 있는 롯베리Lothbury의 훼일보운 Whalebone에서 주로 만나는 사람들에게 보내는 형식으로 쓰여졌는데, 이 장소는 바로 평준파들의 본부였다. 1649년 11월 구금에서 풀려났지만 그는 1655년 다시 평준파의 봉기에 연루되었고 평준파의 섹스비Sexby 중령과 함께 플란더스로 도망가게 된다. 그의 말년의 생활은 뚜렷이 알려져 있지 않다.

로크(존 로크) Locke, John(1632~1704)

영국의 명예혁명을 이론적으로 정당화하고 있는 사상가이다. 그는 당시 휘그의 지도자였던 샤프츠베리의 집에서 살았으며 샤프츠베리처럼 그도 정치적 박해를 피해 망명을 가지 않으면 안 되었다. 로크의 중요 저작들은 비록 보다 일찍 쓰여졌다 해도 1688년 이후에야 출판될 수 있었다. 그는 종교적 관용을 주장했으며 그것을 그가 작성한 헌법 안에 포함시켰다. 그는 『종교적 관용에 대한 서한』(1689)에서 두 개의 중요한 가정을 제시했다. 종교는 각 개인의 문제라는 점과, 교회는 자발적 결사라는 점이 그것이었다. 이것은 종교적 강제와 획일성을 배제한다. 그러나 정치적인 점들을 고려한 결과 그는 카톨릭(비관용적인 사람으로 간주했다)과 무신론자들에게는 관용을 거부했다. 그의 주장은 교회와 국가의 분리로 이어졌다. 『시민 정부에 대한 두 개의 논문』은 정부를 피치자the governed의 동의에 기초하고 있다. 그리고 로크는 피치자들은 자신들의 재산을 보호하기 위해 권력을 필요로 한다고 보았다. 그래서 찰스 2세나 제임스 2세처럼 전제적 권력을 휘두르는 군주들은 그의 권력을 상실하고 저항에 직면하게 되는 것이다.

스미스(아담 스미스) Smith, Adam(1723~1790)

스미스는 글래스고우 대학과 옥스퍼드의 밸리올 칼리지에서 공부한 후 글래스고우 대학의 교수가 되었다. 그는 여기서 도덕철학을 가르치는 교수가 되었다. 그는 1759년 『도덕 감정론』을 출판했는데 '보이지 않는 손invisible hand'이라는 개념이 제시된 것도 여기에서다. 그는 도덕의 기초를 인간들의 상호 공감mutual sympathy에 근거했다. 스미스는 이후 그가 쓴 『국부론』으로 유명해졌지만 그의 국부론의 기초에 『도덕 감정론』의 논리가 깔려 있다는 점에 유의해야 할 것이다. 스미스는 1776년 『국부론』을 출판해서 개인들이 이기심에 기초해 각자 자신의 이익을 추구하면서 자유롭게 경쟁할 때 사회에 조화가 이루어지게 될 것이라는 주장을 폈다. 그의 사상은 산업화가 활발하게 진행되고 있었던 영국 사회에서 시장경제를 발전시키고, 자유로운 기업활동을 옹호하는 이론적 기초를 제공했다.

이로 인해 그의 사상은 19세기 영국 자유방임주의의 선구자적 역할을 한 것으로 흔히 간주되고 있다. 스미스가 『국부론』을 출판했을 때 그가 비판한 세력은 경쟁이 배제된 채 독점적 이익을 얻고 있는 특권상인과 제조업자들이었다. 그런데 이를 비판하기 위해 제시한 자유무역, 사적 기업, 자유로운 경쟁의 논리가 지금은 거대 독점 세력들에 의해 원용되고 있다는 점이 아이러니하다.

페인(톰 페인) Paine, Thomas(1737~1809)

페인은 영국 자유주의가 인권과 민주주의를 확대시켜 나가는데 중요한 역할을 한 사람이다. 페인은 코르셋을 제조하는 사람이었는데 1774년 미국 필라델피아로 이민을 갔다. 여기서 그는 미국 독립운동에 연루되었고 1776년 『상식Common Sense』이란 책에서 미국이 영국으로부터 분리될 것을 주장했나. 프랑스에서 혁명이 일어나지 페인은 혁명을 지원하기 위해 파리로 갔고 여기서 그는 『인간의 권리The Rights of Man』를 1791년과 1792년에 걸쳐 출판했다. 여기서 그는 프랑스 혁명을 비판한 버크에 대해 반박했다. 영국에서 이 책은 큰 인기를 누렸으며 이런 현상은 피츠Pitt의 정부에는 커다란 우려를 낳았다. 프랑스 혁명가들은 페인을 프랑스의 명예시민으로 만들어 주었으며 그는 1792년 국민공회National Convention에 선출되기도 했다. 그러나 페인은 혁명가들의 무신론에 동조하지 않았으며 『이성의 시대Age of Reason』(1794~1795)에서 비록 기독교를 비판했지만 제1 원인으로서의 신적 존재에 대해 주장했다. 그는 루이 16세의 처형에 대해서도 찬성하지 않았다. 결국 그는 국왕의 목숨을 살려줄 것을 주장한 것으로 인해 국민공회에서 축출되었다. 그는 간신히 처형을 피할 수 있었으며 1802년 미국으로 돌아가 여기서 신문의 칼럼니스트로 활동하면서 여생을 보냈다.

벤담(제레미 벤담) Bentham, Jeremy(1748~1832)

영국의 대표적인 효용주의자utilitarian이다. 그는 옥스퍼드에서 교육받았
으며, 20세가 되기 전 변호사 자격을 갖게 되었다. 그는 영국의 법의 모호성에
대해 매우 회의적이었으며 평생 동안 효용utility의 기초 위에서 영국의
법을 체계화시키려는 노력을 했다. 벤담은 양도할 수 없는 자연권unalienable
natural right이라는 개념을 거부했다. 유일한 권리는 법률적 권리legal right일
따름이었다. 그는 『도덕과 입법의 원칙에 대한 소개Introduction to the Principles
of Morals and Legislation』(1789)에서 '최대다수의 최대행복The greatest happiness
of the greatest number'이란 조건에서 효용utility의 이론을 제시했다. 이를 기초로
해서 그는 도덕과 정치적 의사결정의 이론으로서의 효용주의utilitarianism를
수립했다. 그는 행복 계산법felicific calculus에서 어떻게 행복의 총량을 측정함
으로써 인간의 행위가 평가될 수 있는가를 보여주었다. 그의 이론에 따르면
최대의 쾌락pleasure을 제공하는 행위가 선택되어야 했다. 한계효용이나
효용의 총량을 거론하는 경제학의 논리는 거슬러 올라가면 결국 벤담의
이론에 도달하게 된다. 한편 그는 개혁을 요구하는 급진주의자들을 고무시
키기도 했다. 그는 19세기 동안 철학적 급진주의자philosophical radical들을
지도하였으며 영국의 법률적, 사회적, 경제적, 정치적 개혁을 이끌어내는데
중요한 역할을 했다. 그는 『웨스트민스터 리뷰』를 창간했으며 유니버시티
칼리지 런던University College London을 만드는데 기여했다.

코벳(윌리엄 코벳) Cobbett, William(1763~1835)

그는 의회개혁을 주장하고 부패선거구rotten borough 제도에 항의했던

급진적 저널리스트였다. 아울러 노동계급을 옹호했는데 특히 농업노동자들에 대해 관심이 컸다. 그는 초기에 토리파를 지지하는 입장을 취했으나 곧 부패선거구 선거제도에 대해 환멸을 가지게 되었고, 1832년의 선거법 개정으로 이어진 급진적 운동을 벌이게 되었다. 1806년부터 그는 의회개혁운동을 시작했는데 1810년에는 선동죄로 뉴게이트Newgate 감옥에서 2년동안 수감생활을 하기도 했다. 이후로 코벳은 위험한 인물로 간주되었다. 그는 1817년 미국으로 도피했다가 1819년 영국으로 다시 돌아왔으며 농사를 다시 시작했다. 선거법 개정이 이루어지고 난 후에는 올드햄Oldham에서 의원으로 당선되었다. 비록 그는 카톨릭교도가 아니었지만 카톨릭교도의 권리를 회복시키려는 카톨릭 해방운동을 열렬히 지원한 사람이기도 하다. 코벳의 삶에는 모순적인 부분들이 있긴 하지만 권력에 대해 항의하는 입장은 꾸준했다.

플레이스(프란시스 플레이스) Place, Francis(1771~1854)

급진적 개혁가. 런던의 직인이었으며 바지제조업자breeches-maker였다. 그는 런던 서신교환협회London Corresponding Society에서 활약하면서 1790년대의 개혁을 요구하는 소요사태들에 관여했다. 후에 그는 결사금지법 Combination Act : An Act to prevent Unlawful Combinations of Workmen에 반대하는 운동을 주도했다. 1799년의 결사법은 1824년 폐지되었다.(하지만 결사금지법은 이듬해 다시 만들어졌다.) 그는 만약 개혁이 이루어지지 않는다면 1830년 프랑스에서 일어난 혁명과 같은 사건이 일어날 것이라고 경고하면서 1832년의 의회개혁운동에 관여했다. 그는 런던 노동자 협회London Working Men's Association에서도 활동하였으며 1838년 로벳과 함께 인민헌장People's Charter의 초안을 작성하기도 했다. 차티스트 운동이 폭력성을 띠어가고

피어구스 오코너Feargus O'connor가 로벳을 이어 차티스트 운동의 지도자가
되자 그는 차티스트 운동에서 멀어지게 되었다.

오코너(피어구스 오코너) O'connor, Feargus(1794~1855)

차티스트 운동의 지도자. 아일랜드의 법률가였다. 오코너는 1832년
코르크Cork에서, 1847년에는 노팅엄Nottingham에서 의원으로 당선되었다.
그는 차티스트 운동의 최고 지도자였다. 그는 스스로 말했듯이 "수염을
깎지 않은 턱, 물집이 생긴 손, 퍼스티언으로 만든 재킷"을 입고 있는
투사였다. 차티스트 운동의 마지막 10년간 그는 운동의 최선두에 서 있었다.
그의 힘은 강력하고 카리스마 넘치는 웅변과 차티스트 운동의 대변지
『노던스타Northern Star』의 소유자라는 것에서 나왔다. 1840년 그는 선동죄로
투옥되었다. 로벳이나 몇몇 역사가들은 차티스트 운동의 실패를 오코너의
선동적 행위와 노동계급을 소토지보유농으로 안정시키기 위해 그가 전국
토지회사National Land Company(1845~1851)를 만들어 내려한 것에 돌렸다.
1848년 4월 10일 오코너는 케닝튼 광장Kennington Common에서 열린 마지막
차티스트 대중집회에 나타났지만 이후 차티스트 운동은 더 이상 큰 힘을
발휘하지 못했다.

로벳(윌리엄 로벳) Lovett, William(1800~1877)

로벳은 뉼린Newlyn에서 태어났다. 그는 1821년 런던으로 이사했는데
여기서 그는 캐비닛 제조업자가 되었다. 그는 오웬주의적 협동조합운동이
나 전국 노동계급 동맹National Union of the Working Classes, 전국 정치 연합National
Political Union같은 단체들에서 활동하면서 급진적인 인물로 부각되었다.
1836년 그는 런던 노동자 협회London Working Men's Association를 조직했는데

여기에서 차티스트 운동이 시작되었다. 프란시스 플레이스Francis Place와 뢰벅J. A. Roebuck의 도움을 받아 그는 인민헌장People's Charter의 초안을 작성했다. 그는 비록 오코너O'connor를 비판하였지만 1838년부터는 차티스트 운동의 전국적 지도자가 되었다. 로벳은 1839년 버밍엄 소요에서 체포되어 1년간 투옥되었는데 석방된 이후 '지식 차티즘knowledge chartism' 운동에 집중했다. 즉 그는 교육, 자조, 중간계급과의 연합과 같은 것들을 주장했다. 그러나 그는 1842년부터 차츰 차티즘으로부터 멀어지게 된다.

콥덴(리차드 콥덴) Cobden, Richard(1804~1865)

영국의 급진주의 정치인. 콥덴은 자유무역과 국제평화를 주장하고 귀족적 지배에 대해 반대한 사람이다. 그는 반곡물법 연맹Anti-Corn Law League에 참여했는데 이 운동이 만족스럽지 않자 1841년 초 그는 연맹이 중간선거에서 싸울 것을 설득했다. 비록 선거에서 패배하기는 했지만 연맹은 선거결과에 영향을 미칠 수 있다는 점을 보여주었다. 1841년 콥덴은 사우스포트Southport에서 의원에 당선되었고 유능한 연설가임을 입증했다. 그의 연설 스타일은 단순하고 직선적이었다. 1841년 보수당의 승리 이후 콥덴은 전투적 투쟁을 고려했지만 결국 모든 합법적 방법을 사용할 것을 결정했다. 그는 반곡물법 연맹이 점차 두드러지게 되는데 큰 영향을 발휘했다. 1846년 그는 필로부터 곡물법 폐지를 이루어낸 것에 큰 공헌을 한 사람이라는 과장된 찬사를 받았다. 그 후 콥덴은 계속 개혁가로 남았지만 크림전쟁과 팔머스톤의 인기 있는 외교정책에 반대한 것이 그의 영향력을 감소시켰다. 1859~1860년 그는 프랑스와 중요한 통상조약을 놓고 협상했다. 그가 보다 오래 살았더라면 자유당을 이끄는 인물로 부각되었을지 모른다. 그를 대신해 그보다 다섯 살 어린 글래드스톤이 자유당의 지도자로 부상했다.

밀(존 스튜어트 밀) Mill, John Stuart(1806~1873)

존 스튜어트 밀은 효용주의자이면서 자유주의 철학자였다. 그는 제레미 벤담의 영향을 크게 받은 제임스 밀의 아들로 태어났다. 그는 15세에 벤담주의적 효용주의Benthamite utilitarianism를 따르는 사람이 되었으나 후에 가서 그는 벤담의 이기적인egoistic 심리학과 기계적인 쾌락 개념을 거부하게 되었다. 그는 35년 동안 동인도회사에서 근무했으며 후기에 가서는 하원의 원이 되기도 했다. 그는 『정치경제학 원리Principles of Political Economy』(1848)에서 자유방임주의의 수정된 형태를 채택했다. 그는 자유기업의 효율성을 믿으면서도 효용을 극대화하는데 시장이 실패한다는 점을 알고 있었다. 『효용주의Utilitarianism』(1861)에서 그는 벤담의 이론을 수정했다. 여기서 그는 고급한 쾌락과 저급한 쾌락을 구별했으며, 행복을 추구하기 위한 도덕적 의무moral duty를 확인했다. 『자유론On Liberty』(1859)에서 밀은 자연권natural right이 아닌 효용주의utilitarianism에 토대하여 개인의 자유를 방어하는 논리를 제시했다. 『대의 정부론Considerations on Representative Government』(1861)에서 그는 민주적 참여를 옹호하기는 했으나 엘리트의 지위를 방어할 수 있는 엄격한 조건을 유지하는 범위 안에서 민주적 참여가 이루어질 것을 주장했다. 그가 후기에 보여주는 사회주의적 제안은 효용주의에 입각한 국가간섭이 벤담과는 다른 의미를 가질 수 있음을 보여준다.

글래드스톤(윌리엄 이워트 글래드스톤) Gladstone, William Ewart(1809~1898)

영국의 수상. 그는 토리로 정치에 입문했다. 그는 1832년부터 1895년까지 (1846년을 제외하고) 의원으로 활동했다. 그는 필 내각(1834~1835)에 입각한 이후, 필Sir Robert Peel의 2차 내각에서는 상무성board of trade 의장이 되었다. 그는 1859년 휘그와 함께 자유당을 수립한 이후에도 1865년까지 필라이트 보수파Peelite Conservatives의 회원을 유지했다. 1852년부터 1855년까지는 애버딘의 연립내각에서 재무장관Chancellor of the exchequer을 역임했는데, 재임기간 중 관세를 삭감했지만 크림전쟁으로 인한 지출 증가로 인해 소득세를 종식시키려는 목적을 달성하지는 못했다. 그는 1859년부터 1865년까지 팔머스톤의 2차 내각에서 다시 한 번 재무장관을 역임한다. 재임기간 중 그는 세금을 더욱 줄였으며 우정은행Post Office Savings Bank(1861)을 설립했다. 팔머스톤이 사망한 이후 그는 러셀 내각에서 1866년 1월까지 재무장관직을 계속 수행했고 1867년 러셀을 이어 자유당 당수가 되었다. 글래드스톤의 1차 내각 기간 동안(1868~1874) 그는 아일랜드 교회를 분리시키고(1869) 아일랜드 토지법Irish Land Act(1870)을 통과시킴으로써 아일랜드를 평화롭게 만들려는 시도를 했지만 성공적이지는 못했다. 글래드스톤은 카드웰 군대개혁Cardwell's army reform을 시도했고, 1872년 비밀선거법Ballot Act을 도입했으며, 1873년 사법개혁법Judicature Act을 실시했고, 포스터 교육법Forster Education Act(1870)을 도입했다. 야당 지도자로 활동하는 동안(1874~1880) 그는 정적인 디즈레일리의 제국주의 정책을 강력하게 비판했으며 미들로씨언 선거연설에서 커다란 성공을 거두었다.(1879년 11월~12월) 그의 2차 내각(1880~1885)은 2차 아일랜드 토지법second Irish Land Act(1881)과 3차 선거법 개정안third Reform Act(1884)을 통과시켰다. 3차 선거법 개정안은 농업 노동자들에게 선거권을 부여했다. 하지만 1881년 1차 보어전쟁에서 패배하고 1885년 카르툼에서 고든 장군이 사망하는 등 그에게 불리한 사건들도 발생했다. 글래드스톤의 3차 내각은(1886년 2월~7월) 아일랜드 문제가 중요한 쟁점이었다. 아일랜드에 자치를 허용하려는 법안Home Rule은 성공하지 못했고, 조지프 체임벌린이 사임하고 아울러 아일랜드 자치에 반대하는 자유당원들이 함께 탈당을 하면서 자유당이 분당되는 결과가 빚어졌다. 1892년에서 1894년에 걸친 4차 내각에서 그는 홈룰을 하원에서 통과시키는 데는 성공했지만(1893), 귀족원에서 홈룰은 거부되었고 그는 사임했다.

브라이트(존 브라이트) Bright, John(1811~1889)

급진적 정치인. 로치대일 직물제조업자의 아들로 태어났다. 그의 첫 번째 대중연설은 1830년 금주에 대한 것이었고, 첫 번째 정치운동은 1834년 로치대일의 교회세church rates에 대한 것이었다. 그는 반곡물법 연맹Anti-Corn Law League(1839~1846)에서 대중을 상대로 한 연설가로서 활동했다. 그는 1843년 더람에서 의원으로 당선되었으며, 1847~1857년간 맨체스터에서 의원으로 활동했고, 그 후에는 버밍엄에서 의원으로 활동했다. 그는 자유무역을 주장했고 직물공장에서 노동자들의 노동시간을 제한하는 입법에 대해 반대했다. 그는 1850년대에는 평화를 주장하고 크림전쟁에 반대하는 것으로 인해 인기를 잃었다. 그는 1853년 인도의 동인도회사 헌장East India Company Charter을 갱신하는 것에 반대했고, 인도에 대한 정부의 통제를 완화할 것을 주장했다. 그는 글래드스톤이 1868년 그에게 인도 통치를 제안했을 때 군사적 책임을 이유로 해 이를 거절했다. 그는 1866년 성인 가구주에게 선거권을 확대할 것에 대해 찬성했지만 진정한 민주주의자는 아니었다. 그는 자유당 내각에 상무성 의장president of the Board of Trade(1868~1870)과 더치 옵 랑카스터Duchy of Lancaster의 찬슬러Chancellor(1873~1874, 1880~1882)로 참여했다. 그는 1882년 알렉산드리아Alexandria에서 영국 해군이 포격을 가한 것에 대해 항의해 사임했다. 그는 오랫동안 아일랜드에서의 교회개혁과 토지개혁에 대해 옹호해 왔지만 1886년의 글래드스톤의 홈룰법안에 대해서는 비판적이었다. 그는 19세

304

기의 가장 탁월한 웅변가 중 한 사람이었다.

스펜서(허버트 스펜서) Spencer, Herbert(1820~1903)

스펜서는 더비셔Derbyshire에서 교사의 아들로 태어났다. 그는 1848년 『이코노미스트*The Economist*』의 편집차장이 되었다. 1851년 사회정학Social Statics을 출판했는데 여기서 국가의 기능은 오직 국방과 경찰에 국한되어야 한다고 주장했다. 그는 국가의 힘은 개인들의 경쟁이 진화론적 방식으로 전개되는 과정에서 강화될 것이라고 주장했다. 이후 그는 교육과 사회학에 대한 책들을 펴내면서 출판에서 성공을 거둔다. 그는 당시에 나타난 여러 형태의 집단주의적 입법에 대해 비판하면서 국가간섭을 제한해야 한다는 주장을 계속했는데 이런 그의 사상은 개인주의적 자유주의라고 규정되었다. 20세기에 들어오면서 그에 대한 관심은 복지국가의 부작용, 대기업 규제에 대한 반발 현상 등과 맞물리면서 1980년대에 다시 부각되는 양상을 보여주었다.

하코트(서 윌리엄 버논 하코트) Harcourt, Sir William Vernon(1827~1904)

자유주의 정치인. 그는 법률가와 정치인으로 활동했다. 그는 1880~1885년에는 내무장관직을 수행했으며 이후 두 번의 재무장관직을(1886, 1892~1895) 맡았다. 그는 글래드스톤을 이어 수상이 될 것으로 기대되었으나 글래드스톤이 1894년 은퇴하였을 때 로즈베리가 수상직을 맡으면서 그에게는 기회가 주어지지 않았다. 그는 로즈베리를 수상으로 선택한 여왕을 비난했지만 자유당 내에도 적이 있었다. 휘그는 그의 급진주의를 좋아하지 않았으며 급진주의자들은 그의 급진주의의 진정성에 대해 의구심을 가지고 있었다. 로즈베리와의 개인적 불화는 1895~1905년 자유당이 어려운 상황이었을 때 자유당에 커다란 타격을 주었다. 하코트의 특별한 성과로 1894년 예산에서 상속세를 도입한 것을 들 수 있다. 그는 "우리는 이제 모두 사회주의자We are all socialists now"라는 말을 남긴 것으로도 유명하다.

그린(토마스 힐 그린) Green, Thomas Hill(1836~1882)

신자유주의New Liberalism 이론을 제시한 사상가이다. 요크셔Yorkshire에서 태어난 철학자로 럭비학교Rugby를 거쳐 옥스퍼드의 밸리올 칼리지에서 공부했다. 그는 1878년 옥스퍼드에서 도덕철학 교수가 되었다. 그는 당시에 널리 퍼져 있었던 효용주의Utilitarianism 사상가들의 물질주의와 경험주의를 비판함으로써 정치철학에 크게 기여했다. 그는 헤겔 사상에서처럼 국가는 공동의 선을 증진시켜야 할 의무가 있다는 주장을 했다. 그의 이상은 인간이 자기완성에 도달하는 것이었다. 이것은 사람들이 행동하는 시민으로서 그들의 잠재력을 자발적으로 발전시킬 수 있는 조건을 의미했다. 이러한 조건을 제공하는데 국가는 중요한 역할을 해야 했다. 그는 「자유입법과 계약의 자유」(1881)라는 글에서 고용주와 노동자 사이의 힘의 불평등은 노동 계약의 자유를 손상시키며, 노동자가 자기완성을 성취하는 것을 막는다고 주장했다. 그린은 국가의 역할을 인정하였지만 일상적 삶의 문제를 위해서는 자치시정부와 시의회의 역할이 보다 중요하다고 생각했다. 그린은 매우 활동적인 학자였는데 정치와 사회문제에 적극적인 관심을 보여, 1865~1866년 교육에 관련된 왕립위원회의 활동에 참가하기도 했다.

체임벌린(조지프 체임벌린) Chamberlain, Joseph(1836~1914)

체임벌린은 젊은 나이에 사업에 뛰어들어 18년간 나사 제조공장에서 활동하며 기업가로서 성공했다. 그는 38세에 사업에서 은퇴한 이후 정치에 뛰어들게 된다. 그는 처음에 버밍엄 시의회 의원으로서 활동을 시작했다. 그리고 그는 버밍엄 시장으로 3년간 활동하게 되는데 이때 그는 버밍엄에서 수도와 가스를 시영화하면서 자치시 사회주의municipal socialism를 실시하는 개혁을 이루어 내었다. 그는 빈민가를 없애고, 빈민을 위한 주택을 건설하고, 공공 도서관을 짓고, 미술관을 짓는 등 버밍엄을 개혁된 도시의 전형으로 만들었다. 이어서 그는 하원의원으로 당선되어 중앙정치에 뛰어들었다. 그는 귀족에 대해서도 비판했는데 이들을 무용한 존재로 간주했다. 그리고 이들로 하여금 그들이 누리는 특권에 대해서 인질금ransom을 내도록 해야 한다는 주장을 제시했다. 그는 1885년에는 "비인가 계획"을 통해 보통선거, 토지개혁 등 급진적인 주장들을 제시하기도 했다. 그는 비록 내각에 들어가 활동했지만 글래드스톤의 이집트나 남아프리카에 대한 유약한 외교정책에 대해 비판적이었고 아일랜드 문제를 두고 글래드스톤이 자치를 허용하려 하자 이를 계기로 글래드스톤과 결정적으로 결별하게 되었다. 그는 1886년 자유당을 탈당해 그를 따라 탈당한 자유당 의원들과 함께 자유통합당Liberal Unionist을 결성했다. 그리고 그는 비록 대내 정책에서 개혁성을 유지하였지만 아일랜드 문제로 인해 보수당과 연합하게 되었다. 보수당과 가까워진 그는 1895년 솔즈베리 내각에서 식민상Colonial Secretary이 되었다. 식민상이 되면서 그는 제국으로서의 영국의 위상을 높이려는 노력을 하였으며 제국의 영토를 확대시키려는 노력도 벌였다. 그는 2차 보어전쟁을 통해 남아프리카를 영제국에 복속시키려고 시도했다. 그는 세기말에 영국 산업의 쇠퇴를 발견하면서 이번에는 보수당을 분열시키는 개혁을 시도했다. 그는 1903년 관세개혁tariff reform을 주장하였는데 이는 보수당원들을 자유무역주의자와 관세 개혁 지지자로 갈라놓았다. 그의 개혁안은 제국 특혜 관세imperial preference를 포함했는데 그는 이를 토대로 영제국을 강화시키고 아울러 쇠퇴한 영국의 산업을 부흥시킬 수 있을 것이라고 생각했다. 하지만 그는 1906년 7월 뇌졸중으로 쓰러졌고 1914년 1차 대전이 일어날 무렵 사망했다. 그는 대내적으로 급진주의적 개혁을 주장하면서 대외적으로는 제국주의를 주장한 다면적 성격을 지닌 인물이었다.

몰리(존 몰리) Morley, John(1838~1923)

저널리스트이면서 정치가였던 자유주의자. 그는 외과 의사의 아들로 태어났고 옥스퍼드 대학에서 교육받았다. 그는 자유 기고가로 활동하면서 『포트나이틀리 리뷰Fortnightly Review』의 편집장(1867~1882)이 되었다. 이 잡지는 그가 편집장으로 활동하는 동안 급진적 자유주의를 전파하는 중요한 수단으로 역할했다. 그는 조지프 체임벌린Joseph Chamberlain, 찰스 딜크 Charles Dilke 등과 협력해 1885년의 급진 프로그램Radical Programme을 만든 사람이기도 했다. 1883년에는 의회 의원으로 선출되었는데, 홈룰에 찬성해 조지프 체임벌린과는 결별하게 된다. 몰리는 보어전쟁기에 남아프리카에서의 영국의 정책을 비판하였다. 그는 1905~1914년 동안 자유당 정부에서 활동했으며, 1914년 독일과의 전쟁에 반대해 사임했다.

딜크(서 찰스 딜크) Dilke, Sir Charles(1843~1911)

자유주의자며 개혁주의자였던 정치인이다. 그는 미래의 영국 수상으로 입에 올랐지만 1885년 이혼소송의 스캔들(크로포드 스캔들Crawford scandal)에 휘말리면서 더 이상 그 기회를 잡지 못했다. 이 사건이 일어나기 전에 그는 조지프 체임벌린과 가까운 급진주의자로서 알려져 있었으며 아울러 일찍이 영제국을 찬양한 선전가로서 알려져 있었다. 그는 1871년 영국의 왕정을 폐지하고 공화정을 도입하자는 주장을 해 논란을 야기했다. 그는 1868년에는 『보다 위대한 영국Greater Britain』이란 책을 출판해 앵글로색슨 족이 세계를 지배하도록 운명지어져 있다고 주장하기도 했다. 그가 가장 높이 올라간 공직은 글래드스톤 2차 내각의 지방정부국 장관president of the Local Government Board(1882~1885)이었다. 스캔들이 일어나자 그는 첼시 선거구에서 의석을 잃었으나 1892년 곧 다른 선거구the Forest of Dean에서 의석을 확보했다. 그는 1911년까지 의석을 유지했다.

보상케(버나드 보상케) Bosanquet, Bernard(1848~1923)

신자유주의 이론을 제시한 사상가로 정치 사회 철학에서 중요한 영향을 미친 영국의 철학자며 정치 이론가이다. 그린T. H. Green과 함께 그의 사상은 자유주의가 자유방임주의와는 달리 집단주의Collectivism적 요소를 가질 수 있는 근거를 제공했다. 그의 연구는 버트란드 러슬과 존 듀이 등에 영향을 미쳤다. 그는 해로우Harrow School를 거쳐 옥스퍼드의 밸리올 칼리지 Balliol College에서 교육을 받았다. 그의 학업성적은 뛰어났으며 졸업하며 옥스퍼드 대학칼리지University College의 연구원Fellow 자리를 제안받았다. 그는 그의 아버지가 죽은 뒤 1881년 런던으로 옮겼는데 여기서 그는 성인교 육과 사회운동에 관여하게 되었다. 그는 런던 윤리 협회London Ethical Society와 자선협회Charity Organization Society의 회원이 되었다. 보상케는 영국에서 신헤 겔주의 철학운동의 지도자들 중 한 사람이었다. 그는 고대 철학자 플라톤과 아리스토텔레스에 크게 영향을 받았으며 독일 철학자 헤겔에게서 역시 큰 영향을 받았다. 대학에서는 에드워드 케어드Edward Caird와 그린T. H. Green의 영향을 크게 받았다. 그의 주요 저작 가운데는 『국가에 대한 철학 이론The Phiolsophical Theory of the State』(1899)이 있다. 그의 정치 이론은 벤담이

나 밀의 효용주의에 대한 응답으로 쓰여진 것이었는데, 비록 그의 사상이 자유주의 전통 위에 놓여 있다 해도 그는 자유주의의 중요한 가정을 특히 개인주의에 대한 공약을 버릴 것을 주장했다. 헤겔은 『백과사전』 95장에서 "유한자의 이상적 성격the ideality of the finite"에 대해 기술했는데 이 구절은 "유한한 것은 실제적이지 않다"고 해석되었다. 왜냐하면 이상적인 것은 실제적인 것의 반대로 해석되었기 때문이다. 보상케는 헤겔의 추종자였고 보상케의 이상주의의 핵심은 모든 유한한 존재는 필연적으로 자신을 초월하여 다른 존재를 지향하고 결국 전체에 도달하게 된다는 것이었다. 그는 자신의 책 『국가에 대한 철학 이론』에서 유한한 개인이 그가 살고 있는 국가(전체)와 가지는 관계에 대해 기술했다. 여기서 그는 국가가 진정한 개인이며 여기에 비교하면 개인은 실제적이지 않다고 주장했다. 그러나 보상케는 국가가 개인들에게 사회주의적 통제를 부과할 권리를 가진다고는 생각하지 않았다. 그와는 반대로 사회가 유기적이라면 구성원들이 중앙통제기구와는 무관하게 스스로 협동할 수 있을 것이라고 생각했다. 그는 법이 공동의 선을 증진시키는데 필요하다고 보기는 했지만 법이 사람을 선하게 만들지는 않는다고 보았다. 사회 발전은 사람들의 자발적 행위에 의해 실현될 수 있었다. 그가 자선협회에서 활동한 것은 그의 이런 생각과 무관하지 않다. 하지만 국가의 역할을 적극적으로 평가한 보상케에 대해 비판자들은 보상케가 개인의 가치를 손상시킨다고 공격하기도 했다. 보상케는 논리학, 형이상학, 미학, 정치학 등 광범위한 주제들에 대해 저작을 남겼다.

로이드 조지(데이빗 로이드 조지) Lloyd George, David. 1st Earl Lloyd-George of Dwyfor(1863~1945)

1916~1922년 동안 영국의 수상을 재임한 인물이다. 그는 웨일즈어를 하는 웨일즈인으로 맨체스터에서 태어났다. 그의 아버지는 교사였지만 일찍 사망했고 그는 웨일즈에서 자랐다. 그는 1884년 변호사 자격을 땄으며 1890년 웨일즈 북부의 카에나어폰 선거구Caernarfon Borough에 자유당으로 출마해 하원에 들어갔다. 이후 1945년 그가 백작 작위를 받을 때까지 의석을 잃지 않았다. 1890년대 초에는 아일랜드 국민당Irish National Party과 같은 정당을 웨일즈에서 만들려는 시도를 하였으나 곧 이러한 시도를 포기했다. 1899년 그는 급진적 자유주의의 지도자로서 명성을 얻게 되는데 그는 2차 보어전쟁에 대하여 분명하게 반대의사를 표명했다. 1906년 자유당 의 승리로 시작된 캄벨 배너만Henry Campbell-Bannerman 내각에서는 상무성 의장President of the Board of Trade으로서(1905~1908) 활동했으며 상선법 Merchant Shipping Act, 특허법Patent Act 등을 주관했다. 특히 그는 철도노조의 총파업을 막기 위해 철도회사가 노조 대표들을 인정하도록 중재하는 노력 을 폈다. 1908년 수상이 된 애스퀴쓰 하에서는 재무장관으로(1908~1915) 활동했는데 이때 그는 기득권층으로부터 격렬한 반대를 받게 된다. 그가 제안한 1909년의 인민예산People's Budget은 특히 커다란 논란을 야기했다. 의료보험과 실업보험과 같은 사회개혁 정책 및 해군력 증강은 토지세, 고율의 상속세, 3천 파운드 이상의 수입에 대한 수퍼택스Super Tax로 충당될 예정이었다. 상원은 이 예산을 부결했으며 귀족들의 격렬한 반대가 이어졌 다. 1910년 두 번의 선거가 치러졌고 1911년 결국 의회법Parliament Act이 통과되어 상원의 권력은 축소되었다. 애스퀴스의 전시내각에서 로이드 조지는 군수장관minister of munitions으로 활동했다. 그러나 1916년 잠시 전쟁 장관secretary for war을 맡은 후 애스퀴스의 지도노선에 환멸을 갖게 되었는데 이는 애스퀴스의 실각으로 이어졌다. 애스퀴스를 이어 연립내각의 수상이

되었지만 애스퀴스를 따라 자유당 각료가 대거 사직했으므로 연립내각에서 그는 보수당 각료들과 활동해야 했다. 그는 해이그나 로버트슨같은 장군들과 갈등을 빚었지만 1차 대전을 승리로 이끌었다. 즉각 그는 새로운 선거를 실시했으며(이 선거는 수상 로이드 조지와 보수당 당수 보나어 로가 후보들에게 신임장을 주었으므로 쿠폰 선거라고 불렸다.) 선거 결과 압도적으로 보수당이 다수인 연립내각이 수립되었다. 그는 전후 4백만의 제대군인을 다시 일터로 복귀시키는 과정에서 나타난 경제적 어려움을 안게 되었다. 아일랜드 문제는 계속 폭력사태를 야기했고 1921년에는 아일랜드 자유국Irish Free State의 수립으로 이어졌다. 1922년에는 보수당이 그의 지지를 철회했고 그 결과 그는 사임하게 된다. 자유당은 애스퀴스와 로이드 조지가 이어서 지도자로 등장하면서 단결했지만 선거에서는 계속 패배했다. 그는 이후 다시 내각에 들어가지 못했다. 그는 복지국가의 기초를 놓은 위대한 급진 개혁가로 기억되고 있으며 1차 대전을 승리로 이끈 사람으로 기억되고 있다. 그럼에도 불구하고 그는 1916년 애스퀴스를 축출한 것으로 인해 계속하여 자유당원들의 불신을 받게 된 인물이기도 했다.

부록 2. 19세기 영국의 유권자 수

연도	잉글랜드와 웨일즈	연합왕국(UK)
1831	43만 5천	51만 6천
1833	70만	81만 3천
1866[1]	100만	131만
1868[2]	200만	250만
1883	260만	310만
1885[3]	440만	560만

---

1) 1차 선거법 개정(1832)으로 유권자는 43만에서 70만으로 증가한 것을 알 수 있다.
2) 2차 선거법 개정(1867)으로 유권자는 100만으로 200만으로 증가한 것을 알 수 있다.
3) 3차 선거법 개정(1884)으로 유권자는 260만으로 440만으로 증가한 것을 알 수 있다.

부록 3. 19세기 영국의 인구 수

연도	잉글랜드와 웨일즈	연합왕국(UK)
1831	1400만	2400만
1833	1400만	2400만
1866	2200만	3100만
1868	2200만	3100만
1883	2600만	3500만
1885	2700만	3600만

부록 4. 19세기 영국 전체 성인 인구에 대한 유권자 비율[*]

연도	유권자 비율(%)
1831	5%
1833	7%
1867	16%
1884	28.5%
1918	74%
1928	97%

* 1884년의 3차 선거법 개정 이후에도 유권자는 성인 남자의 60%에 미치지 못하고 있다는 점을 알 수 있다.

부록 5. 정당별 의원 수

1) 성인 인구 7%가 유권자였고, 비밀선거 실시 이전의 의원 분포

연도 \ 정당	토리(보수당으로도 불림)	휘그(1859년 자유당으로 변신)
1832	175	483
1835	273	385
1837	313	345
1841	367	291
1847	324(필 추종파 포함)	332
1852	330(필 추종파 포함)	324
1857	264	390(필 추종파 포함)
1859	297	357(자유당 수립)
1865	288	370

2) 성인 인구 16%가 유권자였던 시대의 의원 분포

연도 \ 정당	보수당	자유당	아일랜드 국민당
1868	271	387	
1874 (비밀선거 시작)	342	251	59
1880	238	353	61

316

3) 성인인구 28%가 유권자였던 시대의 의원 분포

정당 연도	보수당	자유당	아일랜드 국민당	자유통합당	노동당
1885	249	335	86		
1886	317	191	85	77	
1892	268	272	80	46	
1895	340	177	82	71	
1900	334	184	82	68	
1906	133	400	83	24	30
1910.1	241	275	82	32	40
1910.12	237	272	84	35	42

4) 성인인구 74%가 유권자였던 시대의 의원 분포

정당 연도	연립(보수당, 자유당,노동 당)	보수당	아일랜 드통합 당	자유당	노동당	아일랜 드국민 당	신페인
1918	335+133+10	23	25	28	63	7	73

정당 연도	보수당	국민자유 당	자유당	노동당			
1922	345	62	54	142			
1923	258		159	191			
1924	419		40	151			

5) 보통선거가 실현된 시대의 의석 분포

정당 연도	보수당	자유당	노동당
1929	260	59	288

정당 연도	거국내각(보수당,국민노 동당,자유국민당,자유당)	독립자유당	노동당
1931	473+13+35+33	4	52

정당 연도	보수당(국민노동당,자유 국민당 포함)	자유당	노동당
1935	432	21	154

정당 연도	보수당	자유당	노동당
1945	213	12	393
1950	298	9	315
1951	321	6	295
1955	344	6	277
1959	365	6	258
1964	304	9	317
1966	253	12	363
1970	330	6	287
1974.2	297	14	301
1974.10	277	13	319
1979	339	11	269

318

부록 6. 자유와 재산 방어 연맹 회원 명단

33

The following is an alphabetical list of some of those who have already joined :—

The Duke of Abercorn, K.G.

Samuel Alcock, Esq., Chairman of the *Board of Guardians, Sunderland.*

Francis Henry Anderson, Esq.

Viscount Anson.

Thos. Arkle, Esq.

Lord Ashburton.

Watson Askew, Esq.

Richard Attenborough, Esq., Chairman of *Pawnbrokers' National Defence Association.*

The Duke of Bedford, K.G.

Lord Blantyre.

Rt. Hon. E. Pleydell-Bouverie.

F. Bower, Esq.

Cecil Boyle, Esq.

Lord Brabourne.

Lord Bramwell.

H. J. Brown, Esq.

Alexander L. Bruce, Esq.

T. W. Bunning, Esq., Member of Council of the *Mining Association of Great Britain.*

E. R. Burnett-Stewart, Esq.

Hon. James M. O. Byng, Director of *South Eastern Railway Company.*

Lieut. W. F. Caborne, R.N.R., *Levant and Eastern Steam Navigation Company.*

George Candelet, Esq., Parliamentary Agent of *Licensed Victuallers' National Defence League.*

E. H. Capper, Esq., Member of Council of *Chamber of Shipping of the United Kingdom.*

Earl of Carysfort.

C

34

Edward Chapman, Esq., Director of *Manchester, Sheffield and Lincolnshire Railway.*

Edward Cheney, Esq.

Lord Alfred Spencer Churchill.

Alfred A. Cole, Esq., Past Chairman of the *Licensed Victuallers' Protection Society.*

A. J. Copeland, Esq.

Major Covey.

Ernest Crofts, Esq., A.R.A.

Admiral the Right Hon. Sir John Dalrymple-Hay, Bart., M.P., C.B., F.R.S.

John Dansken, Esq., President of the *Glasgow Landlords' Association.*

Earl of Dartrey.

J. T. Danson, Esq.

A. Dawson, Esq.,

R. R. Dees, Esq.

John C. Dent, Esq.

Patrick Thorp Dickson, Esq.

Rev. F. H. Dinnis,

James Dixon, Esq., Chairman of *General Shipowners' Society,* and President of *Chamber of Shipping of United Kingdom.*

Wordsworth Donisthorpe, Esq.

Lord Dorchester.

Earl of Dunraven.

Lord Elcho, M.P.

Hon. Wilbraham F. Egerton, M.P.

Sir George Elliot, Bart., M.P., Member of Council of *Mining Association of Great Britain.*

John Empson, Esq., Past Chairman of the *Licensed Victuallers' Protection Society.*

Sir Walter R. Farquhar, Bart.

Myles Fenton, Esq., General Manager of *South Eastern Railway.*

James Fergusson, Esq., D.C.L.

C. H. Firth, Esq., Director of the *Manchester, Sheffield and Lincolnshire Railway.*

Major Cavendish C. Fitz Roy.

Earl Fortescue.

Alexander Frew, Esq.

320

T. F. Gandàr, Esq.

John Glover, Esq., Vice-chairman of *General Shipowners' Society.*

H. A. Graham, Esq., Legal Representative of the *Music Hall Proprietors' Protection Association.*

H. Graham, Esq.

D. Greig, Esq., President of *Iron Trades Employers' Association.*

Earl Grey, K.G.

Hon. Alwyne Greville.

Viscount Hardinge, K.C.B.

Capt. Hamber, Editor of *Morning Advertiser.*

W. B. Haynes, Esq.

J. Hargraves, Esq., Secretary of *Education League.*

T. J. Hester, Esq., Chairman of *Friendly Societies' United Action Committee.*

W. H. Hewlett, Esq., Member of Council of the *Mining Association of Great Britain.*

Alsager Hay Hill, Esq., Editor *Labour News.*

Lawrence K. Hodges, Esq.

Leopold Hoffer, Esq., Editor *Chess Monthly.*

John Hollingshead, Esq., *Gaiety Theatre.*

J. Honeyman, Esq., President of the *Glasgow Institute of Architects.*

W. H. Hooper, Esq.

Right Hon. A. J. B. Beresford-Hope, M.P.

A. J. B. Beresford-Hope, Esq.

P. H. Hume, Esq.

E. Hutchings, Esq., General Secretary *Iron Trades Employers' Association.*

G. M. Hutton, Esq., Director of the *Manchester, Sheffield and Lincolnshire Railway.*

Earl of Ilchester.

Richard Moore James, Esq.

J. H. Jennings, Esq., Chairman of the *Music Hall Proprietors' Protection Association.*

J. M. Jowett, Esq., President of the *Bradford Property Owners' Association.*

Col. W. Ross-King.

Col. E. R. King-Harman, Director *Land Corporation of Ireland.*

E. Klein, Esq., M.D., F.R.S.

36

Thomas Knowles, Esq., M.P., Vice-president of the *Mining Association of Great Britain.*

T. Layman, Esq., Hon. Secretary of *Metropolitan Pawnbrokers' Protection Society.*

Effingham J. Lawrence, Esq.

Lieut.-Col. Layard.

Lord Leconfield.

Alex. Leith, Esq.

Major Thomas Leith.

A. L. Lewis, Esq.

W. Thomas Lewis, Esq., President of the *Mining Association of Great Britain.*

Lieut.-Col. Hon. Charles Lindsay, C.B.

Lieut.-Col. Sir Robert Lloyd-Lindsay, V.C., K.C.B., M.P.

Sir Massey Lopes, Bart., M.P.

S. H. Louttit, Esq.

Gen. the Earl of Lucan, K.C.B.

F. G. Luke, Esq.

H. Lumsden, Esq.

Lord Lyveden.

William McCombie, Esq.

C. E. Machen, Esq.

Hugh MacKellar, Esq.

John W. Maclure, Esq., Director of the *Manchester, Sheffield, and Lincolnshire Railway.*

James McMichael, Esq.

T. J. Maltby, Esq.

C. Marett, Esq.

The Duke of Marlborough, K.G.

James Mason, Esq.

G. C. Mast, Esq , Member of Committee of the *Association of Principals of Private Schools.*

Henry Mitchell, Esq., Secretary of the *Friendly Societies' United Action Committee.*

J. A. Mullens, Esq.

Daniel Munro, Esq.

G. S. W. Newbarn, Esq.

C. N. Newdegate, Esq., M.P.

W. E. Nicol, Esq.

James Parnie, Esq.

Touzeau Parris, Esq.

Maskell W. Peace, Esq., Secretary of the *Mining Association of Great Britain*.

Earl of Pembroke.

Lord Penzance.

W. Pierce, Esq., President of the *Liverpool Land and House Owners' Association*.

General A. Pitt-Rivers, F.R.S.

George W. Plant, Esq., Editor of *Society*, and *British Mercantile Gazette*.

H. D. Pochin, Esq., Deputy-Chairman *Metropolitan Railway*.

J. R. Pretyman, Esq.

Earl of Radnor.

E. S. Robertson, Esq.

N. W. Robinson, Esq.

Walter Rowley, Esq., Member of Council of the *Mining Association of Great Britain*.

S. Seal, Esq.

J. Launcelot Shadwell, Esq.

Earl of Shaftesbury, K.G.

John Shaw, Esq., Secretary *South Eastern Railway Company*.

J. D. Sherston, Esq.

T. H. Sidebottom, Esq., Director of the *Manchester, Sheffield and Lincolnshire Railway*.

C. William Siemens, Esq., D.C.L., LL.D., F.R.S., President of the *Institution of Civil Engineers*.

T. Stores Smith, Esq., Managing Director of the *Sheepbridge Coal and Iron Company*.

Geo. J. Cayley Smith, Esq.

Sidney Smith, Esq., Secretary to the *Free Trade Association*.

A. Toulmin Smith, Esq.

Earl Somers.

Marquis of Stafford, M.P.

H. C. Stephens, Esq., F.C.S.

Alexander Stewart, Esq., President of the *Partick Landlords' and House Factors' Association*.

Archibald Stewart, Esq.

38

John Stewart, Esq., Hon. Sec. *Association of Principals of Private Schools.*

Field-Marshal Lord Strathnairn, G.C.B., K.S.I., G.C.S.I.

A. J. Stuart-Wortley, Esq.

The Duke of Sutherland, K.G.

General Viscount Templetown, K.C.B.

J. Ashbridge Telfer, Esq., Member of Committee of *Pawnbrokers' National Defence Association.*

Rev. W. T. Thorpe.

J. Thursby, Esq.

Col. G. Tomline.

W. T. McCulloch Torrens, Esq., M.P.

J. C. Twist, Esq.

R. G. Underdown, Esq., General Manager of the *Manchester, Sheffield and Lincolnshire Railway.*

Col. Hon. J. Vereker.

Sir Richard Wallace, Bart., K.C.B., M.P.

Sir E. W. Watkin, Bart, M.P., Chairman *South Eastern Railway Company.*

H. E. Watson, Esq.

Robert Watson, Esq., Member of Committee of *Manchester Cotton Spinners' Association.*

E. H. Watts, Esq., Member of Council of *General Shipowners' Society.*

W. Wells, Esq.

Earl of Wharncliffe.

Arnold White, Esq., Managing Director *Edison Electric Light Company.*

George Wilson, Esq., *Iron and Steel Institute.*

Hon. Rowland Winn.

Sir Henry Wilmot, Bart., V.C., C.B., M.P.

Lord Winborne.

R. Withers, Esq., Deputy-Chairman *Manchester, Sheffield and Lincolnshire Railway.*

Wm. Young, Esq.

Adolphus W. Young, Esq., Director of the *South Eastern Railway Company.*

Messrs. Wm. Younger and Co.

자유와 재산 방어 연맹 회원 명단을 보면 대부분의 사람들이 이름 뒤에 경칭을
달고 있다. 명단에 실린 사람들의 약자로 쓰여진 호칭 및 경칭에 대해서는 다음을
참고하기 바란다.

Esq.	Esquire	향사(기사 아래의 신분)
Right Hon.	Right Honorable	백작 이하의 귀족 등에 붙이는 경칭
Hon.	Honorable	각료 및 백작 이하의 귀족 자제에게 붙이는 경칭
A.R.A	Associate of Royal Academy	왕립아카데미준회원
F.R.S	Fellow of Royal Society	왕립학술원회원
G.C.B	Grand Cross of the Bath	바쓰 최상급 훈작사(훈작사: 훈장을 받고 기사 작위를 받은 사람. 등급이 나뉘어진다)
K.C.B	Knight Commander of the Bath	바쓰 상급 훈작사
K.G	Knight of the Garter	가터 훈작사
G.C.S.I	Grand Commander of the Star of India	인도성 최상급 훈작사
V.C	Victoria Cross	빅토리아 십자무공훈장
R.N.R	Royal Naval Reserve	영국 해군 예비역
D.C.L	Doctor of Civil Law	법학박사(옥스퍼드 대학에서 수여한다)
LL. D	Legum Doctor	법학박사
F.C.S.	Fellow of Chemical Society	화학 협회 회원
Rev.	Reverend	성직자
Gen.	General	장군
Col.	Colonel	육군 대령
Lieut. Col	Lieutenant Colonel	육군 중령
Capt.	Captain	대위
Lieut.	Lieutenant	중위

참고문헌

자유주의에 관해서는 역사학의 분야만이 아니라 정치학, 경제학, 철학, 사회학 등의 분야에서도 연구되고 있으며 국내에서도 많은 연구물들이 나오고 있다. 그래서 이번 참고문헌에 국내에서 출판된 영국 자유주의 관련 연구물들을 모두 조사해서 수록해 보고 싶은 마음이 있긴 하였지만 이 작업은 다음 기회로 미루기로 했다. 단지 영국사학회에서 출판하는 저널인 『영국연구』에 수록된 영국 자유주의 관련 논문들만은 참고문헌에 올려 두었다. 너그러운 양해를 구한다.

Barry, Norman P. *On Classical Liberalism and Libertarianism* (Basingstoke, 1986).

Barker, Rodney. *Politics, Peoples and Government: Themes in British Political Thought since the Nineteenth Century* (London, 1994).

Battistelli, Fabrizio. "War and Militarism in the Thought of Herbert Spencer," *International Journal of Comparative Sociology*, vol. xxxiv, no.3~4 (1993).

Bellamy, Richard(ed.). *Victorian Liberalism: Nineteenth-century Political Thought and Practice* (London, 1990).

Bellamy, Richard. *Liberalism and Modern Society* (Cambridge, 1992).

Bristow, Edward. "The Liberty and Property Defense League and Individualism," *The Historical Journal*, XVIII.4 (1975).

Browne, Harry. *Joseph Chamberlain, Radical and Imperialist* (London, 1979).

Cameron, Ewen A. "'A far cry to London': Joseph Chamberlain in Inverness, September 1885," *The Innes Review*, vol.57, no.1 (Spring 2006).

Cannon, John. *The Oxford Companion to British History* (Oxford, 2002).

Charles W. Boyd(ed.), *Mr. Chamberlain's Speeches vol.1-II* (London, 1914).

Clarke, Peter. *A Question of Leadership* (London, 1999).

Constable, H. Strickland. "Civil War better than Socialist-Radicalism," *The Liberty Review: A Journal of Politics, Economics, Sociology and Individualism* issue 21 (May 23, 1896).

Crouch, R. L. "Laissez-faire in Nineteenth Century Britain: Myth or Reality," *The Manchester School of Economic and Social Studies*, vol.XXXV, no.3 (Sep. 1967).

den Otter, Sandra. "'Thinking in Communities': Late Nineteenth-Century Liberals, Idealists and the Retrieval of Community," *Parliamentary Affairs*, vol.16 (1997).

Donisthorpe, Wordsworth. *Socialism or Individualism? Wagedom or Freedom?* (London: The Liberty and Property Defense League, 1883).

Donisthorpe, Wordsworth. *Individualism?* (London: The Liberty and Property Defense League, 1884).

Donisthorpe, Wordsworth. *Claims of Labour or Serfdom, Wagedom and Freedom* (London, 1880).

Donisthorpe, Wordsworth. *Liberty or Law?* (London, 1884).

Donisthorpe, "The Limits of Liberty" in Thomas Mackay(ed.), *A Plea for Liberty: An Argument against Socialism and Socialistic Legislation* (London, 1891).

Dutton, David. "Life beyond the Political Grave-Joseph Chamberlain, 1906-14," *History Today*, vol.34, issue 5 (May 1984).

Eccleshall, Robert. *British Liberalism: Liberal Thought from the 1640s to 1980s* (London, 1986).

Ewing, K. D. "The State and Industrial Relations: 'Collective Laissez-Faire' Revisited," *Historical Studies in Industrial Relations*, No.5 (Spring 1998).

Francis, Mark. "Herbert Spencer and the Myth of Laissez-Faire," *Journal of the History of Ideas*, vol.39, no.2 (1978).

Fraser, Derek. "Joseph Chamberlain and the Municipal Ideal," *History Today*, vol.37, no.4 (April 1987).

Freeden, Michael. "Liberal Passions: Reason and Emotion in Late- and Post-Victorian Liberal Thought," in Peter Ghosh and Lawrence Goldman(eds.), *Politics and Culture in Victorian Britain: Essays in Memory of Colin Matthew* (Oxford, 2006).

Goodlad, Graham. "Joseph Chamberlain: 'The One Who Made the Weather'

?," *History Review*, issue 51 (Mar. 2005).

Gray, John N. "Spencer on the Ethics of Liberty and the Limits of State Interference," *History of Political Thought*, vol.iii, no.3 (Nov. 1982).

Gray, T. S. "Herbert Spencer: Individualist or Organicist?" *Political Studies*, XXXIII, No.2 (June 1985).

Gray, Tim. "Herbert Spencer's liberalism—from social statics to sicial dynamics," in Richard Bellamy(ed.), *Victorian Liberalism: Nineteenth-century political thought and practice* (London, 1990).

Green, E. H. H. and Tanner, D. M.(eds.). "Introduction" in *The Strange Survival of Liberal England: Political Leaders, Moral Values and the Reception of Economic Debate* (Cambridge, 2007).

Greenleaf, W. H. *The British Political Tradition*, vol.II (London, 1983).

Hill, C. W. *Joseph Chamberlain 1836-1914* (Aylesbury, 1973)

Hocutt, Max. "In Defense of Herbert Spencer," *The Independent Review*, vol.xii, no.3 (2008).

Jay, Richard. *Joseph Chamberlain: A Political Study* (Oxford, 1981)

Jenkins, Roy. *The British Liberal Tradition* (Toronto, 2001).

Jones, H. S. *Victorian Political Thought* (London, 2000).

Kateb, George. *The Inner Ocean* (Ithaca, 1992).

Kauffman, Christopher J. "Lord Elcho, Trade Unionism and Democracy" in Kenneth D. Brown(ed.), *Essays in Anti-Labour History: Responses to the Rise of Labour in Britain* (London, 1974).

Kent, Christopher. review of *Intellect and Character in Victorian England* by H. S. Jones and *Herbert Spencer and the Invention of Modern Life* by Mark Francis in *Canadian Journal of History*, vol.xliii (2008).

Kidd, Benjamin. *Individualism and After*(The Herbert Spencer Lecture Delivered in the Sheldonian Theatre on the 29th May 1908) (Oxford, 1908).

Leach, Robert. *Political Ideology in Britain* (London, 2002).

Long, Roderick T. "Herbert Spencer: Libertarian Prophet," *Freeman*, vol.54, no.6 (2004).

Loughlin, James. "Joseph Chamberlain, English Nationalism and the Ulster Question," *History*, vol.77, no.250 (June 1992).

Marsh, Peter. *Joseph Chamberlain: Entrerpreneur in Politics* (Conneticut, 1994).

McBain, William C.. "Individualists and the War," *The Liberty Review: A Monthly*

328

Journal of Politics, Economics, and Sociology issue1 (Jan. 15, 1900).

McDonald, Ian. "Postcards and Politics," *History Today*, vol.44, no.1 (Jan. 1994).

Mead, Walter Russel. "In the Long Run: Keynes and the Legacy of British Liberalism," *Foreign Affairs*, vol.81, no.1 (2002).

Miller, William L. "Herbert Spencer's Theory of Welfare and Public Policy," *History of Political Economy*, 4 (1972).

Miller, William L. "Herbert Spencer's Drift to Conservatism," *History of Political Thought*, vol.3, issue 3 (winter 1982).

Offer, John. "Dead Theorists and Older People: Spencer, Idealist Social Thought and Divergent Prescriptions for Care," *Sociology*, vol.38, issue 5 (2004).

Offer, John. review of *Herbert Spencer and the Invention of Modern Life* by Mark Francis and *The Philosophy of Herbert Spencer* by Michael Taylor in *Victorian Studies*, vol.51, issue 1 (2008).

Paul, Ellen Frankel. *The Demise of Laissez-faire in Nineteenth-Century British Political Economy* (London, 1979).

Paul, Ellen Frankel. "Herbert Spencer: The Historicist as a Failed Prophet," *Journal of the History of Ideas*, vol.44, no.4 (1983).

Paul, Ellen Frankel. "Herbert Spencer: Second Thoughts," *Political Studies*, xxxvii (1989).

Paul, Jeffrey. "The Socialism of Herbert Spencer," *History of Political Thought*, vol.3, issue 3 (Winter 1982).

Perkin, Harold. "Individualism versus Collectivism in Nineteenth-Century Britain: A False Antithesis," *The Journal of British Studies*, vol.xvii, no.1 (Fall 1977).

Quinault, Roland. "Joseph Chamberlain: a Reassessment" in T. T. Gourvish and Alan O'day(eds.) *Later Victorian Britain, 1867-1900* (Basingstoke, 1988).

Robert Benewick and Philip Green(eds.), *Twentieth Century Political Thinkers* (London, 1992).

Russel, Conrad. *An Intelligent Person's Guide to Liberalism* (London, 1999).

Sciabarra, Chris Matthew. "The First Libertarian," *Liberty*, vol.13, no.8 (Aug. 1999).

Soldon, N. "*Laissez-Faire* as Dogma: The Liberty and Property Defense League, 1882-1914," in K. D. Brown(ed.), *Essays in Anti-Labour History:*

Responses to the Rise of Labour in Britain (1974).

Soldon, Nobert C. "Individualist Periodicals: The Crisis of Late Victorian Liberalism," *Victorian Periodicals Newsletter*, vol.vi, no.3-4 (Dec. 1973).

Spence, J. C. "Mr. Donisthorpe on Liberty," *The Liberty Review: Property Owners' Guardian and Free Labour Advocate*, issue 11 (Mar. 16 1895).

Spencer, Herbert. *Social Statics* (London, 1851).

Spencer, Herbert. *The Principles of Sociology, vol.II; Part V* (London, 1882).

Spencer, Herbert. *Justice* (London, 1891).

Spencer, Herbert. *The Principles of Sociology, vol.III* (London, 1896).

Spencer, Herbert. *The Man versus the State* (London, 1885).

Spencer, Herbert. *Essays: Scientific, Political and Speculative, Vol.I* (London,1891).

Spencer, Herbert. *The Principles of Ethics, Vol.I I*(London, 1904).

Spencer, Herbert. *An Autobiography* (London, 1904).

Spencer, Herbert. *The Man vs the State* ed. Donald MaCrae (Baltimore, 1969).

Stapleton, Julia(ed.). *Liberalism, Democracy, and the State in Britain: Five Essays, 1862-1891* (Bristol, 1997).

Stark, Werner. "Herbert Spencer's Three Sociologies," *American Sociological Review*, vol.26, no.4 (1961).

Stewart, Iain. "Commandeering Time: The Ideological Status of Time in the Social Darwinism of Herbert Spencer," *Australian Journal of Politics and History* (2011).

Sykes, Alan. *The Rise and Fall of British Liberalism 1776-1988* (London, 1997).

Taylor, M. W. *Men versus the State: Herbert Spencer and Late Victorian Individualism* (Oxford, 1992).

Thompson, Andrew. "Tariff Reform: An Imperial Strategy, 1903-1913," *The Historical Journal*, vol.40, no.4 (1997).

Thompson, Neville. review of *Britain and Joseph Chamberlain* by Michael Balfour, *Canadian Journal of History*, vol.22, no.2 (Aug. 1987).

Thorne, Robert. "Herbert Spencer and 'Inevitable' Progress," *History Today*, vol.37, issue 8 (1987).

Versen, Christopher R. "What's Wrong with a Little Social Darwinism," *The History Teacher*, vol.42, no.4 (2009).

Weinstein, D. "Equal Freedom, Rights and Utility in Spencer's Moral Philosophy," *History of Political Thought*, vol.xi, no.1 (1990).

330

Weinstein, W. L. "The Concept of Liberty in Nineteenth Century English Political Thought," *Political Studies*, vol.XIII, no.2 (June 1965).

Wemyss, *Socialism at St. Stephen's 1869-1885* (London, 1885).

Wemyss, *Socialist Spectre* (London, 1895).

Wemyss, *The Poor Law and Pauperism: Should Parliament Play to the Casual Ward?* (London, 1908).

Werhane, Patricia H. "Business Ethics and the Origins of Contemporary Capitalism:Economics and Ethics in the Work of Adam Smith and Herbert Spencer," *Journal of Business Ethics*, vol.24, no.3 (2000).

Willis, Machael. "Who Was Guilty of Starting the Boer War?" *History Review*, no.59 (Dec. 2007).

Zakaria, Fareed. "Industry and Empire," review of *Joseph Chamberlain: Enterpreneur in Politics* by Peter T. Marsh in *National Review*, vol.47, no.3 (Feb. 20, 1995).

김기순, 「글래드스턴과 아일랜드 토지문제: 토지법안의(1886)의 성격」, 『영국연구』 23 (2010. 6).

김기순, 「글래드스턴과 여론정치: 아일랜드 자치법안에 관한 대중청원운동을 중심으로(1886, 1893)」, 『영국연구』 6 (2001. 12).

김기순, 「밀, 글래드스턴, 여성문제」, 『영국연구』 5 (2001. 6).

김명환, 「스펜서의 자유주의: 민주주의를 거부하게 된 자유주의」, 『영국연구』 26 (2011. 12).

김명환, 「영국 자유주의의 다섯가지 기원」, 『영국연구』 23 (2010. 6).

김성훈, 「아담스미스의 자유주의 교육관」, 『영국연구』 12 (2004. 12).

김중락, 「영국혁명(the British Revolution), 국민계약 그리고 저항의 정당화」, 『영국연구』 2 (1998).

김중락, 「크리스토퍼 힐과 잉글랜드 혁명 그리고 시민혁명론」, 『영국연구』 10 (2003. 12).

문상화, 「진화론: 19세기 영국의 지배담론의 한 양상」, 『영국연구』 5 (2001. 6).

박순준, 「로렌스 스톤과 영국 혁명의 사회사」, 『영국연구』 10 (2003. 12).

송규범, 「『정부론』 저술과 관련한 몇 가지 쟁점」, 『영국연구』 18 (2007. 12).

오인영, 「영국의 신자유주의와 자유당의 사회개혁입법(1908~1914)」, 『영국연구』 5 (2001. 6).

이남희, 「정치와 일상의 이분법을 넘어서: 영국 여성 참정권운동의 활동가 분석, 1897~1918」, 『영국연구』 3 (1999).

이태숙, 「존 스튜어트 밀의 의회론」, 『영국연구』 9 (2003. 6).

이태숙, 「프랑스혁명 논쟁자들의 영국 헌정 인식: 버크, 울스턴크래프트, 페인」, 『영국연구』 14 (2005. 12).

이태숙, 「명예혁명과 휘그, 그리고 휘그 역사해석」, 『영국연구』 15 (2006. 6).

이태숙, 「급진주의는 위험하지 않다?-제러미 벤담의 급진주의자 면모-」, 『영국연구』 26 (2011. 12).

장세룡, 「설림: 퀜틴 스키너의 자유론」, 『영국연구』 2 (1998).

정희라, 「차별에서 평등으로: 종교적 불평등 폐지를 위한 19세기 영국의 개혁-옥스브리지의 종교 심사 폐지」, 『영국연구』 13 (2005. 6).

조승래, 「토머스 힐 그린과 아이제이아 벌린, 그리고 공화주의」, 『영국연구』 25 (2011. 6).

조승래, 「소극적 자유론의 전통」, 『영국연구』 6 (2001. 12).

최재희, 「19세기말 영국 사회주의 진영의 민주주의관」, 『영국연구』 6 (2001. 12).

최현미, 「콥던의 재정개혁 방안과 글래드스턴의 재정개혁」, 『영국연구』 12 (2004. 12).

홍석민, 「영국 자유당의 몰락, 우연인가 필연인가?: 계급정치의 한계를 넘어서, 1900~18」, 『영국연구』 20 (2008. 12).

홍치모, 「사무엘 로슨 가디너(S. R. Gardiner)와 영국혁명사 연구」, 『영국연구』 18 (2007. 12).

http://en.wikipedia.org
http://www.britannica.com
http://www.spartacus.schoolnet.co.uk
http://yba.llgc.org.uk/en/index.html

주

1장 영국 자유주의는 어떤 기원을 가지고 있을까?
영국 자유주의의 다섯 가지 기원

1) Alan Sykes, *The Rise and Fall of British Liberalism 1776-1988* (London, 1997), 1. 자유주의가 쉽게 정의되지 않는다는 점에 대해 여러 사람이 지적하고 있다. 바커는 자유주의를 로크포르 치즈에 비유했다. Rodney Barker, *Politics, Peoples and Government: Themes in British Political Thought since the Nineteenth Century* (London, 1994), p.43; Richard Bellamy, ed., *Victorian Liberalism: Nineteenth-century Political Thought and Practice* (London, 1990), p.1.

2) Robert Leach, *Political Ideology in Britain* (London, 2002), p.24.

3) 미국에서 자유주의는 급진개혁주의나 사회주의와 비슷한 사상을 지칭하는 용어로 쓰이면서도, 네오 리버럴리즘은 자유시장 옹호자인 하이에크나 프리드먼과 같은 사상가들과 연결되어 쓰이고 있어 의미의 혼란을 더하고 있다.

4) Conrad Russel, *An Intelligent Person's Guide to Liberalism* (London, 1999), p.9.

5) W. H. Greenleaf, *The British Political Tradition*, vol.2 (London, 1983), p.19.

6) Richard Bellamy, ed., *Victorian Liberalism: Nineteenth-century Political Thought and Practice* (London, 1990), p.1.

7) 콘라드 러셀은 자유당의 역사를 반왕과 귀족집단인 휘그가 출현한 1679년으로 소급시켰지만, 휘그는 자유당의 전신의 일부를 구성했을 따름이다. Russel, *An Intelligent Person's Guide to Liberalism*, 22.

8) Roy Jenkins, *The British Liberal Tradition* (Toronto, 2001), p.13, p.34.

9) E. H. H. Green and D. M. Tanner, eds., Introduction to *The Strange Survival of Liberal England: Political Leaders, Moral Values and the Reception of Economic Debate* (Cambridge, 2007), p.14.

10) Greenleaf, *The British Political Tradition*, vol.2, p.22.

11) *Ibid.*

12) Leach, *Political Ideology in Britain*, p.29.

13) Robert Eccleshall, *British Liberalism: Liberal Thought from the 1640s to 1980s* (London, 1986), p.3.

14) Thomas Erskine, 1st Baron, *A Short Defense of the Whigs* (London, 1819), pp.3~4,/ Eccleshall, *British Liberalism: Liberal Thought from the 1640s to 1980s*, p.13에서 재인용.

15) 휘그는 재산권을 위해서 자연권 개념을 차용했지만 선거권에 자연권이 적용되려 하자 이를 거부했다.

16) Eccleshall, *British Liberalism: Liberal Thought from the 1640s to 1980s*, p.15.

17) *Ibid.*, p.16.

18) Leach, *Political Ideology in Britain*, p.30.

19) 사실 급진주의라는 용어는 영국 정치사와 사상사에서 혼란을 야기하는 용어 중 하나이다. 벤담주의자들이 개혁을 추구하는 제안을 했을 때 이들에게 철학적 급진주의자라는 명칭이 붙여졌다. 콥덴이나 브라이트 등이 곡물법 폐지를 주장하는 운동을 벌이며 자유무역을 옹호했을 때 이들 역시 급진주의자로 불렸다. 체임벌린이 버밍엄 시장으로 재직하면서 추구한 개혁들에도 급진주의라는 명칭이 쓰여졌다. 벤담주의자들의 개혁의 성격, 콥덴, 브라이트의 주장의 성격, 체임벌린의 개혁의 성격은 모두 다르다. 급진주의는 개혁을 요구하는 세력에게 붙여지는 명칭이라 이데올로기적 함의가 광범위해지게 되는 것이다. 자본주의에 대해 반대하는 세력을 의미하는 용어로 쓰이기도 해서 자본주의와 관련해서도 혼란을 야기한다. Matthew Fforde, *Conservatism and Collectivism 1886-1914* (Edinburgh, 1990), p.5.

20) Eccleshall, *British Liberalism: Liberal Thought from the 1640s to 1980s*, p.5.

21) *Ibid.*, pp.9~10.

22) *Ibid.*, p.9.

23) 페인은 자유주의와 사회주의에 모두 연결되고 차티스트 운동에 영향을 끼친 중요 인물이다. 그는 공화주의에 대한 주장, 세습원칙에 대한 비판, 기독교에 대한 거부 등으로 인해 매우 위험한 인물로 간주되었다.

24) Andreas Kalyvas and Ira Katznelson, "The Republic of the Moderns: Paine's and Madison's Novel Liberalism," *Polity* 38, no.4 (Oct. 2006), p.461.

25) Leach, *Political Ideology in Britain*, p.31.

26) 그러나 페인은 당시에 공화국이라고 알려진 많은 정치체제들을 비판했다. 그는 폴란드, 홀란드, 베니스, 제노아 등을 모두 비판했는데 이들은 모두 무늬만 공화제지 실상 세습 귀족제에 불과했다. Kalyvas and Katznelson, "The Republic of the Moderns : Paine's and Madison's Novel Liberalism," p.457.

27) 버크에 대해 답변하는 과정에서 주장한 것이다. Rodney Barker, *Politics, Peoples and Government: Themes in British Political Thought since the Nineteenth Century* (London, 1994), p.48.

28) D. Nash, "The Gain from Paine," *History Today*, June 2009, p.17 ; Eccleshall, *British Liberalism: Liberal Thought from the 1640s to 1980s*, p.19.

29) J. Seabrook, "British Radicals," *Race & Class* 51, no.1 (2009), p.85.

30) Nash, "The Gain from Paine," p.18.

31) 영국에서는 선거권 확대에 대해 저항이 심했으므로 민주주의도 느리게 실현될 수밖에 없었다. *Ibid.*, p.88.

32) Barker, *Politics, Peoples and Government: Themes in British Political Thought since the Nineteenth Century*, p.44.

33) 톰슨E. P. Thompson은 행동주의에 대해 페인에게 크게 빚지고 있음을 인정했다. Nash, "The Gain from Paine," p.18.

34) 하지만 아일랜드를 둘러싸고 일어난 문제는 자유주의와 민족주의가 결합되었다.

35) Bellamy, ed., *Victorian Liberalism*, p.3.

36) Greenleaf, *The British Political Tradition*, vol.2, p.23.

37) Adam Smith, *Wealth of Nations*, vol.1, p.383/ Greenleaf, *The British Political Tradition*, vol.2, p.24에서 재인용.

38) Greenleaf, *The British Political Tradition*, vol.2, p.25.

39) *Ibid.*, p.46.

40) 엄격한 의미에서 맨체스터 학파라는 학문적 그룹은 존재하지 않는다. 이 용어는 1848년 디즈레일리가 콥덴 정책의 지지자들을 이렇게 부른 것에서 유래한다. 일관된 논리체계를 가지고 있는 학파와 같은 것은 아니다. *Ibid.*, p.42.

41) *Ibid.*, p.44.

42) *The Economist*, 13 July 1850, p.773/ Greenleaf, *The British Political Tradition*, vol.2, p.46에서 재인용.

43) Greenleaf, *The British Political Tradition*, vol.2, p.106.

44) Russel, *An Intelligent Person's Guide to Liberalism*, p.84.

45) 밀의 자유론이 나온 1859년은 맨체스터 학파의 활동기와 겹친다. 그 결과 경제적 영역에서 주장된 자유와 사회적 영역에서 주장된 자유가 함께 결합되어 자유주의에 작용하는 효과를 낳았다. 이런 지적 환경에서 '개인의 자유'와 '개인의 영역'에 대한 주장이 강화될 수 있었던 것이다. 그 결과 밀의 자유주의는 사회적 다수로부터 약자 집단 혹은 개성적 소수를 보호하려는 의도를 지닌 것임에도 불구하고 여러 형태의 강한 소수자들 특히 독점적 소수의 자유를 보호하는 논리로 이용될 수 있었다.

46) Russel, *An Intelligent Person's Guide to Liberalism*, p.86.

47) *Ibid.*, p.88.

48) Greenleaf, *The British Political Tradition*, vol.2, p.165.

49) H. Spencer, *the Man versus the State* (London, 1885), p.69.

50) 잇따른 선거법 개정으로 정치적 민주주의가 차츰 확립되어 나가면서 이런 인식이 나타나게 되었다. 자유방임 자유주의와 민주주의는 갈등 요소를 내재하고 있었지만 이런 갈등은 민주주의의 확립을 전제로 할 때만 가시화될 수 있는 것이다.

51) Julia Stapleton, ed., *Liberalism, Democracy, and the State in Britain: Five Essays, 1862-1891* (Bristol, 1997), pp.31~32 ; Greenleaf, *The British Political Tradition*, vol.2, p.81. 스펜서의 눈에는 독재권력만이 아니라 스펜서의 시대에 출현하기 시작한 민주주의를 바탕으로 한 권력마저도 개인의 자유를 위협하는 것으로 비쳤던 것이다.

52) Michael Freeden, *The New Liberalism: An Ideology of Social Reform* (Oxford, 1978), p.33.

53) 유틸리테어리어니즘utilitarianism을 공리주의라고 옮기고 있지만 이 용어는 매우 부적절하고 합당하지 않은 용어다. '공리'에 대해 대부분은 '공공의 이익'이라는 의미로 이해하지 공리의 영어 단어에 해당하는 유틸리티utility로 이해하는 사람은 거의 없기 때문이다. 유틸리티는 효용으로 옮겨지고 있으므로 이 용어를 효용주의로 옮긴다. 리버테어리어니즘libertarianism을 자유만능주의로 이해하고 있으니 여기에 맞추어 보자면 유틸리테어리어니즘의 의미는 효용만능주의에 가까울 것이다.

54) Eccleshall, *British Liberalism: Liberal Thought from the 1640s to 1980s*, p.27. 벤담주의자들에게 자연권 개념은 허구이며 폐기시켜야 할 개념이었다.

55) Ellen Frankel Paul, *The Demise of Laissez-faire in Nineteenth-Century British Political Economy* (London, 1979), p.280.

56) A. V. Dicey, *Lectures on the Relation between Law and Public Opinion in England during the Nineteenth Century* (London, 1905), pp.307~308.

57) 하이에크는 이러한 벤담의 구성주의적 합리주의constructivist rationalism에 대해 비판했다. 이런 이유로 네오 리버럴은 벤담주의와 아담 스미스의 사상에 근본적인 차이가 있다고 보는 것이다. Leach, *Political Ideology in Britain*, pp.33~34.

58) 벤담주의의 개혁 정책으로 말미암아 영국의 자유방임주의 시대에 대한 혼란이 야기되었다. 자유방임주의의 전형적 시기였던 1825년부터 1875년의 기간을 진정으로 자유방임주의의 시기라고 할 수 있는가 하는 의문이 제기된 것이다. 크라우치는 조잡한 자유방임주의와 정교한 자유방임주의를 구분하고 벤담의 개혁을 계몽된 경제적 간섭으로 보는 방식으로 이 문제를 해결하고 있다. 즉 벤담의 개혁을 자유방임을 위한 간섭으로 규정하는 것이다. R. L. Crouch,

"Laissez-faire in Nineteenth Century Britain: Myth or Reality," *The Manchester School of Economic and Social Studies* 35, no.3 (Sep. 1967), p.214.

59) Eccleshall, *British Liberalism: Liberal Thought from the 1640s to 1980s*, p.28.

60) Sykes, *The Rise and Fall of British Liberalism 1776-1988*, p.13.

61) 다이시는 벤담주의적 개혁을 집산주의로의 변화로 간주하지 않았다. 벨아미가 그의 견해에 동조하고 있다. 그러나 네오 리버럴은 벤담에 대해 비판적 입장을 취하고 있다. A. V. Dicey, *Lectures on the Relation between Law and Public Opinion in England during the Nineteenth Century* (London, 1905), p.169 ; Bellamy(ed.), *Victorian Liberalism, 6: Leach, Political Ideology in Britain*, p.34.

62) Bellamy, ed., *Victorian Liberalism*, p.6.

63) Eccleshall, *British Liberalism: Liberal Thought from the 1640s to 1980s*, p.29.

64) *Ibid.*, p.30.

65) 벤담주의와 민주주의의 관계를 적극적으로 평가하는 견해도 있다. Natalie Sigot, "Bentham's Way to Democracy," *History of European Ideas* 35, no.1 (2009) ; Frederic Rosen, *Jeremy Bentham and Representative Democracy* (Oxford, 1983).

66) Stapleton, ed., *Liberalism, Democracy, and the State in Britain*, p.25.

67) *Ibid.*, p.27.

68) W. L. Weinstein, "The Concept of Liberty in Nineteenth Century English Political Thought," *Political Studies* 13, no.2 (June 1965), p.151.

69) Stapleton, ed., *Liberalism, Democracy, and the State in Britain*, p.27.

70) *Ibid.*, p.28.

71) 1880년의 사냥법Ground Game Act은 소작농이 그들의 밭에서 작물을 해치는 토끼들을 잡을 수 있도록 허용했다. 지주들은 이 법으로 인해 그들이 사냥할 권리가 침해당한 데 대하여 이의를 제기했다 이 법은 오랫동안 계속되어온 소작농들의 불만을 해결했다. 그러나 보수당의 지주들은 이 법이 그들의 계약의 자유를 침해했다는 이유로 분개했다. 하코트William Harcourt는 계약의 자유는 매우 중요한 원칙이지만 모든 원칙들에는 예외가 있는 법이라고 응답했다. Russel, *An Intelligent Person's Guide to Liberalism*, p.65.

72) Stapleton, ed., *Liberalism, Democracy, and the State in Britain*, p.26.

73) 왈라스와 해몬드가 이들과 함께 중요한 역할을 했다.

74) 나콰A Naquat이 그렇게 불렀으며 그의 책 제목 자체가 "자유주의 학파의 집산주의와 사회주의"였다. Greenleaf, *The British Political Tradition*, vol.2, p.143.

75) *Ibid.*, pp.166~167.

76) Barker, *Politics, Peoples and Government: Themes in British Political Thought since the Nineteenth Century*, p.51.

77) H. Greenleaf, *The British Political Tradition*, vol.2, p.165.

78) Russel, *An Intelligent Person's Guide to Liberalism*, p.64.

79) Eccleshall, *British Liberalism: Liberal Thought from the 1640s to 1980s*, p.42.

80) W. H. Greenleaf, *The British Political Tradition*, vol.2, p.164. 여기서 collectivism 은 공동의 이해나 목적을 위해 경제적 부분만이 아니라 여러 부분에서 규제를 하자는 의미로 쓰였으므로 이 용어를 집산주의가 아니라 집단주의로 옮긴다. 하나 더 지적할 점은 경제적 부분에 대한 규제만을 의미한다 해도 한 곳으로 모아 배분한다는 의미보다 집단의 이익을 위해 간섭한다는 의미가 강하므로 집단주의로 옮기는 것이 타당하다고 생각한다.

81) Eccleshall, *British Liberalism: Liberal Thought from the 1640s to 1980s*, p.44.

82) *Ibid.*, p.45.

83) H. Greenleaf, *The British Political Tradition*, vol.2, p.169.

84) *Ibid.*, p.170.

85) 애스퀴스와 로이드 조지는 노령연금법과 국민보험법을 실시하는 개혁과정에서 홉하우스와 같은 신자유주의자들에게 크게 의존했다. Russel, *An Intelligent Person's Guide to Liberalism*, p.59, p.64.

86) Eccleshall, *British Liberalism: Liberal Thought from the 1640s to 1980s*, p.48.

87) Russel, *An Intelligent Person's Guide to Liberalism*, p.17.

88) Eccleshall, *British Liberalism: Liberal Thought from the 1640s to 1980s*, p.50.

89) Russel, *An Intelligent Person's Guide to Liberalism*, p.52. 콘라드 러셀은 그의 견해에 전적인 동감을 표시하고 있다.

90) 콘라드 러셀은 19세기 자유주의의 가정은 1924년 케인즈의 "자유방임의 종식"이란 강연과 함께 사라져 버렸다고 지적했다. *Ibid.*, p.68.

91) Barker, *Politics, Peoples and Government: Themes in British Political Thought since the Nineteenth Century*, p.65.

2장 자유주의를 내건 보수단체는 역사를 어떻게 해석했을까?

자유와 재산 방어 연맹의 빈곤과 임금제에 대한 해석

1) 그러나 집단주의의 출현 시기에 대하여는 다양한 견해가 있다. Harold Perkin, "Individualism versus Collectivism in Nineteenth-Century Britain: A False Antithesis," *The Journal of British Studies*, vol.xvii, no.1 (Fall 1977), pp.105~108.

2) 브래번 경은 자신이 자유당에 대한 태도를 바꾼 이유로 자유당은 자유주의 이념을 버렸기 때문이라고 주장했는데 고용주책임법을 언급하고 있다. Lord Bramwell, *on Liberty and other speeches* (London, 1882), p.18.

3) Edward Bristow, "The Liberty and Property Defense League and Individualism," *The Historical Journal*, XVIII,4 (1975), p.765. 헨리 조지의 책은 『진보와 빈곤』이었다.

4) 엘코 경은 연맹이 세워진 후 일년 만에 윔즈 10대 백작으로 상원에 들어갔다.

5) 윔즈 백작은 동글루스터셔에 6만 2천 에이커의 땅을 소유하고 있었다. 도니스쏘프는 1847년생이며 리즈 스쿨을 나와 캠브리지의 트리니티 칼리지를 졸업했다. 그는 요크셔에 광산을 소유하고 있었으며 법률에 대단한 관심을 가지고 있었다. 크로프츠는 도니스쏘프의 사촌이었다. N. Soldon, "*Laissez-Faire* as Dogma: The Liberty and Property Defense League, 1882~1914," in K. D. Brown(ed.), *Essays in Anti-Labour History: Responses to the Rise of Labour in Britain* (1974), p.211 ; Bristow, "The Liberty and Property Defense League and Individualism," pp.761~773.

6) LPDL에 대하여는 솔돈과 브리스토우의 연구 정도가 있을 따름이다. 주로 LPDL의 구성과 활동에 대해 설명하고 있다.

7) Soldon, "*Laissez-Faire* as Dogma: The Liberty and Property Defense League, 1882~1914," p.208.

8) *Ibid.*

9) *Ibid.*, p.209.

10) *Ibid.*, p.210.

11) Lord Pembroke, *Speeches delivered at the Third Annual Meeting of the Liberty and Property Defense League, Self Help versus State Help* (London, 1885), p.15.

12) Bristow, "The Liberty and Property Defense League and Individualism," pp.763~766.

13) Soldon, "*Laissez-Faire* as Dogma: The Liberty and Property Defense League, 1882~1914," p.212.

14) *Ibid.*, p.213.

15) *Ibid.*, p.210.

16) *Ibid.*, p.212.

17) 도니스쏘프와 크로프츠 외에도 스펜서의 사상과 연관된 개인주의자들로 오버론 허버트, 레비 등을 들 수 있다. 오버론 허버트는 자발주의voluntaryism를 발전시켰으며, 레비는 개인주의가 무정부주의를 향해 나아갈 것이라고 주장했다. 개인주의적 무정부주의라고 할 수 있을 것이다. Bristow, "The Liberty and Property Defense League and Individualism," pp.770~772.

18) Perkin, "Individualism versus Collectivism in Nineteenth-Century Britain: A False Antithesis," p.113.

19) Bristow, "The Liberty and Property Defense League and Individualism," p.773.

20) *Speeches delivered at the Third Annual Meeting of the Liberty and Property Defense League, Self Help versus State Help* (London, 1885), p.36.

21) Lord Bramwell, *Economics v. Socialism: An Address to the British Association* (London: Liberty and Property Defense League, 1888), p.20.

22) Wordsworth Donisthorpe, *Individualism?* (London: The Liberty and Property Defense League, 1884), p.5.

23) *Ibid.*, p.5.

24) *Ibid.*, p.6.

25) Lord Bramwell, *Economics v. Socialism*, p.5.

26) Donisthorpe, *Individualism?*, p.6.

27) *Ibid.*

28) Earl of Wemyss, *The Poor Law and Pauperism: Should Parliament Play to the Casual Ward?* (London, 1908), pp.4~7.

29) *Ibid.*, pp.8~10.

30) *Ibid.*, pp.12~15.

31) *Ibid.*, p.4.

32) E. H. H. Green, *The Crisis of Conservatism. The Politics, Economics and Ideology of the British Conservative Party, 1880-1914* (London, 1995), p.13.

33) 웜즈 백작의 빈민법에 대한 해석에는 논리적 결함도 발견된다. 그가 빈민법의 해악으로 지적하는 노동자들의 도덕적 해이는 18세기말의 스핀햄랜드 법에 기인하는 것인데 그는 단지 헨리8세와 엘리자베스의 빈민법을 거론하고 있기 때문이다. 아울러 스핀햄랜드 법이 일정 정도의 생계비를 보장함으로써 노동자들의 도덕적 해이를 낳은 점은 일부 인정할 수 있으나, 이 법이 농촌 노동자들의 도시 유입을 막기 위한 방책이었다는 점을 잊어서는 안 될 것이다.

34) Lord Pembroke, *Self Help versus State Help*, p.18.

35) Donisthorpe, introduction to *Claims of Labour or Serfdom, Wagedom and Freedom* (London, 1880), p.vi.

36) Lord Bramwell, on *Liberty and other speeches* (London, 1882), p.10.

37) Earl of Wemyss, *Socialist Spectre* (London, 1895), p.10.

38) Wordsworth Donisthorpe, *Claims of Labour or Serfdom, Wagedom and Freedom* (London, 1880), p.2.

39) *Ibid.*, p.24.

40) Wordsworth Donisthorpe, *Socialism or Individualism? Wagedom and Freedom?*

(London: The Liberty and Property Defense League, 1883), p.5.

41) Donisthorpe, *Claims of Labour or Serfdom, Wagedom and Freedom*, pp.34~35.

42) 즉 임금제 하에서 노동자는 무지로 인해 자신의 노동의 대가를 제대로 받아 내지 못하고 있다는 의미이다. *Ibid.*, p.48.

43) *Ibid.*, p.50.

44) Donisthorpe, *Individualism?*, p.9.

45) 임금제의 폐지라는 동일한 용어를 사용하지만 LPDL의 노사 관계에 대한 입장은 기껏해야 칸 - 프로인드의 '집단적 자유방임주의'에 머물러 있었다고 보아야 할 것이다. K. D. Ewing, "The State and Industrial Relations: 'Collective Laissez-Faire' Revisited," *Historical Studies in Industrial Relations*, No.5 (Spring 1998), pp.1~5.

46) Donisthorpe, *Claims of Labour or Serfdom, Wagedom and Freedom*, p.28.

47) 브람웰 경은 '재산'과 '계약의 자유'를 함께 붙여 쓰고 있다. Lord Bramwell, *Economics* v. Socialism, p.19.

3장 영국의 보수파는 개인주의와 사회주의를 어떤 의미로 사용했을까?
자유와 재산 방어 연맹의 개인주의와 사회주의 개념

1) N. Soldon, "*Laissez-Faire* as Dogma: The Liberty and Property Defense League, 1882-1914," in K. D. Brown(ed.), *Essays in Anti-Labour History: Responses to the Rise of Labour in Britain* (London, 1974), p.208.

2) E. Bristow, "The Liberty and Property Defense League and Individualism," *The Historical Journal*, XVIII, 4 (1975), p.762. 자유와 재산 방어 연맹은 사회주의 자보다 노동조합주의자의 활동에 대해 먼저 반응한 것으로 보인다.

3) 고작 성인의 14%가 선거권을 가지게 되었을 뿐이다. 그러나 유권자 수는 2배로 늘었다.

4) Wordsworth Donisthorpe, *Individualism?* (London, 1884), p.4, p.7.

5) The Earl of Wemyss, *Socialism at St. Stephen's 1869-1885* (London, 1885), p.34.

6) *Ibid.*, p.39.

7) The Earl of Wemyss, *Socialist Spectre* (London, 1895), p.17.

8) The Earl of Wemyss, *Socialism at St. Stephen's*, p.44.

9) Wordsworth Donisthorpe, *Liberty or Law* (London, 1884), p.14.

10) Lord Pemproke, *Speeches delivered at the Third Annual Meeting of the Liberty and Property Defense League, Self Help versus State Help* (London, 1885), p.10.

11) Soldon, "*Laissez-Faire* as Dogma," p.232.

12) Lord Bramwell, *Economics v. Socialism: An Address to the British Association* (London, 1888), p.13.

13) The Earl of Wemyss, *Socialist Spectre*, p.13.

14) Lord Pemproke, *Self Help versus State Help*, p.13.

15) The Earl of Wemyss, *Socialist Spectre*, p.14.

16) *Ibid.*, p.15.

17) Wordsworth Donisthorpe, *Socialism or Individualism? Wagedom or Freedom?* (London, 1883), p.7.

18) 이런 주장은 개인주의자들이 추상적 정치이론을 거부한다는 점을 보여 주고 있으며, 따라서 이들이 보수주의자들과 특정한 지점에서 만나고 있음을 보여준다. E. H. H. Green, *Ideologies of Conservatism* (Oxford, 2002), p.281.

19) Bristow, "The Liberty and Property Defense League and Individualism," p.762.

20) Donisthorpe, *Socialism or Individualism? Wagedom or Freedom?*, p.8.

21) Donisthorpe, *Individualism?*, p.7.

22) Donisthorpe, *Socialism or Individualism? Wagedom or Freedom?*, p.4.

23) The Earl of Wemyss, *Socialism at St. Steph~en's*, pp.11~13.

24) *Ibid.*, p.10.

25) The Earl of Wemyss, *Socialist Spectre*, p.5.

26) *Ibid.*, p.6.

27) *Ibid.*, p.7.

28) *Ibid.*, p.8.

29) *Ibid.*, p.10.

30) 1885년 회기에는 "추방중지법"(스코틀랜드)Suspension of Evictions Bill과 "토지구매법"(아일랜드)Land Purchase Bill을 비롯해 8개의 토지 관련 법안이 올라와 있었다. The Earl of Wemyss, *Socialism at St. Stephen's*, p.17.

31) *Ibid.*, pp.17~26.

32) *Ibid.*, pp.24~27.

33) Lord Pembroke, *Self Help versus State Help*, p.12.

34) Donisthorpe, *Individualism?*, pp.4~5.

35) *Ibid.*, p.8.

36) Donisthorpe, *Liberty or Law?*, p.5.

37) Donisthorpe, *Individualism?*, p.4.

38) *Ibid.*, p.7.

39) *Ibid.*, p.10.

40) 개인주의자들이 민주주의 원리에 동의하지 않는다는 점을 알 수 있다.

41) 그들은 자연권 개념을 거부했지만 재산과 관련한 논의를 할 때는 자연권 개념을 받아들이고 있는 것처럼 보인다. 마치 '재산은 자연권'이라는 주장을 하는 것처럼 보이기 때문이다.

42) 도니스쏘프는 스펜서의 제자로 1873년 개인주의자 그룹을 조직했으며 1880년대 에는 그 이름을 정치진화협회에서 국가저항연합으로 바꾸었다. Soldon, "*Laissez-Faire* as Dogma," p.210.

43) *Ibid.*, p.211.

44) Earl of Wemyss, *Socialism at St. Stephen's*, p.21.

45) Donisthorpe, *Socialism or Individualism? Wagedom or Freedom?*, p.6.

46) Donisthorpe, *Individualism?*, p.3.

47) *Ibid.*, p.4. 그는 개인의 영역을 건드리지 않으며 사회개혁이 추구될 수도 있다고 보는 것이다.

48) *Ibid.*, p.6.

49) 사실상 개인주의와 민주주의가 지니고 있는 내재적 갈등이 포착되고 있는 셈이다.

50) Donisthorpe, *Individualism?*, p.7.

4장 보수파가 이용한 자유주의의 논리들은 무엇이었을까?
자유와 재산 방어 연맹과 보수파, 보수주의, 기업옹호 자유주의

1) 자유와 재산 방어 연맹의 위원회는 브람웰경Lord Bramwell-항소 법원 판사며 금주법의 반대자-, 서 조지 엘리엇Sir George Elliot-광산 기사 연합 회장이며 보수당 의원-, 캡틴 함버Captain Hamber-"스탠다드*Standard*" 및 "모닝 애드버타이 저*Morning Advertizer*"의 편집장, 포칭H. D. Poching-비누제조업계의 거물, 스티픈스 Stephens- 잉크공장의 소유주, 펨브로크 백작Earl of Pembroke-아일랜드의 대지주, 펜잔스 백작Earl of Penzance, 서 에드워드 워킨Sir Edward Workin-사우스이스턴 철도회사 의장 등으로 구성되었다. N. Soldon, "*Laissez-Faire* as Dogma: The Liberty and Property Defense League, 1882-1914," in K. D. Brown(ed.), *Essays in Anti-Labour History: Responses to the Rise of Labour in Britain* (1974), pp.212~213.

2) Soldon, "*Laissez-Faire* as Dogma," p.217, p.225. 자유와 재산 방어 연맹은 또 다른 보조기구로 자유노동보호연합FLPA을 가지고 있었다. 이 기구는 파업이 발생할 경우의 긴급 상황에 대비해 천명의 전직 경찰들을 확보하고 있는 것을 자랑했는데 이런 점은 자유와 재산 방어 연맹이 심지어 반동적인 성격을 지니고

344

있음을 보여주고 있다. 자유와 재산 방어 연맹은 국제 사회주의 조직에 대한 대항 조직으로 "백색 인터내셔널"을 형성하려는 시도를 하기도 했다.

3) Christopher J. Kauffman, "Lord Elcho, Trade Unionism and Democracy" in Kenneth D. Brown(ed.), *Essays in Anti-Labour History: Responses to the Rise of Labour in Britain* (London, 1974), p.186.

4) Earl of Wemyss, *Socialism at St. Stephen's 1869-1885* (London, 1885), pp.16~26.

5) W. H. Greenleaf, *The British Political Tradition*, vol.II (London, 1983), p.22.

6) Robert Leach, *Political Ideology in Britain* (London, 2002), p.29.

7) 구체적으로는 다음과 같다.
지주와 소작인 법(아일랜드)Landlord and Tenant Act, 1870
농지 보유법Agricultural Holdings Act, 1875
사냥터법Ground Game Act, 1880
토지법(아일랜드)Land Law Act, 1881
지대연체법(아일랜드)Arrears of Rent Act, 1882
농지보유법(잉글랜드)Agricultural Holdings Act, 1883
농지보유법(스코틀랜드)Agricultural Holdings Act, 1883
Earl of Wemyss, *Socialism at St. Stephen's 1869-1885*, p.17.

8) Wordsworth Donisthorpe, *Individualism?* (London: The Liberty and Property Defense League, 1884), p.8.

9) *Ibid.*

10) The Earl of Wemyss, *Socialist Spectre* (London, 1895), pp.7~8. 윔즈 경은 바이런 리드 씨H. Byron Reid의 선거연설을 인용한다. 그는 이스트 브랫포드East Bradford의 보수당 당원인데 "사회 입법"과 "영국 노동계급이 공공 대부에 의해 자신의 집을 소유할 수 있도록 하기 위한 자유보유주택의 공급"을 주장했다.

11) 토지를 헥타르로 환산하면 약 2만 5천 헥타르이다. 이는 사방 16킬로의 토지 면적에 해당하는데 수원시의 두 배에 해당하는 넓이이다.
Edward Bristow, "The Liberty and Property Defense League and Individualism," *The Historical Journal*, XVIII, 4 (1975), p.763 ; Kauffman, "Lord Elcho, Trade Unionism and Democracy," p.183.

12) Kauffman, "Lord Elcho, Trade Unionism and Democracy," p.184.

13) 어덜러마이트Adullamite는 2차 선거법 개정 당시 선거권의 확대에 반대한 자유당 내 반대파를 의미한다.

14) 이런 이유로 윔즈 백작을 고용주 계급의 관념적 대표로 보는 해석이 나올 수 있는 것이다. 다른 사이먼Daphne Simon이나 로이든 해리슨Royden Harrison을 들 수 있다. Kauffman, "Lord Elcho, Trade Unionism and Democracy," p.184.

15) Wordsworth Donisthorpe, *Claims of Labour or Serfdom, Wagedom and Freedom*

(London, 1880), p.18, p.21.

16) Earl of Wemyss, *Socialism at St. Stephen's 1869~1885*, p.22.

17) Lord Bramwell, *on Liberty and other speeches* (London, 1882), p.10.

18) Donisthorpe, *Claims of Labour or Serfdom*, p.48, p.50.

19) Sir Frederick Bramwell, F. R. S, *State Monopoly or Private Enterprise?* (London, 1884), p.13.

20) *Ibid.*, p.14.

21) *Ibid.*, p.15.

22) *Ibid.*, p.21.

23) Bristow, "The Liberty and Property Defense League and Individualism," pp.782~784.

24) Richard Bellamy(ed.), *Victorian Liberalism: Nineteenth-century Political Thought and Practice* (London, 1990), p.10.

25) Lord Bramwell, *Economics v. Socialism: An Address to the British Association* (London: Liberty and Property Defense League, 1888), p.13.

26) David Abraham, "Liberty and Property: Lord Bramwell and the Political Economy of Liberal Jurisprudence Individualism, Freedom, and Utility," *The Americal Journal of Legal History*, vol.38, no.3 (Jul. 1994), p.308.

27) Liberty and Property Defense League, *Self Help versus State Help* (London, 1885), p.18.

28) Greenleaf, *The British Political Tradition*, vol.II, p.44, p.46.

29) "What Government Cannot Do for the People," *The Liberty Review: A Weekly Journal Devoted to the Defense of Freedom and of the Right of Property*, issue 5 (Dec. 30, 1893), p.73.

30) Earl of Wemyss, *Socialism at St. Stephen's 1869-1885*, p.32.

31) *Ibid.*, p.34.

32) Robert Eccleshall, *British Liberalism: Liberal Thought from the 1640s to 1980s* (London, 1986), p.30.

33) Earl of Wemyss, *The Poor Law and Pauperism: Should Parliament Play to the Casual Ward?* (London, 1908), pp.10~15.

34) Alan Sykes, *The Rise and Fall of British Liberalism 1776-1988* (London, 1997), p.13.

35) Soldon, "*Laissez-Faire* as Dogma," p.210.

36) Bristow, "The Liberty and Property Defense League and Individualism," p.761,

p.762.

37) Wordsworth Donisthorpe, "The Limits of Liberty" in Thomas Mackay(ed.), *A Plea for Liberty: An Argument against Socialism and Socialistic Legislation* (London, 1891), p.67 ; Bristow, "The Liberty and Property Defense League and Individualism," p.788. 개인주의도 변화를 겪게 된다. 사회적 다윈주의가 19세기 말 벤자민 키드와 칼 피어슨에 의해 변형됨에 따라 개인주의는 후기 개인주의로 넘어가게 된다.

38) Wordsworth Donisthorpe, *Liberty or Law?* (London, 1884), p.7.

39) Donisthorpe, "The Limits of Liberty," p.99.

40) *Ibid.*, p.100.

41) *Ibid.*, pp.84~89.

42) *Ibid.*, p.88.

43) *Ibid.*, p.77, p.83, p.88, p.89.

44) *Ibid.*, p.76.

45) *Ibid.*

46) *Ibid.*, p.105.

47) Nobert C. Soldon, "Individualist Periodicals: The Crisis of Late Victorian Liberalism," *Victorian Periodicals Newsletter*, vol.vi, no.3-4 (Dec. 1973), p.20.

48) Bristow, "The Liberty and Property Defense League and Individualism," p.776.

49) 출산 후의 노동복귀 시점을 3주로 해야할 것인지 4주로 해야할 것인지에 대해 1891년 수정 공장법 16조를 놓고 벌어진 논란도 노동을 해야 급여를 받는다는 전제에 서면 개인의 자유와 온정적 국가간섭 중 어느 것을 중시해야 할 것인가에 대한 미묘한 쟁점을 야기하게 된다. Soldon, "*Laissez-Faire* as Dogma," p.215.

50) Bristow, "The Liberty and Property Defense League and Individualism," pp.773~775.

51) *Ibid.*, p.777.

52) *Ibid.*, pp.781~782.

53) The Socialist Danger, *The Liberty Review: A Journal of Politics, Economics, and Sociology and Individualism* issue 5 (Feb. 1, 1896), p.73.

54) "Property Owners and Self -Protection," *The Liberty Review: A Weekly Journal Devoted to the Defense of Freedom and of the Right of Property*, issue 6 (Aug. 11, 1894), p.89.

55) "In Defense of Freedom and Property," *The Liberty Review: A Weekly Journal Devoted to the Defense of Freedom and of the Right of Property*, issue 1 (Dec. 2 1893), p.9.

5장 왜 어떤 자유주의는 민주주의를 거부하게 되었을까?
민주주의를 거부하게 된 스펜서의 자유주의

1) Richard Bellamy, *Liberalism and Modern Society* (Cambridge, 1992), p.1.

2) 자유주의가 개혁과 보수로 갈라지는 길목에는 국가간섭의 문제가 핵심으로 자리잡고 있었다.

3) 체임벌린을 보수주의 그룹으로 분류하기는 했지만 그는 초기에 버밍엄의 개혁을 주도한 사람이기도 했다. 그의 사상은 또 다른 지면을 통해 자세히 검토해 보겠다.

4) M. W. Taylor, *Men versus the State: Herbert Spencer and Late Victorian Individualism* (Oxford, 1992), p.169. 후쿠야마의 생각은 100년 전에 이미 다른 자유주의자에 의해 나타났던 셈이다.

5) Tim Gray, "Herbert Spencer's liberalism-from social statics to sicial dynamics," in Richard Bellamy(ed.), *Victorian Liberalism: Nineteenth-century political thought and practice* (London, 1990), p.114.

6) Mark Francis, "Herbert Spencer and the Myth of Laissez-Faire," *Journal of the History of Ideas*, vol.39, no.2 (1978), p.320.

7) Taylor, *Men versus the State: Herbert Spencer and Late Victorian Individualism*, p.263.

8) Jeffrey Paul, "The Socialism of Herbert Spencer," *History of Political Thought*, vol.3, issue 3 (Winter 1982), p.499.

9) Francis, "Herbert Spencer and the Myth of Laissez-Faire," p.319.

10) Tim Gray, "Herbert Spencer's liberalism-from social statics to soicial dynamics," p.114.

11) T. S. Gray, "Herbert Spencer: Individualist or Organicist?" *Political Studies*, XXXIII, No.2 (June 1985), p.236.

12) Taylor, *Men versus the State: Herbert Spencer and Late Victorian Individualism*, p.170.

13) *Ibid.*, p.172.

14) *Ibid.*, p.173.

15) William L. Miller, "Herbert Spencer's Theory of Welfare and Public Policy," *History of Political Economy*, 4 (1972), p.209.

16) Taylor, *Men versus the State: Herbert Spencer and Late Victorian Individualism*, p.176.

17) Miller, "Herbert Spencer's Theory of Welfare and Public Policy," p.213.

18) Taylor, *Men versus the State: Herbert Spencer and Late Victorian Individualism*,

p.178.

19) Benjamin Kidd, *Individualism and After* (The Herbert Spencer Lecture Delivered in the Sheldonian Theatre on the 29th May 1908), (Oxford, 1908), p.35.

20) Taylor, *Men versus the State: Herbert Spencer and Late Victorian Individualism*, p.179.

21) George Kateb, *The Inner Ocean* (Ithaca, 1992), p.224.

22) Taylor, *Men versus the State: Herbert Spencer and Late Victorian Individualism*, p.181.

23) Miller, "Herbert Spencer's Theory of Welfare and Public Policy," p.213.

24) Ellen Frankel Paul, "Herbert Spencer: The Historicist as a Failed Prophet," *Journal of the History of Ideas*, vol.44, no.4 (1983), p.638.

25) *Ibid.*, p.635.

26) Taylor, *Men versus the State: Herbert Spencer and Late Victorian Individualism*, p.182.

27) *Ibid.*, p.183.

28) Herbert Spencer, "The coming slavery," in *The Man Versus the State* (London, 1885), p.32.

29) *Ibid.*, p.43.

30) 레키William Lecky와 같은 역사가는 과거 회귀 경향을 지적했다. 그는 근대적 삶의 폭력적인 선동으로부터 도피하려는 경향으로 당대의 트랙터리안 신학이나 라파엘 전파 예술 경향에서 나타나는 고풍의 사고방식으로 돌아가려는 욕구를 지적했다. 비록 이 두 운동은 19세기 말에 그 힘을 잃었지만 튜더의 산업 규제로 나가는 반동은 사실상 진정되지 않고 계속된다고 보았다. Taylor, *Men versus the State: Herbert Spencer and Late Victorian Individualism*, p.189.

31) *Ibid.*, p.190.

32) Ellen Frankel Paul, "Herbert Spencer: The Historicist as a Failed Prophet," p.635.

33) Herbert Spencer, *The Man versus the State* (London, 1885), p.107.

34) 스펜서는 1851년 『사회정학Social Statics』을 발표했다.

35) Herbert Spencer, *Social Statics* (London, 1851), p.103,

36) D. Weinstein, "Equal Freedom, Rights and Utility in Spencer's Moral Philosophy," *History of Political Thought*, vol.xi, no.1 (1990), p.130.

37) Spencer, *Social Statics*, p.112, p.114, p.135, p.149, p.155, p.206.

38) *Ibid.*, p.409.

39) Bellamy, *Liberalism and Modern Society*, p.2.

40) Sandra den Otter, "'Thinking in Communities': Late Nineteenth-Century Liberals, Idealists and the Retrieval of Community," *Parliamentary Affairs*, vol.16 (1997), p.73.

41) Tim Gray, "Herbert Spencer's liberalism-from social statics to sicial dynamics," p.117.

42) Herbert Spencer, *Essays: Scientific, Political and Speculative*, Vol.I (London, 1891), p.10.

43) Herbert Spencer, *Principles of Ethics, Vol.II* (London, 1904), p.19.

44) Tim Gray, "Herbert Spencer's liberalism-from social statics to social dynamics," p.119.

45) Herbert Spencer, *Justice* (London, 1891), p.100.

46) Francis, "Herbert Spencer and the Myth of Laissez-Faire," p.328.

47) Michael Taylor, Introduction in Michael Taylor(ed.), *Herbert Spencer and the Limits of the State* (Bristol, 1996), p.xx.

48) Tim Gray, "Herbert Spencer's liberalism-from social statics to sicial dynamics," p.120.

49) 그는 「노동자와 수공업자의 거주지」라는 글에서 이런 안을 제시했다. Michael Taylor, Introduction in Michael Taylor(ed.), *Herbert Spencer and the Limits of the State* (Bristol, 1996), pp.viii-ix ; Taylor, *Men versus the State: Herbert Spencer and Late Victorian Individualism*, p.271.

50) Tim Gray, "Herbert Spencer's liberalism-from social statics to social dynamics," p.123.

51) 그는 국가 내에서 벌어지는 국가간섭을 식민지에서 일어나는 침략자의 행위와 비슷하게 생각했다. 그는 국제사회에서 행사되는 제국주의 권력과 국내에서 행사되는 민주화된 권력의 성격과 목적을 혼동하고 있다.

52) Tim Gray, "Herbert Spencer's liberalism-from social statics to sicial dynamics," p.122.

53) Norman P. Barry, *On Classical Liberalism and Libertarianism* (Basingstoke, 1986), p.7.

54) *Ibid.*, p.16.

55) John N. Gray, "Spencer on the Ethics of Liberty and the Limits of State Interference," *History of Political Thought*, vol.iii, no.3 (Nov. 1982), p.479.

56) Tim Gray, "Herbert Spencer's liberalism-from social statics to social dynamics," p.118.

350

57) Michael Taylor, Introduction in Michael Taylor(ed.), *Herbert Spencer and the Limits of the State* (Bristol, 1996), p.xx.

58) Ellen Frankel Paul, "Herbert Spencer: The Historicist as a Failed Prophet," p.624.

59) Spencer, *Social Statics*, p.413.

60) Barry, *On Classical Liberalism and Libertarianism*, p.104.

6장 보수가 이용하는 자유주의에는 과연 개혁성이 없는 것일까?
스펜서 자유주의의 이중성에 대한 고찰

1) 스펜서는 부유한 중간계급을 대변하는 경제주간지 『더 이코노미스트』의 편집을 맡았던 경력을 가지고 있으며, 1860년대에는 중요한 과학 클럽이었던 X클럽과 아테나움Athenaum에서 활동했다. Robert Thorne, "Herbert Spencer and 'Inevitable' Progress," *History Today*, vol.37, issue 8 (Aug. 1987), pp.18~21.

2) *Ibid.*, p.22.

3) Iain Stewart, "Commandeering Time: The Ideological Status of Time in the Social Darwinism of Herbert Spencer," *Australian Journal of Politics and History*, (2011), p.392.

4) *Ibid.*

5) *Ibid.*, p.395.

6) Herbert Spencer, *Social Statics* (London, 1851), p.123.

7) Herbert Spencer, *Justice: Being Part IV of the Principles of Ethics* (London, 1891), p.97.

8) Spencer, *Social Statics*, p.115.

9) D. Weinstein, "Equal Freedom, Rights and Utility in Spencer's Moral Philosophy," *History of Political Thought*, vol.xi, no.1 (1990), p.121.

10) Spencer, *Social Statics*, p.103.

11) John N. Gray, "Spencer on the Ethics of Liberty and the Limits of State Interference," *History of Political Thought*, vol.iii, no.3 (Nov. 1982), p.475.

12) Spencer, *Social Statics*, p.114.

13) Ellen Frankel Paul, "Herbert Spencer: The Historicist as a Failed Prophet," *Journal of the History of Ideas*, vol.44, no.4 (1983), p.633 ; Mark Francis, "Herbert Spencer and the Myth of Laissez-Faire," *Journal of the History of Ideas*, vol.39, no.2 (1978), p.325.

14) Jeffrey Paul, "The Socialism of Herbert Spencer," *History of Political Thought*,

vol.3, issue 3, (Winter 1982), p.502.

15) Spencer, *Justice*, p.vi.

16) Weinstein, "Equal Freedom, Rights and Utility in Spencer's Moral Philosophy," p.128.

17) Spencer, *Social Statics*, p.125.

18) *Ibid.*, p.118.

19) *Ibid.*, p.125.

20) Jeffrey Paul, "The Socialism of Herbert Spencer," pp.509~510.

21) *Ibid.*, p.512.

22) H. Spencer, *The Man vs the State* ed. Donald MaCrae (Baltimore, 1969), pp.97~98.

23) Spencer, *Justice*, p.266.

24) *Ibid.*, p.268.

25) *Ibid.*, p.270.

26) *Ibid.*

27) *Ibid.*

28) Jeffrey Paul, "The Socialism of Herbert Spencer," pp.504~505.

29) *Ibid.*, p.514.

30) Spencer, *Justice*, p.vi.

31) Benjamin Kidd, *Individualism and After*(The Herbert Spencer Lecture Delivered in the Sheldonian Theatre on the 29th May 1908),(Oxford, 1908), p.21.

32) T. S. Gray, "Herbert Spencer: Individualist or Organicist?" *Political Studies*, XXXIII, No.2 (June 1985), p.236.

33) *Ibid.*, p.238.

34) *Ibid.*

35) Michael Taylor, Introduction in Michael Taylor(ed.), *Herbert Spencer and the Limits of the State* (Bristol, 1996), p.xv.

36) Ellen Frankel Paul, "Herbert Spencer: The Historicist as a Failed Prophet," p.630.

37) T. S. Gray, "Herbert Spencer: Individualist or Organicist?" p.240.

38) Patricia H. Werhane, "Business Ethics and the Origins of Contemporary Capitalism: Economics and Ethics in the Work of Adam Smith and Herbert Spencer," *Journal of Business Ethics*, vol.24, no.3 (Apr. 2000), p.189.

39) Werner Stark, "Herbert Spencer's Three Sociologies," *American Sociological*

Review, vol.26, no.4 (Aug. 1961), p.518.

40) Kidd, *Individualism and After*, p.23 ; T. S. Gray, "Herbert Spencer: Individualist or Organicist?" p.239.

41) Spencer, *Principles of Sociology*, vol.II, PartV, p.481.

42) Thorne, "Herbert Spencer and 'Inevitable' Progress," p.22.

43) M. W. Taylor, *Men versus the State: Herbert Spencer and Late Victorian Individualism* (Oxford, 1992), p.174.

44) Stark, "Herbert Spencer's Three Sociologies," p.520.

45) T. S. Gray, "Herbert Spencer: Individualist or Organicist?" pp.238~240.

46) *Ibid.*, p.242.

47) *Ibid.*, p.243.

48) *Ibid.*, p.245.

49) *Ibid.*, p.246.

50) *Ibid.*, p.248.

51) Tim Gray, "Herbert Spencer's liberalism-from social statics to social dynamics," in Richard Bellamy(ed.), *Victorian Liberalism: Nineteenth-century political thought and practice* (London, 1990), p.111.

52) Stark, "Herbert Spencer's Three Sociologies," p.517.

53) 흔히 스펜서가 다윈의 생물학 원칙을 인간의 사회에 적용한 다윈 추종자라고 알려져 있지만 여기에는 약간의 오해가 있다. 스펜서는 그의 진화이론을 다윈이 책을 펴내기 전에 이미 자기의 이론에 수용하고 있는 것으로 보인다. 스펜서에게 진화론은 그가 거의 집착할 정도로 중요한 의미를 지니고 있다. 적자생존은 1864년 스펜서가 고안해 낸 용어이다.

54) Christopher R. Versen, "What's Wrong with a Little Social Darwinism," *The History Teacher*, vol.42, no.4 (Aug. 2009), p.406.

55) T. S. Gray, "Herbert Spencer: Individualist or Organicist?" pp.251~252.

56) Norman P. Barry, *On Classical Liberalism and Libertarianism* (Basingstoke, 1986), p.103 ; William L. Miller, "Herbert Spencer's Drift to Conservatism," *History of Political Thought*, vol.3, issue 3 (winter 1982), p.496.

57) Francis, "Herbert Spencer and the Myth of Laissez-Faire," p.326.

58) Ellen Frankel Paul, "Herbert Spencer: Second Thoughts," *Political Studies*, xxxvii (1989), p.445.

59) Michael Taylor, Introduction in Michael Taylor(ed.), *Herbert Spencer and the Limits of the State* (Bristol, 1996), xviii.

60) Christopher Kent, review of *Intellect and Character in Victorian England* by H. S. Jones and *Herbert Spencer and the Invention of Modern Life* by Mark Francis in *Canadian Journal of History*, vol.xliii, (Autumn 2008), pp.306~307.

61) 1857년의 「진보: 그 법칙과 원인」이란 글에서 스펜서는 낙관주의에 사로잡혀 있었음을 보여준다. Thorne, "Herbert Spencer and 'Inevitable' Progress," p.21.

62) Roderick T. Long, "Herbert Spencer: Libertarian Prophet," *Freeman*, vol.54, no.6 (Aug. 2004), p.25.

63) Herbert Spencer, "The Coming Slavery," in *The Man Versus the State* (London, 1885), p.43.

64) 스펜서는 성격과 제도의 상호작용에 대해 주의를 기울이지 않았다. 반면 교육, 의료, 주택 등에 대해 국가의 간섭을 지지한 사람들은 제도가 도덕적 자질을 변화시킬 수 있다는 주장을 했던 것이다. Michael Taylor, Introduction in Michael Taylor(ed.), *Herbert Spencer and the Limits of the State*, p.xxi.

65) Versen, "What's Wrong with a Little Social Darwinism," p.407.

66) Stark, "Herbert Spencer's Three Sociologies," p.519.

67) Long, "Herbert Spencer: Libertarian Prophet," p.27.

68) Fabrizio Battistelli, "War and Militarism in the Thought of Herbert Spencer," *International Journal of Comparative Sociology*, vol.xxxiv, no.3-4 (1993), pp.202~203.

69) *Ibid.*, p.203.

70) Versen, "What's Wrong with a Little Social Darwinism," p.418.

71) *Ibid.*

72) Battistelli, "War and Militarism in the Thought of Herbert Spencer," p.200.

73) Long, "Herbert Spencer: Libertarian Prophet," p.26.

74) Herbert Spencer, Essays: *Scientific, Political and Speculative, vol.iii*, (New York, 1892), pp.52~53/ Werhane, "Business Ethics and the Origins of Contemporary Capitalism: Economics and Ethics in the Work of Adam Smith and Herbert Spencer," p.190에서 재인용.

75) Spencer, *The Principles of Sociology*, vol.iii (New York, 1896), pp.504~509, 559~563 ; Werhane, "Business Ethics and the Origins of Contemporary Capitalism: Economics and Ethics in the Work of Adam Smith and Herbert Spencer," p.191.

76) John Offer, "Dead Theorists and Older People: Spencer, Idealist Social Thought and Divergent Prescriptions for Care," *Sociology*, vol.38, issue 5 (2004), p.895.

77) Long, "Herbert Spencer: Libertarian Prophet," p.26.

354

78) John Offer, review of *Herbert Spencer and the Invention of Modern Life* by Mark Francis and *The Philosophy of Herbert Spencer* by Michael Taylor in *Victorian Studies*, vol.51, issue 1 (Fall 2008), p.163.

79) Max Hocutt, "In Defense of Herbert Spencer," *The Independent Review*, vol.xii, no.3 (Winter 2008), p.437.

80) Versen, "What's Wrong with a Little Social Darwinism," p.407.

81) William L. Miller, "Herbert Spencer's Theory of Welfare and Public Policy," *History of Political Economy*, 4 (1972), p.210.

82) 국가간섭을 거부하는 스펜서의 논리는 철학적으로도 두 개의 이론으로 맥을 잇고 있다. 로버트 노직과 에인 랜드의 이론이 그것이다. 이 두 이론은 자본주의 및 자유와 관련된 논리를 제시하고 있는데 각기 의무론deontology과 목적론teleology을 대별하고 있다. 물론 그 반대의 경향도 있다. 이런 경향은 보상케, 리치, 샌델, 에치오니로 이어지는 사람들 속에서 발견된다. Barry, *On Classical Liberalism and Libertarianism*, p.2, p.98, pp.104~106.

7장 자유주의는 민주주의로 어떻게 연결될 수 있었을까?
조지프 체임벌린의 집단주의적 자유주의

1) 이 용어는 스펜서가 스스로 만들어 낸 것이다.

2) 1886년 선거에서 자유당이 보수당보다 86석 많은 다수를 차지했는데 로이드 조지는 이 결과는 모두 체임벌린의 연설에 기인한 것이라고 평가했다. C. W. Hill, *Joseph Chamberlain 1836-1914* (Aylesbury, 1973), p.22.

3) 비에트리스는 체임벌린에게 호감을 가졌지만 체임벌린과의 교제는 순조롭지 않았다. 그녀는 체임벌린과의 교제가 사실상 파탄이 난 상태였음에도 불구하고 연결을 끊고 싶지 않아 그에게 공적인 문제에 대한 질문을 계속 던졌다. 그 질문의 하나가 바로 서로 다른 자유주의였던 것이다. 비에트리스는 체임벌린과 결혼을 하게 된다면 자신의 자아가 상실될지 모른다는 우려를 하고 있었던 것으로 보인다. 비에트리스는 가정 안에서 두 개의 견해를 인정하는 문제에 대해 체임벌린에게 집요한 답변을 요구했고 결국 이 문제에 대해 체임벌린으로부터 부정적인 답변을 들으며 결혼을 포기했다. Elizabeth Longford, "Beatrice Webb's 'Other Self'," *History Today* 33, no.2 (Feb. 1983).

4) 자유와 재산 방어연맹은 1882년 7월 조직되었으며, 비인가계획은 1885년 작성되었다.

5) 여기서 집단주의collectivism라는 용어를 썼지만 이 집단주의는 개성이나 개체성을 경시한다는 의미를 담고 있는 것이 아니라는 점에 유의해야 할 것이다. 개인주의individualism 역시 이타주의에 반대되는 의미로 쓰인 것이 아니라는 점에 유의해야 한다. 여기서 집단주의와 개인주의는 모두 사회문제에 대한 국가간섭과 연관되어

의미를 지니고 있다. 밀J. S. Mill의 개인주의적 자유주의와 스펜서의 개인주의적 자유주의도 그 내용이나 뉘앙스가 다르다. 전자의 경우 국가간섭 현상이 뚜렷하지 않은 상황에서 나온 자유주의인 것이다.

6) *Rich and Poor, Glasgow, Sep. 15, 1885* in Charles W. Boyd(ed.), *Mr. Chamberlain's Speeches vol.1* (London, 1914), p.200, p.205.

7) Hill, *Joseph Chamberlain 1836~1914*, p.19.

8) Peter Clarke, *A Question of Leadership* (London, 1999), p.78.

9) Andrew Thompson, "Tariff Reform: An Imperial Strategy, 1903~1913," *The Historical Journal*, 40, no.4 (1997), p.1033.

10) 글래드스톤 그룹은 체임벌린을 기회주의자의 제왕이라고 보았으며 솔즈베리는 아직 신념을 갖지 못한 정치가로 보았다. 다른 비판가들은 그를 내각과 의회의 음모가로 간주하기도 했다. Richard Jay, *Joseph Chamberlain: A Political Study* (Oxford, 1981), pp.321~322 ; Machael Balfour, *Britain and Joseph Chamberlain* (London, 1985), p.293.

11) J. L. Garvin과 Julian Amery 등이 그러한 입장을 가지고 있다. Jay, *Joseph Chamberlain*, p.321.

12) D. Judd, *Radical Joe* (London, 1977), p.xiv.

13) 그의 모험가적 기질은 외가에서 물려받았는지도 모른다. 체임벌린의 증조 외할아 버지는 투기꾼으로 가산을 탕진하기도 하였지만 체임벌린의 외할아버지는 맥주 와 치즈 무역으로 큰 돈을 번 사람이었다. 그의 기업가적 기질이 그의 삶에 커다란 영향을 미쳤고 그의 특별한 행로를 설명하는 한 요인이라 볼 수 있다. Harry Browne, *Joseph Chamberlain, Radical and Imperialist* (London, 1979), p.24 ; Peter Marsh, *Joseph Chamberlain: Entrerpreneur in Politics* (Conneticut, 1994), p.xiii.

14) 이런 과정에서 그에 대한 분노가 야기되었을 것이라는 점은 쉽게 상상이 간다. 토리와 자유당이 모두 그를 미워했고, 캠벨-배너먼은 체임벌린을 악의에 찬 사람으로, 애스퀴스는 악당의 태도를 가진 사람으로 평가했다. 골드윈-스미스는 영국이 악당에 의해 지배당하고 있다고 개탄하기도 했다. Balfour, *Britain and Joseph Chamberlain*, pp.294~295.

15) 김명환, 「스펜서의 자유주의: 민주주의를 거부하게 된 자유주의」, 『영국연구』 26호 (2011년 12월), 125쪽.

16) Hill, *Joseph Chamberlain 1836~1914*, p.44.

17) 체임벌린의 후기 사상은 초기의 사상에서 완전히 벗어났다고 할 수는 없지만 초기 사상으로 설명되지 않는 변화된 내용을 가지고 있다. 여기에 대해서는 또 다른 연구가 필요하다.

18) *On Political Humanity, Bradford, Oct.1, 1885* in Charles W. Boyd(ed.), *Mr.*

Chamberlain's Speeches vol.1 (London, 1914), p.216.

19) Ewen A. Cameron, "'A far cry to London': Joseph Chamberlain in Inverness, September 1885," *The Innes Review* 57, no.1 (Spring 2006), p.40.

20) 체임벌린이 내건 개혁 계획을 보면 자유·Free라는 수식어를 붙인 경우가 많다. 무상 교육Free Education, 자유 교회Free Church, 무상 토지Free Land, 자유노동Free Labour이 그러한 것들이다. Derek Fraser, "Joseph Chamberlain and the Municipal Ideal," *History Today* 37, no.4 (April 1987), p.39.

21) *Rich and Poor* in Charles W. Boyd(ed.), *Mr. Chamberlain's Speeches vol.1*, p.198.

22) *Chamberlain's Speech at Birmingham, 5 Jan. 1885* in Harry Browne, *Joseph Chamberlain, Radical and Imperialist* (London, 1979), p.85.

23) *State Socialism and The Moderate Liberals, The Eighty Club, April 28, 1885* in Charles W. Boyd(ed.), *Mr. Chamberlain's Speeches vol.1* (London, 1914), p.164.

24) *Education: A Nonconformist Protest: Speeches by Joseph Chamberlain, Manchester, Jan. 22, 1872* in Charles W. Boyd(ed.), *Mr. Chamberlain's Speeches vol.1* (London, 1914), p.15.

25) *The Fruits of the Franchise, Birmingham, Jan. 29 1885* in Charles W. Boyd(ed.), *Mr. Chamberlain's Speeches vol.1* (London, 1914), p.151.

26) *Education: A Nonconformist Protest*, p.20.

27) Hill, *Joseph Chamberlain 1836~1914*, p.16.

28) *Joseph Chamberlain, Plain Words to Peers, Denbigh, 20 Oct. 1884* in Harry Browne, *Joseph Chamberlain, Radical and Imperialist* (London, 1979), p.84.

29) *The Radical Programme, Warrington, Sep. 8, 1885* in Charles W. Boyd(ed.), *Mr. Chamberlain's Speeches vol.1* (London, 1914), p.194.

30) Hill, *Joseph Chamberlain 1836~1914*, p.18.

31) Clarke, *A Question of Leadership*, p.66.

32) Hill, *Joseph Chamberlain 1836~1914*, p.16.

33) *Education: A Nonconformist Protest*, p.20.

34) Hill, *Joseph Chamberlain 1836~1914*, p.12.

35) *Rich and Poor*, p.198.

36) Hill, *Joseph Chamberlain 1836~1914*, p.16.

37) Cameron, "'A far cry to London'," p.40.

38) Roland Quinault, "Joseph Chamberlain: a Reassessment" in T. T. Gourvish and Alan O'day(eds.) *Later Victorian Britain, 1867~1900* (Basingstoke, 1988), p.77.

39) 이 조직은 1877년 5월 31일 글래드스톤에 의해 출범했는데, 체임벌린이 의장이었으며 제시 콜링스가 서기직을 맡았다. Hill, *Joseph Chamberlain 1836-1914*, p.14.

40) Browne, *Joseph Chamberlain, Radical and Imperialist*, pp.35~36.

41) 사실 영국 역사상 처음으로 민주적 방식으로 구성된 정당조직이 나타난 셈이다. Jay, *Joseph Chamberlain*, p.24.

42) 비록 하부 조직의 대표자들에 의해 집행부의 대표를 구성한다고 하나 코커스로 불린 소수의 집행부가 당을 이끌었다는 점에서 비판의 여지는 있다고 생각된다.

43) 체임벌린 역시 왕정의 지출을 줄일 것을 제안하며 왕정을 비판하는 행보를 보여주었다. 연간 왕정에 지출된 비용이 80만 파운드에 이른다는 지적을 하고 있다. '*ihilists of English Politics*', *House of Commons, July 29, 1889* in Charles W. Boyd(ed.), *Mr. Chamberlain's Speeches vol.1* (London, 1914), p.331 ; Hill, *Joseph Chamberlain 1836~1914*, p.12.

44) Fraser, "Joseph Chamberlain and the Municipal Ideal," p.34.

45) David Dutton, "Life beyond the Political Grave-Joseph Chamberlain, 1906~14," *History Today* 34, issue 5 (May 1984), 26.

46) *The Royal Family: The Corporation of Birmingham, Birmingham, Oct. 17, 1874* in Charles W. Boyd(ed.), *Mr. Chamberlain's Speeches vol.1* (London, 1914), p.46.

47) *Ibid.*, p.47.

48) 자유주의의 여러 갈래에 대하여는 김명환, 「영국 자유주의의 다섯 가지 기원」, 『영국연구』 23호 (2010년 6월)을 참조하라. 사회주의와 민주주의의 관계에 대하여는 최재희, 「19세기말 영국 사회주의 진영의 민주주의관」, 『영국연구』 6호 (2001년 12월)을 참조하라.

49) *State Socialism and The Moderate Liberals*, p.164.

50) *Ibid.*

51) Fraser, "Joseph Chamberlain and the Municipal Ideal," p.39.

52) Quinault, "Joseph Chamberlain: a Reassessment," p.75.

53) 퀴노는 체임벌린이 버밍엄에서 지속적으로 가질 수 있었던 영향력을 비국교도 전통에서 찾고 있다. *Ibid.*, p.76.

54) Fraser, "Joseph Chamberlain and the Municipal Ideal," p.36.

55) *Ibid.*, p.37.

56) *Ibid.*

57) Browne, *Joseph Chamberlain, Radical and Imperialist*, p.30.

58) *Agricultural Labour and Land Reform, Ipswich, Jan. 14, 1885* in Charles W.

Boyd(ed.), *Mr. Chamberlain's Speeches vol.1* (London, 1914), p.143.

59) 그는 이 문제를 처음으로 건드린 정치인이었다. Hill, *Joseph Chamberlain 1836~1914*, p.30.

60) *Agricultural Labour and Land Reform*, p.144.

61) *The Dignity of Municipal Service, Birmingham, Nov. 9, 1876* in Charles W. Boyd(ed.), *Mr. Chamberlain's Speeches vol.1* (London, 1914), p.72.

62) S. Webb, *Socialism in England* (London, 1889), pp.116~117.

63) 그는 이 계획을 환경 사회주의의 느낌이 들게 하면서 시의회에 제안했다. 그는 환경이 사람을 만든다는 사회주의적인 사고방식을 제시하고 있다. 그는 "사람들이 악하고 성급한 것은 더 이상 이 사람들의 잘못이 아니다"고 주장했다. Browne, *Joseph Chamberlain, Radical and Imperialist*, p.30.

64) *Agricultural Labour and Land Reform,*, p.150.

65) *Ibid.*, p.146.

66) Fraser, "Joseph Chamberlain and the Municipal Ideal," p.37.

67) *On Political Humanity*, p.219.

68) 이 점에 대해 체임벌린은 비스마르크를 사회주의적 입법을 두려워하지 않는 사람이라고 평가했다. *Agricultural Labour and Land Reform*, p.146.

69) 반박에서 흥미로운 점은 그가 누진세 비판자들에게 들이댄 논리가 누진세가 중세에도 존재했다는 역사적 사례였다는 점이다. *The Radical Programme*, p.193.

70) *On Political Humanity*, p.216.

71) *Agricultural Labour and Land Reform*, p.150.

72) *State Socialism and The Moderate Liberals*, p.161.

73) 공리주의라고 불리고 있는 유틸리테어리어니즘utilitarianism을 효용주의라고 표기했다. 유틸리테어리어니즘은 유틸리티주의라는 의미이다. 그런데 지금 아무도 유틸리티를 공리라고 번역하지 않는다. 그래서 이 용어는 공리주의로 표기되고 있지만 이 용어 본래의 의미 즉 유틸리티(utility: 효용)를 중시한다는 의미를 살리지 못하는 것으로 보인다. 게다가 대부분의 사람들은 공리의 뜻을 공공의 이익이라고 이해하고 있다. 유틸리테어리어니즘을 공리주의라고 표기하는 분들도 유틸리티의 의미를 살려 효용주의로 이해해 주기 바란다.

74) 체임벌린은 효용주의적 급진주의자들이 세운 대학칼리지에서 공부했다. 그는 벤담의 철학적 급진주의자들의 경향을 직접 이어받았다. 그런가 하면 체임벌린이 런던에서 정치활동을 하는데 도움을 받은 딜크Dilke, 몰리Morley같은 급진주의자들은 모두 밀J. S. Mill의 영향을 받은 사람들이다. 체임벌린이 개혁에서 교육을 강조한 점도 밀의 영향을 보여준다. 그는 1869년 전국교육연맹National Education League을 움직이는 사람으로서 전국적 명성을 얻게 되었다. Quinault, "Joseph

Chamberlain: a Reassessment," p.73 ; Graham Goodlad, "Joseph Chamberlain: 'The One Who Made the Weather'?," *History Review,* (Mar. 2005), issue, 48 ; Jay, *Joseph Chamberlain*, p.332 ; 이태숙. 「존 스튜어트 밀의 의회론」, 『영국연구』 9호 (2003년 6월).

75) 체임벌린의 경우 자연권에 대한 주장과 효용주의의 가치가 동시에 나타나고 있다는 점이 흥미롭다. 이에 반해 벤담은 자연권을 단순한 넌센스라고 주장했다. Earl of Wemyss, *Socialism at St. Stephen's 1869-1885* (London, 1885), p.34. 벤담주의에 대해서는 이태숙, 「「급진주의는 위험하지 않다.」: 제러미 벤담의 급진주의자 면모」, 『영국연구』 26호 (2011년 12월)을 참조하라.

76) 체임벌린의 경우는 효용주의에 입각한 국가간섭이 윤리적 자유주의와 결합하면 사회주의적 집단주의와 유사해질 수 있다는 점을 보여주고 있다. 이를 놓고 보면 효용주의의 길도 보수와 진보에 반드시 결정적이지는 않은 것 같다. 즉 스펜서의 길과 체임벌린의 길로 모두 연결될 수 있는 것으로 보인다.

77) Hill, *Joseph Chamberlain 1836~1914*, p.18.

78) Browne, *Joseph Chamberlain, Radical and Imperialist*, p.42 ; Fraser, "Joseph Chamberlain and the Municipal Ideal," p.39.

79) *The Radical Programme*, p.194.

80) Jay, *Joseph Chamberlain*, p.331.

81) *Agricultural Labour and Land Reform*, p.142.

82) *Rich and Poor*, p.205.

83) 농업노동자에 대한 관심은 그의 활동 후기에까지 지속적으로 이어졌다. 그는 1904년의 시점에서도 농업노동자의 문제를 사회문제라고 선언하고 있으며 자신이 정치에 입문할 때부터 관심을 가질 것을 강조해온 부분이라고 밝히고 있다. Quinault, "Joseph Chamberlain: a Reassessment," p.79.

84) 이 계획이 글래드스톤이나 내각의 동료들과 상의하지 않고 작성된 것이었기 때문에 이런 명칭이 붙었다. 고센이 체임벌린의 1885년 10월 14일 글래스고우 연설에 대해 명명한 것인데 고센의 목적은 이것을 글래드스톤의 미들로씨언 프로그램과 구별하기 위한 것이었다. 즉 자유당의 인가를 받지 않았다는 것이다. Hill, *Joseph Chamberlain 1836-1914*, p.18 ; Browne, *Joseph Chamberlain, Radical and Imperialist*, p.41.

85) *On Political Humanity*, p.219.

86) *Agricultural Labour and Land Reform*, p.141.

87) *Rich and Poor*, p.197.

88) *On Political Humanity*, p.220.

89) *Rich and Poor*, p.205.

360

90) *Agricultural Labour and Land Reform*, p.142.

91) Herbert Spencer, *Social Statics* (London, 1851), p.118, p.125,

92) *The Radical Platform: Speeches by the Right Hon. J. Chamberlain, MP. Hull, Warrington, Glasgow, Inverness, Autumn 1885* (Edinburgh 1885), quoted in Cameron, "A far cry to London", p.46.

93) *Agricultural Labour and Land Reform*, p.144.

94) *On Political Humanity*, p.220.

95) *Ibid.*, p.221.

96) *On Political Humanity*, p.220.

97) Cameron, "'A far cry to London'," p.48.

98) Browne, *Joseph Chamberlain, Radical and Imperialist*, p.32.

99) *On Political Humanity*, p.221.

100) *Ibid.*, p.220.

101) Fareed Zakaria, "Industry and Empire," *review of Joseph Chamberlain: Enterpreneur in Politics* by Peter T. Marsh in *National Review* 47, no.3 (Feb. 20, 1995). p.68. 19세기 후반 노동자들의 주급이 1파운드 정도였다는 점을 감안하면 대단한 액수이다.

102) Cameron, "'A far cry to London'," p.47.

103) *Northern Chronicle*은 체임벌린의 사유재산에 대한 주장에 모순이 있다는 점을 발견하고 비판을 가했다. 하지만 체임벌린은 토지의 사적 소유권의 종식을 옹호하지는 않았다. *Ibid.*, p.48.

104) *Ibid.*, p.52.

105) R. C. K. Ensor는 1886년 자유통합당의 이탈을 아일랜드 농민 불만에 대한 부르주아의 민족주의적 방어 행위로 보고 있다. 고센이 금융을, 체임벌린이 산업을 대표하고, 귀족이지만 하팅턴이 이들의 관점에 동조했다는 것이다. 국민적 노선은 체임벌린의 중요한 특징이었다. Jay, *Joseph Chamberlain*, p.334. 아일랜드 농민문제에 대하여는 김기순, 「글래드스턴과 아일랜드 토지문제: 토지법안의 (1886)의 성격」, 『영국연구』 23호 (2010년 6월)을 참조하라.

106) Fareed Zakaria, "*Industry and Empire*," p.68.

107) Dutton, "Life beyond the Political Grave-Joseph Chamberlain, 1906~14," p.28.

108) 스펜서는 민주주의로 연결되는 자유주의가 아니라 무정부주의로 연결되는 자유주의를 택하게 된 것이다. 그리고 사회문제에 대해서는 민주적 권력에 의한 집단주의 대신 자발주의라는 처방을 내리고 있는 것이다.

찾아보기